49

Das Andere

49

Das Andere

Valentina Maini
O emaranhado
La mischia

© Editora Âyiné, 2022
© Bollati Boringhieri editore, Torino, 2020

Tradução: Cezar Tridapalli
Preparação: Valentina Cantori
Revisão: Andrea Stahel
Imagem de capa: Julia Geiser
Projeto gráfico: Daniella Domingues, Luísa Rabello

ISBN 978-65-5998-088-8

Âyiné

Direção editorial: Pedro Fonseca
Coordenação editorial: Luísa Rabello
Direção de arte e produção: Daniella Domingues
Coordenação de comunicação: Clara Dias
Assistência de comunicação: Ana Carolina Romero, Carolina Cassese
Assistência de design: Lila Bittencourt
Conselho editorial: Simone Cristoforetti, Zuane Fabbris, Lucas Mendes

Praça Carlos Chagas, 49. 2º andar. Belo Horizonte 30170-140
+55 31 3291-4164
www.ayine.com.br | info@ayine.com.br

Valentina Maini

O EMARANHADO

TRADUÇÃO Cezar Tridapalli

Âyiné

Sumário

9   PRIMEIRA PARTE

11   1. Gorane

63   2. Jokin

159   3. Arrautza

203   SEGUNDA PARTE

205   1. Primeiro movimento

323   2. Segundo movimento

453   TERCEIRA PARTE

477   Agradecimentos

A Meri

Primeira parte

Que o Senhor nos vigie, a mim e a você, quando estivermos separados um do outro.

Gênesis 31:49

I. Gorane

«*A partir daquele dia, ela enlouqueceu*»

Dizem não precisar mais de remédio, continuam repetindo que estão curados. Olham para ela como se estivessem com sede, mas, assim que Gorane lhes oferece um copo d'água, eles balançam a cabeça e dizem: leve-nos para casa. Não é possível fazê-los parar. Com a letra ilegível de sempre, assina uma espécie de declaração. A enfermeira se chama Robledo, tem cabelos loiros presos num coque e luvas de látex branco. Robledo é um sobrenome genérico e frívolo, que tem um peso muito menor do que o seu. É sobrenome de cuidador. A fronteira entre Robledo e Moraza é aquela entre a Espanha e a sua casa plantada em uma terra que se chama Euskadi. Aproxima-se do primeiro leito, o de sua mãe. Mal Gorane aparece, a mãe se levanta, sentando-se. O cansaço daquele movimento elementar desloca seu rosto, parece se desprender do pescoço, distanciar-se e flutuar no éter como um peixe sem olhos. Gorane segue-o com o olhar, quase não fala, o peixe não vê mas continua a nadar no ar como se conhecesse de memória cada canto do quarto de hospital, como se o seu instinto lhe bastasse para botar fé, para não se perder. Esta é sua mãe, este peixe cego. Então vê seu pai encolhido de um lado, vê a sua coluna ampla e magérrima e pensa no bosque de Oma. No seu pobre

Primeira parte

repertório de metáforas, seu pai sempre foi um tronco de árvore, de carvalho. Gorane é um fino galho seco que não pode ser quebrado. Gorane passou a vida temendo o pé que rompe o equilíbrio, quebra a ramagem, o sangue do galho que suja a terra como uma antiga lágrima. Seu sangue agora é pedra por culpa de um elfo sádico que experimentou nela seus poderes inúteis. Toca o ombro frio de seu pai, que veste uma camiseta branca com um escrito em vermelho feito à mão. O escrito profere palavras de revolução que ela sabe de cor e não quer mais ouvir. Há uma serpente torta que se enrola em volta de um machado mal desenhado. Eles a pouparão da enésima ladainha política, da identidade que deve se formar e crescer por meio da política, que não é nada sem uma palavra de ordem enfiada no cu. Olhos que brilham por palavras de outros nos quais se reconhecer para sempre. Gritos em coro para decorar e mantenha o ritmo batendo palmas. Frases inteiras possivelmente de protesto. Sem isso você não é nada e nunca poderá anunciar o resgate do seu povo rumo à liberdade. Mas, dessa vez, os seus pais não atacarão com as costumeiras palavras de ordem porque estão cansados, porque os esforços não servem para impedir o caminho ao corpo inchado. É um gênero de luta que não conhecem, aquela contra o corpo que se decompõe. Ela vai no banheiro e lava a mão. Uma primeira vez para a mãe que, cega, esbarra nos móveis do quarto de hospital e continua a sorrir e dizer tudo bem. Uma segunda para as costas do pai, a sua cabeça lenhosa escondida nos cabelos pretíssimos. A água lavará todos os pecados, se o trabalho for meticuloso, se Gorane se empenhar em esfregar por muito tempo, em não deixar nada ao acaso e à estúpida crença de que basta um punhado de orações para receber o perdão. Volta para o quarto onde os seus pais se olham, sorrindo, continuando a falar em voz baixa, ou a cantar. Gorane gostaria de dizer a

O emaranhado

eles que a única escolha razoável é o repouso, fechar os olhos e esperar que passe, que cure, mas ela diz isso em silêncio, a si mesma, antes que sua mãe e seu pai desapareçam, engolidos pela primeira, depois pela segunda pálpebra intumescida.

Caminham lado a lado pelo corredor do hospital, Gorane segura a sua mão direita na esquerda do pai, a esquerda na direita da mãe. Os corpos espancados são os deles, mas é Gorane quem cambaleia. Faz força nas pernas, aperta os dedos dos seus pais que mal retribuem. Os clientes, os familiares dos doentes, os pacientes olham apenas para ela no centro daquela linha humana que avança como um exército numa batalha terrestre.

«Será preciso usar os meios de transporte, vocês não podem se cansar demais.»

Gorane pronuncia as palavras em câmera lenta, estendendo cada sílaba, enfatiza cada consoante como que para imprimi-la, inapagável, no ar. Continua olhando à sua frente, o panorama muda, as pessoas aumentam, o seu corpo é tão frágil quanto o deles.

«Queremos caminhar», dizem em uníssono. «Precisamos caminhar.»

Ela levou os pais para casa e os deitou na cama. O trajeto do hospital para Kalea Olano foi uma polifonia de frases e brincadeiras cheias de orgulho, alegre, animado. Seu pai tentou fazer-se forte, equilibrando-se com dificuldade sobre as pernas, de vez em quando apoiando-se em Gorane, que carrega mãe nos braços a maior parte do tempo, quando não tomba, exausta. Riem. Estão orgulhosos de terem apanhado, olham para seus corpos com o orgulho que Gorane conhece bem. Aquele que nunca estampou na sua face. O suplício é a forma superior de expiação, acreditam que toda ideia

Primeira parte

autêntica deve ser paga, moeda de troca oficial: a tortura. Eles se comprazem com os ferimentos enquanto ela prepara a água para a canja. A casa é branca e se parece com um ovo e com toda Euskadi. Acha que seus pais a construíram para fazê-la se sentir segura em uma armadilha de caixas chinesas. Também Gorane é um ovo. Quando volta ao quarto deles com o jantar, seus pais não dormem nem descansam nem estão sentados nem falam nem cantam nem se olham nem seguram alguma coisa nas mãos nem sorriem para ela dizendo obrigado. Quando volta ao quarto seu pai caminha pelas paredes, pelo teto, a sua cabeça pendurada fita a da mãe que entra e sai da janela, conferindo se algo lá fora não está para desabar, seria um verdadeiro pecado se o céu desabasse — diz então —, arruinaria as roupas de baixo que Gorane estendeu antes de voltarmos para casa. Então Gorane sai do quarto, fecha e reabre os olhos, volta para a cozinha e coloca o nariz para fora. Há cheiro de chuva, mas o céu ainda não desabou.

Ela teve forças para deixar a canja sobre o móvel à es-querda da porta dos pais. Não entrará mais naquele quarto, pelo menos não hoje. Certamente ainda estão se compor-tando de modo estranho, ou ela é que está muito cansada, a ponto de ver pais voando, caminhando ao contrário, de-pendurados no teto. Pergunta-se se não é efeito de uma tortura que não lembra de ter sofrido. Talvez a Guarda Civil tenha cumprido o seu dever. A vista alterada de Gorane seria o efeito de uma violência. Voltará amanhã pela manhã ao quarto, entrará e eles estarão dormindo na cama como todos os dias, como qualquer humano. Não farão mais nada de inadmissível, nada de sobrenatural. Ela espalhará a manteiga no pão diante deles, colocará mel para o seu pai, geleia para a sua mãe, perguntará se querem suco, café ou leite, seu pai rirá e responderá «tudo», sua mãe por sua vez avançará sobre o café pensando no que precisa fazer, no que o dia espera deles, não sentirá sequer o sabor da bebida, não saberá aproveitar nada. Terminarão o café da manhã, lavarão o rosto e sairão para aqueles lugares que Gorane conhece bem. Eles sempre a levaram junto, e levaram aqueles lugares para dentro dela. Eles a nutrem de uma crença vermelha estampada em uma camiseta branca estendida sobre um leito de hospital. É como leite, o jeito como eles a enganam. Ela bebe passiva, esfomeada, sem conhecer o líquido responsável pelo seu crescimento. Desenvolverá uma alergia grave na adolescência, com inúmeras implicações sociais. Mas por anos mete-o goela abaixo e agradece, suga com mais energia do que o seu irmão gêmeo porque Gorane tem fome como se precisasse ficar imensa, como se precisasse se nutrir a todo momento com aquele leite basco, basco, a tua língua é uma, suga, o basco.

O quarto permanece fechado até a noite. Não se ouve nada, nenhum rumor, som de passos no teto, voos, idas e vindas da janela. Talvez tenham parado. Estejam cansados. Durmam. Gorane não tem fome, mesmo assim mastiga umas batatas. Ela as cozinhou demais, viraram quase um mingau, sua forma já não é reconhecível. Não consegue mastigá-las, mas ela as suga, deixa que se dissolvam ferventes na língua. As formas, as formas. Pensa na forma do quarto, do seu corpo retesado e assimétrico que permanecerá para sempre um mistério. O pedaço de vidro em que se espelha diz a verdade ou mente? Não serão dez minutos a mais de cozimento que vão mudar o sabor desses tubérculos, nada a temer, Gorane, em volta de você o mundo se dissolve, você se enrijece, o ovo se abre revelando sua gema vermelha em uma papa alva. Essa é você, essa era você. Célula recoberta de ínfima casca. Branco manchado, mancha indelével. Mesmo que agora você pareça deformada, é sempre o mesmo ovo. À noite respinga da janela um pouco de chuva, Gorane não fecha os batentes, deixa que a água molhe a madeira, a terra desse mundo fechado por um teto e quatro paredes claras. Talvez a janela do quarto dos seus pais ainda esteja aberta, seria preciso conferir, faz o gesto de subir as escadas até o segundo andar e depois se lembra de que tem medo. Então sai para o jardim, volta para casa encharcada, veste uma capa e um capuz, sai de novo, arruma uma escada de madeira no porão, nos fundos do caminho de seixos, posiciona-a embaixo da janela do quarto de seus pais, enquanto as gotas ficaram enormes e batem em suas costas como pedrinhas, sobe um degrau após outro, talvez estejam rangendo, talvez seja a chuva penetrando seus ossos, triturando-os pouco a pouco. Quando chega no alto e finalmente pode ver, não vê nada, só o escuro, um escuro fosco e úmido, fechado, um escuro que não reconhece e que não a consola, mesmo que a janela com grades esteja fechada, o silêncio total, mesmo que desça da escada, devolva-a ao porão e volte para casa encharcada, e que tenha cumprido o seu dever. Nem mesmo uma respiração, um pequeno farfalhar de lençóis. Nem mesmo um pai que ronca, uma mãe que respira forte ou chora. Diz a si mesma que é por causa da janela, do vidro espesso que não deixa passar os ruídos, nem mesmo os barulhos de Jokin, quando ele estava ali com ela ou no porão tocando. Os seus pais, portanto, respiram e roncam mesmo que ela não consiga ouvi-los, há essa fina camada de vidro inserida entre as suas orelhas e as funções vitais deles. Isso não significa que não estejam lá, significa apenas que a forma deles, no momento, é a forma do escuro e do silêncio, ou a forma de todas aquelas coisas que ela ainda não consegue ver.

O emaranhado

Desde pequena contavam para ela muitas histórias. Pequena para Gorane significa mais ou menos seis anos. Antes é apenas seu pai que corre atrás de sua bicicleta e depois a abandona, fazendo-a acreditar que ainda está lá. Ela sente a sua mão grande no selim, a sua voz encorajadora, pedala com força pensando que nada poderá lhe acontecer, e de fato não acontece, as suas perninhas continuam a girar até que se vira e seu pai mentiu, está longe, Gorane se assusta e cai, esfola os dois joelhos e fica brava por dois dias. Antes é sua mãe que põe flores em seus cabelos e diz que é a menina mais bonita de toda Euskadi e também da Espanha e das galáxias, sua mãe que assoa o seu nariz e limpa o sangue de toda ferida. Não sabia por que nunca conseguia contar mentiras, manter segredos. Pensava que isso acontecia com todas as crianças, que todas as crianças fossem um tubo aberto de onde tudo que entrava devia sair sem filtros ou demora, como em uma descida muito íngreme, sem freios. Pensava que as crianças fossem fios de conexão entre adulto e adulto, braços tensionados. Ela era assim. Havia a história da cabra que percorre mundos subterrâneos e desemboca certo dia na casa de umas pessoas tristes. A cabra atravessa túneis escuros, galerias e estradas sem luz, passa por cavernas, desce precipícios, enfrenta abismos e caminhos acidentados — sempre no escuro, sem enxergar —, depois uma noite sai pela chaminé daquela casa, materializa-se na cozinha e consola a família das suas desgraças. A família está um pouco mais feliz agora por causa dessa espécie de magia, porque o que parecia impossível aconteceu, e tudo então pode melhorar com uma cabra na cozinha. Havia a história das abelhas que sabiam de tudo, tudo sobre você — Gorane — e de mamãe e de papai, é preciso falar às abelhas, é preciso que você conte a elas tudo o que te acontece, mesmo que elas já saibam, fale para as abelhas. Havia a história dos desejos que deviam ser escritos em uma folha e jogados no lago ou no rio ou no oceano. E então Gorane acreditava nas cabras das chaminés, falava às abelhas, colocava os seus pobres desejos no mar de Getxo, esperando que voltassem com a ressaca, realizados. Quase sempre voltavam, uma garrafa de água fúcsia, um gato vermelho a que não sabia dar um nome, a piscina inflável igual à de Alaia, duas palavras de Jokin, que quase nunca olha para ela mas, quando Gorane deseja isso fechando os olhos e confiando na água de Getxo, aí ele se aproxima da cama e eles dormem juntos, os seus corpos idênticos que mal se tocam. Gorane não se lembra desde quando os desejos deixaram de se realizar. Talvez desde quando, no lugar de cabras, debaixo da terra correm bombas. Isso seus pais não contam logo, esperam que Gorane cresça, porque essa não é uma história que todos podem saber, essa história foi inventada por eles. Acreditaram nela e ela se realizou. Gorane imagina os seus pais na praia de Zarautz, jogando seus bilhetes cheios de desejos, agora sabe ler porque tem doze anos, escrevem «mate todos os vilões, liberdade», *askatasuna*, essa palavra suja, cheia de sangue, que Gorane não conhece ainda.

A manhã é um alvorecer mal desenhado, há uma luz granulada à esquerda do quadro, em muitos pontos a tela está rasgada. É por essas ranhuras que entram e saem os mortos. Gorane abre os olhos e não fica na cama nem um segundo a mais, levanta-se, veste-se, segura a xícara suja de chá e a lava, o halo escuro não quer sair, perde assim alguns minutos. Prepara o café da manhã, coloca sobre a mesa o que vai lhe servir, faz um cigarro, folhinhas de tabaco caem no chão, dois filtros rolam para baixo da pia, pega a vassoura e recolhe tudo, coloca no cestinho de lixo os restos do seu vício cotidiano e senta-se. Espera por eles. Não quer ir lá acordá-los, quer que desçam e lhe digam bom dia sorrindo.

O emaranhado

Ela ordena isso. Deseja mais do que qualquer outra coisa que eles se mostrem de alguma forma. Da janela os arranhões na tela parecem menos profundos, Gorane mal consegue percebê-los agora. Vê-se o sangue no chão, ele toma as cores das casas, da grama, dos carros em destaque sobre o cinza da rua, mas os arranhões na tela estão menos visíveis agora, porque a manhã já avançou, porque o dia serve para disfarçá-los, para fazê-los sumir. E então se vê apenas o sangue, aquela têmpera colorida que cobre todas as coisas. Ninguém imagina caminhar todos os dias sobre o líquido vital de quem desapareceu, de quem o chama por meio de ranhuras no céu. Gorane colocou um dedo na tela rasgada. Ainda não pode dizer o que sentiu. Não há nenhum rumor vindo do quarto de cima. Toma café enquanto o cigarro começa a se apagar na boca. Vejamos o que se pode fazer hoje. Gorane tem vinte e cinco anos. Examina rapidamente a lista dos afazeres básicos — banho, trabalho, despesas, prazos —, depois revisa todas as outras possíveis tarefas do dia, mas não consegue se deter em nenhuma. Ela está no chão, sentada com as pernas cruzadas, a cabeça recolhida entre as suas longas mãos de extraterrestre. Está sentada entre escombros que não consegue ver. Fica na cozinha limpando por pelo menos uma hora e lhe parece que algo finalmente funcionou; a sensação dura poucos segundos. Não quer mais ouvir o silêncio do andar de cima, liga o rádio, mas o silêncio é mais forte do que as palavras da jornalista que anuncia novos conflitos na cidade, é mais forte do que a palavra «terror», do que a palavra «presos», e, quando Gorane tenta com a música, o silêncio também é mais forte do que a música. Gorane precisaria de Jokin, agora, precisaria da barulheira de suas baquetas, mas Jokin não se encontra já há semanas. Tenta imaginá-lo, tenta jogar um bilhete no oceano usando a força do seu pensamento torto e extremamente lúcido, porém não sabe mais acreditar, já não é capaz de ter fé alguma. Nem mesmo Jokin vai voltar. Isso, pensa Gorane, significa estar só.

Ela escreveu uma carta para o seu irmão com a habitual escrita espelhada. Escrever de forma espelhada significa escrever ao contrário e não se fazer entender por ninguém. Gorane é difícil de entender, para a maioria das pessoas que colocaram esse objetivo na vida. Entender, explicar, somar, contar. Na carta ela conta tudo o que aconteceu depois da recuperação. Quase tudo a partir do ano zero do quarto branco de hospital. O resto ela gostaria de escrever e não se lembrar, então destrói a carta e inventa uma história. *Querido irmão, aqui estamos todos bem, mamãe e papai tiveram um pequeno acidente com o carro mas se recuperaram muito bem. Como você está? Por onde anda? Tudo culpa daquela lata-velha, enfim aconteceu, eles bateram, tinha de acontecer, o outro motorista não cobrou os estragos, o importante é que tudo correu bem. Por onde anda? Se você voltar esta noite, eu posso cozinhar para nós quatro, também pensei que não quero mais brigar por causa do barulho da bateria, porque você toca à meia-noite ou desaparece e volta chapado, não quero mais discutir com você, no geral. No fim das contas eu gosto quando você toca, o importante é que eu te amo. Por onde anda? Mais ou menos daqui a uma hora começo a cozinhar. Eu contei algumas mentiras para você. Gorane.*

Detona nos fones de ouvido uma música azul que às vezes se dilui em uma tinta mais intensa sem nome. Nenhuma cor viva. Quinze são os passos para chegar ao quarto, o arco-íris dos condenados no corredor da morte, mas agora Gorane está deitada de barriga para cima e agradece. Ainda é possível encontrar a paz. É possível que pela ferida entre de tudo, até mesmo a paz. Mesmo que não dure — porque não durará —, Gorane poderá ao menos saber que esteve ali: o precedente de que precisa. Eles descem porque é quase hora de comer. Entram na cozinha, Gorane ouve o rangido da porta de vidro que se abre ou bate com o vento. Mas não é o vento, dessa vez são eles. Precipita-se para fora do quarto e os vê voando. Mas voar não é exatamente o que fazem. Estão suspensos a poucos centímetros do chão e caminham pelo ar. Cozinham, espirram água um no outro para brincar, mamãe tem na mão uma colher de mexer o molho, deslocam-se de um lado para o outro sem nunca tocar o chão, que necessidade há, pergunta-se Gorane, por que continuar a se comportar como anjos ou fantasmas, pousem os pés no solo, tenta suplicar. Sejam normais. Mas ela não diz isso em voz alta ou são eles que não escutam. A comunicação está impedida, há uma distância mínima mas insuperável, a mesma que separa os pés de mamãe e papai do chão. É essa diferença que a faz sofrer, um desvio quase imperceptível entre ela e eles, uma falta de aderência entre o seu mundo e aquele em que se movem os seus pais. Os pés descalços da mãe, pequenos como os de uma dançarina, dançam ainda. Os compridos do pai, tão parecidos com os seus, plantam-se sobre o nada como se pisassem um terreno úmido musgoso. Pode sentir o frescor, a sensação de cócegas leves. Não consegue sentir o perfume do que estão cozinhando nem ouvir suas vozes. Vocês estão ou não estão aqui? Continua a vê-los cozinhar, tenta chegar mais perto para dar uma ajuda, mas sua mãe lhe sorri dizendo que é melhor deixar que eles façam, você sempre foi desastrada, Gore, você só bagunça. É verdade. Gorane não sabe fazer uma porção de coisas, entre as quais cozinhar. Vovó Leire diz que seria importante passar adiante as receitas da sua terra, mas para Gorane nada da sua terra importa. Os sabores da sua terra são como os sabores de qualquer outra terra, a língua da sua terra é um corpo morto que parentes e amigos insistem em carregar no colo, acariciar,

Primeira parte

21

agarrando-a pelas mãos e pelos pés, abrindo-lhe os lábios em um sorriso, movendo suas pernas como uma marionete para ter a ilusão de que ainda caminha. E, se Gorane não acredita nisso, se Gorane ri na frente desse morto arrastado para cá e para lá, com o rosto todo maquiado, os vermes que devoram o corpo sob as roupas novinhas em folha, então Gorane é má e precisa ser punida. Gorane é imatura, toda problemática, vai mudar. Gorane é demasiado sensível para a sua idade, tem essa necessidade de ir contra a família para se sentir viva. Estão presentes nela atitudes adultomorfas, por exemplo, fugia de casa vocês falaram, tinha essa necessidade de afirmar a sua pretensa independência, e sobre sua vida sexual o que vocês sabem, suponho que tenha perdido a virgindade muito cedo, algo que pouco tem a ver com a emancipação e a genitali-dade, entendida obviamente em um sentido evolutivo como a coroação de profundas reviravoltas internas — claro! —, as responsabilidades são de ambas as partes, de vocês e dela, a família não pode assumir o papel de educador supremo, e refiro-me também a um dos sintomas mais evidentes que pude constatar nesse mês e meio de terapia, distúrbio antigo razoavelmente disseminado, principalmente na infância, cha-mado grafia invertida para a esquerda ou mais comumente escrita especular, e que no entanto permanece em Gorane, por mais que tenha dezoito anos, como sinal manifesto de profundo mal-estar, de uma distorção patológica da relação que a menina mantém com tudo aquilo que está fora dela — o muuundo — agora, vocês nunca perguntaram, nunca tentaram — na condição de pais, familiares, amigos e, num certo sentido, preceptores — se questionar a respeito das motivações profundas que se escondem sob essa bizarra, e muito preocupante, perpetuação do sintoma infantil, uma vontade bem pouco camuflada de alimentar um fogo que já deveria ter se apagado entre as brasas de uma nova, sólida e

O emaranhado

conquistada maturidade? Quando Gorane consegue silenciar a antiga voz do doutor, o prato já está vazio, seus pais precisam sair para uns compromissos, o mundo está sempre lá fora, imóvel, rude, cheio de sangue.

Brilha uma lua densa, um dente de elefante. A boca são o céu e uns pedaços de nuvens violáceas. Uma tromba entra pela janela e atrapalha Gorane. Primeiro esbarra na moldura das janelas, como se batesse na porta, depois começa a fazer vibrar os vidros até quebrá-los. O que você quer? A tromba traz uma mensagem de seu irmão, a sua voz. Está vivo. Como sempre, escapa. Mas não para muito longe. Quando Gore pergunta onde, a tromba se retrai e se enrola em si mesma, engolida pela boca roxa e preta do paquiderme. «Não para muito longe» é uma medida inútil. Mas está vivo. Gorane se põe a dançar e chama sua mãe e seu pai, grita para que venham ali com ela, que festejem junto com ela. A música é a que toca no rádio e não tem nenhuma importância. Chegam esbaforidos, precipitam-se escada abaixo e Gorane fecha os olhos. Sabe que sem vê-los não terá medo. Não saberá se estão sendo anjos ou fantasmas, se voam ou rastejam, se ficam menores ou perdem braços e pernas pelo caminho. Quer apenas dançar junto com eles porque Jokin está em algum lugar e não está morto. Toca uma canção atrás da outra, ela os ouve rir, cantar, sente os pés deles pisando os seus, estão frios, são muito leves, brisa na pele. Gorane sai e dá uma volta pelo jardim enquanto eles continuam a dançar. Abre o porão e se esconde no escuro, como fazia com Jokin quando brincavam de navegadores. O porão era um navio, os potes de conserva a comida dos marinheiros. A tempestade era o seu balançar para a direita e para a esquerda, o timão um desenho de Gorane feito com giz na porta. Os perigos estavam nas palavras. Para que chegassem os piratas bastava gritar «os piratas!», para materializar uma baleia — a sua cauda que poderia tê-los arremessado nas profundezas — deviam apenas arregalar os olhos e tremer, dizer «lá vem ela de novo», dar-lhe um nome. O nome da baleia ela não lembra mais. Os perigos estavam nos nomes. Gorane acha que é importante se esconder em algum lugar, esconder-se é melhor do que fugir. O melhor lugar para se esconder são os desenhos. Quem a ensinou a desenhar foi sua avó, quando era muito pequena, dizia que o desenho é um vocabulário, é como aprender uma língua. Conquistar um centímetro a mais de luz em um quarto escuro. Gorane tem um vocabulário imenso. As suas palavras preferidas são pentagramas, desenhados como se fossem asas, pentagramas alados para Jokin, que joga os desenhos de Gorane na gaveta. É por isso que Gorane ainda escreve cartas para seu irmão. Nenhum lamento com Jokin. Nenhum discurso com mais de um minuto. Nenhuma pergunta complexa, ele riria. Alguns dos seus amigos eram apaixonados por Gorane. Outros perguntavam a Jokin «o que a tua irmã tem, ela não gosta de rapazes?». Gorane gosta de rapazes e moças, mas não tem tanto interesse em beijar, transar, construir relacionamentos e amor. Ela faz isso às vezes, meio a contragosto, é como um remédio para a normalidade, uma injeção de costume de vez em quando. E daí Gore fez sexo com Etor, por exemplo, que depois não se apaixonou por ela. Ela gravou o rosto do rapaz, «olhar assustador». Tentou imaginar o seu, estendida debaixo do corpo do amigo de seu irmão. «A quase morta», e outros apelidos idiotas, igual a todos que lhe davam: e então sou uma bruxa e logo queimarei no fogo do primeiro que me capturar. Sai do porão e já não há música dentro de casa. Abre a porta e os seus pais ainda estão lá, deitados no chão, suados, rindo e com o corpo salpicado de confetes. Por quê? Gorane está cansada de não entender o que acontece, fica

O emaranhado

com raiva, começa a gritar contra o pavimento até que algo muda, o chão os devora, começam a desaparecer tornando-se lajotas brancas e não há mais nenhum corpo no chão e Gorane não fica melhor.

«Tua irmã é maluca», com ligeira entonação de pergunta. Gorane nunca deu bola para os amigos de seu irmão, mas a frase ouvida por engano vem à mente agora, enquanto se revira na cama. Quem disse aquilo foi um tipo forte como um touro, perdido e encontrado em meio à fumaça de um baseado. Daquela cena cortada pela porta semiaberta, ela se lembra da cara de seu irmão, um misto de resignação e vergonha. Ela se lembra dele, embora Jokin se escondesse de sua vista, e detrás da porta ela via apenas a cabeleira comprida de sua cabeça abaixando-se ligeiramente em busca de um esconderijo. Irmão se separa de irmã maluca. Irmão ri de irmã maluca. Irmão se envergonha e pune, esconde parentesco com desprezo. *Mas o esconderijo não está longe de mim, Jokin. Você deveria ver como se debatem, como andam sem rumo pela casa. Não os reconheço e você me deixou sozinha. A história do acidente era verdade apenas em parte, os carros não têm nada a ver e deu tudo errado. Se você pelo menos estivesse aqui, poderia vê-los com os teus olhos e então poderíamos chorar juntos. Ou você poderia tocar, abafando o canto deles. Sempre cantam, principalmente mamãe, e a sua voz é distante, igual a um grito gravado. Tudo aqui se parece com o desenrolar de uma película defeituosa. Acontecem coisas muito estranhas, Jokin, coisas nas quais você não acreditaria. Fugindo, você me obrigou a ver. Mais cedo ou mais tarde você voltará, e eles cantarão para você também. Eles me disseram que você também terá de ouvir a voz deles.*

Na manhã seguinte é preciso comprar algo para encher a barriga. Sua mãe emagreceu, mija-se toda. Seu pai também se mija todo, a cor mais escura desenha uma linha sinuosa no azul da calça. Não se envergonham, nem sequer se dão conta. A urina da mãe pinga no chão, em parte nas coxas. Usa uma camisola cor de gelo e não veste calcinha. Gorane comprará absorventes para os seus pais. Colocará a calcinha em sua mãe, deitada na cama, primeiro uma perna e depois a outra, abrirá o pacote de absorventes, retirará a película protetora, abaixará outra vez a calcinha e aplicará o tampão com abas, 55 centavos a unidade. Fará o mesmo com seu pai, ruborizando. Gorane enxugará o xixi no chão do quarto de seus pais. Não ficará zangada, nem dirá nada a eles. Aprenderão a não fazer mais isso. Chove, quase um granizo. O mercado fica a sete minutos a pé, mas Gorane sente-se incapaz de percorrer aquela distância mínima, o ponto de chegada se afastará um passo a cada passo meu, pensa, o alvo se distanciará a cada tentativa minha de aproximação. Caminhar será inútil. Olha para os seus pais, que abrem a boca e sussurram juntos:

«Estamos com fome».

O som chega nítido até ela, de uma distância incalculá-vel. Como se repousado sobre uma partitura invisível. Gore apalpa o peito. O seu seio é quase inexistente, magro, vazio. Não tem leite para os seus pais. Para chegar ao mercado da Ribera é preciso superar as águas mortas do Nervión, de que Gore tem medo. A única água que a aterroriza é aquela do rio sem oxigênio, do rio de Cantábria. Não lançou nenhum desejo naquelas águas, mas fará isso hoje, agora. A capa de chuva não a protegerá totalmente, mas Gore não quer um guarda-chuva, o clima está abafado, sai de casa cabisbaixa, no vento se esquece de tudo. Volta quase imediatamente, arranca um pedaço de papel de um caderno e escreve o seu desejo, enfiando-o no bolso. Caminhará por sete minutos com a mão apertando a bunda, para proteger dos agentes atmosféricos hostis o mísero papelzinho. Comprará leite,

O emaranhado

mel, alguma verdura, quatro fatias de bolo, tudo com a mão apertando a bunda. Parecerá sem um braço, mutilada. Respirará, tentará sorrir para as pessoas, abrirá caminho entre clientes e vendedores, com a mão na bunda. Continuará caminhando com aquele segredo no bolso até a ponte, só então a mão suada pegará o papelzinho relendo-o uma última vez, então ela o dobrará e jogará no Nervión as três linhas escritas a caneta preta. Enquanto o pedaço de papel suicida borboleteia até o rio, Gore pensa nas palavras que escreveu. Não se lembra delas. A sacola está para se rasgar, ela a toma nos braços como uma mãe desajeitada faz com seu filho. Não há ninguém em casa. Devem ter saído, a chuva parou, aproveitaram. Gore abandona a sacola de compras e sobe até o primeiro andar. Precisa limpar o xixi dos seus pais antes que o cheiro impregne os móveis do quarto, o ar, mas não há mais nada, nenhuma mancha, nenhum pano ao lado do quarto. Toca o chão com as mãos, está seco, cheira-o, recende a madeira e terra. Permanece apoiada com a orelha direita no chão por alguns minutos, espera um sinal, espera dormir, espera uma voz que lhe diga o que fazer, como cuidar dos seus pais, o que aconteceu e quem lhes fez mal. Como a Guarda Civil chegou a saber e por meio de quem. Seus pais amavam se esconder. Os esconderijos deles eram imperfeitos, haviam sido imperfeitos também da última vez, foram imperfeitos até o fim. Também Gore, desde pequena, se escondia. Certa vez ficou uma tarde inteira debaixo da cama, ouvia os gritos da mãe, a voz trêmula do pai, Jokin não estava em casa, mas voltaria. Queria esperar que ele também chegasse, sentir o seu pânico porque dessa vez era Gorane quem desaparecia. Mas Jokin não volta. Ficou debaixo da cama, aterrorizada e ofendida, seus pais não se empenhavam o suficiente, era como se não conseguissem vê-la. Ela, no entanto, os pressentia, seus sapatos que dançavam sobre o

Primeira parte

piso, os tornozelos nervosos de sua mãe que se esticavam como se fossem se levantar do chão. Via-os em pedaços, mas isso lhe bastava para saber que estavam lá, para construir a parte faltante com a força da imaginação. Assim que saísse de baixo da cama, apanharia. Por isso não podia sair, esperava ser encontrada. Esperava de todo o coração ser encontrada. Tinha até tentado fazer uns barulhos, a fim de levá-los até ela, mas desapareceram na barulheira deles. A história de cada infância é a de uma criança que faz barulho para ser encontrada. A história de Gorane não é diferente das outras histórias, ela apenas fez menos barulho. Por isso os seus pais continuaram a procurá-la até o fim. Por isso Gore continua a vê-los mesmo agora que eles se foram.

Gorane desce a escada, a sacola da compra não está mais no chão. Entra na cozinha e abre a geladeira, tudo está em seu lugar, as fatias de bolo estão em um pote de plástico, a verdura na gaveta de baixo, sob a prateleira dos laticínios, a garrafa está cheia e todas as superfícies estão ocupadas. Gorane não comprou toda aquela comida, isso nunca passaria pela sua cabeça. Permanece imóvel por alguns minutos diante da geladeira aberta, e o que no começo é um zumbido transforma-se em sussurro, depois em uma frase pronunciada em silêncio, iniciada sabe-se lá quanto tempo antes, cada vez mais forte. As primeiras palavras que Gore percebe são «pensado em cozinhar alguma coisa», depois, mais nitidamente, «no trabalho, você arrumou tudo, hoje é o teu dia de folga ou…». Então Gorane se vira e sua mãe está ali, apoiada na mesa, de costas, cortando cenouras em tiras longas e finas, continuando a falar, «talvez não, eu sempre me engano, foi ontem».

«Ma-mãe.»

O emaranhado

Como se fosse a primeira vez que pronuncia aquele nome, com todo o esforço e o espanto dos dezoito meses, quando um simples exercício da língua se assemelha a uma declaração de amor eterno. A mãe não a ouve, nem mesmo agora, continua a falar e a se responder, como se nela estivesse também Gorane. Gore responde às perguntas feitas, de dentro do corpo de sua mãe.

«Não é diferente ir embora ou morrer», diz Gorane. «Não é diferente.»

A mãe desaparece.

O quarto é verde-claro, cheio de livros e desenhos grudados nas paredes. Há um beliche, Gorane dorme na parte alta, mais perto do teto, onde grudou alguns desenhos a carvão de homens e animais. Antes de dormir, ela gosta de se perder naquelas figuras lânguidas, mal esboçadas. Nunca mudaram a cor das paredes nem conseguiram arrumar outro quarto para um dos dois gêmeos em alguma parte da casa. Às vezes Jokin dorme fora, na casa de algum amigo, e Gorane fica sozinha e metade vazia. Às vezes Jokin dorme no porão, perto da sua bateria. Alguns anos antes Gorane experimentou dar uma cochilada por lá e seu irmão ficou maluco. Gritava, chamava Gore de puta. A raiva de Jokin tinha a ver com a heroína que nem sempre conseguia obter. Nos dias bons, Gore encontrava pacotes de seringas nas gavetas ou debaixo da cama, pacotes vazios, mas reconhecíveis. Nos dias ruins, Gore não encontrava nada porque seu irmão não tinha conseguido dinheiro para a droga. Nunca se drogaria em casa, mas deixava os sinais do seu vício em toda parte. Mamãe e papai não suspeitavam de nada, porque Jokin era o orgulho deles, o orgulho de todos, até de Gorane, embora não gostasse dessa história da heroína e tivesse tentado dizer a ele uma vez ou outra. Mas seu irmão é muito bonito. Seu irmão

Primeira parte

tem tudo aquilo que falta nela. Seu irmão vencerá sempre. O médico dizia: essa dependência emocional precisa acabar. No espelhamento perverso residem as esquisitices da tua escrita, Moraza. Ele tinha aventado essa hipótese, tinha alçado esse voo. Dizia para parar com a mitificação. Usava expressões ridículas, exageradamente difundidas e hilárias, menos uma. Um dia lhe disse que havia chegado o momento de cortar o apêndice. Um Jokin-apêndice a diverte muito, daí ela o desenha. Começa com um fio tênue que vai de um umbigo a outro de figuras ainda não tracejadas. Uma simbologia fácil de intuir, em torno da qual se constrói um universo de contradições. Desenha em volta do primeiro umbigo uma figura magra e torta que chamará de G, e que deixará branca e vazia. Ao lado, e em volta do segundo umbigo, faz brotar uma silhueta enorme e escura, que chamará de J, e que deverá ter todas as qualidades da água. Por isso fará uma série de desenhos sucessivos, desenhos em que G permanece imóvel enquanto J muda imperceptivelmente de posição — distanciando-se e esticando o fio tênue até rompê-lo. Essa é a primeira animação da sua vida, e a última. Esse é o seu irmão móvel, o seu irmão água. O elemento dele é a fuga.

Caro Rio Nervión, desejo que eles voltem para cá ou vão embora para sempre. Caro Rio Nervión, desejo que eles voltem para cá ou vão embora para sempre. Caro Rio Nervión, faça-os voltar para cá ou mande-os embora para sempre.

Ela se olha no espelho e vê os contornos de um ser vago, aproximado, comparável somente à descrição visual de um míope. Aproxima-se alguns centímetros, a pele é luzidia, branca, as olheiras arroxeadas e profundas, a franja gruda na testa como um rótulo e a boca é um suceder-se de carne

O emaranhado

intacta e pelezinhas secas. Não sabe quanto silêncio se passou, mas não durará muito.

«Agora vou sair», diz então.

A luz é uma coisa agradável, Gore a conhece bem. Foi sua inimiga, nos desenhos. Fugia. Era impossível de reproduzir. Agora que ela a sente sobre a cabeça, entende que está viva. Ela existe graças à luz, caminha graças aos seus olhos que bebem a luz. Tic-tac sobre o chão, perdeu pelo menos três quilos. As calças caem suaves nas suas coxas, os quadris estão soltos, a sensação é agradável. O prédio dos correios está a uma hora a pé e Gore faz tudo correndo. Foge dos seus pais, nunca caminhou assim tão rápido. Já não se sente um morto-vivo que agora vê fantasmas. Corre. Não vê nada além do mundo, dos vivos. Gorane quer tocá-los, apertá-los, experimentá-los. Pela primeira vez, depois do hospital, percebe a presença dos vivos como algo sólido, capaz de deixar marcas sobre a terra. Pela primeira vez, nenhum dos seres que a circundam voa ou caminha pelas paredes, ninguém fala sem voz, ninguém desaparece sob o chão. São todos reais, convencionais, parecidos. Pagãos. Eles têm cores terrenas, a luz não os atravessa enchendo os seus corpos de brilhos. A luz pinta em volta as sombras de sempre. Se eles se levantam, o movimento é coerente, acompanha-os em direção a algo por uma razão específica, daí lança-os novamente para trás ou para outro lugar, sempre em virtude de algum propósito claro, de uma razão inteligível. Se falam com ela é para obter uma resposta. Não desaparecem.

«Moça, você está bem?»

É muito velha e gentil. É muito velha, incrivelmente velha. A sua pele é riscada por arranhões, atravessada por bilhões de veias mais ou menos profundas que compõem uma figura geométrica impossível. Gorane se volta para ela como para uma obra de arte.

«Sim.»

Tem a graça de quem não capta a incoerência de dois universos, aquele do sonho recém-abandonado e aquele do real para o qual se volta com esforço. Mas a senhora já está em pé, caminha para a frente e para trás desenhando linhas retas na sala de espera invadida por três filas de clientes, direcionados cada um para um guichê diferente. A senhora está preocupada e furiosa. A senhora está desolada. A senhora tem urgente necessidade de enviar um pacote para a América do Sul. A senhora é um casaco caramelo, um par de panturrilhas flácidas e um coque cinza apontado para o espaço. As cartas endereçadas a Jokin são cerca de trinta e devem ser enviadas até a noite.

É domingo e eles dormem. Será preciso ligar para a vovó, dizer a ela que ninguém irá almoçar, que por um tempo não aparecerá ninguém. O telefone tocou várias vezes durante essas semanas. Provavelmente queriam informações sobre Gorane, sobre o acidente, sobre como estão, mamãe e papai tinham muitos amigos. Têm. A resposta é: bem. Estão se acostumando. Gorane prepara o almoço, limpa a casa o tempo todo, vira adulta. Gorane está assumindo responsabilidades, mesmo que no trabalho ela seja chamada só um dia por semana para colocar em ordem os arquivos dos remetentes e verificar se não há movimentos suspeitos. Não pode continuar por muito tempo. Alguém bate na porta, toca, grita para abrir, mas em casa nunca tem ninguém. Gorane não tem tempo de se dedicar a advogados, jornalistas, companheiros de luta. Às vezes pensa que poderia tratar-se de Jokin, então vai até a entrada para espiar pelo olho mágico, mas sabe que Jokin não bateria. Se ele decidisse voltar, Gorane o encontraria uma manhã cedo, talvez de madrugada, deitado sobre o sofá cinza com os fones nas orelhas e o olhar atento fixado em um ponto preciso do espaço. As persianas estão sempre abaixadas. Gorane acostumou os seus olhos a viver na penumbra e na penumbra encontrou a sua casa. Lá vivem também mãe e pai, movendo-se como dois gatos. São uma família felina que vive no escuro ou em uma luz fraca, quase ausente. Abre caminho entre as rachaduras. Gorane sabe que alguém, mais cedo ou mais tarde, vai arrombar a porta para enxergar com mais clareza. Traça planos, rotas de fuga. Tenta entrar na cabeça de seu irmão, esforça-se por raciocinar como ele, qual estratégia adotaria agora, de que modo seria possível construir um esconderijo em outro lugar. A penumbra por enquanto é suficiente: um exercício contínuo de desaparecimento. Gorane já não usa aspirador de pó, secador de cabelo, fontes de ruído. Gorane se move em sua casa buscando se esvaecer. Como por uma espécie de exercício espiritual ou de disciplina artística, treina o seu corpo para a invisibilidade. Aprendeu a caminhar rápido, o torso ereto, os abdominais rijos, para pesar o mínimo possível sobre o chão. Aprendeu a fazer aderir lentamente cada centímetro do pé à superfície, língua macia que lambe solo. Ela espalhou pela casa tapetes velhos que amortecem seus deslocamentos no espaço. Proibiu a si mesma de utilizar determinados quartos, encheu a casa de armadilhas, nos lugares onde não é permitido ir. Destruiu a própria familiaridade com os lugares, move-se em sua casa como uma hóspede. Não pede aos pais para fazerem o mesmo. Os pais aprenderam a arte do desaparecimento muito antes dela. Começaram a transmitir seus ensinamentos há alguns dias, desde quando Gorane comunicou-lhes a decisão de transformar o apartamento de Kalea Olano em uma casa vazia. Sugeriram técnicas eficazes, exercícios de leveza. Traçaram um programa diário de treinamento e alguns deveres,

Primeira parte   33

proibições. Ditam regras, mas dessa vez Gorane não custa a obedecer. Pediu ajuda para eles e espera sucesso total na operação. Com os outros ensinamentos não era assim: Gore não queria ouvir nada que tivesse relação com o ETA, a sua língua, a unidade absoluta dos bascos. A ditadura eram os livros que precisava aprender de cor, sua mãe, que olhava triste para ela porque Gorane não acreditava, não conseguia acreditar. A ditadura é seu pai que lhe ensina no que pode pensar, no que é estúpido pensar. O regime é a sua casa. A sombra é amiga, suaviza arestas, dá espessura, profundidade aos objetos familiares. Torna-os estranhos, distantes do uso costumeiro, das recordações. Sentada à mesa de madeira, uma pequena vela sem cheiro a sua frente, Gorane observa a sua mão iluminada de viés. Um pouco de cera pingou na mesa, ela espera que endureça e arranca a superfície branca com as unhas. Um dos exercícios mais eficazes é parar gradualmente de comer. Gorane janta alguma verdura crua e uma maçã. Come lentamente, lentamente, como se também as suas mandíbulas pudessem fazer demasiado barulho. Ela se afina, pode sentir essa sensação em cada parte do seu corpo, pela primeira vez. Quanto mais se torna nada, mais os seus membros parecem grossos, o seu ventre pesa na direção da terra. A consciência do próprio peso, da própria forma e densidade cresce a cada quilo perdido, como se as pernas, os pés, os seios, os quadris precisassem afirmar-se com mais força, para afastar a sua própria morte iminente. A cera escondida sob a unha do indicador esquerdo está manchada de sangue devido à pressão excessiva. Gorane se levanta e vai procurar um curativo no armário do banheiro, mantém o dedo na boca e suga um sabor metálico e queimado. Sua mãe está no banheiro com a cabeça inclinada. Seu corpo é frágil, mole: cartilaginoso. Seus cabelos loiros e cinza parecem

O emaranhado

finíssimos cordões umbilicais, chegam até o chão. Continuam crescendo. Ela levanta a cabeça e sorri para Gorane.

«Você se machucou, amor. Está sangrando.»

A voz dela é afiada.

«Saia daqui, ma-mãe.»

Gorane sai do quarto correndo, sem curativo, e continua chupando o dedo. Ela é quem obedece à ordem dada à mãe. Os cabelos da mãe, miserável prolongamento, continuam a crescer, a reclamar espaço, tempo, cuidado. Será Gorane quem os lavará, quem os penteará para trás, quem os arrumará ordenadamente como uma figura geométrica e os cortará. Restituirá à mãe a forma que tinha antes do hospital, restituirá à mãe o peso, a consistência, aquele determinado modo de ocupar de cabeça erguida o planeta terra.

«Não fuja», diz.

A mão da mãe em seu ombro está gelada. O movimento dos lábios não combina com a voz. Mãe estrangeira, mãe dublada, traduzida para uma língua compreensível a partir de um idioma desconhecido. Quem faz isso para ela? Existe um filtro, um outro ser ou um mundo inteiro entre ela e o verbo sobreposto de maneira inexata naquela boca que se abre e se fecha: um defeito de correspondência elementar cadenciado por um movimento inútil. Uma distância irrecuperável, cheia de obstáculos, de vãos entre ela e aquela boca, entre aquela boca e aquela voz. Gorane se acostumará também a essa incongruência, fechará os olhos como agora e ouvirá sem ver. Andará quilômetros e quilômetros com o pensamento para acreditar que tudo está normal, ordinário. Ela se comportará como sempre e o mundo lhe responderá com a mesma moeda habitual.

«Vamos lá, ma-mãe», sussurra. «Gorane agora quer lavar seus cabelos.»

Primeira parte   35

Decidiu escrever para Jokin uma carta por dia. Vai enviá-las para o endereço de casa. Precisa que a mensagem cumpra um percurso mínimo, que volte até ela depois de ter atravessado alguns quilômetros em linha reta. Precisa desse método de comunicação ainda que em desuso, dessa tentativa inútil. Gore tem um pensamento mágico. Está convencida de que algo vai chegar até ele de qualquer modo, uma pontada nas costelas, uma tontura, pedidos de socorro. Pensa que uma resposta dele pode ser a merecida recompensa pelo esforço de escrever. *Continuam a ser diferentes dos humanos, Jokin. Vivem perto de mim, o tempo todo — acho que posso dizer isso —, de repente me viro ou me distraio e eles desaparecem, e, se decido que não quero mais vê-los, desaparecem, como se fossem sugados pelo chão ou pelas portas ou por qualquer objeto da casa. Mas, se os chamo, nem sempre aparecem. Não tenho esse controle sobre eles. Posso decidir que desapareçam, quando estão aqui, mas não tenho nenhum poder sobre a vinda deles. Eu preciso de você, eles adoram você. Tenho certeza de que eles te ouviriam, que voltariam a ser normais. Onde você foi parar? Pode me responder? Estou tentando mandá-los embora a todo custo. Mas ainda preciso deles. Parece que eles respiram dentro dos móveis, nas paredes, no café que bebo de manhã e que me ocorreu muitas vezes de cuspir na pia. Acho que não os quero mais aqui. Não os quero sem você. Não consigo suportar a presença deles. Não consigo respirar. Acho que os quero ainda. Não tenho esperança, Jokin, mas ainda consigo ser feliz. Mesmo em frangalhos, eles estão bem. Ainda que nessa forma inconcebível. Você está fugindo? Alguém me disse que você ainda existe e nós comemoramos. Aqui, nesta casa de sombras e réstias de luz. Nunca durmo no porão, não se preocupe. Não ocupo os teus espaços, finjo que você está lá. Eu só fui lá no dia em que um monstro noturno me comunicou que você ainda está vivo. Era um elefante e me parecia branco. Era muito bonito, puro. Lembrei-me do mar, das baleias, do nosso navio, a tua falta era menos doída.*

O emaranhado

Não saio quase nunca, só um dia por semana para ir ao trabalho e enviar estas cartas. Não tenho muito controle sobre mim mesma. Tenho um controle excessivo sobre mim mesma. Acho que é a vovó quem liga todos os dias depois do almoço, acho que é ela quem bate de vez em quando na porta. Grita alto o meu nome, há na sua voz um som de algo que se despedaça, talvez um galho, talvez um osso ou um cristal. Não posso quebrar nada aqui. Mal posso me mover. Aprendi muitas coisas graças a eles, comecei uma nova vida. Acho que você não me reconheceria, emagreci mais ainda e caminho de um jeito diferente, e me movo como se pudesse derrubar tudo de uma hora para outra. Acho que você não se envergonharia dessa tua nova irmã, não sei o que me faz pensar isso. Você está comendo? Fico preocupada principalmente por causa da droga. Você não deve confiar em ninguém que não seja Arze. Não pode morrer. Um dia, não lembro quando, acho que ele também veio. Arze. Da persiana na janela da sala entrevia sua figura esguia e suave apoiada de costas para a porta. Eu o ouvia resmungar alguma coisa a si mesmo e então, de tanto em tanto, eu via a sua mão direita bater de leve contra a parede. Às vezes girava a cabeça na minha direção e eu me encolhia com medo de ser vista. Mas ele não me enxergava, acho, era apenas um jeito seu de negar alguma coisa. Pendulava a cabeça para a direita e para a esquerda, continuava a negar, a exprimir desaprovação para o nada. Em um certo momento parei de me encolher porque sabia que não me veria, que não podia ver. Também ele está atrás de você. Todos sentimos a tua falta, Jokin, parei de desenhar. O som dos lápis no papel é ensurdecedor. Tudo adquiriu dimensões inéditas, o mundo é vítima de uma brutal amplificação. Parece que uma ferida mínima é capaz de esgotar todo o meu sangue. Parece que as formigas escavam sulcos caminhando sobre o chão da cozinha. Quando mexo um copo ouço o barulho da tua bateria. Não é fácil viver assim, mas estou aprendendo. Não mexo quase nada. Não me deixo mais surpreender pelo pânico quando uma folha do hibisco da cozinha cai no chão. A sua morte já não me

Primeira parte

*deixa atordoada. Como tão devagar que nunca tenho fome. Quase
não falo. Choro algumas vezes sem soluçar, arregalo os olhos e as
lágrimas saem sem esforço, sólidas e pesadas, parece-me uma boa
maneira de chorar. Não canto, cantam eles. Deixo-me chorar. Ontem
lavei os cabelos de mamãe. Os cabelos de mamãe estão muito compridos, vão até o chão. Cresceram desmedidamente de um dia para
o outro e me davam medo. Eu os lavei, você precisava ver o corpo
frágil dela deitado na banheira. Ontem entendi que mamãe é bonita.
Você sempre disse isso, mas ontem entendi com uma parte estranha
do meu corpo, diferente dos olhos. A banheira se encheu de terra em
poucos segundos, a terra estava grudada nos cabelos de mamãe. Eu
a lavei por mais de uma hora, sem força no começo, com medo, depois
cada vez mais forte, esfreguei, tentei tirar toda a mancha do seu
corpo, tentei levá-lo a uma espécie de infância. Faço a mesma coisa
com o meu corpo, as minhas mãos. Lavo as manchas dela e as
minhas. Parece que não saem nunca. Quase a machuquei, ela
mantinha os olhos fechados e de tempos em tempos, a cada passada
mais forte, ela os arregalava e ria. A risada dela é aguda. Não sei
se sempre foi assim. Fiz tranças em seus cabelos molhados, ainda
sujos de terra, e os enrolei em um coque para liberar o rosto. Alguns
tufos me escapavam, eu os retomava e começava tudo de novo. Deixei
o rosto dela descoberto por alguns minutos, enquanto o corpo ossudo
movia lentamente água e espuma. Naquele momento descobri alguns
traços que nunca tinha notado, semelhanças, doçuras. É menos parecida com a gente do que você pode imaginar. Ela se parece onde
menos eu achava que pudesse se parecer. Não nos olhos, não nos
contornos, não nos cortes pronunciados das maçãs do rosto. Mas em
um certo modo de abaixar a cabeça com vergonha. Nessa ferida eu
encontrei também você. Depois soltei os cabelos dela, derramei meio
frasco na cabeça. Não usei shampoo, usei o mesmo sabonete que
havia espalhado no corpo, com que havia enchido a banheira. Cuidei
dos cabelos dela como carne viva que cresce. Friccionei, esfreguei,
desencardi por uma boa meia hora. Com as mãos, com as unhas,*

O emaranhado

com uma esponja nova encontrada na gaveta. Enchi a cabeça dela de um produto artificial, que pingava em seu rosto, fazia seus olhos arderem. Enxaguei tudo com água quente. O banheiro exalava sândalo e almíscar branco. O cheiro estava tão forte que lembrava um incêndio. Eu me levantei, os joelhos gritavam. Estiquei as mãos para a mamãe, que se pendurou nos meus dedos, pensei que o aperto da sua mão se assemelhava à de um pássaro, às garras de um falcão ou às de um minúsculo animal primitivo. Ficou alguns minutos imóvel pingando na banheira, em pé, sorrindo de leve para mim. Assustada ou intrigada. Eu a envolvi com uma toalha limpa e a ajudei a sair da banheira, segurando-a pelo tornozelo direito, levantando-a até a borda, fazendo-a vir para frente e colocando-a de volta no chão, sobre o tapete. Senti o peso de mamãe desequilibrando-se em minha direção, a mão dela fazendo mais pressão sobre meus ombros. Deixei que repetisse a operação sozinha, com a perna esquerda, e então a levei para o quarto e a coloquei sentada no banquinho perto da escrivaninha. Ela ainda pingava, molhando o chão, a madeira, a água se espalhava pelo chão fazendo o barulho de costume. Tentei não ficar escutando. Mamãe não falou nenhuma vez. Enxuguei os cabelos dela por alguns minutos, de modo que a água parasse de escorrer. Eu os penteei e os coloquei para trás da cabeça. Peguei a tesoura, molhando minhas mãos para manter firme aquela única, longuíssima mecha. Agarrei os cabelos com força e os cortei com um só golpe, logo abaixo das orelhas. Caíram no chão com grande estrondo. Terminei de enxugá-los, percebendo a passagem do escuro para o claro, claríssimo. São cabelos loiros e brancos. Misturam juventude e velhice, morte e vida em um único conjunto compacto, indivisível. Eu disse a mim mesma: não poderei cortar todos os cabelos loiros para transformar minha mãe em uma velha. Eu disse a mim mesma: não poderei cortar todos os cabelos brancos para transformar minha mãe em uma amiga. Terei de aceitar essa imagem desfocada, ambígua. Continuei a secagem por muito tempo, até quase queimá-los. Infringi a regra de nunca usar fontes ruidosas, *infringi muitas outras regras. Tirei o barbeador da gaveta onde papai o guarda. Comecei deixando-o suspenso no ar, tentando entender seu ritmo, seu funcionamento. O barulho do aparelho ligado quase estourou os meus tímpanos. Aparei os cabelos da nossa mãe, tentando fazer um bom trabalho. Aparei a cabeça dela e parecia que eram os meus cabelos que caíam. Toquei minha cabeça várias vezes para me assegurar de que ainda estavam lá. Não estavam. Os meus cabelos caíam junto com os dela, desenhando estranhas figuras simétricas no chão. Minúsculos amontoados de lipídios, queratina, minerais, pigmentos. Consegui desligar o barbeador e abrir a mão, deixando-o cair no chão. Mamãe se virou e com seu rosto nu me sorriu, Jokin.*

O pai deslizou por baixo da porta. Gorane o ouviu enquanto subia as escadas para levar a eles alguma coisa para beber. Ele não colocou a mão na maçaneta, não a abaixou, nenhuma porta se abriu. O pai se ajoelhou, pendendo de leve para frente como para observar um formigueiro à frente dele, estendeu as pernas para trás uma após outra, arrastando-as sobre o chão, e se achatou até perder a espessura natural. Como um líquido, um tapete, uma carta, ele deslizou sob a porta, Gorane ouviu mamãe dizer-lhe algo assim que passou para a outra parte. Os dias são sempre quase escuros. As noites, luzes fracas de velas. Gorane já não distingue sol e lua, o tempo do trabalho e o tempo do descanso. Perdeu toda e qualquer orientação, mastiga alguma coisa quando passa fome, exercita-se por muito tempo, o despertador toca toda sexta-feira às sete para lembrá-la do trabalho, da compra, envia cartas, tenta dormir. Tem um só ponto de apoio — escrever a Jokin —, de resto os dias são uma única cadeia de sombra e suor. Os cabelos da mãe cresceram mais e continuam. O pai geralmente está sem consistência. Quando Gorane fica diante dele, às vezes o atravessa. Tornou-se quase um costume. Continua a falar com ele — «papai,

O emaranhado

você poderia contar uma das suas histórias» —, mergulhando dentro do seu corpo enxuto. Reemerge intacta, vira-se, e o pai ainda está ali, na exata posição de antes, seus músculos talvez estejam imóveis, ou caminha ou articula alguma história com a voz. Não consegue abraçá-lo, não consegue apertar a sua mão nem sentir as veias de seu dorso. Consegue se mover na direção dele e olhá-lo, consegue ouvir a sua voz, mas não consegue perguntar nem esperar uma resposta coerente. Às vezes respondem a perguntas que ela não faz e ela precisa se esforçar para encontrar uma questão plausível. O pai existe e não existe, tem o corpo intermitente de uma lampadinha queimada por um raio. O raio é Gorane. Ele lhe disse que a teria acompanhado em uma volta de bicicleta, a voz dele percorreu quilômetros antes de chegar ao destino, incompleta, alterada. Toda vez que Gorane se convence e o convida para sair, ele volta atrás.

«É cedo ainda. Não saia. Você não está pronta.»

Tem medo de que sua filha caia como caía antes. Não se lembra de que aprendeu muito cedo a pedalar, a se equilibrar sem uma, duas mãos. A memória dele parou naquele tempo distante. Se Gorane não sai é também para obedecer ao seu pai. Agora do lado de fora da porta está vovó, que grita e bate. É um concerto insuportável, que se repete pela enésima vez. Gorane aperta os punhos, fecha os olhos, espera que passe. Tinha muita vontade de ver sua avó, tinha muita vontade de abraçar vovó Leire. Os seus olhos minúsculos e luminosos, os seus olhos que capturam. Sai correndo até o primeiro andar, entra no quarto dos pais, que a abandonaram novamente. Nunca estão quando Gorane precisa deles, voltam somente quando o problema acabou. Passaram-se três, quatro semanas, não se lembra. Ela os procura, desce e sobe as escadas uma dezena de vezes, a avó continua a bater, a falar primeiro em voz baixa, depois com gritos curtos, agudos.

Primeira parte

Não aparecem. Gorane se aproxima da porta lentamente, os pés descalços, os abdominais rijos. Em câmera lenta, move-se em direção à vovó Leire, tenta suportar aquele tormento, encosta a orelha na porta enquanto uma agulha finíssima lhe fura os tímpanos. Vovó fala basco, grita basco. Recebe uma ou outra palavra esparsa, caída e que depois explode no quarto antes de emendar-se a uma outra e formar uma frase com sentido completo, um percurso lógico aceitável. Vovó é a pessoa que melhor conhece Gore. Mas não pelo caminho do amor. Mamãe pariu Gore, expulsou-a de si mesma, empurrou-a sobre o palco à base de chutes, disse: mexa-se, disse: vá em frente, cresça, caia. Vovó disse: tome cuidado. Penteava-a todas as manhãs, na frente do espelho, o seu olhar severo nos olhos de Gore menina, de Gore não mais menina, que imita a postura imóvel, o olhar direto, altivo. Não aprendeu, conservou o seu andar oblíquo de olhos meio abertos, não soube receber a luz plena nem o escuro total. Gore se dá conta de ter sempre vivido na penumbra, como agora. Pela primeira vez pode ouvir Leire se despedaçando, o barulho é límpido, a queda única. Acredita não entender as palavras de vovó, mas reconhece a rachadura que primeiro destrói a estátua de mármore.

«Entra, vovó», diz, «não pode se quebrar você também.»

Há três meses e meio começou a sair de casa todas as tardes por volta das quatro. O doutor Jespersen espera por ela sentado em uma poltrona de couro azul, antes que Gorane se decida a apoiar a palma da mão na maçaneta uma voz grita «Entre, Moraza», ela espera alguns segundos para fazê-lo acreditar que não está lá. Quer que ele se levante, que se dirija até a porta e, abrindo-a, grite o seu nome. Deseja aquela forma ambígua de poder. O consultório é uma série combinada de variações cinza-azuladas, uma sequência de

O emaranhado

tons marinhos, glaciais, que deixam Gorane encantada. Ela acha que, se um dia inserir cores nos seus desenhos, vai se limitar àquela escala cromática fria, industrial. A contemplação da moldura em que ela própria se insere todos os dias, alterando-lhe o equilíbrio, poderia ser o real motivo do seu retorno aos estudos. Às vezes desloca-se a pé. Outras vezes, quando não chove ou venta demais, pedala até a Plaza Nueva, prende a bicicleta no mesmo poste de sempre com uma volta dupla da corrente. Outras vezes pega o transporte público, só que mais raramente, o contato muito próximo com os outros provoca nela uma sensação imediata de náusea. Assim que ela se deita, a visão se turva, fica meio obscurecida. Uma técnica como qualquer outra para se sentir em casa. O doutor começa a fazer perguntas, mas a maior parte das vezes fica calado, espera que seja Gorane a falar. Essa intenção a enche de raiva, às vezes fica em silêncio por uma hora inteira, mas ele continua não dizendo nada, obedecendo a uma técnica amadurecida ao longo dos anos, cada vez mais experimentada com resultados positivos surpreendentes. A vovó insistiu ao longo de semanas. Todos os dias acordava e durante o café da manhã, durante as refeições, repetia que havia algo que Gorane precisava fazer sem falta. Continuava a telefonar, a pedir informações sobre as supostas competências de alguém. Perguntava com obstinação se ele — um ele que variava a cada vez — era realmente bom. Gorane e vovó Leire recebiam algumas visitas. A porta não ficava sempre fechada, abria-se de vez em quando para deixar entrarem alguns amigos da mãe e do pai, alguns guardas. Amigos e guardas faziam as mesmas perguntas, Gorane mal respondia, respostas negativas, na maior parte das vezes, davam menos problemas. A vovó também afirmava não saber de nada, nada, a respeito de qualquer coisa. A visão dos outros era como a luz, intrusa. Necessária à vida, dizia vovó. A existência

Primeira parte

conjunta delas funciona, mesmo que vovó chore, de vez em quando, tentando se esconder. Mas nada está escondido para Gorane, principalmente naquela casa onde tudo deveria estar do seu jeito, onde tudo parou há alguns meses de estar do seu jeito. Para ser exato, desde quando vovó cruzou a porta. Mesmo que vovó insista, Gorane busca não comer. Às vezes, quando a vovó se vira, Gorane cospe a comida mastigada na palma da mão direita, à espera de poder se levantar e jogar tudo no vaso. Às vezes tenta vomitar. Às vezes alega náuseas, dores. Tem necessidade daquela leveza artificial. Vovó já mudou demasiadas coisas, a disposição de alguns móveis, por exemplo. Gorane gostaria de ensinar a ela a sua disciplina, os métodos aprendidos com mãe e pai para caminhar e viver em silêncio, para não se fazer ouvir nem ver, mas vovó se recusa, se irrita. Ela não os consegue ver, acha que Gorane inventa tudo. Os seus pais não querem que vovó fique na casa, não disseram isso, mas Gorane tem certeza. Aquela presença alterou a atmosfera habitual, o microssistema. A casa já não é um ambiente asséptico, já não é penumbra e réstias de luz. Existe alguém que anda e fala alto, liga a televisão, atende o telefone, até deixa outros entrarem. Ainda há Gorane, que sai mais vezes e infringe as regras de tempos em tempos e com frequência cada vez maior. Tenta apagar a luz logo após vovó tê-la acendido, tenta convencê-la a não assistir a um filme, a não secar os cabelos, mas o corpo de Leire não suporta nenhum controle. Vovó é solta, livre, viva porque não vê. Vovó tem uma energia doentia que deveria ser sufocada, acabar a golpes de facão. Se pudesse pelo menos ouvi-los cantar, mesmo que fosse somente uma vez, ela se curvaria de boa vontade àquele regime, aceitaria o esforço em troca da esperança de um contato. Da primeira vez Jespersen a fez deitar, mostrando-lhe o divã com a mão. A mão dele é ossuda e cheia de pelos, usa dez anéis, um por dedo,

O emaranhado

no anelar esquerdo desponta um lápis-lazúli ou uma safira. Gorane se contém e não pergunta por que todos aqueles anéis, aquela pedra azulada, aquele consultório. Gorane acha que é a última vez que levantará a bunda da cadeira para ir até aquele sujeito ancião que não fala, depois percebe que essa sala lhe faz bem. Como sempre, a uma decisão segue--se uma reflexão que faz o plano cair por terra. É preciso atravessar alguns quilômetros de luz e barulho, aguentar os rumores, os ofuscamentos, para daí penetrar em um espaço semelhante ao seu, em outro lugar, ocupado por um ser que não conhece, um ser quase mudo. Há uma distância perigosa entre o primeiro e o segundo ambiente, entre a sua casa e o consultório de Jespersen. Vovó havia dito: é o melhor, não há ninguém como ele, é a pessoa de quem você precisa. Vovó quase bateu nela, empurrou-a para o divã, os seus olhos viraram duas minúsculas fogueiras. Disse coisas muito estúpidas, a dor nos deixa estúpidos, mesmo que à primeira vista possa parecer o contrário. Disse: se você não for eu me mato. Gorane obedeceu, mas por curiosidade: ninguém pode se matar por um psiquiatra. Ligou o computador, buscou informações, uma lista infinita de páginas se abriu: o doutor ao que parece é famoso. Gorane o viu pela primeira vez numa fotografia, na tela do seu computador portátil, salvou a imagem e olhou para ela várias vezes com os dois olhos, depois apenas com um olho, inteiro ou aos pedaços, cobrindo uma parte dele com os dedos. Tenho um psiquiatra salvo no computador, pensa, e ri. Isso é um rosto. Isso é um olhar. Desenha Jespersen, que nunca viu de verdade, mas o resultado são linhas finíssimas sem ligação entre si, excessiva-mente distantes para formar um queixo, uma sobrancelha, ou então próximas demais, sobrepostas, olho sobre nariz sobre unha sobre bochecha sobre lábio. Tenta várias vezes construir uma imagem coerente do homem que não conhece, mas

Primeira parte

tudo acaba em um monte de rabiscos sem critério, como se tivesse tracejado linhas precisas de olhos fechados. Os seus olhos fazem aquilo que querem. Desde algumas semanas Gorane já não é capaz de desenhar, de estabelecer a distância correta entre linhas, proporções verossímeis, então entrega-se ao verbo, àquilo que sobre o doutor foi escrito ou dito: gênio, luminar, origem dinamarquesa. Especialista em distúrbios da linguagem, depressão, síndrome de Cotard, alucinações. Transferido Euskadi com família, provavelmente cachorro, mestre ilustríssimo, caso impossível curado, obrigado, obrigado doutor. Passa mais de duas horas buscando informações, construindo uma arquitetura humana a mais multifacetada possível — como sorrirá, como caminhará, que voz e que cheiro terão os seus cabelos, irá me olhar nos olhos, o que sentiremos? —, para depois mandar tudo para o espaço. O resultado das duas horas e meia de navegação é um boneco distinto que fala de doenças mentais com um cachorro na coleira enquanto fode com amor uma mulher loira e os filhos tomam café da manhã esperando ser diagnosticados por papai. Precisará agradar vovó, pensa, espera chegar a manhã, e espera telefonar a Jespersen para marcar o primeiro encontro. Não dorme durante toda a noite e no dia seguinte é ele quem liga.

Uma sequência ordenada de combinações levou-os a se encontrarem, embora pudesse parecer uma manobra intencional. Vovó está tão feliz. Acompanha Gorane no primeiro dia, 10 de abril de 2007, veste-a como fazia por ocasião dos aniversários na casa dos alunos da escola primária. Gorane se deixa vestir, maquiar, arrumar os cabelos curtíssimos que lentamente recomeçaram a crescer. Os-teus-belíssimos-cabelos-vermelhos, não entendo. Tentou explicar a ela o evento do barbeador, de mamãe, mas vovó não quis escutar. Respondeu

O emaranhado

às palavras de Gorane com olhar severo gritando para que parasse, Gore sabe que a xícara de chá é uma desculpa, vovó se levantou e foi para a cozinha chorar. Chora sempre quando se fala deles. Tem inveja do privilégio de Gorane, da sua visão mais acurada. Era vovó que deveria ter atendido ao telefonema de Jespersen, era ela quem o havia chamado para uma consulta. Por engano atendeu Gorane. Ficou calada, enquanto ele se apresentava, expondo em poucos segundos os motivos da convocação. Jespersen olhou Gorane no rosto de esguelha, antes de convidá-la a se sentar, pôs-se a escrever sem sequer lhe perguntar idade, nome, profissão, e então disse, com leve acento interrogativo:

«O que a senhorita vê?»

Não entende a quem ele está se referindo nem com quem está falando: o que vê quem, e onde? Dirige-se a ela educadamente, com um tratamento formal, ou fala de vovó ou de alguém que Gorane deveria conhecer muito bem. Não sabe quem pode ser aquela mulher mencionada na pergunta. Cala-se. Também ela se cala. Se quisesse responder teria dito que nesse momento vê uma parede verde-azulada, muito clara e pintada com pinceladas regulares, quase invisíveis se não fosse por uma pequena falha rugosa do lado direito, perto da janela que percorre todo o lado oeste do consultório, libertando um pouco aquela espécie de aquário. À enorme janela grudam-se edifícios, as copas de duas árvores, nuvens esbranquiçadas, pássaros efêmeros. Jespersen contempla Gorane que contempla a paisagem, são uma curta corrente aberta, uma pulseirinha arrebentada. O único barulho é a caneta que o doutor bate de forma ritmada sobre a mesa, e Gorane se lembra de Jokin, mas não diz. Estão jogando, o jogo deles prevê resistência e sufocamento. Estão calados uma hora e meia, o doutor é osso duro. Quando abre a boca é somente para dizer que a sessão terminou, Gore estende o dinheiro, fixa o seu olhar imóvel nas pupilas dele, negras e profundas, Jespersen recua alguns milímetros e Gore sabe que venceu.

De noite vovó a inunda de perguntas. Quer saber as respostas de Gorane às questões do doutor. Pergunta se está melhor. Gorane responde que está tudo bem, não está em condições de descrever o que sente. Vai para a cama cedo, sem comer, eles chegam de madrugada, perto das quatro, junto com outras três figuras nunca vistas antes. Gorane acorda, senta-se na cama e acende a luz, apalpa o couro cabeludo quase raspado no alto da cabeça, enquanto a mãe lhe dá as costas e o pai brinca com um dos três, o mais alto, vestido de forma limpa, elegante como os outros dois. Parece um uniforme, um logotipo, mas Gorane não consegue associá-lo a uma profissão. Usam bolsas a tiracolo, objetos de vários tipos que sacam e jogam de volta em diversos recipientes de metal ou de borracha ou de algum tecido iridescente. Sob o comando dos três, a mãe e o pai se deitam no chão, o olhar voltado para o teto. Ela está coberta pela camisola de sempre, cor de gelo, semitransparente, que um dos sujeitos puxa para cima até a metade da coxa, descobrindo as pernas ossudas. Ele está de cueca, com uma camiseta vermelha e verde, os pés estão completamente voltados para fora, as pernas viradas, levemente abertas. Os braços de ambos estão colados ao corpo, alongam-se desenhando uma espécie de contorno rígido em volta dos quadris. Um dos três desconhecidos se aproxima da mãe, o outro do pai, o primeiro tem na mão um pote a que ambos recorrerão, mecanicamente, a fim de espalhar creme oleoso pelos corpos no chão. O terceiro fica sentado e encara Gorane. Os dois apalpam a pele, pressionam com leveza, como se precisassem medir a quantidade de gordura excedente ou a maciez do corpo. Aquele que está sentado

O emaranhado

se aproxima, entregando a eles um pequeno barbeador, e continua a observar Gorane. Com aquele único barbeador, passado de mão em mão, eliminarão os poucos pelos da mãe e os do pai, para então recobrir outra vez os seus corpos com o mesmo unguento sem cheiro. Ninguém fala, ouve-se apenas o rumor dos movimentos dos dois, da pele pressionada pelas suas mãos que entram e saem do mesmo pote, percorrem verticalmente o corpo dos seus pais. O barulho generalizado acaba sendo então suportável. Gorane lança um olhar em direção ao homem sentado, que não se decide a deixá-la em paz. Quando ela o distrai, os outros dois intentam alterar o tom da pele da mãe e do pai, usando cremes coloridos que parecem uma base ordinária. Esse extrato artificial, aplicado com esponjas e pincéis, devolve a eles uma cor que poderia ser definida como vívida, rosada, saudável. O extrato artificial recobre os hematomas do corpo, falsificando a história. Esse último aspecto da operação causa nela um sentimento agudo de raiva, acentuado pelo alívio devido ao desaparecimento de todos os sinais de violência. Gorane tenta ficar em pé, opor-se, mas os músculos estão enrijecidos, não respondem. Os dois, no entanto, passaram para a fase seguinte, trabalham sobre seus modelos como verdadeiros artistas, esfumam as cores de maneira atenta para encontrar uma tonalidade verossímil, que esteja de acordo com a pele daquela mulher específica, daquele homem específico. A experiência deles deveria ser reconfortante. Conhecem à perfeição a arte da maquiagem, da dissimulação. Modificam aqueles corpos para que resultem aceitáveis, esteticamente decorosos. São de algum modo recriados, pelo menos é o que Gorane pensa agora. Um novo modo de estar no mundo, uma nova vida construída em laboratório, corrigida em laboratório. A mãe lhe dizia sempre: não estamos no mundo para sermos bonitos. Agora o seu corpo está parecendo o de uma boneca quebrada. Aplicam nela um pouco de batom sobre os lábios, um batom que sua mãe nunca teria usado, Gorane se vira para não ver e o terceiro homem, sentado, se aproxima um passo, com um frasco entre as mãos.

«Você quer ficar como eles?»

Jokin, eu entrei em um aquário. Quem me mandou foi vovó Leire, insistiu durante semanas. Talvez eu ainda não tenha te contado, vovó mora em casa conosco. Ela mudou, está triste e me odeia. Mamãe e papai nunca aparecem quando ela está, voltam assim que ela sai para fazer compras, assim que ela dorme. Estão mais maldosos, mais agressivos. Eles me enchem de perguntas, como se as estivessem segurando por muito tempo, como se estivessem à espreita — escondidos em alguma parte — até eu ficar sozinha. Começo a sentir medo, mas fico feliz quando chegam. É uma sensação estranha que você não entenderia. Você não entenderia muito do que acontece agora na sua casa. No aquário corri o risco de me afogar. Comigo havia um doutor que vovó adora, ele se chama Jespersen e não fala. Só me perguntou o que eu vejo, mas não entendi se ele perguntou isso para mim ou para uma outra mulher que eu não conseguia ver na sala. Provavelmente havia pessoas escondidas lá também, a densidade da sala era assustadora. Ficamos calados, mas senti raiva durante todo o tempo. Eu queria que aquele cara me batesse, queria ter chorado, chamei mamãe e papai mas eles não apareceram. Acho que não os chamei em voz alta, acho que gritei somente com o pensamento. Não tenho certeza de nada. Os meus limites estão borrados, desintegrados, eu sou eu e alguém outro, a caneta com que estou escrevendo, o papel, tinta, quarto, janela. Se escrevo para você, sou também você. No entanto, ele não se mexeu, eu não conseguia nem mesmo vê-lo, pois no aquário preciso obrigatoriamente ficar de costas para ele, é uma regra, uma regra difícil e ao mesmo tempo cômoda. Poderia falar de tudo, assim, de costas, sem os seus olhos nos meus, mas não faço isso. Não saberia descrever

O emaranhado

para você o olhar dele, lembro-me apenas de que ele é muito alto e muito magro e que usa um anel por dedo, dez anéis, um deles com uma pedra azul que eu ficaria olhando para sempre. Você me dará uma pedra azul-celeste quando voltar? Os meus cabelos estão crescendo outra vez, mas de maneira insensata. Não parecem mais os meus cabelos, é como se crescessem em uma outra cabeça, como se precisassem se adaptar a um crânio diferente do meu. Talvez seja o crânio daquela outra, da mulher com quem Jespersen falava. Ela não respondeu, nem eu. O que a senhorita vê? O que eu vejo. Jokin, sofro e não consigo sofrer. A minha dor tem uma forma mutilada, como que despedaçada. Eu queria que nós jantássemos uma vez juntos, eu, você, vovó e eles. Eu queria recuperar algo, um quadro completo, uma realidade inteira. Você acha que existe? É possível fazê-la existir mesmo que eu a tenha estragado? Talvez alguém a tenha estragado no meu lugar, existem apenas pedaços, em toda parte, tento escondê-los, mas renascem, são minúsculos, quase pó, faz ninho, eu queria que voltasse a se parecer com alguma coisa, uma família, uma vida. Não tenho as instruções para recompor a figura. Tenho medo do desenho que se formaria. Não sei te dizer o que aconteceu. Eu me sinto dentro de uma couraça, mas debaixo dela o corpo está podre, frágil. A minha escrita espelhada me protege, continuo. Os guardas abrem cada envelope para ler o que eu te conto, esforçam-se para decifrar os caracteres, pensam que é uma estratégia, não encontram nada, encontram alguma coisa, anotam numa folha, acreditam ter resolvido o caso Moraza, fecham outra vez o envelope, alisam-no debaixo de uma pilha de livros, lambem as bordas fingindo não ter exercido nenhuma força sobre o pequeno invólucro branco que envio todas as semanas a mim mesma pensando que chegue até você. Alguém fez o mesmo também comigo, me pegou, me tirou algo, me violou, e depois me concedeu o privilégio de continuar vivendo. Há uma pessoa, uma mulher, uma menina, que nos fez mal. É ela que transformou os nossos pais naquilo que são agora. Foi ela quem fez mal a eles e a nós. Acho que de algum

Primeira parte

modo tem a ver com a maquiagem que aplicaram na mamãe e no
papai, maquiagem que fez mamãe e papai desaparecerem. Talvez
eu te fale disso. Não é um Guarda Civil, é uma menina. Não sei
mais do que isso. Jespersen ficaria contente se eu lhe contasse tudo
isso, mas prefiro escrever para você, é como queimar tudo, como falar
com uma voz muda dentro do fogo.

Jespersen é mais esperto que o diabo, escolheu tomar
Gore por outros ângulos. Ele viu que o corte frontal não
produz mudanças profícuas na psique da jovem mulher e
tentou pontos de vista melhores. Após quatro, cinco sessões
de silêncio, acomodou a moça na poltrona de sempre, repetiu
a mesma pergunta ambígua das vezes anteriores e estendeu a
ela um bloquinho de anotações ainda embalado e um lápis.

«A senhorita prefere uma caneta?»

«Não» é a primeira palavra que Gorane dirige ao doutor
Jespersen, de quem não sabe mais que o sobrenome. Depois
arranca a superfície transparente em poucos segundos, dei-
xando-a cair em seu colo, folheia o caderninho devagar,
demorando-se em cada página virgem, e então mais rápido,
mais rápido, como se quisesse dar vida a uma animação
inexistente.

«Me disseram que a senhorita desenha.»

Gorane fica de pé e olha fixo para o doutor, imagem de
paz absoluta. Tem olhos atentos e sem julgamento. O seu
nariz é regular, de médio para pequeno, com uma minúscula
pinta no centro da narina direita, a pele clara, levemente
avermelhada nas áreas mais sensíveis. Veste uma camisa cinza
sob uma blusa preta, no pulso usa um relógio com mostra-
dor enorme implantado sobre uma minúscula pulseira de
couro escuro. Parece petrificado, mantém a posição. Gorane
começa a caminhar no aquário, como para satisfazer uma
exigência de equilíbrio atmosférico, o dinâmico que se opõe

O emaranhado

ao estático, energia liberada contra energia comprimida. Toca os livros. Toca a mesa azulada. Olha pela janela imensa, as pessoas avançam implacáveis no ritmo de uma marcha secreta.

«Há um momento no corpo de quem está para morrer, senhorita Moraza. Um estado de imobilidade suspensa.»

O tempo está bastante bom, não fosse pelas nuvens de sempre, quase negras amontoadas na lateral da superfície celeste. Sala que reproduz céu como imenso espelho, as nuvens são ela, Jespersen e a mulher invisível.

«O que a senhorita está olhando?»

«O negro.»

Gorane não se vira, permanece em pé, grudada na janela, pressiona o rosto contra o vidro, depois as mãos, a luz é branca, parece, experimenta o espectro da queda. Estão no oitavo andar de um edifício enorme com a vista para o mais importante museu de Bilbao, semelhante às entranhas de um navio metálico e ao mesmo tempo humano.

«Antes de serem atropeladas, as pessoas param diante do carro que em breve as matará. O que pensa disso?»

Não há nenhum carro na rua, apenas figurinhas humanas. Gorane caminha para trás apalpando o ar para encontrar a poltrona, agarra-se nela e deita novamente em posição de banhista. Depois volta a ficar sentada, continuando a olhar para fora. Ela nunca correu o risco de ser atropelada em toda a sua vida, essa experiência lhe é totalmente estranha. Ser atropelado é um acidente comum, ser atropelado é um acidente.

«Parecem curiosos, como se quisessem experimentar. Morrer.»

Seria mais simples responder, mas Gore sabe que os caminhos fáceis não se percorrem nunca de cabeça baixa, insegura. O silêncio é a única forma de orgulho, a única demonstração de força que lhe vem à mente.

Primeira parte

«A senhorita nunca desejou a morte, Moraza?»

Começa a chover naquele momento, gotas espessas que Gore quer sentir nas mãos. Volta-se para Jespersen e olha para ele como se pedisse permissão, ele permanece imóvel e Gore toma a sua expressão como um consentimento. Para abrir a janela é preciso desbloquear a maçaneta e correr o vidro da esquerda para a direita antes de se expor ao vazio. Gorane se detém aterrorizada pela pressão do vento e do frio contra o seu corpo, gotas de chuva respingam na diagonal, ela põe um braço para fora e sobre a mão as gotas parecem granizo.

«Como definiria o estado deles, senhorita Moraza? Por favor, feche a janela.»

Gostaria, mas uma força desconhecida a impede de fazer qualquer coisa. O frio que se abate sobre ela transmite um arrepio sinistro que a traz de volta para a vida, mesmo que esse renascimento seja invisível, mais parecido com uma paralisia. Jespersen se aproxima dela, segura o seu ombro direito afastando-o do parapeito e desliza lentamente a lâmina de vidro, retomando a posição inicial. Apenas Gore está diferente, permanece em pé.

«Nunca se sentiu assim, senhorita?»

«Gorane habituou-se ao frio. Sua casa era toda gelada.»

Vovó limpou cada canto com determinação, capas novas para o sofá, branco sobre branco, flores cor-de-rosa em um jarro, chão ainda molhado perigo de deslizamento, revista um em cima da revista dois recolocada sobre a mesa de vidro. Gore tenta escapulir rápido, fecha a porta sem fazer barulho, dança na ponta dos pés aproximando-se da escada que deveria conduzi-la ao quarto antes que vovó a intercepte para um novo interrogatório.

«Dei uma limpada, tome cuidado, como foi com o doutor?»

O emaranhado

Gore sorri e vai até a pia, abre a torneira e bebe água morna com a mão em concha, como fazia em outros tempos.

«Pegue um copo, não pingue, eu ponho meio limão para você, você gostava quando era pequena.»

Gore aceita, acha que fazendo concessões a essas satisfações mínimas, vovó a deixará em paz com o resto. Percebe só agora que sua avó usa desde sempre uma peruca, cabelos pretos com ondulações curtas e decididas. Sente um desejo de arrancá-la, de concentrar a atenção de ambas na parte faltante de vovó, nas suas ausências. Desde sempre esconde aquela região nua do crânio, preenche-a para obter um aspecto estético aceitável. Como fizeram com seus pais. Ela espreme o limão no copo de vidro azul, as mãos se banham de suco azedo, enxuga-as com um papel-toalha e lambe a ponta do indicador antes de mandar com o olhar que Gore se aproxime.

«Então, esse Jespersen.»

Gore lhe responde tudo bem, que ela pode confiar, que agora está cansada mas vai falar logo. A avó balança a cabeça, toca o ombro direito de Gore apertando-o com o indicador e o polegar, como se quisesse juntar as duas extremidades dos dedos, impedidos pela presença da neta.

«Talvez depois.»

Abre uma revista, depois outra, folheia-as procurando uma imagem ou um título que a interesse, dieta proteica, entrevista com a atriz gata, ranking de músicas do primeiro ao último lugar. Deitada no divã mantém as páginas erguidas, na frente do rosto, como a se proteger de um sol artificial. Procura distração e elevação, uma recarga de energia em vista dos exercícios que deverá realizar em uma hora e vinte minutos, e que vão durar até a noite. O seu corpo está treinado e firme, os abdominais visíveis, os pés, onde começa a despontar a curvatura dos dançarinos, treinados para o equilíbrio. O seu estômago vazio, as suas mãos limpas, arranhadas em muitas partes pelo afinco excessivo. Há páginas coloridas, testes de personalidade, entrevistas. Gorane quer uma definição única de si mesma, um espaço quase cômico onde se refugiar por uma horinha. Escolhe perguntas ao acaso, abstraídas de diferentes testes da primeira e da segunda revista, o seu perfil definitivo será a resposta a perguntas pertencentes a questionários mistos, perguntas nunca feitas ou voltadas para outros fins, destinadas a um outro tipo de mulher, um outro tipo de homem. Ela se sentirá mais parecida com essa definição incoerente, infinita de si mesma.

Você gosta das suas mãos?

Sim.

Quantas vezes você ficou apaixonado/a na vida?

Uma. Algumas. Uma.

Você acha difícil se apresentar a outras pessoas?

Sim.

Você tem dificuldade para encontrar roupas que combinem com você?

Sim.

Por qual tipo de pessoa você se apaixona geralmente?

Tipo do meu irmão.

Qual o formato do seu rosto?

Triângulo invertido.

O que você sente quando vê modelos na tv?

Desejo.

Você estaria disposto/a a se submeter a intervenções de cirurgia estética?

Não.

Você se acha superior a outras pessoas?

Sim.

Você se acha inferior a outras pessoas?

Sim.

O emaranhado

Você fuma?

Erva e tabaco. Não fumo heroína. Para dizer a verdade, nesses últimos tempos já nem fumo erva. Neste momento da minha vida fumar erva me aterroriza. Acho que é por isso que vou ao psiquiatra.

Que cidade você gostaria de visitar?

Paris.

Carne ou peixe?

Peixe.

Quantos filhos gostaria de ter?

Zero.

Com que atriz você gostaria de se parecer?

Al Pacino.

Você tem animais de estimação?

Infelizmente não, embora nesses últimos tempos me pareça que há gatos, muitos gatos andando pela casa. Talvez sejam os meus pais. Talvez eu devesse adotá-los.

Qual é a pessoa mais importante da sua vida?

Meu irmão.

Você é ciumento/a?

Não.

Você é responsável?

Não.

Quantas vezes você traiu na sua vida?

Uma.

Você sabe comandar?

Não.

Que qualidades você mais aprecia em si mesmo/a?

As mãos.

Seria capaz de aceitar uma traição?

Não sei, porque nunca tive um namorado. Eu tive uns casos e fiz sexo. Provavelmente não, porém, não seria capaz de aceitar uma traição, talvez fosse capaz, mas fingiria não ser, e usaria essa desculpa para ir cuidar da minha vida. Estar namorando não me parece uma condição desejável. A traição é sempre uma boa desculpa, para qualquer coisa.

Quantas línguas você fala?

Duas e meia.

Se você fosse um personagem literário, quem seria?

Lady Macbeth.

Gore começou a desenhar depois de algumas semanas de tentativas, enquanto Jespersen pergunta e escreve, ela risca as mesmas linhas sobre a folha, preenchendo gramas e mais gramas de celulose com as mesmas imagens ovais.

«O que representa essa forma, senhorita Moraza?»

Gore não responde, tenta ser mais precisa, rasga a folha e recomeça, sublinha as margens até quase rasgar o papel. Acrescenta sombras, explicando a Jespersen de onde chega a luz, no caso de haver luz, isto é, não sempre, às vezes a forma está no escuro porque, explica Gorane, existe escuridão e dia para eles também. Pertencem a uma dimensão semelhante que ela gostaria de lhe mostrar. Quando Jespersen se aproxima, Gorane sente a silhueta pesada atrás de suas costas, concentra-se na forma oval para que ele possa compreender e visualizar a vida deles, o lugar em que foram parar.

«Fale-me sobre eles.»

Às vezes assemelha-se mais a uma elipse — depende de vários fatores, desde como se achata ou se alarga em certos pontos, tem essa capacidade de variação que faz dela uma figura rara, especial, mutável, uma figura que quase respira, como um ser vivo gerado e manifestado sob a forma de uma única linha, inconcebível —, mas para Jespersen não importa o desenho, ele parece mais atento ao que diz Gorane *enquanto* traça as figuras, às palavras que acompanham a sua mão decidida a imprimir imagens sobre a folha. Gorane está desenhando uma forma oval ou elíptica repetida, cada vez mais precisa ou próxima daquela que emerge de tempos em tempos na sua cabeça ou em pontos aleatórios da sala, da paisagem que visita ou a acomete em um dado momento da existência. Essa forma não significa nada, não é símbolo de nenhum trauma, não é a representação de uma falta, mesmo que o doutor insista em enriquecê-la de conteúdo, faça conexões mais ou menos ousadas.

«A senhorita me fala de alguém, existe alguém, em alguma parte, que lhe diz para desenhar isto?»

Jespersen espera algo, uma palavra esclarecedora, a solução da dor para um diagnóstico adequado. Ninguém ordena que ela desenhe nada, a resposta é uma incógnita perene, também ele mais cedo ou mais tarde precisará aceitar isso.

«Por que não quer ver ninguém, por que não se aproxima dos amigos? Eu sei que eles a procuram com frequência, sua avó me disse. Por que não desabafa com eles? A senhorita precisa deles.»

Há algo extremamente árduo em desenhar aquela forma simples, meio clássica, não se trata de uma questão de proporções, da construção, por exemplo, do círculo perfeito, não é um círculo e não exige nenhum equilíbrio particular, nenhuma perfeição, tirando uma certa limpeza e exatidão do traço, mas a mão muitas vezes treme, manda sinais contraditórios, não consegue se concentrar na continuação da linha, volta atrás para se certificar se a obra está aceitável, se reflete uma certa verdade ideal. Trata-se da usual indecisão, da falta de praticar, ou são os meses de quetiapina causando esse efeito colateral, entre outros, o tremor involuntário dos membros, o titubear dos dedos. É preciso tentar e tentar de novo, impor-se uma disciplina mesmo para essa simples construção visual.

«Conhece a história dos marinheiros, senhorita?»

Há algum tempo Jespersen começou a falar com mais frequência, como se Gorane tivesse se tornado uma verdadeira confidente para ele, uma fita de gravação para um tipo de autoterapia qualquer. Ela parece não se incomodar com esse diálogo mutilado, quase mudo de respostas, parecido com uma conversa interrogativa que aumenta o grau de incerteza a cada frase. Ela parece encontrar nessas questões não resolvidas um franco conforto, sem ilusões, a possibilidade de um novo modo de estar no mundo perto de alguém.

«Dizem que os marinheiros passam dias inteiros olhando o mar. O mar, azul, mais escuro, se o tempo piora, se o mar tiver certa cor, entende, né? À força de olhar para o mar, começam a ver coisas, coisas que não existem de verdade, talvez até as ouçam. Eu digo que aquelas coisas existem, são realmente ouvidas. É uma confissão que faço a você, gosto disso, talvez eu a deva a você. Saiba que foi você quem me fez pensar nisso, que entendi isso graças a você.»

Ontem eu e Jespersen conversamos. Ou melhor, ele falou comigo, eu respondia algumas coisas a mim mesma, em silêncio. Ele me fez perguntas em relação a ela, à menina má que machucou mamãe e papai. Em uma folha de papel em branco ele me pediu para falar dela, desenhá-la, descrevê-la. Não sabe que mesmo para mim a imagem dela é opaca, translúcida, que eu não consigo vê-la de verdade. É como se eu conhecesse o contorno dela e pronto. Fiz que não com a cabeça, ele apontou para o papel, não sabe que eu não sei desenhar nada além daquelas formas. Eu não falei para você a respeito delas, das formas. São como grandes bolhas, ovos, pedras ovais. Ele acha que são o rosto de alguém. Comecei a vê-las com cada vez mais frequência, o tamanho varia, não têm um lugar, estão dentro do olho da vovó, ou em cima da mesa, ou suspensas no meio do quarto, escondidas debaixo da cama. Não significam nada, mas me faz bem desenhá-las, mesmo que seja mais difícil do

O emaranhado

que deveria. *Acho que estou melhor, vovó está mais gentil, não me faz as perguntas de sempre, já não sacode a cabeça com resignação, mamãe e papai mal aparecem, no lugar deles estão esses ovos, ou bolhas, essas pedras que me dão uma sensação de alívio, que me fazem respirar de novo. Por quê? Tudo é ainda estranho, absurdo e triste, mas há como pequenos furos, em alguma parte, mesmo que minúsculos, de onde penetra um ar fresco. São furos ovais. A mãe e o pai ainda conversam comigo, com voz fraca, muito baixa. Eles parecem dois televisores sem sincronia, dizem as mesmas coisas, mas o som me chega impreciso, repetido, como um eco inútil, antigo. Ela é má. Sabia muitas coisas a respeito deles, por exemplo os horários das reuniões organizadas com Mantxo, Orio e Mikel, sabia onde Babsene escondia os explosivos e os mapas, sabia ainda a respeito dos locais de treinamento internos e externos ao território de Euskadi. Sabia data e lugar do atentado de 13 de janeiro, sabotado pelos próprios membros da célula 03 por vazamento de informações, vazamento de que ela era a primeira responsável, conhecia os números exatos dos financiamentos aos voluntários espanhóis, italianos e franceses que aderiram ao* ETA. *Acho que tinha relações muito estreitas com todos eles, talvez fosse uma espiã, um ser invisível. Uma pessoa de confiança ou da família. Como posso contar tudo isso a Jespersen? Não sei o nome dela, sei o que ela fez mas não saberia reconhecê-la na multidão, não saberia identificar o seu rosto entre mil outros. Não posso culpar alguém sem estar segura disso, mas ela é a causa de tudo, é a ela que Jespersen deveria dirigir suas perguntas, não a mim. Ela deveria se tratar no lugar de Gorane. Se ela não tivesse falado, não os teriam encontrado, teriam morrido outras pessoas, mas eles ainda estariam aqui e você também. Rezo para que a encontrem, que Jespersen a encontre, acho que ele tem essa capacidade, que poderia descobrir realmente onde ela se esconde já há meses, mesmo que tenha se escondido bem, Jokin, dessa vez ela se escondeu melhor do que você.*

Primeira parte

Meses e meses de terapia não produziram os resultados esperados, somente uma ou outra mudança observável na percepção da realidade, mas sem uma resposta satisfatória, nenhum desaparecimento do sintoma alucinatório. Gorane ouviu essas palavras uma manhã, perto das nove, Jespersen falava com sua avó em voz baixa, pensando que ela estivesse longe. Mas Gore está lá, e ouve melhor do que os outros, e sente tudo mais intensamente, como manda a sua suposta doença. Não querem aceitar que é assim, que é verdade, exigem um diagnóstico de anormalidade, de tratamento necessário. A mãe e o pai ainda estão lá, mas parecem à beira de desaparecer. Mostram-se raramente, falam pouco, às vezes são simples silhuetas, meio tronco que floresce do assoalho, olho, boca, fragmentos de seres humanos. Gore não precisa mais de seus corpos, aproximou--se deles por outros meios. Aprendeu tempos e modos para uma recepção adequada, ideal. Quando voltam é uma pequena festa, uma confirmação de presença. Vovó foi embora da casa, volta todos os domingos e comem alguma coisa juntas, sem os antigos excessos, acontece também de acompanhá-la ao consultório de Jespersen, que Gore ainda encontra cinco dias por semana no aquário de sempre. Jokin não volta, voltará. A esse respeito, a mãe e o pai tentam escrever algo que ela não consegue decifrar, rabiscam palavras em basco, a língua da sua recusa. Às vezes aparecem palavras na parede, novas manifestações de existência, dessa vez indecifráveis. O processo de redução dos seus pais levou-os a se tornarem meras letras espalhadas ao acaso pelo universo, reunidas de vez em quando em palavras ilegíveis, pelo menos aos olhos de Gorane. Eles ainda a censuram, entabulando à sua frente uma conversa incompreensível.

«Pode me repetir o que eles lhe dizem, quando consegue ouvi-los?»

«Dizem não precisar mais de remédios, continuam repetindo que estão curados.»

O emaranhado

2. Jokin

«Eu o conheço bem, mas não sei nada dele»

Foi antes do acidente de Germana, quando eu ainda usava droga. Não sentia nenhuma falta de Bilbao, a não ser do mercado da Ribera e do mar a poucos passos, frio e amigo. Eu não tinha vindo a Paris para traficar. Andava por lojas, bibliotecas, teatros, dizendo que era espanhol e que precisava de um trabalho, qualquer um. A maioria das pessoas fingia não entender e me colocava para fora, no começo achava realmente que o meu francês era péssimo, mon merdique français. Eu não queria dizer que era basco. Tinha medo da ignorância das pessoas, qualquer olhar me feria, por isso eu era o pior de todos e merecia viver sem dinheiro, sem dinheiro na casa de uma velha surda italiana. «Os bascos carregam atrás de si uma maldição», eu dizia de vez em quando para assustá-la. Eu era mau por culpa da heroína. Não sei como aquela mulher conseguiu me hospedar em sua casa sem ficar gritando toda vez que eu aparecia à sua frente, talvez precisasse expiar uma culpa muito grave, e daí, de alguma maneira, eu servia para ela. A sua injeção periódica de boas ações. Depois de um mês insistindo, encontrei trabalho na mais importante exposição da cidade: uma artista de Madri havia escolhido Paris para lançar suas novas obras e precisava de muita gente para cuidar do barracão. A velha ficou sabendo que estavam procurando jovens para uns serviços, disse-me «Rapaz, você vai se apresentar amanhã de manhã cedo, eu não te disse nada». Estávamos sozinhos na sala, mesmo assim ela cochichava. Surda, provavelmente foi a primeira a não ouvir aquilo que disse e então se convenceu de que não falou. Na manhã seguinte fiz como a velha tinha mandado. Cheguei cedo demais e me sentei em um café da Rue Beaubourg, pedi apenas um expresso, comportei-me decentemente. Nunca tinha erguido a cabeça na direção do céu matutino de Paris e, olhando de longe os tubos enormes do Pompidou, vieram-me à cabeça os conflitos, a morte por sufocamento. *Pensei na minha mãe, nas luzes das Fiestas de la Blanca*, depois arrumei trabalho de segurança.

O primeiro furo veio aos dezesseis anos: picada minúscula, muito doída, no meio da minha veia cubital mediana. Tirando a dor, não senti muito. Só uma coisa meio amarga na boca ou nas narinas. Uma ligeira tontura. Vomitei agarrado no vaso do banheiro dos meus pais pensando que já bastava de heroína. Mas eu gostava de me furar: era o gesto que me fazia sentir prazer. Pensar no meu corpo como carne violada, trespassada, sujeita ao massacre. Passei alguns meses a me furar nos braços, nos pulsos, nos dedos, nas pernas com uma seringa vazia. Um martírio puro, uma forma de sacralidade íntima, um ritual de iniciação de estrito uso pessoal. Às vezes me furava com objetos pontudos que encontrava em casa, ou por descuido — eu achava — enfiava-me no meio dos espinhos ou apoiava os cotovelos no arame farpado. Então eu ficava observando o sangue que, depois de alguns segundos de suspensão, espirrava da minha carne branca: chuva de pequenos lagos vermelhos. Eu não entendia o que estava acontecendo, obedecia, destapava-me: debaixo de mim, sob a epiderme, havia um Jokin que não conhecia, que ninguém conhecia; era ele quem me fazia estourar em lágrimas sem mais nem menos, ele que comandava as minhas mãos que batiam em alguém. Era ele quem crescia. Eu achava que era ele quem tocava, por isso eu ia atrás dele. Eu desejava vê-lo, conhecê-lo a todo custo, abrir um espaço em direção ao meu subsolo e pedir-lhe alguma coisa. De onde vem essa música, para quem. Eu, aquele outro, não crescia. Apertava a ponta da tesoura contra a pele, contra os lábios, contra o pau, aproximava-a das pupilas: o rapaz dos olhos furados. Era eu o rapaz dos olhos furados: não vazios, não alucinados. Cortados, como as veias. Cortada a voz. O mundo todo que entrava em mim entrava na pele da bateria, que eu marcava todos os dias com minúsculas crateras. Eu que saía para o mundo por aqueles furos, que o afogava com a minha música. Por um tempo pensei que poderia injetar-me com água, ar, ou álcool ou qualquer remédio inofensivo, como se a minha incipiente dependência pudesse disfarçar-se de um avançado soro capaz de curar. Pensei que poderia ter me permitido essa espécie de acordo, mas, quando encontrei Arze novamente, e me furei pela segunda vez, a heroína se apresentou de verdade, desnudando-se. O meu corpo trespassado pela flecha. O orgasmo que delira em silêncio, sem ninguém ao lado, e atira em você percorrendo uma linha vertical em expansão, e você se derrama. Ela me aterrorizava. Até mesmo me furar, por mais agradável que fosse, me aterrorizava. *Eu tinha medo das injeções, tinha medo do sangue dos outros. Eu achava que em cada seringa recém-comprada escondia-se em algum lugar o sangue de um doente.* Ocultado, claro, coagulado no fundo do cilindro por um farmacêutico sádico, desejoso por difundir, com a doença, a sua moral. A doença que recai sobre a vida dos seres desviados e se aloja para sempre, endireitando-os. Nos sonhos a heroína virava uma mulher branca ou um arbusto de espinhos, um som. Um gato que enchia meus

Primeira parte

braços com arranhões infectados. Eu sonhava com ela ou era ela que sonhava comigo: conduzia os meus passos com a maestria de quem sabe impor-se pesadelos e visões; e ela me via, eu prestes a babar. Uma criança que se mija nas calças, barata, parasita de sangue, um relógio merdoso que marca sempre e apenas a hora da droga: assim ela me transformava, domesticava, e eu me tornava dela. Dedicava-me a ela. No primeiro dia de trabalho no museu, antes de sair da casa da velha me olhei no espelho pendurado na parede do corredor. Havia alguns dias que eu não me via diante de minha imagem inteira. Nunca tive o aspecto de um drogado. Eu era um jovem homem de quase dois metros, de peito largo e duro. Parecia um nadador, talvez, ou um daqueles sujeitos que ficam plantados na porta dos locais públicos e são pagos para mandar fazer silêncio. Tinha o ofício escrito na cara. A artista se chamava Agacia Gil, nunca tinha ouvido falar dela. Fazia estátuas de papel machê, materiais reciclados, era muito bonita apesar do semblante castigado. Uma dessas figuras magras e esticadas que não me moviam um milímetro. Eu de arte não sabia nada, talvez por isso não tenha ficado encantado com Agacia Gil, talvez por isso cheirasse heroína. Os visitantes entravam das nove às vinte, com exceção dos fins de semana, quando o horário era prolongado. Os colegas, até mesmo os superiores, me tratavam com uma reverência excessiva, incômoda, no início pensei que faziam isso por gentileza, depois entendi que eu era o único, lá dentro, que podia me sentir em casa. Eles eram franceses. Olhavam para mim como uma atraente traquitana exótica. Obviamente, tais reverências não me envaideciam de nenhum jeito, não apenas porque eu não era nem espanhol nem sedutor, mas porque *a cortesia me dava ânsia de vômito e vontade de me furar.* Um dia chamei à parte o sujeito loiro que todos chamavam Guillaume e disse a Guillaume para parar com aquela babaquice,

O emaranhado

eu só fazia o meu trabalho. Como ele não entendia a que estava me referindo, disse-lhe que na Espanha as relações entre colegas eram muito diferentes e que eu não estava acostumado a todos aqueles sorrisos, mesuras, tapinhas nas costas. Estava mentindo, nunca tinha tido colegas. Disse-lhe para me deixar em paz, disse-lhe para me dar ordens e eu não o perturbaria. Provavelmente pensou que eu o encheria de porrada, ele e a sua bunda tão magra quanto a de Agacia Gil.

Depois de um mês consegui sair da casa da velha que no triste dia do nosso adeus me preparou um prato típico da região triestina. Eu lhe disse que estava voltando para Euskadi, mais uma mentira. Não queria me sentir em dívida com ninguém. Quase não conversamos, como sempre, mas quando nos encontramos na porta ela jogou uma frase no ar, numa velocidade tal que pareceu lhe escapar da boca contra a vontade, disse «Vai, querido, volte para casa». Alguém, talvez um vizinho, começou a entoar uma canção, ou talvez fosse lá fora, na rua, ou era ela — velha maldita — apoiada nas minhas costas como um cadáver. Fazia frio, a janela da cozinha tremia enquanto em algum lugar continuavam a cantar. *Atzo Bilbon nengoen. Ontem. Eu estava. Em Bilbao.*

Eu quase sempre trabalhava na entrada, eles me plantavam lá porque eu falava quatro línguas e era o único energúmeno capaz de fazer isso. Não sei quantas vezes expliquei que, depois de entrarem, era aconselhável deixar as bolsas, permanecer com os casacos e seguir educadamente pelo corredor até o final, onde um colega tiraria todas as dúvidas, indicando o caminho mais adequado para o que quer que fosse. *Os espanhóis reconheciam o meu sotaque, mas ficavam quietos. Provavelmente pensavam que eu pertencesse à parte inofensiva do país ou não tinham vontade de bater em mim.* Talvez eu desse pena. Eu mantinha uma garrafa de plástico sempre perto de mim, em qualquer lugar, tinha aprendido sobre uísque com meu avô e cuidava daquela garrafinha como se fosse um órgão, uma espécie de apêndice. Meu avô estava disperso em algum lugar, no oceano. Se as coisas andassem mal e eu começasse a sentir o desespero pingando aqui ou ali, ia logo tomar um pouco de chá: um truque estúpido, velho e infalível. Às vezes perguntava se alguém queria um gole, tinha os dentes podres, sabia que ninguém aceitaria lamber um pouco da minha saliva. Eu nunca teria bebido daquela garrafinha se fosse outra pessoa. Foi assim que conheci Germana. Ela trabalhava na bilheteria e tinha saído para fumar um pouco de tabaco, apoiada de costas na mesma parede onde eu estava. Logo percebi que ela tinha uma pinta embaixo dos lábios, no início pensei que fosse cinza, nunca tinha visto uma pinta embaixo dos lábios, achei que não pudesse existir. Quando lhe ofereci a garrafinha, ela a segurou com indiferença e depois de ter bebido da minha saliva disse, espiando o meu crachazinho: «Chá envelhecido, obrigada. Jo-kin».

O meu nome é Jokin, mas Germana me chamava sempre Jo-kin. Aquela pausa era uma hesitação, que passava por inocência de criança montando as primeiras palavras, ma-mãe, pa-pai, Jo-kin: mais uma maneira de me deixar na expectativa e permitir que seu rosto destrinchasse as muitas dúvidas em relação ao meu nome. Eu sei, Germana queria me provocar, fazer-me acreditar que não se lembrava de mim, e daí queria que eu ficasse pendurado na sua voz à espera de que completasse o meu nome e eu pudesse finalmente responder, ou não responder, conforme o caso. *Por culpa de Germana recomecei a fumar e parei de me furar.* Não sei a ordem em que tudo isso aconteceu e tampouco sei se teve a ver com o novo trabalho, Paris, *o fato de não existir mais Arze para*

O emaranhado

me dar o bagulho. Eu não confiava em ninguém e tinha medo da morte. Principalmente tinha medo de morrer em Paris. Por isso parei de me furar e conheci Germana. Uma vez a encontrei fora do trabalho, em um café do décimo terceiro, estava toda arrumada com um cara de quem eu via apenas as costas largas e magras dos artistas. Aquela foi a última noite em que, voltando para casa, *juntei os últimos gramas restantes e decidi perseguir o dragão.*

Para mentir é preciso ter muitas verdades no bolso, dizia meu pai. A verdade nunca foi a minha ilha, mas ele nunca soube disso. Como explicar a ele que quem nasce em terra arrasada não pode desejar nada além de desabamento e erosão, para todo o resto da vida? *Os meus pais estavam convencidos de que eu era como eles* e eu fiz com que acreditassem nisso. Eu não sabia muito de mim, por isso ser como eles no fim das contas estava tudo bem; se eu fingisse ser parecido, eles me deixariam em paz com a história da heroína: eu fecho os olhos para as cagadas de vocês e vocês vão fazer o mesmo para as minhas. Mas eles não sabiam de nada, nem mesmo dela. O meu sacerdote branco. Aprendi basco sem pestanejar. Eu os seguia, concordava com eles. A heroína era uma ideia fixa, uma mania, muitas vezes era o que me fazia ficar de pé, levando meu corpo a um estado de emergência. Eu era seu escravo, sua puta, seu bichinho de estimação do caralho: não seu amante. A mim importava apenas a música. Mesmo sem grana, mesmo no carro e no trem que me trouxeram até aqui. Eu só pensava na música. Era ela, a minha mulher, aquela que oferece e nega a seu bel-prazer, que submete você a uma vida de esperas, espasmos e euforias. Em Paris vivia em um apartamento no décimo oitavo, encontrado por milagre, era um dos poucos brancos no número 5 da Rue Belliard. Isso me fazia sentir em casa. Interpretei essa sensação como mais uma falha no meu espírito basco. Queria ter morado sozinho, mas não tinha condições e acabei numa casa com um africano que falava francês melhor que eu e que os próprios franceses. As suas origens se escondiam em Gana, o seu nascimento acabou então sendo celebrado na antiga Lutécia, cidade dourada do nosso encontro. *Era tão incrivelmente negro.* Tinha um trabalho sério e era uma dessas pessoas elegantes que faziam com que eu me sentisse sempre desarrumado, apesar dos seus esforços para não me dar essa impressão. *Não me tornei amigo de Sef, mas pode-se dizer que Sef se tornou meu amigo.* Eu poderia ter comprado dele o bagulho, poderia ter lhe contado sobre Euskadi, não contei mas poderia ter contado, e isso para mim significava ter um amigo, ao menos em um nível teórico. O nível teórico era desde sempre tudo para mim. Todas as manhãs eu pegava o metrô e ia para o trabalho. Tentava trabalhar o mais que podia porque o serviço no museu era um emprego temporário e eu precisava pensar no futuro. Era estranho, mas o trabalho fazia com que eu me sentisse vivo e a prova era que eu pensava no futuro. Talvez fosse o esforço que me fizesse sentir vivo, extenuado, os braços estendidos na direção de um mundo perdido. Talvez fosse o esforço que me fizesse pensar no futuro. Acumulava turnos, multiplicava as horas, diminuía as pausas de almoço para me sentir parte da máquina, organismo vivente sobre a terra. Germana tinha provavelmente um peso específico não irrelevante nisso tudo. Após o interesse inicial, por algumas semanas fingiu me ignorar, mal se lembrava de quem eu era, não um cliente, mas um segurança, aquele alto com os dentes pretos que às vezes fuma comigo. Naqueles dias, não cheguei perto dela nunca. Pela manhã eu acordava às sete e quinze e comia alguma coisa, tentando não fazer muito barulho. Sef acordava um pouco depois e ficávamos alguns minutos na mesa mastigando juntos. Então me vestia, saía de casa e o ar

O emaranhado

de Paris me cortava em fatias finas apesar dos xingamentos que eu lançava em voz baixa, continuando a me desintegrar a cada passo. Mal entrava no metrô e algo mudava, o frio, o medo da morte, alguma coisa. As pessoas leem um monte de livros, eu não tinha um livro, então observava as pessoas, os livros das pessoas, as suas mãos como que agarradas àqueles retângulos de papel. Às vezes tinha vontade de roubar um, arrancá-lo das mãos de algum sujeito bem-pensante e enfiá-lo na mochila. Não queria ler, queria roubar. Consumiam em lugar público sua dose diária sem ninguém se escandalizar, ao contrário, trocavam olhares aprazíveis, como se estivessem no fundo fazendo algo importante para as suas vidas. Eu não confiava nas palavras, sempre tentava evitá-las: ele, ele é aquele que não fala. As pessoas estavam de algum modo tranquilas com isso. Os problemas apareceriam caso eu, de um dia para o outro, começasse a argumentar e discutir sobre algo durante um tempo superior a dois minutos, tive sorte porque isso nunca aconteceu, e desse modo ainda estou vivo.

O céu de Paris não era o mesmo de Euskadi, mas eu não entendia isso, porque em Bilbao vivia na neblina, em meio a uma cor cinzenta riscada apenas pelo facho de luz da minha Yamaha, trancada no porão a mais de setecentos quilômetros de distância em linha reta. *Sempre pensei que da minha boca não saíam palavras, mas sons de percussão.* Que o sentido daquilo que eu dizia não respondia a nenhuma lógica, a nenhum desejo de conteúdo partilhável, mas que materializava uma lei rítmica que o meu espírito modificava de vez em quando conforme a intensidade do meu senti-mento, da dor que sentia naquela determinada ocasião, da necessidade que o meu ânimo tinha de se libertar ou de se nutrir, de descontar em cima de alguém a própria raiva ou roubar-lhe algum grama de energia vital. Como disse, eu não era bom com as palavras. Germana tinha uma cantilena na voz que me fazia perder a cabeça, apoiava as palavras no ar com aparente leveza, mas a verdade é que as fincava como pregos na atmosfera, rapidamente, um após outro, sussurrando de leve com uma espécie de saltito. Comecei a desenvolver uma dependência em relação ao seu modo de falar que talvez tenha de repente substituído a da heroína, no mesmo ímpeto e velocidade com que deixou de fazer efeito, vários meses depois. *Mas no começo não me furei mais.* Sentia uma pontada fixa na barriga que não conseguia identificar, *talvez dissesse respeito aos acontecimentos de Euskadi, à cabeça maluca da minha irmã,* talvez fosse uma forma de nostalgia que só Germana conseguia aplacar com facilidade. Mesmo calada e indiferente, a sua figura apagava o mal-estar, ninando-o em uma espécie de valsa onírica e lenta, substituindo a pontada por uma excitação áspera e difusa. A queimação aguda de uma injeção. A minha única imagem de futuro estava colada àquela mulher, ou talvez devesse dizer menina, algo ambíguo entre as duas, pleno de profundidade e razão, mas às vezes estúpido, animalesco e vil. Eu não era apaixonado por Germana assim como não era pela droga. No entanto, havia encontrado nela um pretexto para a desintoxicação, a possibilidade de acabar — durante o tempo em que podia usufruir da sua visão ou da sua voz — com as minhas obsessões cada vez mais insistentes. Ela decidiu quebrar o silêncio uma manhã, enquanto eu tentava me safar de um especialista em arte que não podia, por nenhuma razão no mundo, perder o evento performance de Agacia Gil, previsto para dali a alguns dias, e para o qual ninguém o havia convidado. Ficava ali me pedindo um contato, um número de telefone, qualquer coisa. Imagino que tivesse uma absoluta necessidade de ver bunda e peito da artista que, conforme se falava, teria perambulado nua pelo museu durante uma boa hora, escondendo-se voluntariamente da vista dos passantes, em uma espécie de esconde-esconde pornocontemporâneo entre as suas estátuas. Não parava de olhar para mim com a sua vista cansada e idiota. O fato é que eu não era uma pessoa paciente. Devo ter ficado com um aspecto muito sombrio, ou talvez Germana estivesse me observando já havia bastante tempo, a questão é que ela se aproximou e, depois de ter atraído a atenção do sujeito, conseguiu levá-lo para fora, prometendo-lhe que faria o possível para incluir o tal Loris Servant entre os convidados. Germana ria e me encarava com olhos gretados, semelhantes aos de um elfo, coniventes e maléficos. Então me disse «Veja, você sempre precisa de mim», continuando a rir e tirando alguma coisa de mim com as unhas. *Achei que ela era uma bruxa*, um ser que desceu sobre a terra para me destruir aos poucos com o seu fascínio. Foi a única vez que tive razão.

O hábito acabou abrindo um caminho fácil na minha vida, eu o percorria todos os dias com passos lentos e seguros. Às vezes Germana vinha me encontrar na entrada com a desculpa de fumar e me levava um presente, uma maçã, uma moeda encontrada no chão, uma luva esquecida por um visitante. Não me fazia perguntas e eu ficava feliz em não responder. *Nunca falávamos de coisas importantes*. Não saberia dizer qual era o objeto usual das nossas conversas, íamos à deriva entre a gama de assuntos possíveis sem nos fixarmos em nenhuma questão definitiva, oficial. Poderia dizer que, de viés, tangenciávamos os diálogos sem tocá-los, rápidos viajantes de conversa. No entanto, nunca tive a impressão de que falávamos de maneira superficial. Algo permanecia em nós, como se, por meio da linguagem, trocássemos pedaços de pão e mantimentos, bofetões e tapinhas nas costas, chamegos disfarçados de palavras e entonações. Eu gostava

Primeira parte

de falar com Germana, gostava de não me lembrar de nada dos nossos assuntos, só aquela impressão de intensidade e partilha que cada uma de suas palavras deixava em mim. Trocávamos coisas vivas, microrganismos desconhecidos pela ciência, pela comunidade, capazes de permanecer invisíveis em nós por bastante tempo. Ela respondia cheia de energia aos meus golpes de percussão, o seu instrumento era o violino, semelhante a um lamento ou a uma melodia cigana. Era o nosso show torto e secreto. A performance de Gil era, ao contrário, o assunto comum a todos, naqueles dias de fevereiro, o evento sobre o qual ter opinião, julgamento, um pretexto de conversa para quebrar o gelo. Por algumas semanas, até o dia 27, não se falou de outra coisa, passávamos o tempo respondendo às mesmas perguntas, pensando sobre os problemas de produção e organização, vai ser um nu total, precisamos mesmo correr atrás dela pelo museu, será possível tocá-la, ganha-se alguma coisa, quanto tempo dura o evento, está previsto um buffet na presença da artista? Eu me divertia enredado por esse vórtice inconsistente de preocupações. Germana era um pontinho na tempestade e, rindo, viajava comigo.

«Como você acha que é Agacia nua?»

Havia perguntado isso soprando os cabelos da testa por medo de que o cigarro queimasse um tufo da franja. Isso acontecia frequentemente, ela me dizia, porque ela era a menina do fogo. Queria ser chamada assim, eu tenho uma relação especial com as chamas, eu as atraio. Era tão infantil às vezes, mas de um modo forçado, como se ser um pouco criança fizesse parte de uma técnica racional de sedução que ela refinava sempre que falava comigo. Mesmo assim, eu caía. Compreendia as engrenagens das suas maquinações, mas deixava que elas me imobilizassem sem opor resistência. Era a primeira vez que Germana me fazia uma pergunta direta, achava que ela ia rir de mim, que aquela questão era uma espécie de armadilha para me ridicularizar, para me deixar aos poucos envergonhado, uma vergonha que tinha a ver com o meu modo de conceber, imaginar, cobiçar o corpo de uma mulher. Por isso não respondi. Germana me olhava fixo, parecia desejar de mim uma careta de desprezo que a deixasse tranquila sobre o fato de que Agacia Gil não cabia minimamente no meu ideal de beleza, de que nada podia superar a fascinação que eu tinha por ela, Germana. Mas eu não disse nada, continuava a enrolar meu cigarro esperando que alguém, quem sabe um superior, nos interrompesse, obrigando-nos a uma separação.

«Acho que tenho inveja dela, Jo-kin. Inveja e ciúme.»

Eu olhava para o chão. Não tinha nenhuma palavra à disposição para cobrir o vazio que estava se ampliando entre a minha boca e a dela.

«É tão ambígua, especial. Parece não se aguentar em pé. Eu pareço demais com uma mulher. Não há nada de errado em mim.»

Eu queria que ainda continuasse, não podia acreditar que ela, imagem de perfídia e doçura, pudesse sentir inveja de alguém. Fez uma pose, os braços levemente erguidos em uma dobra alada, girou sobre si mesma fazendo esvoaçar o vestido longo e pálido de onde despontava um par de tornozelos finos e desajeitados das botinhas de couro escuro. Depois, recomeçando a girar, sem parar me perguntava:

«Mas talvez você perceba? Você percebe alguma coisa, Jo-kin?»

Germana era magra demais, porém o seu corpo conservava os traços de uma antiga opulência, provavelmente infantil, opondo-se, por estrutura e altura, a um desvanecimento completo: as pernas eram bem torneadas e esbeltas,

Primeira parte   75

os quadris suficientemente femininos, os seios ainda presentes, embora de modo esmaecido, pouco perceptíveis. Era possível ler a dor de uma agressão sofrida na adolescência e nunca totalmente sanada, uma tensão na censura de cada linha curva, o enrijecimento do corpo, a negação de todo resquício de feminilidade para então cair no ambíguo, no infantil, naquilo que ainda está privado de forma. Germana era isso, uma mulher empenhada no próprio apagamento, uma bela jovem que busca de todas as maneiras a deturpação perturbadora. Eu não entendia completamente por que ela fazia isso, mas conseguia captar, nessa sua vontade cega e insensata — que tinha a ver com uma falsa exposição de si mesma para o mundo, com a obra cuidadosa e mitômana de um falsário —, algo que me perturbava e, ao mesmo tempo, aproximava-a de mim. Mesmo quando eu a observava mordiscando amendoim de um saquinho ou quebrando com o lábio torcido uma barra de chocolate, acabava por imaginá-la dedicando-se a longas sessões de exercício físico e jejum. Não sei exatamente de onde vinha esse meu pensamento, era semelhante a uma ideia preconcebida, dedução resultante de uma demonstração anterior de que nunca participei e que alguém me devolveu como teorema, ponto de partida para novas operações. Talvez se devesse ao fato de que eu nunca tinha visto Germana comer algo que fosse mais volumoso do que uma cereja, mais calórico do que um ou outro shot de vodka, durante o intervalo do almoço ela zanzava pelos corredores do museu ou vinha nos encontrar nos vestiários derramando sobre nós a sua alegria estridente, quase embriagada, como se atiçada pelas investidas da fome. Roubava aqui e ali dos nossos pratos de papelão, agarrando pedaços de pão ou salada com os dedos, enfiando-os na boca como se pesassem toneladas, mastigando por muito tempo, por um tempo excessivo, com uma atenção que parecia marcada

O emaranhado

pelo tempo de uma contagem. Mas ninguém podia saber que jogo estava jogando, quem lançava os dados, quais opções estavam previstas no sorteio e que melodia tinha a parlenda que Germana cantava em segredo, enquanto triturava com os dentes pedaços de comida roubada. Comia desse modo misterioso e violento, e tinha um sentimento alegre e trágico da vida que não encontrei em mais ninguém, uma espécie de orgulho de estar viva e infeliz.

O 27 de fevereiro entrou em cena exaltado, e aos berros, exigindo atenção, pouco se importando com cenários e roteiros. Agacia Gil tinha acordado naquele dia afirmando convicta e com certa dose de frieza que a performance, da forma como havia sido pensada, era merda pura. Parecia que tinha sido obrigada a fazer aquilo. Dissociava-se de maneira seca e brusca do próprio trabalho. Recebemos uma ligação às cinco da manhã, o diretor do museu nos convocava com urgência, em sua voz me parecia possível perceber um tom feminino que Marc Pignol nunca tinha deixado escapar até então. Pensei que aquele homem poderia até me parecer simpático, uma vez desmoronadas as superestruturas que faziam dele um homem de poder. Sob a couraça de metal, havia um ser apenas debuxado, um Marc rascunho, esboço, papel de exercício, semelhante às *figurinhas desenhadas pela minha irmã em folhas brancas que ela depois grudava nas paredes do nosso quarto*, ocupando todo o espaço livre, caoticamente. Eu me enfiei debaixo do chuveiro gelado procurando não acordar Sef e me precipitei pela rua, depois pelo metrô, enfileirando uma após outra as ruas que levavam até o Pompidou. Encontrei Germana depois de uma boa meia hora, enquanto transportava caixas lacradas até o depósito, ela me fez uma careta a que reagi com uma expressão opaca, insinuada. Eu nunca conseguia ser plenamente alguma coisa, era um pouco brincalhão, bastante enfezado, vagamente triste, não muito entusiasmado. Era como se a presença dela me dividisse. Ou melhor: eram os outros, todos os outros, que me tiravam as forças, como se, fora do meu quarto, do meu cantinho solitário, eu me tornasse voluntariamente uma cópia feia de mim mesmo, um ser diluído, vagamente parecido com o Jokin solitário, mas sem profundidade e com contornos borrados. O que para os outros era o lugar da exposição no qual brilhar, para mim era o ensaio geral de um show que eu dirigia sem espectadores, trilha sonora para uma filmagem inexistente. Faltava-me a coragem de estar inteiro, sólido, definitivo. Eu me arrastava, desleixado. *Xanti uma vez havia me dito que queria não ligar pra nada, assim como eu.* Interpretava a minha negligência como sinal de liberdade. Não entendia que eu estava à mercê de toda a gente, a ponto de não conseguir aceitar ser parte daquilo, de poder ser preso e julgado, comparado com os outros segundo critérios universais e socialmente aceitos, enxergado a partir de modelos comportamentais, estéticos, relacionais, que reconduziam tudo a uma dimensão mensurável, mais ou menos invasiva, em relação a um ser humano tido como ideal. Por isso, porque não suportaria um confronto justo com a coletividade — um confronto de que eu certamente sairia perdedor, por caráter, temperamento, grau de sucesso, aspecto —, colocava-me fora de jogo, mas com arte, fingindo não me importar, evitando qualquer triunfo, qualquer rejeição. Como se diz, um covarde.

Sef tinha uma namorada, às vezes fazia perguntas sobre a minha vida amorosa, perguntas genéricas que eu sempre conseguia contornar. A sua mulher se chamava Mégane, a minha — eu disse a ele — nunca tinha existido e em todo caso teria um nome impronunciável. Isso o fez sorrir, mesmo que provavelmente a sua graça servisse para encobrir uma mistura de espanto, embaraço e perplexidade em relação àquele estranho colega de apartamento que parecia nunca ter vivido. Eu tinha afeto por aquele rapaz, mas ele nunca soube disso. *Mégane, por outro lado, me olhava com desconfiança,* quando me apertava a mão eu via no seu olhar um certo nojo confirmado pela consequente ida ao banheiro, pela água que escorria das mãos cobertas de sabonete. No fundo eu a entendia. Devia ter notado os furos nos meus braços, o olhar alucinado que persistia, embora eu estivesse limpo havia quase um mês. Mégane estudava para ser psiquiatra. *Mégane tinha atração por mim.* Alguém um dia tinha me dito que nós fugimos daquilo que mais nos fascina com o mesmo afã com que gostaríamos de encontrá-lo. Com ela, provavelmente, aconteceu mais ou menos assim. Era uma gostosa respeitável. Fiquei pensando nisso por um tempo. A heroína me fazia falta, mas tinha aprendido alguns truques: para evitar furar-me, cheirava ou tamborilava no que estivesse ao meu alcance. Para minha grande surpresa, naquele período funcionava, mesmo que a questão estivesse confusa e eu não tivesse nenhuma intenção nem meios de colocar ordem no caos: havia começado a me furar porque a música não conseguia me dar o que desejava, ou tinha continuado a tocar para não morrer pela heroína. Era a vida que não conseguia me dar nada. Queria mais. Não queria nada, estava sem desejo. Era genético. Era o acaso. Era altamente provável que isso fosse acontecer. Era imparável. Era curável. Era passageiro. Ninguém esperava isso. Era previsível. Era até mesmo óbvio. Buscava na droga uma nova experiência de intensidade, alternativa à música. Não buscava nada, era incapaz de buscar. Eu me aborrecia. Queria experimentar, como todos. Não tinha personalidade. Tinha muita personalidade. Era mimado. Estava sem amor. Em vez de ampliar a minha existência, a droga desmanchava os dias, tanto que muitas vezes não conseguia sequer segurar as baquetas. As minhas duas companheiras lutavam uma guerra silenciosa às minhas custas, para ganhar o espaço de honra na minha vida. Música, heroína: eu era um campo de batalha. *Em Euskadi sofria de estranhos brancos na memória, às vezes achava na gaveta pacotes de seringas novas que nem me lembrava de ter comprado. Abria a embalagem de plástico e me drogava em casa, com o risco ou o desejo de me deixar encontrar. Minha irmã me espiava, tentava falar comigo, dizer que se eu não parasse ela também começaria a se drogar.* Eu sabia que ela estava mentindo, mas a imagem de uma agulha no seu braço me deixava louco. Então a xingava, desejava-lhe todas as pragas. Talvez fosse preferível que morresse, melhor do que vê-la definhando junto comigo. *Gorane tinha medo.* De mim, da droga, da minha doença. Gorane tinha medo daquilo que não via, que não conseguia ver, da minha vida que lhe era vedada e que ficava imaginando o dia inteiro quando eu estava longe, materializando cenários ao mesmo tempo gloriosos e degradantes, como se eu, o seu irmão gêmeo, fosse um órgão especial no interior do seu corpo que alguém um dia extirpou e cuja falta fazia agora que seus membros sangrassem. Eu era o órgão bom que tinha estragado a sua vida. O dado que, uma vez subtraído, a impedia de jogar. Porém *mantinha-se distante das minhas coisas, das toalhas,* como se até mesmo um breve contato com o que me pertencia pudesse contaminá-la definitivamente. Estava feliz por essa distância que ela atribuía a um temperamento fugaz de minha parte, mas que, em vez disso, provinha dela, do seu medo, do asco que sentia ao se confrontar comigo. Distanciava-se de mim com a mesma força com que desejaria ser ninada entre os meus braços. Com a mesma força com que desejava que aquele órgão bom fosse restituído ao seu corpo para cicatrizar a ferida e permitir que ela continuasse a respirar. Germana, por sua vez, não suspeitava de nada. Ela pegava o pouco que

O emaranhado

eu lhe oferecia como se fossem alguns gramas de fios de ouro. Eu achava que ela era uma mulher que não se importava com nada nem ninguém; agora sei que precisava de um olhar externo no qual se espelhar, e não importava de quem fossem os olhos que restituíam a ela a imagem construída dia após dia na minha presença. Bastava que eu a olhasse e refletisse para ela uma imagem única e vencedora, cheia de fascínio e contradições. E eu fazia isso: Germana se lançava para cima de mim e eu lhe devolvia sua forma volúvel, desgrenhada, com toda a dedicação dos drogados. Ela a interpretava como alguma forma de sentimento, não se interessando por quem, do outro lado, havia se encarregado daquela cuidadosa obra de restituição. Germana não tinha consciência de quem eram os homens e as mulheres que se colocavam à sua frente, não estava em condição de vê-los, interagir com eles, comigo, como se estivéssemos cobrindo uma paisagem maravilhosa que ela tentava intuir *por meio* de nós. Às vezes, tínhamos o mérito de mostrar a ela um detalhe que não tinha notado, ou de cantar algo para ela, levar uma fruta, um doce durante a contemplação. Nesses casos a sua gratidão era imensa, sendo capaz de retribuir com um olhar ou com uma frase destrambelhada — pescada por acaso e atirada de volta para nós, em cima de nós — imprevisível. A nossa presença a obrigava a prestar atenção aos seus movimentos, a cuidar nos mínimos detalhes da imagem que tinha escolhido entre a vasta gama de soluções possíveis, uma imagem ousada e desdenhosa, frágil e adocicada, que se esforçava para manter, apesar das frequentes perdas de foco. Mas nunca olhava para nós. Esse fato me permitia desaparecer, mesmo estando à sua frente, continuar o meu show solo alcançando um bom acordo de socialização. Só assim aprendi, com o tempo, a ser inteiro com ela, a já não considerá-la um interlocutor, mas um elemento do quadro em que eu me encontrava naquele preciso

Primeira parte

instante, um elemento que às vezes me estimulava a fazer algo, a reagir, mas totalmente desprovido de julgamento, expectativa, capacidade crítica sobre as minhas ações. Éramos dois fantasmas unidos por um pacto comum: eu a exaltava sucumbindo ao seu fascínio, ela não fazia perguntas incômodas sobre o meu passado, que tentava esquecer nutrindo-me da sua imagem frívola e inconstante, da sua visão fora de foco disposta a fotografar minha dispersão.

Ah, como Agacia era linda e imóvel, espremida no terno azul-claro de couro falso do qual lentamente começava a se desvencilhar, mostrando consideráveis habilidades de contorcionismo, as suas mãos alcançando com agilidade a parte inferior das costas, depois, com dificuldade, aventuraram-se cada vez mais para o alto, botãozinho após botãozinho de cetim, prova do esforço realizado pelo assim chamado sexo frágil para se libertar da sufocante imagem de objeto, manequim, dona de casa, em nome de um feminismo sólido e combativo cuja defensora era justamente ela, Agacia, que sorrindo como uma fadinha agora vagava livre, carne e osso ao vento, em um museu transformado, em pouco menos de duas horas, na reconstrução artificial de um hipotético estado de natureza. Aconteceu que, no final, alguém conseguiu acalmá-la e, na paz artificial de um psicofármaco qualquer, Gil, ou quem quer que fosse, teve a iluminação, isto é, decidiu não destruir todo o trabalho feito até então — o elaborado projeto de correr nua entre as suas estátuas —, mas simplesmente enriquecê-lo com essa grande cena, um início que justificava a posterior libertação que, descontextualizada, desprovida de um construto anterior, poderia ter desorientado excessivamente o espectador e, ao mesmo tempo, ficar sem graça e brega. E então surgiu a Ideia que iluminou aquela manhã infernal, com uma Gil que corria entusiasmada para cá e para lá, exercitada no olhar inicial de desespero, na pose imóvel de boa menina dócil e reprimida, tendo espalhado cremes e óleos firmadores durante o dia todo porque, em todo caso, ela acabaria nua. Germana tinha sido encarregada de procurar um vestido adequado — do gênero mulher-objeto e acima de tudo incômodo, muito incômodo, conforme lhe ordenaram — enquanto Gil continuava estrilando uma suposta nova teoria feminista, fundada por ela uma meia hora antes a partir do conceito de estado de natureza interpretado em chave contemporânea e psicodélica. O universo iminente em que a mulher reinaria podia na verdade ter árvores, casas, caminhos, arbustos e nuvens de cores fluorescentes, tudo reproduzido na velocidade da luz por uma equipe de artistas que Agacia levava junto consigo havia anos e que tinham dedicado o seu tempo a colar meticulosamente o rótulo de artista de sucesso na testa dela. Isso, dizia ela eletrizada enquanto tomava notas sobre o seu novo sistema de referência ideal, seria o toque final, a última passadinha do indicador e de cola na sua sobrancelha. Naquele ponto do desvario, que ouvia como se me afogasse, retorcendo-me de um lado para outro da sala, Germana me desnorteou.

«Eu preciso fazer um negócio chato. Vem comigo?»

«Depende.»

«Não venha com frescura.»

Em menos de cinco minutos eu já estava lá fora, encasacado, com ela me arrastando pela mão em direção ao metrô e continuando a reclamar de uma divindade qualquer do mercado, da arte e da moda.

«Mas veja que são coisas diferentes.»

Eu me arrependi na hora por aquelas palavras que soavam ingênuas e hipócritas, em nada apropriadas para um tipo como eu, que, segundo a maioria, era controverso e obscuro.

«Você é terno, Jo-kin.»

Sua compaixão, unida à beleza, me feriu profundamente, ela parou fixando em mim uma expressão que eu não sabia descrever nem decifrar, principalmente porque baixei o olhar e passei a enrolar um cigarro apenas para encontrar um gesto habitual de conforto. Tinha deixado todo o material no vestiário e nenhuma substância veio me socorrer naquele momento.

«Você não gosta de moda, não é?»

Germana já havia mudado de assunto, tinha percebido o meu embaraço sem dedicar-lhe mais tempo do que uma olhadela indecifrável. Esse era o tipo de presente que ela me dava todos os dias.

«Eu não gosto nem mesmo de arte», respondi remexendo nos bolsos.

«Pois é como eu digo! Arte, moda, mesma coisa: quinquilharia.»

Tinha ficado contente com a sua comparação perfeita, enquanto eu tinha medo de que me mandassem embora, torcia para que ninguém se desse conta do meu sumiço, não sei o que faria sem aquele trabalho. Mas principalmente sentia um imenso constrangimento de estar de mãos dadas com uma garota estridente, belíssima, capaz de mudar o humor entre duas estações do metrô, desgrenhando os cabelos como que para marcar o processo de transmutação com que passava de uma personalidade a outra sem descanso. Ela decidiu que iríamos até o bairro mais rico de Paris, com toda aquela grana, por isso me fez descer na parada Franklin Roosevelt, me avisando de última hora, com um pulo, como para ver se eu estava suficientemente pronto e ágil para ela. Era a primeira vez que eu via a Champs-Élysées e me pareceu a ascensão monumental em direção a algo que nunca chegava. Germana parava a cada dois passos, achatava o nariz e as palmas das mãos nas vitrines, comportando-se como

O emaranhado

uma criança, menininha idiota consumista, chamava-me de maman, dizia maman, si tu m'aimes, tu dois m'acheter tout ça, ou maman, maman, regarde come c'est beau, je le veux!, e ainda fez umas musiquinhas rimadas particularmente bem arranjadas, como se o seu protesto contra a degradação moral do ocidente pudesse ser combatida ao som de umas parlendas. Entramos em várias lojas, eu tentava até o último momento não entrar, mas sem a desculpa dos cigarros tinha bem pouco a dizer. Nós nos movíamos entre as roupas como se estivéssemos manuseando insetos tropicais, os vendedores me fitavam da cabeça aos pés enquanto Germana sempre conseguia passar pela rica, excêntrica, mas com certo estilo. Tentava me transformar na sua sombra, a sua desproporcional sombra masculina, olhando para os meus próprios pés e esperando que tudo acabasse o quanto antes, seu entusiasmo, as perguntas educadas dos vendedores, o meu desejo de sair dali e voltar para o trabalho. Mas, em exatamente uma hora, Germana colecionou algumas frases gentis, dois cigarros para mim e nenhuma roupa. Eu sabia que não era por indecisão, mas por vontade de experimentar ainda um pouco mais aquele mundo de luxo, havia algo no frenesi inconsistente de cores e sedas que a indignava e ao mesmo tempo a deixava alegre, um tipo de alegria que nunca tinha visto nela e que me incomodava. Ao longe era possível ver algumas lojas bem grandes, ela havia me dito — com a voz alterada de um suposto guru indiano — que se sentia particularmente otimista, em relação àquelas lojas, que tinha bons pressentimentos, boas vibrações. Então pulou em minhas costas, envolveu os seus braços no meu peito e apertando forte me sussurrou no ouvido:

«Agora somos uma pessoa só.»

Eu nunca havia sentido nada igual. Era como se Germana fosse água, era como se não tivesse uma forma própria,

Primeira parte

mas aderisse perfeitamente com toda a sua superfície a cada dobra, aspereza ou ângulo do meu corpo. Estava completamente grudada, espalhada nas minhas costas. Ninguém tinha chegado tão perto de mim, mesmo quando transava havia sempre uma distância, por mínima que fosse, um espaço de observação necessário para se excitar, para a aplicação de uma força violenta, dócil, quase ausente. Mas, nesse caso, um outro corpo aderia perfeitamente ao meu, *como se tivéssemos sido separados à força antigamente, ou alguns meses antes, por causa de um evento traumático, um luto familiar*, um castigo, e ela tivesse me reencontrado agora, durante uma chatíssima sessão de compras pela Champs-Élysées, de tal forma maravilhada por esse golpe de sorte que procurava de todos os modos o encaixe vencedor, extremidades de superfície dividida para soldar novamente e conseguir uma recomposição perfeita. Ela pressionava a pelve contra a parte inferior das costas, enfiava os braços embaixo das minhas axilas para depois juntá-los atrás do pescoço, que eu mantinha dobrado também devido ao leve incômodo que causava a respiração dela em minhas orelhas, a sua cabeça apoiada na minha clavícula, encaixada entre o queixo e o pescoço, que suas mandíbulas arreganhadas mordiscavam de vez em quando, como se ela quisesse costurar o laço definitivo entre nossos corpos reencontrados. Era uma sensação agradável e ao mesmo tempo assustadora, *como uma lembrança recalcada que volta de repente*, deslocando as coordenadas que eram referência de uma vida toda, o peso de cada ação, as intenções de cada palavra. Senti uma ligeira excitação, vinda do hálito da sua respiração sobre meu lóbulo e principalmente pelo desaparecimento de qualquer nota estridente da sua voz.

«Agora sou eu a tua casa.»

Imagino que ela estivesse se referindo ao fato de que parecíamos uma enorme tartaruga ou caracol e que ela, assim

O emaranhado

largada em minhas costas, representasse uma espécie de couraça ou concha, embora o seu casaco peludo, derramando-se em mim, nos tornasse mais um ser triforme do que qualquer outra coisa, um terço homem, um terço mulher, um terço pelo falso em promoção no marché aux puces. Por mais que eu tentasse me controlar, me escapou um sorriso torto que tentei disfarçar como sendo um incômodo causado pela posição oscilante do cigarro que engoli no exato instante em que Germana decidiu desmoronar, escorregando sobre minhas costas, para em seguida precipitar-se dentro de uma loja enorme de roupas pela metade do preço que poderíamos ter encontrado também em Belleville. Enquanto tossia feito um desgraçado e pensava que não sobreviveria, Germana me olhava das vitrines intimando-me a ir até ela, eu não conseguia falar nem xingá-la, simplesmente me contorcia tentando vomitar alguma coisa, calculando aproximadamente os perigos aos quais ia de encontro e pensando que, entre todos os modos em que tinha corrido o risco de morrer, aquele de ingerir cigarro aceso era o menos nobre, mas talvez o mais apropriado.

«A gente queria um vestido desconfortável com botões.»

Se existia no mundo uma única pessoa completamente desprovida de senso de humor, ela estava no número 44 da Avenue Champs-Élysées, profissão: vendedora. O rosto quadrado, o olhar decomposto, o ritmo do seu tamborilar para pedir a ajuda de alguém «mais qualificado» eram sinal de um desprezo profundo que a senhorita distribuía generosamente a todos aqueles que não se enquadravam no seu restrito campo de visão ou em um vestido da loja onde tentava ganhar a vida.

«Ela deveria trabalhar com outra coisa», sussurrou-me Germana, divertida e com uma ponta de indignação,

Primeira parte

continuando a olhar para a bunda firme da moça de tailleur que deveria ter nos ajudado.

«Não que você seja um monstro de simpatia no trabalho», tentei sugerir a ela tapando-lhe a boca, pois o que inicialmente era uma leve risadinha estava se transformando em uma zombaria explícita, uma verdadeira provocação ao mundo do luxo e da grosseria. Ela se calou por conta própria, tornando ridícula a minha mão sobre seus lábios, que na verdade tirei rápido.

«Mas eu preciso trabalhar.»

«Ela também, acho eu.»

«Você tem um jeito de pensar coerente demais. Você não entende a vida!»

O entusiasmo de Germana funcionava assim, sob comando, como saída para uma situação incômoda. Quando não sabia o que dizer, Germana ficava feliz e despreocupada, como se tivesse alcançado um nível mais alto de conexão com a criação e desprezasse quem, lá embaixo, se submetia ainda aos instrumentos simplistas da coerência e da lógica. Essa súbita e imotivada alegria de viver era a arma com que aniquilava a sua mediocridade, um remendo para cada uma de suas frases infelizes.

«E por que você está tão alegre agora?»

A sua atitude de certa forma me humilhava, fazendo o egoísmo passar por sabedoria, e o erro por uma síntese mais completa dos fatos.

«Não me diga que isso nunca acontece com você!»

A vendedora estava voltando com alguns vestidos nos ombros, provavelmente recomendados por uma colega ou pinçados em alguma parte da loja, eu mal tive tempo de pedir para que Germana se explicasse melhor e sua atenção já estava totalmente monopolizada pelos três vestidos estendidos no balcão, cuja presença me impediu de pressioná-la em um canto e obrigá-la de uma vez por todas a confessar. Ela os manejava com uma delicadeza inusual que por alguns segundos apagou parte do meu ressentimento em relação a ela. Era uma das poucas coisas genuínas que me parecia tê-la visto fazer até então, dei-me conta disso pelo medo que o seu olhar às vezes revelava, como se em sua mente se materializassem imagens terríveis, ou melhor, imagens maravilhosas que alguma coisa havia estragado de repente.

«Eu odeio pessoas ricas, mas elas me deixam feliz. Nada me deixa mais feliz do que gente rica. Você acha que isso é um pecado?»

«Acho que não. Em todo caso, eu te absolvo.»

É claro que a minha resposta caiu outra vez no vazio. Germana agarrava os vestidos, estendia-os como se quisesse passá-los e improvisava dancinhas na minha frente, que deveria teoricamente expressar um juízo na forma de uma votação. Ficou saltitando até o espelho mais próximo, afastando uma jovem descalça em um dos pés, continuando a apertar o vestido contra o seu casaco, acariciando-o como faria com um gatinho. Tentei não me aproximar dela e dar uma volta pela loja, mas seus giros chamando atenção e descobrindo uma parte cada vez mais considerável das suas pernas eram fortes demais, então me rendi e cheguei mais perto. Nesses casos, manter a seriedade e o silêncio me ajudava a não me sentir dominado demais pelo seu poder, dando a mim mesmo a impressão de não satisfazê-la completamente, mas naquele momento não consegui conter uma curiosidade alegre, genuína, de ver seu corpo apertado por um daqueles vestidos.

«Experimente.»

Fiquei surpreso por ter pronunciado aquele convite que criaria entre nós um espaço de embaraço e ambiguidade, aquele mesmo espaço que, em outras ocasiões, eu me esforçava por censurar e que Germana reconstruía em silêncio, quase tramando-o, para depois insinuá-lo novamente de forma traiçoeira. Esperava que ela fugisse imediatamente para os provadores, como se tivesse me levado junto apenas para ouvir aquele pedido específico, mas em vez disso voltou-se para mim com uma expressão mal definida, pouco nítida, em que eu só conseguia ler com alguma clareza hesitação e ofensa. Acho que ela queria se recusar, mas se forçou a seguir em frente, e começou a andar lentamente até o fundo da loja, voltando-se de tempos em tempos na minha direção, para ver se eu ia ou não atrás dela. Não entendia se ela desejava ter-me por perto, escutar algum comentário meu, ou se o que temia era justamente a minha presença diante do espelho. Desapareceu atrás da cortina e comecei a me sentir particularmente nervoso, os seus pés, agora nus, mostravam que ela estava lá, mas nada mais, nenhum barulho, nenhum murmúrio podia me assegurar de que Germana ainda estava ali. Era como se permanecesse plantada imóvel dentro do provador, suspensa como quem se meteu em uma enrascada e não sabe mais o que fazer. Eu não disse nada, tentava não olhar para baixo, na direção de seus pés, mas acabava sempre por fazê-lo e os encontrava lá, esparramados no chão, o esmalte preto riscado em diversos pontos, o rubor do frio que desenhava círculos imperfeitos, quase invisíveis, na superfície da pele. O tempo passava devagar, dois, cinco minutos e foi após esse intervalo de imobilidade que Germana decidiu se mover novamente, com uma rapidez não natural, como se quisesse recuperar todo o tempo passado em suspensão. Quando mexeu a cortina para sair, achei que eu estava diante da sua versão adolescente, como se a imobilidade daqueles minutos tivesse servido para um rápido deslizamento temporal depois do qual Germana já não era aquela figura tangida pelo infantilismo farfalhante que ela se divertia em ostentar, mas uma transposição mais antiga de si mesma, obscurecida

O emaranhado

por um marcante mal-estar em relação ao próprio corpo, à própria voz. Permanecia em silêncio, ajustando o couro falso azul-claro do vestido em seus quadris, sem ousar olhar para mim. Era um mal-estar quase insuportável, que me enternecia e se tornava, por isso, ainda mais pesado. Nunca tinha achado Germana doce, mas adocicada, nunca condescendente, mas caprichosa. Encontrar-me de repente em uma posição de pretensa superioridade, diante de um ser que não sabia o que fazer com o próprio corpo apertado em um vestido, como se tivesse caído em uma armadilha e ao mesmo tempo não tivesse coragem de pedir ajuda, provocava em mim uma sensação de impotência tal que me veio uma vontade de gritar com ela, mandá-la voltar logo a ser como era antes. Em vez disso, disse apenas que o vestido lhe caía bem, ou uma idiotice parecida, até para impedir que seu olhar permanecesse inutilmente pendurado no espelho por ainda mais tempo. Talvez, se eu não tivesse dito nada, ela tivesse ficado lá, as mãos ossudas e nervosas grudadas nos quadris, as bochechas rosadas, delatoras ingratas de um grito contido, uma condição de total desorientação.

«Vamos levar este», disse sem se voltar para mim. «Em Agacia cairá melhor.»

Dessa vez, diante do espelho, nenhum entusiasmo apareceu para socorrê-la. Enquanto caminhávamos em direção ao Pompidou, a imagem daquele vestido apertado no corpo de Germana, e agora amassado dentro de uma sacola prateada, continuava a dominar o meu pensamento, impedindo-me de entabular qualquer conversa.

«Está pensando em quê?»

«Em nada. Vamos.»

Na verdade, estava pensando na sua figura espremida pelo vestido mais provocante que eu já tinha visto, imagem que agora me desconcertava, numa espécie de encantamento póstumo, de excitação fora de sincronia. *Com as meninas em Euskadi não era assim,* os seus moletons surrados, as formas pouco visíveis debaixo de uma saia comprida até os pés ou em um jeans largo masculino, me excitavam na hora, como poderia fazer Germana todos os dias em seus trajes extra large de onde às vezes se projetava uma ponta de cotovelo, um tornozelo. Mas aquela sensualidade explícita, descarada, me paralisava, lançando-me em um mal-estar imediato e ressurgindo pouco depois, no metrô, diante da Germana de todos os dias, sentada de pernas cruzadas ao lado de um mendigo. Talvez aquela em quem eu pensava não fosse ela, mas uma imagem sexualizada dela, obtida a partir de um recorte e da recomposição de detalhes eróticos, memórias obscenas e fantasias que eu impunha ao seu corpo, dobrando-o à tirania utópica do meu prazer. Germana nunca tinha me excitado? Tirando a fascinação que sua proximidade despertava em mim, a sua mera existência dentro do restrito perímetro que delimitava a minha vida em Paris, nunca tinha tido vontade de levá-la para a cama? Eu nem sequer seria capaz de dizer o que tinha sentido diante do espelho, o seu corpo esguio ao alcance de minhas mãos, os seus olhos pela primeira vez indefesos. Se não tivesse havido embaraço, se a mudança repentina em sua atitude não tivesse me desconcertado, precipitando-me em uma situação nada agradável de dominação, eu teria pulado em cima dela ou teria, em vez disso, repetido o mesmo elogio tosco, tentando encerrar a situação o mais rápido possível? *Pensei outra vez em Maria, em Arrieta, em Lore,* na menina que caiu em cima de mim na noite do meu primeiro show em Bilbao, tentando encontrar elementos comuns entre todas elas e Germana, entre o que instintivamente a proximidade delas havia suscitado em mim e a névoa fugaz que só ela espalhava a cada passagem,

O emaranhado

deixando-me entontecido. Havia quem sabe algo semelhante, uma espera que eu gostava de colocar entre o desejo e a satisfação, um tempo de observação necessário para o êxito da conquista final. Mas tudo, até então, tinha ido mais rápido, como se aquele espaço de adiamento fosse um hábito, uma superstição que cumpria meio contrariado. Com Germana, por outro lado, aquele mesmo intervalo que impedia um encontro carnal e definitivo entre nós parecia ser o pressuposto da fascinação, e eu achava que, anulando-o, também a atração que eu sentia por ela seria pouco a pouco diminuída. O que eu talvez tenha sentido, olhando-a diante do espelho, era a certeza de que, naquele instante, poderíamos ter ficado juntos, marcando com isso o fim da nossa conexão. Eu mal havia cruzado a porta do museu e observado Germana distanciar-se com passos largos e lentos na direção dos capangas de Agacia Gil quando cheguei à conclusão de que era para mim mais satisfatório desejar Germana do que tê-la, e que esse desejo seria o único sentimento que eu poderia continuar cultivando em relação a ela.

Havia essa tipinha seca, pequena, loira, que não dava sinais de ceder, às vezes olhava para o meu lado, ou coçava um braço, mas durante todo o tempo da performance permanecia atentíssima como se das obras de Gil emanasse um misterioso poder de cura que o médico lhe havia recomendado aproveitar. Eu estava a fim de dar uma de escroto e comecei a encará-la, porque a menina parecia apreciar o que eu tinha a oferecer, enquanto eu queria arriscar um experimento, uma pequena simulação da eterna luta entre natureza e cultura, abertas as apostas sobre quem venceria, o apelo inextinguível do sexo ou o admirável trabalho contemplativo de uma espectadora em busca de aprovação? Porque era aprovação o que ambicionavam todos os admiradores de Agacia Gil, uma

Primeira parte 93

aprovação nascida do consenso em relação a um certo gosto estético que, conforme diziam, era refinado, ou ainda uma aprovação que vinha da aprovação em si mesma, em uma espécie de metacírculo vicioso e narcisista, dizia Germana furiosa, cochichando para mim, mal movendo os lábios, como uma traficante profissional de drogas.

«Você percebe, essas pessoas se sentem inteligentes só porque compartilham o amor por essa bosta. Nenhum gesto incrédulo, nenhuma revolta, ninguém que caia na gargalhada diante de uma merda dessas.»

A cabeça dela se mexia aos solavancos, como para acentuar as palavras sobre as quais se deveria prestar mais atenção.

«É como uma sessão coletiva de compras, entende? Compras de grife, quero dizer. Estamos aqui reunidos para comprar a marca Gil, somos admiradores da Gil, alguém pode testemunhar isso? Se eu fosse ela, na próxima performance tatuaria a marca da sua bunda na testa de todo mundo. Não seria cool?»

Para mim era bem difícil continuar olhando a loirinha sem rir, Germana nunca tinha sido tão engraçada e irresistível e tinha acontecido de eu roçar meus dedos pela lateral do seu corpo ou pelo braço, com a desculpa de que o meu corpo estava tomado pelo riso que mal podia abafar.

«Alguma coisa precisa acontecer, caralho, por que ninguém ri?»

«Eu estou rindo», sussurrei no ouvido dela, abaixando-me para alcançar o lóbulo da orelha, pela primeira vez à mostra graças a um coque perfeitamente tramado pelas mãos de outra pessoa. Eram lóbulos minúsculos e rosados onde se empilhava uma série infinita de aneizinhos e esferas de metal.

«Quem fez esse negócio na tua cabeça?»

Não sei por que toda palavra de admiração por ela se transformava em uma tiradinha irônica, às vezes de desprezo.

O emaranhado

«O cabeleireiro careca. Ou melhor, desculpe, o hair stylist. Eu sei, estou horrível.»

É claro que Germana não estava de modo algum horrível, e o sotaque impecável com que havia pronunciado hair stylist me fez duvidar das suas origens italianas. Encarava Gil com obstinação, como se fosse devorá-la, e tive a impressão de que suas pupilas estavam ficando enormes e vazias, prontas para abrir espaço ao corpo ressequido da artista cujo destino estava traçado: cair nos olhos de Germana e morrer.

«Odeio essa gente, Jo-kin. Acho que a odeio de verdade.»

Tinha ficado profundamente triste, e, com o uniforme preto, os cabelos puxados e os saltos que alongavam a sua imagem de modo artificial, parecia celebrar a morte de alguma coisa, ou o casamento de dois jovens noivos, perdida entre os festejos gerais, a única consciente de como acabaria aquela palhaçada toda de roupas brancas.

«Você está muito elegante», esforcei-me para dizer a ela, mesmo que uma nota de zombaria já tivesse surgido na minha voz na metade da frase. Então era assim que eu me protegia? A loirinha, no entanto, dava umas olhadas cada vez mais frequentes na minha direção, talvez por tédio, mais provavelmente por ciúme em relação a Germana, que parecia capturar a atenção de um possível futuro amante seu. Eu estava suspenso entre duas transas potenciais, consciente de que não faria nada, mas de algum modo excitado por aquela disputa secreta.

«Você acha que esse striptease ainda vai demorar muito? Preciso mijar.»

Como se saía mal no esforço de ser um pequeno, gracioso moleque, endurecia o olhar, usava expressões vulgares e ostentava desdém, só para fazer o mundo inteiro saber que não era possível brincar com ela, e que para conquistá-la não bastariam as técnicas comuns, as flores, os presentes, era preciso mais, mas o quê, arrogância ou indiferença, passeios rápidos ao longo do Sena ou saídas recusadas no último momento por razões pouco críveis e daí todos os espectros da rejeição, da traição, da quase total falta de interesse? Eu não tinha como saber, mas era certo que a loirinha poderia me dar uma resposta mais fácil, havia nela aquela disposição para o flerte que não conseguia ver em Germana — talvez por um acurado trabalho de apagamento, talvez por uma efetiva ausência de sua parte —, uma disposição que agora me repelia, como nunca havia acontecido antes, e fazia Germana brilhar com uma luz refletida, refletida pela moça loira que continuava a nos olhar e por todas as outras mulheres que não eram ela: Germana, deusa do frio e da fuga, impermeável ao amor.

«Tudo bem se eu acender um cigarro, disparar o alarme e fizer todos esses idiotas levarem suas bundinhas de grife fora daqui e ficarmos só eu e você?»

Tinha feito a pergunta com os olhos virados para a cena, mas no final — na palavra «daqui» — voltou-se para mim e os cravou nas minhas pupilas, provocando-me um arrepio que fez tremer lábios e cérebro, algo que ela provavelmente percebeu, mas com que fingiu não se importar.

«Como quiser, eu estou com você.»

Eu sabia que ela não faria isso, que era só um jeito que ela tinha de me testar, colocar à prova o meu nível de loucura e cumplicidade, ou talvez a minha indolência, a minha capacidade de assistir passivamente a qualquer coisa. Agacia tinha começado a trotar nua pelo museu alguns segundos após a partida de Germana com destino ao banheiro, e podia ver o grupo de visitantes deslocar-se lentamente como um rebanho para segui-la, alguns mais tímidos, outros mais empolgados, separavam-se do grupo para chegar mais perto e tocá-la, enquanto ela espalhava gritinhos aqui e ali, tentando imitar o som de alguma fera selvagem. Perdi de vista a loirinha, a minha posição imóvel me deixava no máximo esticar o tronco, dar um ou dois passos, mas não conseguia assistir à perseguição, ao esconde-esconde de Agacia entre estátuas e árvores fúcsia, arbustos de papel machê em que as pessoas tropeçavam, caindo no chão com estrondo e levantando-se novamente com grande dignidade, cuidando para que ninguém estivesse bisbilhotando zombeteiro. Poucos minutos depois, vi Germana voltar correndo em minha direção, o sorriso excitado de quem finalmente encontrou algo para se matar de rir, era como se o fim do striptease e aquele movimento obtuso de gente a tivesse despertado da sua cólera, de que não havia mais nenhum traço, em nenhuma parte do seu corpo.

«Você está melhor?», perguntei a ela sorrindo, apontando com os olhos para algum visitante desgarrado que tinha permanecido na sala vazia, como se intimidado pela correria, ansioso por contemplar as obras de Gil na santa paz.

«Dei uma tragada no banheiro e joguei o cigarro aceso no chão. Daqui a pouco vai ser um deus nos acuda, você não vai me trair, certo?»

Eu não queria explicações, bastava-me o seu olhar aberto e felino voltado para a sala, a sua respiração profunda, ostensiva com que tentava se acalmar para não dar na vista. Era a vingança da garota do fogo, o seu protesto contra aquela massa de pirralhos, pelo menos era isso que a sua proximidade me transmitia; como se a sua raiva, experimentada com o gesto incendiário, fosse lentamente transferida para mim, em virtude de um mecanismo de osmose ou uma magia, como se fôssemos dois vasos comunicantes que não necessitassem de nenhuma ligação para que a passagem recíproca de substâncias ocorresse com sucesso.

«O que você pensa em fazer?»

Primeira parte

«Não preciso fazer mais nada.»

«Está melhor, então?»

«Espero que já não tenha se apagado.»

Baixou o olhar, da mesma forma que faria se uma bituca estivesse acesa no chão, em um campo de grama seca.

«Os teus cigarros são os mais resistentes de Paris.»

Era verdade. Tinha ao meu lado a primeira mulher do mundo capaz de fabricar cigarros excelentes. A primeira, pelo menos, que tinha a honra de conhecer.

«Daqui a pouco deve disparar o alarme. Você acha mesmo que os meus cigarros são bons?»

«Eles são robustos. Você é ponta firme.»

Germana fitava o vazio com intrínseca obstinação, como se quisesse construir com o olhar uma realidade paralela, sólida e pesada, prestes a pegar fogo. Talvez eu esperasse que nada acontecesse, o que daria a ela o crédito pela provocação, dispensando as consequências do inquérito, da demissão e da prisão. Mas o alarme logo disparou, sem provocar nenhum sobressalto em Germana nem em mim, prontos que estávamos para recebê-lo, para acolher os efeitos dele na caradura, sem nos entregar.

«Desse jeito imóvel você é suspeita», sussurrei sacudindo-a, e começamos a olhar em volta, para a frente e para trás, fingindo um pânico repentino. Parecíamos sombras sem cabeça, cópias mal esboçadas de um exemplar humano. O lugar foi evacuado em pouco mais de meia hora, Gil seminua, coberta com uma espécie de roupão muito curto sobre as desajeitadas pernas de cegonha, o público aterrorizado ou divertido, querendo se distanciar o mais rápido possível ou ansioso por saber um pouco mais do acontecido. Do mesmo modo como ocorreu diante da performance da artista, havia quem se aproximasse ou permanecesse em meio aos outros, mais prudente, quase como se aquele episódio fosse um teste

O emaranhado

da sua personalidade, um teste colocado lá justamente para testar o seu grau de covardia. A julgar pela postura de Gil, tão frouxa em sua tentativa de nos seduzir, o cigarro entre os dedos alongados, o olhar semicerrado e sonhador que fingia não conseguir mais reconhecer formas reais, aquele incêndio poderia fazer parte da performance, uma solução apressada para florear ao acaso um final sem se preocupar em construir uma moral decente e que sintetizasse tudo. Por mais que saídas estratégicas parecidas fossem abundantes na assim chamada arte contemporânea, Gil teria de algum modo ganhado um pouco da minha estima, porque eu adorava quem não tinha nenhum objetivo na vida e reivindicava a sua errância com orgulho, desdenhando os percursos decididos desde a infância, os caminhos que trilham sulcos profundos demais no terreno, onde as pessoas acabam por se soterrar chamando a própria queda de realização. Provavelmente Germana pensava como eu, visto que continuava a saltitar, como se debaixo de uma ducha gelada.

«*Acabe com isso, Gorane*», disse-lhe, sem sequer olhar para ela, lábios apertados, quase amordaçado.

«E quem é Gorane?»

Uma garoa havia começado a cair desde o meio-dia, o ar úmido deixava os cabelos de Germana mais volumosos e opacos, cada vez mais parecidos com os de uma bruxa, ainda mais agora, quando construíam um quadro caótico de fios castanhos e avermelhados na sua cabeça, liberada para sempre daquela arquitetura feita de gel e grampos. Estava completamente acesa. Olhava para mim, suspensa sobre um abismo de respostas, decidida a pular: eu havia finalmente aberto uma fenda mínima sobre a minha vida, de que Germana não sabia nada, e ela enfiava ali braços e pernas, forçando a abertura com unhas e dentes.

«É minha irmã», respondi rápido, abandonando-a no meio da praça e me dirigindo sem nenhum motivo até os capangas de Gil, evidentemente pouco familiarizados com a tarefa de tranquilizar o público, enquanto Germana gritava aliviada, «não sabia que você tinha uma irmã!», e parecia cada vez mais imprecisa, rodeada pelo nada. Uma figurinha solitária e superexcitada que puxava uma corda em minha direção, continuando a errar a pontaria. Responder com leveza, sem mentir, declarar apressado que sim, tinha uma irmã, me pareceu o único modo de deixar quieta uma verdade sobre a qual não teria tido nenhuma vontade de discutir no futuro. Lançando os olhos em Germana, podia ver o seu olhar fixo em mim, enquanto se erguia na ponta dos pés, como se quisesse enxergar melhor uma luz intermitente em uma paisagem longínqua.

«Vem comigo», disse uma voz atrás de mim, puxando-me pelo braço, a voz de Agacia Gil, como percebi poucos segundos depois, enquanto era arrastado até o museu, já declarado seguro. O roupão balançava pesado entre as suas coxas, eu continuava olhando para Germana, os seus olhos fixos em minha silhueta voadora que se movia em direção ao prédio, porque Gil puxava meu braço com uma força brusca, mal empregada, que não era difícil associar a sua figura inconsistente. Aquela mulher queria ir para a cama comigo já havia muito tempo, dizia-me o furor com que tirava um por um os botões da minha camisa, arrancando uns deles, demorando-se alguns segundos no cinto de couro que oferecia uma resistência igual à dos vietcongues, resistência que deveria ter mostrado eu, continente colonizado, incapaz de refutar o ataque daquele corpo demasiado frio e afetado, semelhante à caricatura de uma mulher que seduz um homem, tira a roupa dele e faz sexo. No entanto, era uma caricatura formalmente graciosa, de boas proporções,

O emaranhado

que muitos homens chamariam até de irresistível. Ela se jogou em cima de mim, empurrando-me para a sala que usava como camarim, cheia de cremes, livros e restos de tinta em papéis espalhados por toda parte, sobre os quais caímos de forma desajeitada, pois ela, Agacia, pesava no máximo quarenta quilos, mas tinha a envergadura de um ser enorme, um gigante acima do peso que se retorcia em torno de mim como se eu fosse uma âncora, a única oportunidade de salvação para sua vida de monstro disforme. O meu corpo, no entanto, se movia seguindo leis preestabelecidas, preceitos de uma espécie de protocolo da transa que convidava a mover-se de um determinado modo, a enfiar com determinada intensidade e deixá-la agir. Talvez ela já tivesse imaginado um encontro nosso havia tempos, talvez sentisse prazer com meu sotaque basco e pensasse que quem a foderia era um verdadeiro criminoso, um delinquente, algo que era realmente verdade, porque *em Euskadi eu nunca tinha me furtado a nada*, como não era capaz de fazê-lo agora, mesmo que não tivesse nenhuma arma nas mãos, mas uma mulher frágil e suada que gemia a cada aceleração minha. Eu impunha ao seu corpo um ritmo improvisado da minha cabeça, um ritmo quatro por quatro, um clássico atemporal, adequado para ela mas não para Germana, que por vezes se sobrepunha ao corpo de Agacia, vestida de couro azul-claro, com aquela roupa passada em pouco tempo de uma para outra, e ao qual eu resistia ao ritmo do blues. Um dezoito oitavos que lhe teria servido como uma luva. Muito mais do que à mulher que agora gozava às minhas custas, em uma explosão fajuta semelhante aos aplausos depois de uma apresentação malfeita. Tcha-tum. Tão pré-fabricada até na expressão plena de seu gozo. Trururum. Eu não conseguia extrair nenhuma verdade daquela espécie de sussurro agudo que lançava contra mim, incapaz de deixar que eu chegasse ao final, se eu não tivesse evocado no meio de nós o fantasma de Germana — tchaaa —, que veio me socorrer vestida de azul-claro, despudorada e displicente, como se estivesse tirando a roupa sobre o nada, gozando sobre um nada que era eu, que, enfim, havia gozado, em silêncio, sobre a mulher errada. *Vi por um instante minha irmã, enlouquecida sabe-se lá onde. Sua imagem flutuante me convidava a fazer silêncio,* o indicador ossudo que apertava contra a boca. Era a sua boca, ou a minha? Consegui fazê-la desaparecer, tentando me dedicar à contemplação de um corpo que não me suscitava mais do que uma tremenda repulsa. Provavelmente encontraria Germana ainda fora do Pompidou, esticada sobre a ponta dos pés, examinando luzes piscantes em torno da minha figura invisível, ainda impressa no ar. Eu poderia reassumir o meu posto, sair da sala e me reposicionar naquela silhueta, na marca que o meu corpo havia deixado na atmosfera, para devolver-lhe vida e movê--lo na direção da mulher que eu desejava, mas Agacia tinha começado a rir sarcástica, enquanto se limpava dos nossos restos com umas toalhinhas, relembrando o inesperado da noite como se aquilo não lhe dissesse respeito.

«Eu salvei a pele dela», disse-me Germana alguns dias depois, escondendo-se entre a fumaça do cigarro e os cabelos soltos sobre o rosto. Naquele momento, porém, deitado no chão gelado e manchado de têmpera fúcsia, eu não podia imaginar como ela teria reagido, apenas intuía a satisfação de Gil, deitada e satisfeita, consciente do quanto aquele incidente havia beneficiado a sua carreira e do grau de prazer que o seu corpinho tinha conseguido alcançar durante a nossa aventura.

«Está tudo bem?», ela me perguntou solene, acendendo um cigarro, uma pergunta que escondia outra, do tipo Você gostou? Ou Sou ou não sou um arraso na cama? Com variações como Você acha que podemos continuar a nos ver?

Tentei esconder as minhas respostas negativas, respondendo a sua pergunta com uma outra.

«Você tem algo para fumar?»

Tirou da bolsa um pouco de erva — pois Agacia Gil pertencia àquele gênero de mulheres desejosas de se sentir à vontade em todas as ocasiões, seja uma cerimônia de gala ou uma rave party, aquele gênero de mulher cuja bolsa poderia conter tanto seringas e cocaína, meias rendadas e flores do campo — e em poucos minutos a minha mente conseguiu encontrar uma forma de leveza antiga, que não experimentava havia muito tempo. Fui grato a ela, e ao camaleão que se fazia passar por sua bolsa. Por sorte não me fez mais perguntas, limitou-se a anotar seu telefone em um papelzinho, como se o nosso destino fosse nunca mais nos vermos devido a uma iminente catástrofe natural, uma partida definitiva. Tinha uma expressão cerimoniosa e dramática, excessivamente reflexiva, enquanto desenhava as suas letras arredondadas na folha, uma dramaticidade que eu também tinha visto em seu rosto cerca de meia hora antes, mal colada ao seu corpo nu e molhado. Devia pertencer àquele segmento de seres humanos que se dedicam ao sexo como à contemplação de um quadro abstrato durante uma vernissagem superexclusiva. Provavelmente pensava que por isso se revelaria controversa e profunda, uma ilusão, a dela, imediatamente desmentida pelas letras que traçava no papel com uma escrita feminina que não tinha nada de artístico e ainda menos de perverso.

«Você ainda fica aqui mais um mês, não é?», perguntei, esperando que dissesse não.

«Claro!», sorriu, empolgada com aquilo que achava ser uma confirmação do meu interesse em relação a ela. Cada pala vra assumia diversas nuances conforme quem a escutava, como se não existisse uma partitura comum para a linguagem, um sistema de referência imóvel sobre o qual acomodar substantivos e artigos, verbos e conotações precisas, para que depois se tocasse e se ouvisse a mesma música, um dó que era dó para todos, um *allegretto* que não virava um adágio, um andantino. Agacia ouvia a minha marcha como se fosse uma sonata ou uma música pop que tocava todos os dias no rádio, acelerava o ritmo me fazendo perder o tempo, traindo a composição original, cantarolando onde a partitura mandava parar e tomar fôlego. Por isso eu tinha razão em não confiar nas palavras. Eu era capaz ainda de confiar um pouco nos tons e nas cadências, nos timbres vocais que por acaso ouvia e na ligeira musicalidade que se desprendia de uma frase, até mesmo de um gesto, uma expressão que escapava por instinto após uma emoção imprevista ou um trauma. Aqueles que a maioria considerava dados secundários, subjetivos, totalmente irrelevantes em relação ao conteúdo das conversas, eram para mim os únicos apoios verdadeiros graças aos quais entendia quem estava diante de mim, ao menos eu tentava, sem ir ao encontro de um fracasso certo: naquele momento a mulher com quem eu havia acabado de transar estava dizendo que tinha vontade de me rever e tinha certeza de que eu partilhava do seu mesmo desejo. Então era claro que não tocávamos a mesma música, mas era apenas em um nível, digamos, microscópico, já que a superfície linguística daquilo que trocávamos afirmava com absoluta certeza que tínhamos transado, que tínhamos gozado, que agora estávamos fumando uma erva sobre papéis desenhados e que, consequentemente, iríamos nos reencontrar o mais cedo possível.

«Boa, hein?»

A erva não era nada ruim, mas preferi me limitar a um breve aceno com a cabeça, a fim de evitar um consenso completo que por certo levaria a mais mal-entendidos.

«Pelo menos não precisou remendar um final qualquer para a sua cagada.»

Nessa noite, saindo do Pompidou, atravessando a praça onde uma sirene insistia em acender para um alarme já inativo, entrevi Germana deitada no asfalto com a barriga para cima, ao lado do ateliê Brancusi, onde um ou outro pombo se agitava. Eu tinha na cabeça essa frase, nunca dita por ela, porém as palavras tinham a sua voz. Fumava, fingindo-se de morta, as pernas moles lhe caíam para fora, a mão que segurava o cigarro como único sinal de vida. A professora de ginástica que no conservatório se ocupava do nosso bem-estar psicofísico definiria essa posição como corpo morto. Eu poderia ficar olhando para ela durante horas. Como de costume, fumava errado, mal tragava, mandando embora o câncer com amplas baforadas de fumaça. Eu havia chegado ao ponto de prever o que ela diria? A sua voz me atravessava como um líquido demasiado denso. Fui embora fingindo não ter reparado nela, culpado por algo que eu ainda não captava. Sentia o seu olhar atrás de mim, o fio que nos ligava se romper. Por trás do sexo com Agacia não se escondia apenas a minha habitual incapacidade de fugir diante de qualquer acontecimento em que me encontrava ocasionalmente capturado, mas um sentimento de vingança, um castigo contra alguém. Mesmo a heroína era um nêmesis que não sabia a quem endereçar. Essa consciência chegava até mim sob a forma de ondas de calor mais ou menos intensas, que às vezes se transformavam em verdadeiro pânico. Talvez tivesse ferido uma mulher para puni-la pela atração que tinha por ela. Porque era ela, Germana, o objeto do meu desejo, quem havia movido o meu pênis para dentro do corpo de Agacia e que agora empurrava as minhas pernas para longe, para casa: aquela Germana que agora fumava no escuro, as costas achatadas contra o mesmo asfalto em que havíamos pisado no dia do nosso primeiro encontro, semelhante a um muro que dessa vez nos separava de modo sutil, cruel. A fresca

Primeira parte

lembrança do corpo que havia penetrado um pouco antes me enojava. Tentei afastar essa sensação, mas recebi em troca a voz de Germana, que me confessava o seu ciúme em relação à artista, o seu corpo enfiado no mesmo vestido e a imagem da minha cabeça baixa, incapaz de sustentar o olhar de ambas. Comecei a fugir para casa, onde cheguei depois de mais de uma hora e um tanto de cervejas, tragadas com grande velocidade em um bar no Boulevard Magenta, onde passei o tempo me convencendo do fato de que não existia culpa alguma, que não tinha prometido nada a Germana e que em todo caso para ela nada de mim importava, mesmo que a sua espera fora do museu parecesse sugerir o contrário. Chegava a esse ponto o seu desejo de se fazer punir. A esse ponto o meu de puni-la. Desde quando eu tinha começado a me preocupar de verdade com alguém? A dor comunicada ao meu corpo pela hipotética dor de um outro corpo que eu havia voluntariamente ferido era talvez um primeiro indício do assim chamado amor. Não conseguia ligar aquelas sensações físicas a uma definição plausível, então procurei conforto nas palavras que já conhecia: havia abismos enormes na experiência, fendas que se abriam entre os acontecimentos, nas relações que tecia com as pessoas que por acaso encontrava, sentimentos suspensos e sem precedentes, ausentes de uma catalogação comum, e depois havia a linguagem que tentava preencher as lacunas, aplacar o desejo de dor ou prazer infinito. Como pedrinhas em uma engrenagem implacável: palavras. Permitiam ao corpo sofrer menos, gozar menos, refreando o transbordamento da barragem. Só que eu não sabia se era realmente dor o que sentia, ou se não se assemelhava mais à satisfação de ter exercido o meu poder sobre um ser que, por sua natureza, fugia a qualquer forma de domínio. Porque era assim, Germana, uma sensação sem nome, um impulso jamais experimentado que eu tinha procurado

O emaranhado

refutar por meio de uma ferida provavelmente incurável. Ela própria havia me confessado a sua fragilidade, a inveja que sentia daquela mulher, e eu tinha usado aquela mulher para me afastar dela da maneira mais mesquinha. Eu havia traído, e a minha traição nada tinha a ver com uma reelaboração mais complexa do modelo — como Juan Antonio havia feito por exemplo dois anos antes, esplendidamente, com *Lo scherzo* de Brahms —, já que não existia modelo, mas apenas fuga do concerto. A traição da relação imaginária coincidia com a minha recusa de tocar. Vomitei durante toda a noite, sem obter resposta nem redenção.

Na manhã seguinte tivemos de lidar com a polícia durante um par de horas, e nada de relevante pareceu surgir dos interrogatórios. Fomos convocados em grupos, eu e Germana separados de outros dois colegas de quem não conseguia recordar o nome e que na minha mente tinham adquirido o título pessoal de O Curto — por causa da sua estrutura brevilínea — e A Tonta, por causa de uma expressão nos limites do hebetismo e que nessa ocasião conseguiu alcançar picos de rara intensidade. Tentei jogar uma olhadela na direção de Germana, que, ao contrário, não me olhou em nenhum momento, mas que — para o meu enorme estupor — nem sequer acabou me acusando. Durante toda a noite tinha imaginado uma resposta vingativa para o meu gesto, e em sonho me via caminhando algemado para a cadeia, perseguido pelo som de suas risadas. Achava que ela me acusaria de alguma coisa, mesmo que apenas de tê-la protegido, pensei que fosse capaz de me denunciar, sabendo que eu não a trairia. Tudo, desde que não fôssemos condenados juntos. Em vez disso, estava tranquila, de maneira nada natural, como se a sua habitual ansiedade tivesse sido de algum modo aplacada. Na verdade, eu já a havia castigado, prendido e conduzido em direção a uma prisão que eu não conhecia: a sua. Absolvida, pela minha mão, da patologia incendiária. Quanto a mim, fizeram-me mais perguntas do que aos outros, mas consegui me virar discretamente, por mais que não ser culpado suscitasse em mim uma sensação de mal-estar muito mais desagradável do que das vezes em que precisei me defender com motivo. Assim, procurei a minha culpa, encontrei-a, e saí dela ileso. Uma vez fora da salinha que a polícia tinha usado para o interrogatório, a mesma em que poucas horas antes eu e Agacia havíamos transado, Germana plantou-se diante de um quadro da artista, sem dar no pé como eu havia imaginado. Não conseguia prever uma única reação sua, o que não fez mais do que aumentar em mim pânico e desejo. Enrolou um cigarro sob o olhar atônito do policial a quem, poucos segundos depois, dirige-se na caradura:

«Vou acender lá fora, obviamente.»

Então sorriu, sedutora, mandando o homem fardado para um outro mundo, provavelmente muito distante da esposa, filhos e casa na praia. Eu me mantinha a uma distância segura, continuava a olhá-la enquanto ela fitava a obra pendurada na parede. Representava dois amantes na forma de manchas de cores vivas que se entrelaçavam em um abraço amarelo e vermelho, feito com pinceladas espessas de onde despontavam em relevo pedaços de palha e detritos diversos que Agacia Gil sempre acrescentava às suas pinturas, para dar a elas um toque pessoal, ou melhor, como havia dito a minha querida amiga, para conferir a sua marca. As suas obras queriam provavelmente parecer fruto do ímpeto desregrado de um gênio, porém, mesmo que se tratasse de figuras estilizadas, desprovidas de detalhes, os traços eram meticulosos e uniformes, como se fossem feitos com uma régua.

«Ficaria bem um pouco de verde, não?», perguntou Germana, virada para o quadro.

O emaranhado

«Seria feio de qualquer jeito», eu disse, tentando reparar a minha traição.

«O erro é que ela dividiu o quadro em dois, e colocou no meio os dois amantes. À direita o nada, à esquerda o nada. Ingênuo. Todos sabem que a tela não se divide em duas, mas em três partes. Assim o pintor confere dinamismo à cena, evitando colocar tudo no centro, como se se tratasse de uma foto posada. Não há nenhuma verdade aqui. Chamam isso de regra dos terços.»

Falava com o cigarro apagado entre os lábios, ligeiramente tortos para conseguir equilibrá-lo. O que me feria era a raiva em sua voz, uma voz que vinha da garganta, como se algo nela a estivesse lentamente sufocando. A sua inteligência fez com que me falasse sobre o acontecido utilizando-se do frio comentário a propósito de um quadro, um comentário desenvolvido com razoável desenvoltura e com alguma competência técnica que talvez tivesse herdado dos seus estudos, no caso de Germana alguma vez ter estudado, da sua paixão pela arte, no caso de tê-la tido em algum momento, ou que talvez tivesse inventado do nada para me escarnecer, no caso de ela ainda se importar um pouco comigo.

«Não conheço essa regra, Germana.»

Era a primeira vez que eu me dirigia a ela chamando-a pelo nome, e a minha voz que comprimia as letras, uma após a outra, soou-me falsa e desajeitada, como se a pronúncia daquele nome tivesse saído em um alto-falante e toda a sala tivesse se voltado para nos olhar e começasse a rir da minha língua extremamente pesada, do seu movimento travado por uma massa anormal que a impedia de ultrapassar a linha de chegada.

«Mas você aplica essa regra!», exclamou alegre, afastando-se de mim saltitante, os braços movendo-se para cima e para baixo como em uma espécie de exercício de ginástica

Primeira parte

ou tentativa de voo. Foi naquele momento, enquanto trotava para longe de mim, que eu a imaginei chorando, entre um salto e outro, chorando e me xingando entre soluços silenciosos, profundos, úteis para a sua decolagem em direção ao céu. O meu comportamento era realmente o resultado de uma regra que eu nem sequer conhecia? Germana achava que eu tinha inserido no meio de nós o terceiro elemento Agacia para equilibrar e dinamizar o quadro, enquanto justamente naquele instante me dava conta de que a nova chegada tinha servido para algo totalmente diferente, para fazer fugir a protagonista da tela, esvaziando a moldura da única presença enigmática e luminosa. Cá estamos, duas bolinhas de gude, e a terceira que de repente atinge a primeira, forçada a escapar no buraco. Eu iria atrás dela, lá dentro? Tomei o seu lugar, e tentei assumir a mesma posição que ela tinha mantido, imóvel, meio minuto antes. E assim eu, Jokin Moraza, basco, músico, ex-viciado desembarcado em Paris havia mais de um mês, não passava de um amante debuxado em amarelo e palha no meio de uma pintura ruim.

Naquela mesma noite precisava sair para beber algo forte, pedi a Sef que me acompanhasse, eu estaria disposto a contar a ele tudo desde o início, ainda que fosse difícil encontrar um começo honesto para a minha história. O que eu havia feito no dia anterior não passava da consequência risível de uma miríade de acontecimentos anteriores, uma constelação de golpes e ferimentos que havia mais ou menos voluntariamente dado e recebido. Eu poderia começar pela minha primeira vez com a droga, ou melhor, *pelo primeiro encontro com Arze e pelo motivo que me fez escolher confiar nele*, ou pela menina que trocava seguidamente com os meus amigos para provar o caminho do desapego e da abertura, conceitos que não me importavam nem um pouco, senão para o sentimento

O emaranhado

de comunidade que facilmente se desprendia deles. Ou pela primeira bateria que meu pai me deu de presente — quatro anos, acabamentos vermelhos e amarelos —, ou talvez até pelo parto de gêmeos da minha mãe. Ou pela minha irmã, ela que me amava mais do que todos. Nesse cenário, a trepada com Agacia e a provável perda de Germana eram consequências da corrida, um resíduo de suor na testa. Havia trabalhado mais de vinte anos para construir aquele final para mim. Porque era um final, sentia isso com clareza enquanto tragava o quarto pastis sem Sef nem ninguém, um final que encerrava uma era, por mais que fosse ridículo chamar assim um mês passado com uma semidesconhecida. No entanto, aquele mínimo segmento temporal era a intensificação de um ritmo que eu tinha iniciado sabe-se lá quanto tempo antes, um ritmo agora destinado a naufragar. Parecia-me que o encontro com Germana tinha representado para mim uma espécie de ano zero, antes e depois do qual a atmosfera mudava completamente, só que não sabia ainda em que parte estava a luz, em que parte a escuridão. Eu vagava no breu, ou aquela dor que me abria o peito se assemelhava à ardência do sol nos olhos de quem dorme? *Em todo caso Sef não tinha vindo e ainda tinha roubado o meu dinheiro.* De manhã eu havia deixado vinte euros no lugar de sempre, debaixo da pequena bandeja de lata que usava como cinzeiro, e, ao voltar para casa do trabalho depois do interrogatório, não os encontrei mais. Sef estava comendo delivery de chinês, então pensei que ele tivesse pegado emprestado, mesmo que não fosse muito o seu estilo. Nem comer chinês era o seu estilo. Em todo caso ele não me havia dito nada. Talvez a noite insone tivesse confundido as minhas lembranças e nunca tivesse havido nenhuma nota de vinte debaixo do cinzeiro, nenhum Sef comendo delivery de chinês. De todo modo, depois do quinto pastis, os contratempos da vida comum haviam ido parar em outro lugar, junto ao corpo de Agacia, aos saltitos de Germana, mas não à sua imagem diante do quadro. Em quantos nós estávamos agora? A amante luminosa teria voltado para a moldura ou eu continuaria num abraço inútil com a dama vestida de palha?

Na manhã seguinte Germana estava radiante, empurrando aos visitantes panfletos e orientações. Eu não entendia grande coisa, a ressaca havia me atordoado o suficiente para manter um plácido consenso sobre a vida e a conversa com os outros guardas, de que Germana se sobressaía como um lapso feliz.

«Eu salvei a pele dela!»

Demorei um pouco para perceber que o diálogo entre nós estava recomeçando no exato ponto em que havia terminado no dia do incêndio, e que não estavam contadas as horas transcorridas nesse intervalo, as inúteis ou brilhantes conversas que tínhamos mantido com outras pessoas.

«Ela vai lhe agradecer.»

«Você vai lembrá-la disso?»

Perguntei-me se tinha bebido, aquela rápida passagem de um extremo ao outro me parecia impossível de vir de uma alteração que não fosse mecânica, artificial. No entanto, aquele vagar a esmo de uma ponta a outra da linha de emoções possíveis era típico do seu temperamento instável e vacilante.

«Preciso mesmo?», respondi no meio do caminho entre pânico e resignação.

«A única coisa que você deve fazer é me arranjar um apelido, Jo-kin!»

Dessa vez ela ficou no «o» por ainda mais tempo, como se imitasse o grito da mãe com o seu filho jogado para cima e segurado no colo outra vez. Sorri e baixei a cabeça, porque ela continuava a me olhar com aquela sua expressão melancólica e alegre que talvez tivesse aprendido desde pequena com um professor de dança: se dói, sorria com mais força, quanto maior a dor, mais precisa será a sua *pirouette*.

«Você nunca dançou?», perguntei a ela, como se contagiado pelo seu modo desvairado de encaixar frases aleatórias na conversa. Então funcionava assim, Germana, havia um universo escondido no seu pensamento, e as perguntas ou as afirmações que emergiam de repente não eram realmente desconexas, mas sim ligadas por uma estrutura complexa e submersa, impossível de perceber. O que podia parecer um pensamento desajustado era, em vez disso, uma formulação profunda e enraizada, cheia de minúsculas artérias e interconexões invisíveis, em que o sangue da lógica apenas escorria com mais velocidade. As suas não eram falhas, mas omissões.

«Claro que dancei», ela disse, dando depois uma risada estridente daquelas suas, e continuando a me olhar com seus olhos demasiado curiosos. Eu não tinha ideia do que dizer, não era do mesmo modo hábil em sustentar uma conversa feita de rápidas emersões e percursos subterrâneos sem fim, mas não precisou, porque foi ela quem atacou novamente.

«Esta noite vou levar você a um lugar. Tem de ser um elefante para entrar. Eu acho que você é como nós, você é igual, Jo-kin.»

«Bem-vindo ao White Elephant», sussurrou para mim um tipo que Germana tinha cumprimentado com demasiado fervor, estampando nele um beijo na bochecha que parecia uma insinuação secreta. Eu havia passado a tarde inteira fantasiando a respeito do que podia significar ser um elefante, tentando alcançar todas as expressões, crenças e características mais conhecidas do paquiderme, sem muito sucesso. É um ser enorme e tem medo dos ratos. Paris é cheia de ratos. Eu sou para todos os efeitos muito alto. Buscava conexões inexistentes entre os poucos indícios que conseguia juntar, sem pensar no fato de que *The White Elephant* era a placa luminosa apoiada no chão ao lado da entrada que se abria para um subsolo com no máximo vinte metros quadrados onde se reuniam esses tais, uma dezena, talvez menos, de elefantes brancos, na maioria homens, nem altos, nem baixos, entre os quais eu não conseguia colher, pelo tanto que podia perceber a partir de suas roupas, desprovidas daqueles mínimos elementos comuns que distinguem um movimento, nenhum caráter comum, nenhum pertencimento a uma corrente estética bem definida nem a uma corrente de pensamento.

«Você é Jokin», disse um sujeito baixo e nervoso, o rosto alegre, a pele bronzeada que lhe acentuava os traços árabes. «Já eu sou Ahmad. É um prazer conhecer você.»

«Prazer», respondi fixando o nada, tentando seguir Germana, que se desemaranhava daquilo que, no espaço restrito e penumbroso em que nos encontrávamos, parecia uma verdadeira multidão.

«Ahmad», ele repetiu mais uma vez, sorrindo, com uma expressão tão aberta que se revelou ameaçadora e falsa.

«Você faz o quê, Jokin?»

«Não sei. Germana me disse para vir aqui.»

«Quero dizer o que você faz da vida.»

«Jo-kin!»

Era ela, já de volta com duas garrafas de cerveja gelada, enfiava-se entre mim e o sorriso cada vez mais aberto do árabe, para reconquistar o seu posto de rainha.

«Legal, né?»

Consegui sussurrar uma resposta positiva, enquanto ela me pegava pela mão, me levando para longe de Ahmad, em direção a novas metas em carne, osso e erva puríssima, abraçando-me e aproximando o seu rosto do meu como eu acho que ela jamais faria, servindo-me de rum, cigarros e absinto

O emaranhado

em pequenos goles, como se eu fosse um recém-nascido, um pobre viciado proibido de exagerar, e depois me puxando para danças africanas improvisadas em cima de música punk ou electro house ordinária, enquanto alguém pintava em paredes já pintadas elefantes sobre outros elefantes, minúsculos paquidermes que se inseriam no enorme corpo de um só grande pai elefante ou enormes paquidermes que iam engolfando duas dezenas de pequenos filhotes já pintados, tanto que eu não conseguia fazer nada além de gritar, agora já mais para lá do que para cá, «estou vendo os elefantes!», e Germana desabava no chão levantando-se com lágrimas nos olhos, e um cara de Marselha vomitava perto do console. Era uma festa e era um ritual. Era a minha iniciação. Conheci um ou outro, tomei um porre e recuperei as forças em intervalos irregulares que coincidiam com as minhas rápidas saídas para a rua, porque em Paris basta se enfiar um instante no frio e o corpo se regenera como se fosse desintoxicado por uma lufada de gelo. Lá pelas quatro da manhã me sentei na entrada perto da placa meio detonada, cujas letras apagadas, que me chamaram a atenção por primeiro, formavam uma espécie de insulto, *The Wtfant*, uma descrição, pensei, que respondia mais precisamente à realidade do que poderia fazer a sua cópia funcional e luminosa. Gritei «What a fucking Wtfant!» para um sujeito que continuava a apertar o botão do elevador, a esperar que chegasse, a ver as portas se abrirem e se fecharem diante dele.

«E quem caralho é você? Sabe arrumar essa merda?»

«Eu não sei reparar fucking porra nenhuma!»

O sujeito não ria, mas parecia animado e com uma grande vontade de sair na porrada.

«E então vamos ver o que você sabe fazer, espanhol.»

O sinal do elevador tocou e a porta se abriu pela enésima vez diante dos olhos do sujeito que já não olhava para a frente, mas me fitava com a boca semiaberta e o queixo levantado. Germana chegou de repente, e sentando-se ao meu lado segurou meu cotovelo, como um torniquete preso para fazer o sangue escorrer mais rápido. Vi parte da minha vida em tintas fúcsia, vi a mim mesmo estendido no chão, a agulha espetada em alguma parte do meu braço, depois *vi os cabelos da minha irmã caídos no chão*, cabelos quaisquer, mas que sabia que eram dela por causa de algum diabólico pensamento telepático que parece afetar os gêmeos, *depois vi Arze se arrastar junto comigo contra uma parede espessa*, que se parecia com aquela em que eu e a minha dama de palha e luz tínhamos selado o nosso encontro. Então olhei para os meus braços quase limpos, que pareciam os braços de outra pessoa, e olhei bem, olhei bem para esse outro, para em seguida voltar os olhos em direção ao sujeito do elevador e fitá-lo diretamente nos seus, minúsculos e brilhantes, que continuavam a me olhar, obscenos.

«O espanhol toca pandeiro», eu disse a ele rindo. «O espanhol toca a música de um deus.»

O sujeito se chamava Éric e se tornou o meu anjo da guarda e o meu carrasco. Além daquele passatempo irrelevante que denominamos «o caminho do elevador» — a que se dedicava principalmente para ficar sóbrio —, tinha uma voz rouca e ao mesmo tempo estridente que me dava um grande prazer. Ahmad era bom com as contas, *fazia a economia girar enquanto nós pensávamos em girar os discos*, dizia, ainda que não houvesse apenas discos para girar, mas sons para provar e um monte de equipamento caro para emprestar ou roubar de alguém. Arrumaram para mim uma bateria acústica de que nunca soube a origem, Éric dizia tê-la ganhado de um amigo inglês que tinha largado a drum'n'bass, mas o aspecto da menina — uma coisa extraordinária — dava a entender

O emaranhado

que era uma aquisição recente ou se tratava de um mestre pouco hábil na arte de bater mãos e pés. Em pouco mais de um mês de relação comigo, a menina estava estropiada, cheia das minhas marcas por toda parte.

«Fique esperto, nós não temos dinheiro para outra», dizia-me Ahmad, rindo, enquanto buscava datas em diversos lugares marcando tudo à mão em um bloco de notas quadriculado cheio de rostos sem olhos traçados a caneta de tinta.

«Você não gosta de olhos, Ahmad?»

«Não sei desenhá-los.»

«É só fazer duas marquinhas e uma bola dentro.»

«Os meus olhos não têm luz.»

Ele me havia dito isso uma manhã, de madrugada, antes que eu saísse às pressas para o trabalho, o rosto enterrado em seu bloco de datas e rabiscos, enquanto Éric berrava no telefone com um cara que deveria ter dado uma ajuda com o sequenciador.

«Esse bosta só funciona quando quer», disse ele assim que desligou, enquanto os desenhos de Ahmad viravam espirais, cada vez mais abstratos, como se para resolver um problema prático, um problema de dinheiro, precisasse recorrer a algum reservatório conceitual, transcrevendo depois os resíduos do seu raciocínio no papel.

«Se a mão elétrica nos dá problemas, tentaremos usar o menos possível a eletricidade da mão», dizia no seu francês afetado, que às vezes parecia tirar do nada máximas tão geniais quanto obscuras.

«Que merda que você está falando, Ahmad!», gritou o meu companheiro. «Você se lembra do que é a drum'n'bass, aquele troço foda que vem de Londres, aquele troço foda que se chama eletrônica?»

Ele não erguia os olhos do bloco, só às vezes girava as páginas, quando estavam então saturadas de tinta, e recomeçava

Primeira parte

a rodar a mão pela folha. Para acabar com o constrangimento desse tipo de situação que eu não sabia como administrar — já que ninguém me havia educado para a diplomacia, aliás, na infância qualquer tentativa de pacificação era vista como covardia, sinal inequívoco de uma tendência para a acomodação e a mediocridade —, comecei a tocar uma peça improvisada em 178 bpm, um tantinho agressiva, o suficiente para dar a entender a eles que podiam parar de gritar.

«Você ouviu o jeito como ele toca?», disse o árabe enquanto eu não conseguia ouvir. Vi apenas a sua mão parar, depois de ter furado a folha em que se obstinava a traçar círculos.

«Vamos levar ele para o palco, basta um ou outro truque com as paradas eletrônicas e as pessoas vão entrar em êxtase, vão para o outro mundo. Não precisamos de muito, desde que ele esteja com a gente. Entendeu, Éric? Eu conheço essas coisas, sei como é. Eu disse para você que a galera vai para o outro mundo.»

Do jeito mais inconsistente que eu podia imaginar, Germana me entregou as chaves da minha nova vida e se mandou sem nunca mais dar as caras. Demitida, desaparecida. Às vezes me atrevia a perguntar alguma coisa para Éric e Ahmad, mas a única resposta que recebia de volta era algo como: «já faz um tempo que ela não aparece mais». Às vezes, sempre após um vago pedido de informações de minha parte, os elefantes mencionavam um provável retorno temporário para a Itália, algo que acontecia com bastante frequência, segundo diziam. Eu não sabia nada da Itália, achava que era só uma porcentagem mínima do seu sangue, não um lugar a que de vez em quando, mais ou menos voluntariamente, se via impelida a voltar. Ahmad uma vez me falou a respeito de seu pai, ligando-o às viagens de Germana a terras estrangeiras, mas a sua conversa era confusa, como quase sempre acontecia, e eu optei por não aprofundar, para não me comprometer demais. Esperava encontrá-la em uma de nossas festas, em que talvez parecesse mais estrangeira do que eu, ela que até agora parecia irmã de todos. No entanto, ninguém parecia sentir a sua falta, não havia quem perguntasse sobre ela. Nas conversas que consegui interceptar nunca aparecia o seu nome, como se na verdade nunca tivesse existido, algo semelhante a um sonho tão revelador que resultava inaceitável. Essa sua ausência, concreta e virtual, me desorientava, dando-me ao mesmo tempo uma sensação de revanche que não tinha nenhum motivo de sentir, e que na verdade era ela quem deveria guardar em relação a mim. Ela que por sua vez me havia aberto um novo caminho, oferecendo-me parte do seu, aquele estranho mundo de elefantes brancos no qual encontrei uma espécie de gangue. Mesmo assim eu continuava a machucá-la. Eu a havia substituído, tomando o seu lugar e expulsando-a de um ambiente ao qual ela mesma tinha me apresentado. Eu era, portanto, uma existência parasitária, ou talvez mais parecido com uma sanguessuga, dada a crueldade das ações que me via realizando, mesmo que de maneira por assim dizer involuntária. Seria possível sofrer uma ação, executando-a? Eu me via mesquinho baseado em uma mentira que contava antes de tudo para mim mesmo. Certamente não desejei que Germana desaparecesse do grupo ao qual ela própria havia me apresentado, porém experimentava um leve prazer em sabê-la derrotada, como se o seu recuo conferisse a mim valor e poder. Se não era possível suportar a minha presença na sua vida, após pressentir a traição de um pacto que nunca estabelecemos, se havia desaparecido de repente, se eu era o rei de todas as festas e a presença mais pedida nos prédios ocupados de Paris, significava que eu valia mais do que a menina que me havia feito comer na sua mão desde o primeiro dia em que bebeu na minha garrafinha de uísque. A isso, em resumo,

Primeira parte

havia me conduzido aquela espécie de amor que talvez tivesse começado a sentir. Apesar da crueldade dos meus sentimentos, ou talvez justamente graças à crueldade deles, a música andava uma maravilha, naquela época eu achava que poderia seguir em frente assim para sempre. Claro que não era isso, porque tinha recomeçado a me drogar, Ahmad e Éric não entendiam a minha preferência pela heroína e tinham medo dela. Segundo eles, a droga deveria me ligar, enquanto eu me sentia ligado demais para continuar a viver. Aquela coisa que me queimava por dentro precisou ser novamente apaziguada e a música não tinha sido suficiente, nem mesmo dessa vez. Multifacetado demais era o impulso que me perseguia por toda parte. Diziam que eu deveria ter limites, que a drum'n'bass sofreria as consequências, me incentivavam a experimentar um ou outro comprimido, cocaína, as drogas que circulavam habitualmente nas nossas festas, mas eu não tinha necessidade daquela combustão artificial, só de água, água, água em meus membros incendiados. A heroína era um bem insubstituível. Então eles se encarregavam pelo menos de tentar obtê-la de alguém confiável, para que eu não batesse as botas. Nesse caso, o flow de Éric, cuja acentuação métrica podia ser definida como superada já havia algum tempo, o seu rap arrastado e às vezes caricatural que cheirava a leite, não bastaria para levá-lo por toda Paris, por toda a Europa, como nos pareceu possível depois de mais ou menos um mês de atividade. Eles dois queriam as minhas batidas em ritmo desumano. Éric precisava de mim e tinha pavor de que eu me mandasse de uma hora para outra ou acabasse morrendo em um vaso da Glacier, a agulha arrebentada na panturrilha, como tinha acontecido com um conhecido seu, ele ficava me repetindo. Sem mim, a sua carreira de DJ não teria ido a lugar nenhum, e *os africanos de Clignancourt o teriam deixado no chinelo em termos de flow e combinações métricas de tirar o fôlego.* Por

O emaranhado

isso eu podia me permitir faltar aos ensaios, chegar atrasado ou me convidar para jantar sem muitos problemas, mesmo que todos ganhássemos bastante bem e eu pudesse viver e comer decentemente, sem pedir ajuda a eles. O estranho era que tinha a sensação de perder uma cédula todos os dias, nem que fossem só cinco euros, a não ser que ainda fosse Sef que, depois daquela vez do delivery de chinês, tomou o hábito de me surrupiar moedas ou notas, apelando para aquela sua cara de bom moço. Não conseguia afirmar isso com certeza — já que a maior parte do tempo eu estava drogado ou bêbado —, mas algo me era subtraído todo dia, em uma mínima mas constante retirada *d'argent*, como diziam os franceses, que lentamente me drenaria. Quando relatava esses acontecimentos para Ahmad, ele recorria a Kafka, de quem eu nunca tinha lido nada, dizia que o que estava acontecendo comigo podia se parecer com um conto nunca escrito de Kafka cujo protagonista sofre furtos mínimos e periódicos em casa até perder todos os bens. Dizia: «você precisa ver por trás dos fatos», ou me interrogava todo professoral, perguntando se por acaso eu sentia falta de algo. «O fora responde ao dentro. Se você sente que algo partiu de você, que algo foi roubado de você, a realidade responde com um furto.» Eu acho que era o álcool, mas ele parecia realmente chapado com algo muito potente, eu lhe perguntava onde ele pegava o bagulho e ele sorria enviesado, abaixava e sacudia a cabeça, e então deixava para lá e voltava para os seus cálculos. A minha vida andava boa no final das contas e eu era um cara bem legal. Nada tinha partido de mim.

«Podemos tirar esse som de nave espacial?», eu disse de modo bruto a Éric, que nos últimos tempos estava mergulhando um pouco demais em experimentos de videogame.

«Eu gravei umas peças no piano, umas coisas clássicas, Mozart, Beethoven, Schumann, se conseguirmos inseri-los a coisa pode ficar interessante», continuei.

«Aqui é Paris!», gritou Ahmad, enquanto na sua cabeça materializavam-se convites para a Ópera, aparições na televisão, onde jornalistas loiras e branquíssimas nos davam as boas-vindas, apresentando-nos como a nova síntese entre música clássica e rave music, tradição e contemporaneidade. No fundo os parisienses gostavam de se sentir na frente, mesmo que isso significasse disparar um monte de bobagem sobre a música e as suas possíveis declinações.

«No conservatório ensinaram até piano para o nosso querido amigo, a bateria não é um instrumento digno!», Éric escarneceu, ainda ofendido com a minha estocada.

Os experimentos estavam indo bem e até ele começava a curtir os meus academicismos. Eu tinha perdido um pouco a mão com o piano, mas a eletricidade e algumas distorções mascaravam bem as minhas imprecisões e a gororoba resultava bem original, quase matadora.

«Você é um gênio, porra», repetia Éric rindo de se acabar e já pronto para comemorar com algum porre por aí. Eu tinha o turno da tarde no museu, e deixei-o na sala de jogos, sugerindo a ele que continuasse chutando o balde, enquanto eu saía junto com Ahmad, que ia na direção oposta à minha.

«Você é foda, Jo-kin!», gritou para mim, distanciando-se, e a sua pequena hesitação de estrangeiro me fez voltar à mente a pronúncia quebrada que Germana dava ao meu nome, provocando-me uma mordida inédita, quase fatal, no peito.

Daquele momento em diante um verdadeiro pânico se apossou de mim, um pânico que parecia emergir das profundezas que até então eu tinha apenas tocado, para depois me devolver no mesmo instante à superfície. Bastou uma banal,

O emaranhado

mínima analogia para despertar em mim a impressão concreta de que Germana ainda estava ali, os pés fincados sobre o meu mesmo mundo em chamas. Se a droga e o frenesi haviam me protegido até então, daquele momento em diante para mim não houve paz. Comecei a pensar que ela estava enterrada em alguma parte, que havia se matado, ainda que a hipótese mais provável permanecesse aquela do acidente na estrada. Eu sentia que ela havia se colocado em perigo e que sem sombra de dúvida toda a culpa era minha. Com ela, com a sua dor, vinham novamente à tona outras dores mais antigas, como se, caindo no buraco, Germana tivesse arrastado consigo também todo o resto da minha vida, minha irmã, meus pais, todo o meu passado encerrado *naquela toca que desde pequeno eu chamava Eusk-adi*, como se toda vez a minha respiração se entrecortasse. O que representava para mim a sua partida? Talvez o sofrimento que eu sentia por ela fosse uma desculpa, a dor suportável que vem para substituir uma dor desmedida, impossível de ser enfrentada por apenas um homem. Os dias transcorriam difíceis e morosos, arrastados por formigas em um lodaçal. Uma dessas formigas era eu, que tentava de todas as maneiras me distrair, sem sucesso. Quanto mais tentava preencher o abismo, mais a fenda se alargava, mostrando-me a sua garganta vazia. A mostra de Agacia Gil tinha acabado havia algumas semanas, ela não havia mais me procurado, às vezes me lançava olhares suplicantes como a me dizer que era eu é quem deveria dar o primeiro passo em direção à sua boceta. Pensar em penetrá-la não suscitava nada em mim, nem sequer um mínimo espasmo de violência ou desgosto. Era como se o seu corpo fosse vazio, a sua figura dessexualizada, igual a um prato de cerâmica, a uma xícara. Foi por aquela xícara que eu perdi Germana e provoquei provavelmente a sua morte. Foi por aquela xícara que recomecei a me drogar. O meu pensamento conseguia chegar a esse tipo de excessos, erguendo-se e caindo novamente em questão de segundos. As apresentações aconteciam com frequência cada vez maior, às vezes a minha presença nem era necessária, e deixava que Éric se virasse sozinho com a sua boca e os seus pulsos ligeiros, limitando-me a bebericar algum drink com Ahmad. Outras vezes, quando o pagamento era mais alto, eu precisava tocar um par de horas ao vivo, enquanto o meu sócio francês fazia uma ou outra brincadeira com a sua nave espacial. Libertação era a promessa que a música me havia feito um dia. Mas a desgraçada sabia me presentear com uma graça apenas temporária, que não bastava para cobrir as dezoito horas ou mais de vigília a que havia sido condenado pela maior parte da minha vida. Em todo caso, as apresentações em que tocávamos on stage eram as melhores, mesmo que depois da primeira hora as pessoas começassem a não entender mais porra nenhuma, nem sempre por minha causa. Rolava um pouco de tudo, e eu usei tudo, gastei e consumi tudo esperando que me servisse para alguma coisa: para reforçar alguma coisa, esquecer alguma coisa. Era uma cura provisória, sujeita a rápida perda dos efeitos. Uma noite no Les Frigos avistei Gil no meio do público, depois do show. Provavelmente ela achava que, uma vez feito aquele esforço de aproximação, eu deveria me dirigir a ela, oferecer alguma bebida, talvez até agradecê-la por ter vindo e levá-la comigo para casa. Pareciam pensar assim todas as mulheres bonitas e de sucesso a quem acontece de sentir atração por alguém, à força de se convencerem de que o mundo está ali, a esperar delas um sinal de consentimento ou desaprovação. Naturalmente, fingi que não a tinha visto e me refugiei em algum canto do lugar, para me assegurar de que ela não surgiria à minha frente. A síntese do que eu fazia em Paris, do que tinha feito em toda a minha vida: dar umas pancadas na bateria, sentir-me feliz além da conta, me apavorar, e por todo o resto do tempo fugir.

O emaranhado

«O dinheiro ainda está sumindo?»

«Sim, Ahmad.»

«E você descobriu por quê?»

«Acho que é o Sef.»

«Sef, o colega de apartamento?»

«O colega de apartamento.»

Caminhávamos ao longo dos Grands Boulevards depois de uma noite de ensaios que não tinha trazido nada de excepcional, na verdade só nos fez ficar de saco cheio. Eu não tinha vontade de falar nada, mas sentia a figura de Ahmed crescer para cima de mim, urgente.

«Você se divertiu ontem com a morena? Tocaram bem?», ele me perguntou de forma alusiva.

Não respondi, com muito custo eu me lembrava do que tinha acontecido e não tinha nenhuma vontade de rir. Chuviscava e as poças no chão davam a Paris um aspecto iridescente, translúcido. Podia ver o meu rosto refletido por toda parte. Eu precisava dela, mas não tinha disposição para perguntar a Ahmad se havia sobrado um grama com ele ou em casa, limitei-me a vasculhar nos meus bolsos, inquieto.

«Acabou, Jo-kin», ele me disse, continuando a caminhar com passos enérgicos. Eu o vi esmagar-se contra a parede no mesmo instante, como se fosse eu a arremessá-lo com os meus gritos. Não apenas me dissera que não havia mais bagulho para mim, mas tinha repetido aquele seu modo de pronunciar o meu nome, aquele modo que tinha dado início à minha catástrofe. Como se não bastasse, a sua afirmação ratificava uma verdade para mim, o fato de que tinha acabado, a minha existência talvez, a minha história com Germana, algo que eu ainda não suportava mas que seguia inexorável o caminho do desaparecimento. Comecei a bater nele, confiante de poder liquidar a fatura em poucos minutos, mas o baixinho tinha uma direita nada desprezível, e começamos a

Primeira parte

rolar no chão molhado, eu distribuindo golpes aleatórios, ele se defendendo e dando pontapés em um pobre drogado que até poucos segundos antes havia lhe pedido ajuda. Safei-me dessa com um lábio ensanguentado e um hematoma enorme no quadril direito, enquanto Ahmad ficou estirado no chão com a barriga para cima, gemendo e estourando em uma profunda risada de bruxo.

«Isso deixa você louco mesmo!», gritou, sacudindo a cabeça suada para a direita e para a esquerda.

«Sou um drogado, Ahmad!», bradei com uma fúria divertida que o fez, com esforço, rolar até mim. Ele engatou o seu punho ensanguentado no meu antebraço e se encolheu em uma posição fetal ao meu lado, agarrando o meu dedo indicador e colocando na boca. Ele chupava, nós ríamos, chupava mais forte, continuávamos a rir. Ele mordiscava a minha unha, arrancando a pelezinha até provocar um leve ardor na ponta do dedo. Tinha começado a cair uma chuva pesada, o meu sangue escorria em nós, misturando-se às nossas roupas e a toda a sujeira da rua.

«Germana, estou dizendo. É Germana quem deixa você louco, Jokin.»

Depois subiu em mim e colocou rapidamente os seus lábios na minha boca ensanguentada.

«Belas caras», disse Éric na manhã seguinte ao nos ver entrar no White Elephant com um olhar aéreo de sobreviventes.

«Espancaram vocês?»

«Fizemos tudo sozinhos», disse alegremente Ahmad, alargando o sorriso de sempre, e encerrando o assunto com um «depois nós fizemos as pazes» mais contido. Aconteceu que eu havia me deixado beijar, então sobreveio um silêncio sem constrangimento, e Ahmed se levantou, para quase imediatamente se afastar.

«Você precisa ligar para ela», ele me disse em voz alta, enquanto eu ainda estava deitado no chão, encharcado e incrédulo. Ligar para onde? Eu não tinha o número de Germana, isso admitindo que ela tivesse um celular e uma casa. Fiquei ali na chuva por alguns minutos. Não tinha ideia de onde ela poderia morar e nunca a tinha visto com nenhum dispositivo eletrônico na mão. Chovia de um jeito infernal. E depois, admitindo que eu conseguisse obter um número, não saberia o que dizer. Você ainda está viva? Fui eu que matei você? Chovia. Preferia banir da minha mente a possibilidade de um contato com ela, mas o alívio que isso me daria era uma sensação prazerosa demais que não queria ir embora. Eu precisava daquela segurança e a sugestão de Ahmad tornou-a credível num horizonte em que eu tinha decidido não levar em conta essa possibilidade de modo algum. Chovia tudo em cima de mim.

«Quer dizer que um bateu no outro? Mas vocês são idiotas?»

«Veja, eu tive uma ideia para o trecho de abertura de amanhã. Mas precisa de um piano», eu cortei seco.

«Nós temos um piano, aquele da amiga da Vivianne.»

«Um piano para levar a Le Rémouleur. Quero tocar ao vivo um noturno de Chopin, depois você ataca e nós arrasamos.»

«Vocês não estão preparados», Ahmed me censurou, e mal conseguia esconder o seu entusiasmo. Aquele merda me amava de verdade.

«Nós nunca estamos preparados, Ahmad», eu arrisquei.

Não era verdade. *Nos nossos shows tudo era estudado desde os mínimos detalhes, mesmo quando não parecia, e o espaço que dávamos para a improvisação era praticamente nenhum. Éric não conseguia me acompanhar e eu não confiava nele, ele precisava de partituras e escansões precisas, como se a música fosse uma questão de engenharia.* Na sua cabeça as coisas funcionavam muito bem, existia uma engrenagem que não deixava espaço para o imprevisto mas permitia que as coisas se encaixassem perfeitamente, sem resíduos de pensamento inútil. Um gênero de pensamento, este, que por sua vez o meu cérebro amplificava, até torná-lo soberano absoluto do raciocínio. Era com o pensamento inútil que eu fazia as casas de show virem abaixo. Mas, na vida cotidiana, o pensamento inútil era uma bosta. Por exemplo, uma cabeça qualquer teria sentenciado como um verdadeiro suicídio a ideia do piano, que ao contrário eu havia pegado, isolado e feito brilhar, de modo que se destacasse entre as outras e virasse uma proposta concreta. Naquele caso específico, era a ligação para Germana que dominava as minhas circunvoluções intelectuais, fazendo passar para segundo plano qualquer outra possibilidade de argumentação válida e sensata. O erro que se torna lei e dita as suas regras, ou algo do gênero.

«Vou deixar isso aí com vocês, acabaram de me escrever, estou de serviço.»

Ao bater a porta, fiquei me perguntando de onde vinha aquela necessidade constante de mentir, aquela fúria que me arrastava a toda a velocidade para o museu, onde obviamente ninguém me esperava. Terça-feira era o meu dia de folga, Ahmad e Éric também sabiam disso, mas ninguém ousava me contradizer, me reprovar por eu não ser confiável. Eu estava furioso e excitado, como se estivesse a dois passos de um desfecho. Acabou, Jokin. Havia um registro, na recepção, onde eram conservados todos os nomes do pessoal e onde eu, nos últimos tempos, mais vezes tinha remexido para modificar às escondidas minhas escalas de trabalho. Era um registro aberto para nós trabalhadores, então eu nem precisava me esconder ou elaborar algum plano para consultá-lo.

«Você está procurando o número da Gil?», perguntou-me de passagem um colega.

O emaranhado

Limitei-me a um sorriso pela metade e continuei a procurar, mas percebi logo que não conhecia sequer o sobrenome daquela diabinha, nada de nada. Também o seu nome poderia ser falso, considerando a sujeita, mas decidi confiar nela e basear a minha busca no único indício que me havia concedido: Germana. Não precisou muito, o registro era bem organizado e fácil de consultar, o seu nome estava nos primeiros lugares sob o título *Pessoal caixas*, perto de gente de quem eu nunca tinha ouvido falar. Então quer dizer que tive de lidar por mais ou menos um mês com a senhorita Germana Luque. Germana Luque, Luque. Soava bem, desde que o estivesse pronunciando corretamente. O celular tinha um número bastante fácil de memorizar, mas preferi anotá-lo na mão, além do meu confuso registro mental. Havia um asterisco ao lado de Luque e fui ver aonde ele me levava, no pé da página havia uma nota bem grande onde uma mão feminina tinha escrito: *demissão voluntária, não recontratar, instável, desempenho limitado. Avaliação geral negativa. Boa presença.* Pareceu-me revê-la, em pé na minha frente, os braços largados ao lado do corpo, o quadril ligeiramente pendendo para a frente, chacoalhado pelo seu riso agudo e gozador. Estava viva, ou ao menos foi a impressão que tive naquele momento. Saí do museu aos pulinhos, e me enfiei em um bar onde pedi um copo médio de cerveja, só para me dar coragem. Depois de tê-lo esvaziado, digitei o número com tranquilidade e esperei uma resposta com o sorriso comprido que ela havia me ensinado. Ocorria-me ainda imitar seus movimentos, sua risada, seu jeito de andar, como havia me acontecido no início da nossa bizarra relação, podia ser um modo de lembrá-la ou um primeiro sintoma do vírus que ela me havia injetado traiçoeiramente. O telefone tocava no vazio, desliguei e pedi outro copo médio, dessa vez de plástico, porque queria dar uma volta, perder-me nos becos povoados pelo cheiro de especiarias e kebab, aquele cheiro que havia me acolhido e que, misturado ao fedor do metrô, seria a mais indelével lembrança que eu conservaria de Paris por todo o resto da minha vida. O garçom me deu um dos costumeiros olhares de desapontamento, a que eu estava acostumado, uma mistura de espanto e reprovação paterna, mas aceitou me dar o copo e ficar sem gorjeta. Comecei a caminhar ao acaso, esperando a autoridade de um guia interno e instintivo, mas o que naquele momento me governava não tinha nada a ver com leste ou oeste, com o nome das ruas para me orientar na região do Pompidou. Eu seguia mais a trilha do cheiro, um caminho de etapas já superadas em sua companhia, o braço comprido e muito magro que me puxava para um lado ou me empurrava para dentro de um bar obrigando-me a fazer perguntas estúpidas e embaraçosas para ver se eu era capaz daquilo. Germana era o meu sentido de orientação, o meu mapa. O pouco que eu vivi com ela, por mais insignificante que fosse, teve o peso suficiente para se imprimir na minha memória marcando um sulco que agora, com a cerveja na mão, eu podia percorrer sem errar o caminho. O meu zigue-zague frenético e irresoluto era na verdade uma perseguição, a caça a uma sombra ítalo-francesa que não me atendia no celular. A cerveja tinha quase acabado, ergui a cabeça para deixar que o sol me cegasse e acabei lendo sem querer Rue de Braque, obtendo assim, sem nem mesmo tê-lo procurado, um dado objetivo e confiável sobre a minha posição. Talvez tenha sido por isso que Germana decidiu intervir, ofendida pela minha incapacidade de confiar nela completamente sem procurar, mesmo que involuntariamente, uma indicação oficial. Eu poderia ter ficado satisfeito por saber que estava viva, mas não era o bastante, por isso atendi a ligação sem abrir a boca.

«Quem é?», perguntou com um tom de voz que me parecia o de uma pessoa que ri.

«Sou eu», respondi estupidamente.

«Bem, também eu sou eu, mas quem sou eu?», ela me perguntou, deixando escapar sua risada.

«Você é Germana, acho», eu disse, tentando me livrar daquele beco sem saída, um daqueles em que ela sempre me metia.

«É mesmo você?»

Ela me havia reconhecido. Fez-se um silêncio de pânico em que ficamos imóveis por não sei quantos segundos, um silêncio em que eu não conseguia nem mesmo ouvir a sua respiração, do outro lado, a sua real presença virtual.

«Achei trabalho», ela me disse antes de desligar bruscamente. «Amanhã volto a Paris.»

O verdadeiro problema era que aqueles dois me davam ouvidos, podiam se rebelar ou achar as minhas ideias fora de lugar, mas acabavam sempre me dando trela. Como acabaram convencendo os caras do Le Rémouleur a deixar entrar um piano na casa de show não tinha ficado muito claro para mim, mas Ahmad era um verdadeiro amplificador de entusiasmo, e tinha provavelmente se valido dessa capacidade inata para obter uma resposta positiva. O segundo problema consistia no fato de que eu não estava nada seguro de que Chopin fosse uma boa ideia. No momento em que eu a formulei, de fato, todas as energias do meu pensamento estavam voltadas para outra coisa, para a fatídica chamada que não tinha sido lá um grande sucesso, mas tinha me aliviado de algum sentimento de culpa. E então eu a lancei com tudo, convencido de que alguém estivesse pronto a frear as minhas bobagens, alguém que em vez disso, como sempre, não apareceu, e ainda acolheu a minha ideia com entusiasmo e inclusive colocou-a em prática. Sem contar que a combinação clássico-eletrônica estava superada já havia algum tempo. Então agora estava eu, Le Rémouleur, um piano nunca visto, recordações vagas de um noturno, e a tragicômica dancinha nervosa de Éric no palco. Eu não disse nada e fui aquecer os dedos procurando algum deus para quem rezar. Éric estava apavorado, ficava lá querendo saber o que precisava fazer, em que parte deveria começar a distorção, quem caralho era esse Chopin, onde estão os banheiros dessa merda de lugar, ainda dá tempo de cancelar tudo. Enquanto eu tentava ignorar os seus delírios, tentava também me concentrar no noturno, sem que o pensamento do telefonema sabotasse demais os meus exercícios. Eu tinha sido azarado, disso não restava dúvida, se eu tivesse esperado ainda alguns dias talvez a encontrasse na minha frente, sem perder terreno. Agora estávamos empatados, na verdade ela talvez tivesse saído vencedora desse último duelo, pois não tinha tido apenas a certeza do meu interesse por ela, mas o havia inclusive ignorado, talvez até mesmo desprezado, desligando o telefone na minha cara. Eu também poderia ter ficado feliz com aquele passo em falso, que finalmente mostrava a Germana o que eu sentia por ela, mas o que eu sentia por ela? Eram fascinação e sentimento de culpa, mais ou menos na mesma medida. Um desejo de subjugar que equilibrava o meu ser constantemente subjugado por ela. Uma forma de afeto ambígua, perigosa. Lembranças em cima de lembranças, que eu não colocava em foco. Por que ninguém me parava? Ninguém nunca tinha me parado. Chopin estava ficando uma merda, até os caras da casa de show zanzavam em volta de mim, perplexos, perguntando que diabos eu tinha a intenção de fazer. Eu fumava, dava duas tecladas no piano, ignorando-os. Maldito Ahmad e a sua ideia de ligar para ela. A presença daquele instrumento no palco era ridícula. Mesmo que eu conseguisse tirar dele uma execução decente, não tinha ideia do que faríamos com aquele piano durante todo o resto do show. Nós o deixaríamos ali, abandonado em meio à multidão, continuando a tocar as nossas coisas, enquanto eu esvaziava canecos de cerveja e Éric se expressava naquela língua ritmada que todos chamavam de rap. Ou teríamos enchido o piano de pontapés até destruí-lo, tentando reavivar os costumes de históricas bandas de rock, em uma estéril reevocação dos belos tempos idos. Ridículo, ridículo. Eu suava como um porco, Éric não voltava do banheiro e comecei a querer que ele se sentisse mal, nada de grave, uma gastroenterite aguda, crise de pânico, qualquer coisa que nos permitisse dar no pé com uma boa desculpa.

«Caralho, caralho!», ele gritava vindo em minha direção, enquanto abotoava as calças.

«Mijada histórica», respondi, encarando-o com obstinação.

«Vomitei a alma, Jo. Ah, toma.»

Fez voar o telefone até os meus pés, onde pousou sem acusar o golpe. Eu o segurei como se se movesse, era uma mensagem em letras maiúsculas. Parecia querer berrar, gritar as palavras na minha cara.

SÃO LINDOS OS TEUS CABELOS E OS TEUS OLHOS QUERIA QUE NINGUÉM OS VISSE EU VOU ARRANCÁ-LOS

«Pare tudo, é uma furada!»

Os braços para o alto, culpado, liberei um grito grave, como se a mensagem de Germana contivesse uma ameaça de morte. E em vez disso era eu que estava mandando a noite para a puta que pariu e criando problema para umas duas dezenas de pessoas.

«Nem pense nisso.»

Para o sujeito alto que me encarava desde quando eu tinha entrado na casa de show, havia chegado o momento de satisfazer os seus desejos e partir para a porrada. Enquanto se aproximava de mim, murmurava algo como «o que isso quer dizer, faltam menos de duas horas para o show, não podemos cancelá-lo agora» e outros pensamentos de mamãezinha. «Desculpe, tenho mais o que fazer», respondi, recolhendo as minhas coisas e fechando o piano com cuidado. «Mas ele fica», eu disse apontando para Éric. «Caso tenha sobrado alguma coisa no seu corpo.» Eu teria merecido um soco muito mais direto do que aquele que levei de viés, conseguindo cair em cima de Éric, que tinha se aproximado provavelmente para ser socado no meu lugar. Por que todos me amavam e queriam proteger justamente a mim, que nunca protegi e amei ninguém? Havia algo cruel naquele amor que eu recebia sem merecer. Olhei para aquele que deveria ser um amigo meu: eu havia julgado medíocre um cara disposto a levar um soco na cara no lugar de um cuzão. Continuei olhando para ele: eu nunca havia me interessado por ele, pelo porquê de ele amar o rap e a cocaína, o voo dos elevadores para cima e para baixo pelos apartamentos. Pelo porquê ele me queria bem. Tinha dado como certo que a minha presença lhe era conveniente e pronto, atribuindo a ele um pensamento que me soava familiar. Olhei para ele: tinha os olhos verdes e luminosos, os cabelos claros e volumosos, bonitão. Escapei rápido, antes que a tensão acumulada descambasse para uma briga, enquanto ele gritava comigo «Você é um verdadeiro imbecil!», direto e seco dos vômitos recentes. Ao sair da casa de show exausto, em uma rua semideserta, segui para o primeiro metrô e puxei o celular. Reli a mensagem e senti a mesma euforia de quando a tinha lido pela primeira vez: nenhuma variação, nenhum conformismo. Era portanto esse o seu poder. Liguei.

«Oi, estou em Bagnolet», eu disse a ela com uma certa calma. Ela tinha respondido depois de um só toque, e eu

O emaranhado

reagi como se tivéssemos nos visto uma meia hora antes e entrasse de novo em contato por causa de um problema com a lavadora, uma informação de serviço.

«Fico contente. Eu estou na Butte.»

«E fazendo o quê?»

«Estou com um amigo.»

«Então vou aí. Sei o teu apelido.»

Não havia ninguém com ela, mas sem dúvida houve poucos minutos antes, sobre os lábios o batom estava ligeiramente borrado e o rosto conservava os traços de uma hilaridade provocante, compartilhada. Ela me esperava no fim da Rue de Cinq-Diamants, fazendo-me entrar em uma Paris inédita, mais parecida com uma cidadezinha de praia do que com uma metrópole. Era ali que eu a tinha encontrado com outro, quando mal a conhecia. Não conseguia avaliar se havia mudado algo desde então. Não sabia nada mais sobre ela. Ela estava fumando apoiada em um muro onde uma enorme figura de mulher mandava fazer silêncio: era um traço decidido, cheio de ângulos, um ótimo grafite. Parei na sua frente, sentindo-me enorme, o ser mais alto e imponente do mundo que alguma vez segurou um bilhete do metrô. Passou para mim o cigarro sem falar nada, dei uma tragada em uma de suas confecções originais, ótima como sempre.

«Oi», ela me disse inquieta e sorridente.

Eu a observei em silêncio, continuando a fumar um cigarro que não lembrava de ter acendido.

«A gente podia caminhar», ela continuou.

Os nossos passos, tão lentos e oscilantes que estavam, aceleravam progressivamente, como se estivéssemos chegando cada vez mais perto de algum lugar. Caminhamos por mais de uma hora até que alcançamos uma pequena rua nas proximidades de Les Halles, ela esperou que um rapaz saísse

Primeira parte 135

de casa e me arrastou em direção a um portão verde todo detonado, empurrando-me para dentro de um corredor na penumbra. Fui assaltado por um pânico sem igual e toda a minha forma de desejo se exauriu completamente. Ela colocou o seu indicador nos meus lábios, depois apertou a minha mão e percorremos o corredor em silêncio, um sujeito estava saindo com uma bicicleta, nós nos esprememos do lado direito para deixá-lo passar, «gentilíssimos», ele nos disse sem receber resposta e saindo a passo ligeiro pela Rue de Greneta. A janela do primeiro apartamento do edifício se abria a poucos passos de nós, se nos inclinássemos poderíamos ver a vida correr lá dentro e os hábitos de quem morava no térreo. Mas Germana não estava nem um pouco preocupada com a vida dos outros e eu também não. Importava-nos apenas nos esconde, estar onde não deveríamos estar naquele momento para nos iludir de que a nossa presença era apenas uma manifestação provisória de ilegalidade. Ela me empurrou no chão, obrigando-me, com uma estranha, decidida delicadeza, a me deitar com a barriga para cima, e colocando-se em seguida ao meu lado, na mesma posição que a minha, bem debaixo da janela. Ocupávamos o corredor inteiro com os nossos dois corpos finos e compridos, iguais às sombras pintadas no chão por um sol poente. Dava para ouvir a voz de uma menina, os barulhos dos pratos que se tocavam ao ser colocados sobre uma superfície qualquer. Se alguém se debruçasse na janela, teria visto dois desconhecidos deitados alguns centímetros abaixo do parapeito, ocupados em olhar o céu talhado em fatias sutis como em um quadro de Mondrian. Teria gritado e corrido atrás de nós ou denunciado ou nos expulsado aos pontapés. O céu estava azul elétrico, quase límpido. Germana tinha enrolado um cigarro e começado a fumar e a rir baixinho, desenlaçando quatro de seus dedos dos meus e permanecendo enganchada apenas pelo indicador

O emaranhado

no meu anelar. Aquele laço mínimo era suficiente para me trazer tudo, os seus batimentos, a sua hesitação. Fechei os olhos e me envergonhei, uma vergonha antiga, como uma melodia que ressurge de tempos em tempos atormentando a mente e os ouvidos. A única coisa que eu poderia ter lhe oferecido naquele momento era a dose que tinha no bolso. Eu a ensinaria a cheirar heroína, ajeitá-la em uma folha de alumínio e esquentá-la com a chama de um isqueiro, para depois perseguir o dragão que desenhava linhas de fumaça no ar. Aquela era a única forma de amor que eu poderia oferecer a ela naquele momento. Não queria contagiá-la com a minha doença, porém me parecia inevitável, como se uma relação qualquer comigo incluísse, como uma caução, aquela deliberada forma de poluição, de infecção. Eu me deitei por cima dela, para comprimir com um movimento brusco do corpo a irrupção dos meus pensamentos, e me vi a poucos centímetros da sua boca, sob o parapeito, sob o céu, enquanto a sua mão ossuda acariciava os meus cabelos. Olhei para ela e os seus olhos me pareceram minúsculos, encolhendo-se aos poucos, como se a pele do rosto os estivesse lentamente engolindo. Talvez fossem os meus olhos que me encaravam, agora incapazes de olhar. Ninguém abriu a janela, nenhum contratempo se interpôs entre a minha boca e a sua, mas uma força centrífuga constante impedia um contato integral entre nós. Passaram-se vários minutos de nada. A menina cantava uma canção estúpida, cheia de palavras estúpidas, de rimas estúpidas. A menina me ajudava a não me afogar no silêncio. Sentia-me paralisado como muitas vezes me acontecera, alguns meses antes, após minha fuga de Euskadi: pegava no sono rapidamente e acordava depois de poucas horas, flutuando sobre o meu corpo imobilizado por uma paralisia definitiva. Agora eu também estava rígido sobre o corpo de alguém, obstruído pela minha figura, alguém que

Primeira parte

correspondia formalmente a uma garota de nome Germana Luque, os cabelos castanhos ou castanho-avermelhados, o olhar impassível de uma divindade. O meu desejo estava morto, ainda mais morto do que quando havíamos entrado no edifício, porém existia, comprimido, em alguma parte do sistema solar. Germana havia se reduzido a uma porção de sombra e fios de luz, dos quais eu não distinguia nenhum traço humano. Talvez já não fosse ela, nunca tivesse sido ela, e eu me colocava em cima de um corpo diferente, familiar. Talvez fosse o meu corpo que eu estivesse olhando de fora e aquela garota fosse eu, declinado no feminino por um sonho enganador. Havia somente a sua respiração a embaçar a minha boca e aquele vidro que parecia se interpor entre nós, irredutível. Foi quando no apartamento caiu um copo ou um jarro que os braços de Germana se dobraram sobre a sua fronte e ela cobriu a boca e parte do rosto: eu era o sol que a queimava, o incêndio do qual tentava se proteger, num esforço desesperado contra o fantasma da cegueira.

«Então como eu me chamo?», ela havia me perguntado ainda meio escondida, com uma voz rouca, extraída de um terreno árido, sem água.

«*Arreba*», respondi sem pensar.

«E o que quer dizer *arreba*?»

«Quer dizer fogo», menti.

Achei que poderia alugar um apartamento sozinho, essa história de Sef ser ladrão não me agradava, mesmo que fosse difícil acusá-lo na caradura, sem vacilar. Às vezes eu o observava de canto de olho, espiando os seus movimentos fúteis, uma gaveta fechada com zelo excessivo, uma remexida nos bolsos particularmente enérgica e sem motivo. Não era claro para mim se ele estava escondendo algo ou se a pessoa que deveria ser objeto da minha atividade investigativa era eu mesmo. Com Germana não havia acontecido nada, ela havia gostado da história da *arreba* e continuou falando aquele nome a noite inteira, rodando para lá e para cá como se tivesse acabado de desembrulhar um presente precioso. Não fomos descobertos, a menina continuou a cantar canções estúpidas, nós perambulamos por algumas horas na região, depois alguém lhe telefonou e ela se enfiou no último metrô continuando a me dizer que tinha sido ótimo me ver depois de todos aqueles dias. Nenhum traço de rancor. Não respondi às suas exclamações, apenas levantei um braço, estendi a mão em uma espécie de tapa estilo saudação, observando-a se mandar ligeira, seguida pelo seu costumeiro e leve toque-toque. Não havia mais nada, a tensão tinha evaporado no exato instante em que renunciamos a anulá-la com um beijo. Uma vez passada aquela espécie de ritual, sem termos cedido à tentação de eliminar uma distância, ela acabou se ampliando, cimentando-se entre nós para sempre. Eu me sentia como se tivesse superado um obstáculo invencível, deixando-o para trás, com a melancolia do herói depois da grande jornada. Ao mesmo tempo, sua indiferença me feria, e o fato de eu já ter sido provavelmente substituído por algum outro — esse algum outro que se permitiu ligar à uma da manhã provocando nela uma reação tão eufórica — me feria, em virtude de um sentimento de posse, de familiaridade, que eu não havia provado por nenhuma outra mulher com quem havia saído. Continuávamos a nos trair daquele modo sutil, sem que existisse algum pressuposto para a traição, insistindo em nos encontrarmos como para renovar a dor de uma iminente separação, provocada à força, ratificada como uma obrigação que havíamos imposto a nós mesmos para anular a fusão que andava se produzindo espontaneamente entre os nossos corpos irmãos. Germana não era minha. Germana não era eu. Teria sido mais fácil me convencer disso agora

Primeira parte

que ela tinha encontrado trabalho em um teatro, como me contou de passagem, sem especificar qual e onde, mais fácil agora sabendo que ela estava viva mas distante, perdida em alguma parte na minha própria cidade. Uma cidade cujo perímetro tinha agora explodido e na qual não conseguia mais me orientar seguindo seus vestígios instáveis, movediços. A morte a teria trazido para mais perto de mim, enquanto essa sua presença distante podia ser o único modo para nos manter afastados sem sufocar na clausura das lembranças frescas e imutáveis que só a morte produz, como se se quisesse renovar incessantemente a dor da sua irrepetibilidade. Eu havia voltado para casa decidido a me separar também de Sef e do White Elephant, um nome que escondia em si mesmo os indícios do seu implícito fracasso.

«Você sabe o que significa White Elephant?», havia me perguntado Ahmad um tempo atrás, durante um ensaio particularmente bem-sucedido. Eu o deixei continuar, sem responder ou dar algum sinal de que estava sendo receptivo, porque as suas perguntas não previam um interlocutor, mas eram colocadas ao acaso dentro do seu modo de pensar, para que recuperasse o fôlego.

«O elefante branco, para os ingleses, é um projeto demasiado ambicioso, que leva à ruína. Se eu desse a você um elefante branco de presente, Jokin, o elefante seria prejudicial, não? Você precisaria mantê-lo, tanto dinheiro, demais, iria à falência. Você me xingaria, acho. Mas continuaria sagrado. Por uma coisa sagrada, enorme, você perderia o dinheiro, o sono, talvez até a vida. Para manter vivo esse elefante branco que ocupa espaço na sua casa.»

Haviam escolhido esse nome alguns anos antes, ele continuou, quando se reuniram em cinco ou seis em um porão, com projetos tão vagos quanto utópicos.

«Achávamos bonito acabarmos com nós mesmos por uma coisa sagrada, entende? Como a música para você. O eu elefante.»

Eu me divertia com o modo solene que ele tinha de discutir consigo mesmo, as suas palavras se soltavam no ar como flocos de ouro ou de pura luz, que um tom de voz alto demais e urgente teria facilmente quebrado, próximas como estavam da fragmentação. Apesar da sua natureza volátil, quebradiça, voltavam-me à mente agora, enquanto fazia um sanduíche de presunto e camembert às três da manhã, e tentava abafar qualquer forma de melancolia a cada bocada, desintegrando-a entre os dentes à força. Peguei o celular, e vi umas vinte mensagens que seguiam todas um roteiro parecido: ONDE VOCÊ ESTÁ? ONDE VOCÊ ESTÁ? ONDE VOCÊ ESTÁ? ONDE CARALHO VOCÊ ESTÁ? ONDE VOCÊ SE METEU? PODE ME RESPONDER? ONDE VOCÊ ESTÁ? JOKIN ONDE VOCÊ ESTÁ?

Apenas um, o último na ordem de chegada, soava diferente, porque o mesmo número desconhecido, que eu facilmente atribuí a Éric, havia escrito em letras maiúsculas uma espécie de ordem ou advertência cujas razões eu não compreendi a fundo e que concluía, semelhante a uma ameaça imperativa, a sequência monótona de mensagens interrogativas: JOKIN ESTOU PREOCUPADO PRINCIPALMENTE POR CAUSA DA DROGA. JOKIN, VOCÊ NÃO DEVE MORRER

No verão era insuportável ficar parado imóvel de uniforme, assim que saía para pegar um pouco de ar explodia na minha cara uma bomba de sol, poluição e fedor de mijo-kebab que até fazia passar a vontade de recorrer à minha garrafinha, cujo teor alcoólico já tinha ido embora, em troca de um pouco de ar fresco em outro lugar. *Eu me drogava no meu quarto, o ventilador vagabundo comprado no árabe ali de baixo com tudo na cara, que beleza, a fumaça do dragão guiada em minha*

Primeira parte 141

direção pela brisa artificial, as minhas narinas que cheiravam tudo sem muito agito, para não falar de quando Ahmad me arranjava a brown pela metade do preço com o seu amigo vindo do Laos, o Corte, que às vezes me fazia um meio a meio com café para me acelerar um pouco, ele me achava abatido, dizia, ria de mim com o seu dente de ouro, incenso e mirra, não como os desgraçados que para economizar misturavam a branca com cal, lactose, paracetamol vencido, que podia até disparar em minhas veias, se eu quisesse, e decolar. Eu dormia de repente, caído no meio das minhas coisas, encharcado de suor e droga, o cabelo esvoaçante com vento artificial que tinha reproduzido em laboratório para o meu espaço de consumo privado. Os caras do White Elephant estavam mortos arruinados no fundo de um porão, eu estava morto — a parte branca da banda —, *permanecia apenas,* desorientado e incrédulo, *o elefante Éric com as minhas faixas gravadas que ainda rendiam a marcação de uns shows. Eu havia feito essa concessão a ele, que podia usufruir da minha música mesmo que eu estivesse formalmente morto, acabado, disparado na velocidade de 190 bpm no espaço sideral do buraco antifreeze.* Não que aquela do final de abril em Le Rémouleur tivesse sido uma noite ruim — disseram alguns dias depois da minha desistência —, nós nos saímos bem, repetiam, repetiam porque tinham entendido. Que eu iria embora, obviamente, que aquele era o breve prefácio do meu romance definitivo, e o meu romance definitivo já não previa shows no palco, ensaios em um porão, festas em nenhuma parte, mas várias horas de trabalho assalariado e solitárias crises de abstinência dias a fio. Tentaram me convencer durante semanas, aqueles dois desesperados, diziam que me pagariam, que me ajudariam, mas depois de alguns meses deixaram para lá, ressurgindo em momentos esporádicos apenas para saber se eu ainda estava vivo. Era um jogo de espelhos nada ruim, eles me suplicavam e me cortejavam como viciados em heroína já tarimbados, enchiam a boca de bobagem sobre a importância de ter

O emaranhado

amigos por perto, quando era eu que os ajudava com a minha música que descia do céu, subia do centro da terra onde eles não eram admitidos nem para umas férias low cost. *Para cobrir os furos, eu espalhava nos braços um creme de Mégane*, que muitas vezes se maquiava no banheiro antes de sair pela manhã na companhia do namorado, amigo, ladrão, amor de Sef, um daqueles unguentos pastosos que as mulheres passam no rosto para cobrir imperfeições e rugas. Eram esses, imperfeições e rugas, os buracos que eu cavava em mim mesmo, os sinais da minha doença e da minha velhice, uma vergonha a ser disfarçada. Se eu tivesse tido pelo menos a força, a possibilidade, *teria voltado para casa, para Euskadi, pegaria a minha mãe nos braços*, ou melhor, eu me deixaria envolver pelo seu corpo franzino e suado, permitindo que ela me ninasse mais uma vez, como ela fazia, só mais uma vez antes de me despedir e deixar que ela fosse para onde quisesse, por mais distante que fosse de mim, e para sempre. Mas eu não podia. Sonhava emaranhar-me nela, em meu pai, minha irmã, numa espécie de retorno a uma origem desconhecida, mas que eu sentia nos pertencer e nos guiar ainda, apesar dos quilômetros que nos separavam agora, os fios puxavam, rompiam-se, controlavam nossos braços de madeira sacudidos em um abraço infinito. Eis o meu paraíso artificial de marionete. Onde se encontravam os seus limites terrenos, eu não sabia. Podia apenas esperar que os de Gorane estivessem resguardados, mas não arriscava formular nenhum desejo ou demanda que dissesse respeito a ela, eu a sentia apodrecer, tomar o caminho da decomposição como algo fresco esquecido no sol. Eu dizia a mim mesmo: é tudo bobagem, você não sente nada, é só a droga. Eu me convencia de que não existia nenhum laço entre mim e ela, que eu não poderia sentir nada. No entanto, sentia. Trabalhar estava cada vez mais difícil, eu me arrastava em silêncio, tentando calibrar sorrisos e olhares de

Primeira parte

assentimento em doses indispensáveis para conservar energia útil à sobrevivência. Eu não era uma sombra, não era um ser humano, era como se eu tivesse regredido, no útero, ao meu quarto com beliche, as seringas na gaveta e *a luta tomada como um comprimido para enxaqueca. Sef me odiava, havia tentado me mandar embora, dizia que Mégane estava assustada* e eu lhe respondia quem caralho é Mégane, por acaso ela paga o aluguel, não sei onde encontrava forças para arrancar dois gritos, para me lembrar do nome da sua namorada que uma época queria até transar comigo, mesmo que então já tivesse visto isso, o meu fantasma da heroína, que ficava em cima de mim como uma sombra invertida, que tira profundidade. Uma bateria de verdade eu não tocava havia mais de dois meses, eu tinha colocado uma panela no quarto e de vez em quando batia nela, nas raras vezes em que um ritmo animal decidia se manifestar em mim, me escolher como trâmite para a sua materialização. Onde estava aquela velha que me havia ajudado? As mãos que tentaram me dar suporte por todo aquele tempo e me conduzir em segurança não tinham feito nada além de me empurrar para o fosso e aquilo que eu havia entendido como afeto era apenas um leve empurrão para a minha ruína. Ou era eu quem havia transformado todo o amor que tentaram me dar num pé na bunda, em direção a um outro mundo sem fim. Não importava, eu estava aqui. Dentro estava meio quente. Fora não chovia.

Eu tinha recebido a notícia por mensagem, sms, na época me parecia uma espécie de código Morse toda vez que tinha que lidar com aquilo, o que era muito frequente, já que aquele negócio um pouco maior do que um palmo tinha se transformado na minha única janela para o passado. Porém ignorei a mensagem, fui lê-la pela primeira vez muitas horas depois, quando então eu já sabia de tudo. Alguém na verdade

O emaranhado

tinha me ligado, a voz que desandou a falar, naquele dia abafado de fim de junho, disse:

«Jokin, aconteceu uma coisa.»

«Estou fumando», respondi, o que não era uma mentira, pois eu estava encolhido na sombra de uma árvore aproveitando a minha meia horinha de pausa antes de recomeçar.

«Talvez seja melhor nos vermos. É um negócio *grande*.»

Pensei ter reconhecido Ahmad, pela maneira de enfatizar as sílabas de um jeito atrapalhado, mas podia também ser Éric ou qualquer outro elefante de quem eu não lembrava o nome. Além disso, não atinava para outras opções plausíveis, tirando Sef, a quem porém eu nunca tinha dado o meu número e que nunca tinha tido nada para me dizer.

«Você pode vir aqui», respondi com preguiça.

«Você fica direto no Pompidou?»

«Precisa se apressar, tenho meia hora.»

Depois de ter consumido integralmente a minha pausa, eu tinha decidido voltar para o museu, esquecendo-me daquele encontro, pensando que quem quer que fosse não chegaria a tempo, mas os encontrei ali, ofegantes, na frente da entrada, tão diferentes de como eu os havia deixado na memória aquela noite no Le Rémouleur. Tinham feito o gesto para me abraçar, mas logo recuaram.

«Jokin...»

«O que é que foi?», arrisquei dizer a eles, com a habitual raiva expelida em solavanco para a ocasião. Estavam comprimidos, próximos, como dois soldados na madrugada, prontos para o exercício. O sol do meio-dia encurtava as nossas sombras, tanto que nos fazia parecer três anões ridículos e em chamas. O suor deles era diferente do meu, o modo como se mantinham eretos na direção do céu, havia algo que nos separava desde sempre e que só agora, graças aos meses de distância, eu aceitava ver. Como uma diferença substancial

Primeira parte

145

entre a história deles e a minha, entre o meu capuz puxado para cima como forma de escudo e as suas camisetas ilustradas com escritos de grupos underground, uma diferença que tinha decidido ignorar para estar com eles, ou pelo menos tentar. Quanta balela por um grama a menos de solidão. Baixei a cabeça para convencê-los a falar e deu certo, porque eu ainda os conhecia, ou sabia pelo menos como agir para ter aquilo que desejava.

«Germana quase morreu», balbuciou Éric. «Entende.»

Extraordinário como uma frase podia em si mesma condensar pânico e dissolução, o enigma a resolver e a resposta redentora que afasta o espectro do desespero. Nem sequer tive tempo de chorar, de perceber que eu poderia chorar por ela, que o advérbio havia chegado para me socorrer, evitando que me afundasse onde nunca quis.

«Quase morreu?», respondi estupidamente, apenas para ganhar tempo e deixar que a minha respiração readquirisse um ritmo regular. Foi Ahmad quem falou, contando do incêndio de alguns dias antes no Théatre Mogador, cujas causas ainda não estavam claras, dizia, como se fossem necessários indícios para entender.

«Aquela menina sempre brincou com fogo», deixei escapar, mas a minha flechada foi desviada pelos dois, que continuavam a falar entre si para tentar se convencer de que no final ela tinha se safado, que tudo tinha acabado bem.

«Ela está péssima», disse Éric, e eu me perguntei em silêncio por meio de quem eles souberam, quem era o amigo íntimo de Germana que tinha comunicado a todos a notícia.

«No Hôpital Saint-Antoine», continuou ele, como se eu tivesse pedido esclarecimentos. Eu estava quieto, esperando que um dos dois continuasse a falar, que me explicasse como tinha acontecido, como ela tinha se salvado, de novo, mais uma vez, em um loop infinito de confirmações. Soube que o acidente tinha acontecido três dias antes, no teatro em que ela havia começado a trabalhar como lanterninha, fazia alguns meses, durante a encenação do musical *Singing in the Rain*, fato que me fez sorrir, porque eu reconhecia naquele gesto a sua habitual necessidade de mandar às favas um equilíbrio meticulosamente engendrado por uma Agacia Gil meia-boca ou por um sujeito que sapateia debaixo da chuva. Era natural que àquela ridícula representação da realidade Germana opusesse o seu fogo, era mais que tudo um gesto político nos limites da genialidade, e *pensei que os meus pais a adorariam.*

«Não tem muita graça», censurou-me Éric, enrubescido, reticente.

Eu ri na cara dele e do seu rancor, de forma grosseira, excessiva.

«Viemos aqui para contar, agora vamos embora.»

Antecipei-me a eles e, dando um tapinha no ombro de Éric, entrei com passos ligeiros, assobiando a melodia que Germana, alguns dias antes, tinha conseguido abafar entre as chamas, com suas boas maneiras de sempre.

Bom dia, sou Dominique Luque, pai de Germana. Entro em contato com o senhor porque encontrei seu número entre as mensagens salvas de minha filha. Infelizmente, houve um acidente, Germana sobreviveu por pouco. Se for do seu interesse, estamos no Hôpital Saint-Antoine. Estava mais do que evidente o quanto o universo todo queria me dar notícias de Arreba, convencer-me a levantar o rabo da cadeira e ir correndo para o hospital, ainda que fizesse isso de maneira inusitada, enviando uma mensagem idêntica à metade dos números da lista. Naquela noite, em vez de me drogar, fui procurá-la. Passando por Bastille, cruzei com um grupo de africanos que cantavam rap de forma incrível, parei para fumar um cigarro e poder ouvi-los, sentindo pena do pobre Éric, que precisaria enfrentar sozinho aquela concorrência imbatível. Deixei umas moedas no boné de basquete que tinham colocado no chão, como mendigos, e rumei veloz para a Rue du Faubourg Saint-Antoine, enfiando-me depois à direita na Rue Crozatier, onde já não havia nenhum vestígio do Marché de Aligre, que acontecia todas as manhãs na região. Depois de entrar na ala de reanimação e terapia intensiva, logo vi um grupinho de jovens excêntricos e desleixados que por certo não estavam ali para visitar uma vovozinha, mantive a distância devida, na esperança de me esgueirar no quarto sem ser visto, mas fui capturado quase no mesmo momento por um «Jokin!», dito em voz alta, como se estivéssemos em uma casa de show e eu precisasse oferecer uma bebida a alguém.

«Finalmente você veio», disse esse sujeito que eu não associava a nenhum rosto, a nenhum nome, a nenhuma lembrança da minha vida passada em companhia da gente de Paris. Limitei-me a concordar, ouvindo as conversas confusas que se sobrepunham como linhas de um desenho sem sentido traçado por uma esquizoide lutando para fazer um retrato. Intoxicação. Queimaduras. Alguma informação mais precisa havia dado esse que, depois de alguns segundos, identifiquei como Dominique Luque, colocado no centro do círculo que nós havíamos formado mais ou menos inconscientemente. Era um senhor muito alto, quase como eu, de uma elegância relapsa e despreocupada, igual à da filha, as pupilas acinzentadas riscadas por olheiras que faziam o seu rosto parecer uma estátua de argila fendida por profundos sulcos com uma delicadíssima moeda de ouro. A sua voz era rouca e abafada, saía com esforço, eu não sabia se em virtude de uma malformação congênita ou do desespero dos dias presentes e recém-passados. Não olhava para ninguém em particular, em geral fixava um ponto mediano no espaço, de modo que alcançasse todos em igual medida, sem excluir, sem escolher

O emaranhado

ninguém. Germana estava na unidade de terapia intensiva por causa de uma intoxicação severa por monóxido de carbono e cianeto, que lhe havia provocado dispneia, convulsões e um colapso cardiovascular. Era possível vê-la, em pequenos grupos, mas ela não perceberia nada.

«Ela vai dormir por um bom tempo», disse, encerrando a conversa. O seu olhar não traia nenhuma emoção. Iniciou-se um murmúrio a respeito de uma certa divisão em grupos, com rondas que peregrinariam em turnos até o quarto do hospital, e era estranho ver aquele punhado incoerente de gente improvisar operações extremas de auxílio, como se de repente começassem a fazer parte de uma equipe beneficente de voluntariado. Acabei fazendo par com um tipo de expressão consternada, a quem se juntou um outro, todo bonitão, a quem davam a mão, um ou outro beijo, gestos carinhosos de consolo. Achei que fosse o namorado de Germana, era o seu tipo, e como não poderia sê-lo: mulato, olhos azuis, ombros largos e bem torneados, coroados por um olhar sombrio, predador. Era a minha versão saudável, inserida e agradável, de algum modo conciliada, pensei enquanto estendia a minha mão em sinal de amizade.

«Thomas.»

«Jokin», respondi, e enquanto apertava a sua mão olhei para os meus braços furados, estendidos na direção dele, braços que dispensavam apresentação.

«Você é amigo dela?»

A sua pergunta me fez rir, compadeci-me de sua esperança de me enclausurar ali, na estreiteza da palavra amigo, porque eu não aderia a nenhuma função na existência de Germana, no esquema que impõe uma saudável vida social feita de papéis, tarefas, méritos e privilégios, horários e intervalos temporais que determinam o que é um conhecido, uma amizade, um relacionamento, definindo as obrigações,

Primeira parte

os direitos e as proibições absolutas. O relacionamento que nós tínhamos tecido existia apenas em virtude de um rígido princípio de exclusão, pelo qual tudo aquilo que não nos servia, que não tinha condições de entrar no nosso sistema, simplesmente não existia, não podia ser visto, como que engolido por uma realidade prosaica distante anos-luz. Tínhamos, desse modo, enchido uma bolha, um espaço mínimo de movimento dotado de uma linguagem própria e precisa, de gestos mínimos com enorme significação, e, como se fala de uma bolha, uma vida na incubadora, não existe forma de comunicar a sua força a quem ficou fora, não existe modo de explicar o que significou respirar em dois dentro dela.

«Um amigo», respondi sem convicção, de modo que ele não ficasse demasiado tranquilo.

Um pouco afastado, Dominique Luque bebia café e água de uma garrafinha, o olhar voltado para nós, ou além de nós, como frequentemente fazia sua filha, com aquele seu modo estrábico de voltar os olhos para o mundo. Então, com o mesmo arroubo, aproximou-se de mim e, pegando-me pelo braço, convidou-me educadamente para sair, apertando no punho fechado um maço de vinte de Lucky Strike.

«Esses eu comprei na Itália», ele disse oferecendo-me dois, «sabe, custam menos».

Eu acendi um, colocando o outro na orelha. Então o velho queria dar uma de artista sem grana.

«Você esteve na Itália, Jokin?», ele me perguntou, enfatizando demais o meu nome para parecer amigável e lançar as bases de uma relação entre pares.

«Nunca.»

O mormaço, a agitação me atormentavam, eu começava a pensar que teria sido melhor ficar em casa ou cair duro nos lençóis encharcados de suor do que manter aquele diálogo que não decidia para onde ir.

«É um belo país. Faz as pessoas se abrirem.»

«Vocês vão muito para lá?», perguntei-lhe, incluindo sem querer também Germana na conversa, como se quisesse evocar entre nós o seu fantasma e receber a sua ajuda.

«Minha nova parceira é italiana, vive em Roma. Às vezes Germana vai comigo, quando consigo convencê-la. Não é fácil, você sabe, que temperamento.»

Ele sorriu para mim, com a precisa intenção de criar uma cumplicidade baseada naquela decepção amorosa compartilhada. Era importante que o fantasma viesse colocar-se entre nós, pelo menos para reclamar os seus direitos, para se defender das fofocas que o pai espalhava às suas custas.

«Estivemos em Roma por duas semanas, há alguns meses. Germana praticamente não falou comigo.»

«Sinto muito», eu disse, jogando o cigarro no chão. Na verdade eu achei merecido. Havia algo vagamente pegajoso naquele homem, viscoso, era como se a sua figura tivesse conservado os traços de um réptil primordial de que ele era a evolução última, mais próxima do humano. Tentei me lembrar de quando Germana havia me falado de seu pai, talvez tenha acontecido um dia, no trabalho, mas não conseguia recordar nada, só uma melancolia vaga que tinha acompanhado as palavras «meu pai», liquidando o assunto logo em seguida. Naquele momento — desse sim me lembro — eu tinha pensado que a vida de Germana era uma trama de sombras e cores tétricas, da qual às vezes se soltava um fio, um fio que ninguém nunca teria ousado puxar para tentar desatar o nó a partir do qual aquela família tinha sido gerada.

«Também sinto muito. Adoro minha filha. Mas nunca engoliu essa coisa da Itália, minha ex-mulher também era italiana. Diz que eu a substituí por uma cópia, que a minha

Primeira parte 151

vida é feita de cópias, de substituições constantes, que eu nunca consigo digerir nada. Tem um jeito de pensar estranho e brilhante, às vezes acho que ela tem razão, mas me parece que as verdades que me comunica ficam sempre opacas. Como se não crescessem.»

Até podia ser uma observação correta, e mesmo interessante, mas eu precisava muito me drogar, toda aquela tensão do hospital, da conversa com o pai dela devia ser amortecida de alguma maneira, eu não encontrava nenhuma beleza, nada, sumida, nem mesmo na esquina da rua perto da sebe onde uma menina muito magra e com as pernas de fora e as sandálias amarradas até a metade da panturrilha chorava prostrada, de maneira sublime, a morte ou a doença de alguém, por isso peguei o cigarro e o acendi contraindo a mandíbula e tentando respirar o mais lentamente possível sem que a leve crise a que eu estava para sucumbir ficasse evidente demais.

«Mas talvez isso não interesse a você.»

«Não, não», eu quase exclamei, temendo que a conversa parasse de novo e eu precisasse me virar de algum modo para recolocá-la nos trilhos e ajudá-la a recomeçar.

«Foi durante uma briga que ela me falou de você. A única vez que ela falou comigo, falou-me de você. Claro, meio assim, de passagem, sem falar realmente, por inteiro. Sempre daquele seu jeito opaco, quero dizer, veloz, de quem não quer se deter demais nas coisas para não estragá-las. Como se fossem de vidro. Libélulas. Não sei se você percebeu também, é como se minha filha não parasse nunca. Como se para ela a paisagem fosse esplêndida somente se olhada da janela de um carro a 190 quilômetros por hora. É algo que me fascina e me distancia dela. Talvez fascínio e distância sejam a mesma coisa.»

Ele começou a tossir e eu me aproximei para lhe dar um tapinha nas costas, pensando que aquela família tinha realmente uma tendência para a asfixia.

«Como eu estava dizendo, uma noite, quando ela começou a gritar comigo algo muito ruim a meu respeito, o seu nome veio à tona. Aquilo me chamou atenção, porque eu não conheço os nomes dos amigos da minha filha, nem mesmo sei como se chama o namorado dela, supondo que o seja, ou pelo menos agora sei, mas só porque ouvi vocês enquanto conversavam. Naquele dia ela me disse que queria estar em Paris, ir ao show do Jokin, porque a música é melhor do que as palavras, porque a música é uma coisa viva. Mas em vez disso estava lá comigo. Ela sempre joga na minha cara o fato de eu ser um escritor, diz que as palavras me arruinaram e arruinaram-na também.»

Convidou-me para subir, com um aceno de cabeça, e, terminadas as escadas que conduziam à unidade de terapia intensiva, encontramos todos os amigos apinhados em um canto, inclusive Thomas, que nos lançou um olhar suplicante, como se implorasse para que não o roubássemos. Nós o ignoramos e entramos juntos no quarto onde Germana dormia, entubada, o lençol branco estendido sobre ela, os cabelos ausentes.

«Por sorte ela é bonita. Todos se queimaram.»

Aproximando-me sem falar nada, tentei reconhecê-la, mas me pareceu impossível. Não sabia mais quem era ela, quem era eu ao lado dela, o que seu pai fazia ali naquele quarto e qual força destrutiva nos havia conduzido até lá. Eu me sentia responsável, ainda mais agora que havia descoberto ter aparecido na sua vida familiar, ter sido reconhecido por um olho externo, diferente do seu que parecia nunca me colocar inteiramente em foco. Apenas olhando para as suas mãos, ainda longas, tão elegantes, consegui me lembrar

Primeira parte 153

dela, reconstruindo em torno daquela imagem singular outras particularidades salientes, talvez até uma estrutura plausível daquilo que havia sido para mim a garota do uísque, do fogo e da distância, a garota com quem havia trocado sofrimentos e esperas sob a forma de tragadas de tabaco, tentativas de incêndio e sobrenomes falsos. Ao lado, sobre a mesinha, empilhavam-se cartões de bons votos e objetos pessoais que eu nunca tinha visto com ela: um relógio, uma correntinha de prata, um bloco de notas rabiscado, um anel com uma pedra azul, uns minúsculos lenços de seda verde, azul-cobalto.

«São todas coisas que ela juntou da rua, quando estávamos na Itália. Ela as recolhia e colocava na bolsa como se as tivesse perdido alguns dias antes. Ah, outra coisa que ela disse, não diretamente para mim. Mais que tudo a si mesma, na minha presença, enquanto eu e Beatrice caminhávamos um pouco atrás dela sem alcançá-la, vendo-a inclinar-se e observar alguma coisa no chão, como se tivesse perdido um brinco, uma pedra preciosa. Em certo momento disse que na Itália as pessoas perdem as coisas de propósito, para terem a desculpa de puxar conversa com alguém. Beatrice olhou para mim sorrindo, sacudindo a cabeça, como se dissesse: mas de onde você tirou uma filha assim. Sinceramente não sei, talvez seja culpa minha, ou um mérito, às vezes penso. Eu a fiz viver uma vida difícil, mas de modo sutil, uma vida aparentemente normal, mas permeada de uma crueldade sorrateira, sem voz. Quem sabe teria sido preferível um trauma, um trauma reconhecível pelo qual pudesse chorar, um abismo a ser superado para depois, alcançado o outro lado, ser enxergado com orgulho, como se tivesse renascido, mas em vez disso dei a ela só dores opacas, feitas de insinuações mínimas, reconhecíveis a muito custo. Não sei como se faz para superar algo que mal se vê.»

O emaranhado

Olhei para os objetos colocados na mesinha, imaginando o seu possível trajeto italiano ligado às etapas de colheita, pequenas estações onde ela havia espiado a vida de alguém, apropriando-se dela, esperando um dia devolver o furto ao proprietário dando um de seus pulinhos.

«Peguei essas coisas e as trouxe para ela, não sei por quê. Talvez eu também raciocine de modo estranho, como ela. Talvez eu quisesse puxar conversa com ela. Com você.»

Sentei-me porque um mal-estar generalizado tomou conta de mim quando vi a pinta debaixo de seus lábios, uma presença que eu havia esquecido completamente. Depois das mãos, eis que em torno daquele segundo núcleo toda a sua beleza se recompunha em uma progressão contínua e sem fim, cada vez mais detalhada e próxima daquilo que tinha visto da primeira vez que a encontrei, aquilo que tinha me feito vacilar. Eu me perguntei se a minha paixão não teria surgido como aquela reconstrução repentina, num vórtice que, gerado a partir do centro daquela pinta, havia progressivamente se alastrado para o nariz, os olhos, os cabelos, as pernas, arrastando-me subitamente para uma outra vida. Sentei-me com o mesmo despojamento com que aquele dia no Pompidou havia me apoiado na parede, enquanto ela bebia da minha garrafa, conhecendo os meus segredos. Como privado de forças e, ao mesmo tempo, excitado por alguma coisa que não me pertencia, algo fora de mim que milagrosamente havia entrado no meu raio de ação. Dessa vez, porém, havia Dominique Luque: tinha pegado uma cadeira no fundo da sala e havia se posicionado ao meu lado, com um bloco na mão.

«Preciso de um favor, Jokin», disse fitando os meus joelhos, enquanto o seu olhar lateral tentava abarcar a visão completa da minha imagem, da minha cabeça escondida entre as mãos, como se protegendo do ataque de uma iminente crise de abstinência.

«Queria que você me falasse sobre minha filha. Quero saber dela.»

Caríssimo editor,

Conforme combinado, envio ao senhor o primeiro rascunho do meu último pequeno romance, de título tão provisório quanto ordinário, «Filhos». Peço desculpas se ainda não encontrei uma síntese melhor para aquilo que, com estas páginas, tentei compreender ou perguntar a mim mesmo. Trata-se, como antecipado, da história em primeira pessoa de um baterista basco emigrado para Paris e viciado em heroína. O seu nome é Jokin Moraza, chegou a Paris no início de 2007, tive a honra de encontrá-lo e lançar-lhe algumas perguntas sobre sua vida e, em parte, sobre a minha. Os nossos encontros se deram totalmente em um quarto de hospital, o Hôpital Saint-Antoine, onde minha filha foi internada alguns meses atrás, nas duas primeiras semanas de julho passado. Ali anotei algumas das frases relevantes e bem-acabadas que com esforço consegui arrancar dele. O senhor as encontrará indicadas em itálico no texto, achei útil marcá-las para justificar algumas distorções estilísticas que espero resolver e integrar de maneira mais homogênea nas próximas versões. É provável então que a sua leitura esbarre em uma série de acelerações bruscas, buracos espalhados aqui e ali, devido ao estilo mais descuidado: estas devem ser consideradas citações próprias de J., que, desde a nossa última conversa — no dia dezesseis de julho —, não encontrei mais, tanto que custo a crer tê-lo conhecido em um lugar diverso da minha fantasia. O início se passa num impreciso dia em Paris e pressupõe a desintoxicação de J., desintoxicação que — ao menos até onde sei — nunca aconteceu. Eu admito, conservo ainda certos germes de otimismo, que dificilmente consigo curar com doses de antibiótico e verdade, o que me torna, receio, um medíocre, pelo menos no campo limitado da minha arte. A narrativa talvez possa parecer sem foco, e com razão. Não apenas pelo assunto de que fala, uma matéria frágil, incerta, mas também porque desprovida de reviravoltas: as únicas guinadas narrativas lhe parecerão talvez repetições, amplificadas, de um mesmo evento incendiário, elucubrações estéreis sobre uma relação ambígua assentada sobre o nada. Uma sensação de inorganicidade poderia além disso derivar das frequentes alusões a uma vida precedente de J. no País Basco, alusões que eu não soube resolver e que deverão ser provavelmente eliminadas a fim de conseguirmos uma fruição mais clara. Nesta primeira fase, preferi mantê-las, na esperança de encontrar — talvez junto com o senhor — possíveis desenvolvimentos narrativos de tais indícios abandonados, migalhas que o meu personagem deixou cair aqui e ali, negando-me a possibilidade de conhecer a origem delas e a ligação com os dados mais consistentes da sua história. A resistência de J. aos relatos era de fato insuperável. Enfim, uma breve, talvez inútil, confissão. Meu propósito, com este livro, era trazer à tona algumas questões relativas ao meu relacionamento com minha filha, uma relação estéril e tempestuosa, não desprovida de antigas formas de perversão que por muito tempo tentei censurar. Utilizei, como muitas vezes acontece, um outro para falar de mim, na esperança de me libertar de alguns espectros inaceitáveis. Mas, fazendo isso, traí a história de Jokin, a de minha filha e a minha. Fiz crescer os brotos da história deles em torno das minhas raízes doentes. Os contornos de nossas existências misturaram-se tanto que chegaram até a completa fusão, em uma espécie de biografia única, multiforme e falseada. Nenhum sentimento de libertação saiu daí. Nenhum verniz significativo foi retirado da minha alma. Não entendi muito sobre mim. Nada sobre eles.

Dominique Luque

3. Arrautza

«Eu os vi»

Somos livres. A nossa casa é Arrautza. Aqui o sol não cega. Não chove o quanto gostaríamos. Deixamos Bilbao há algum tempo mas nem parece que a deixamos. Nem cidade, nem luta, nem família. Não foi uma viagem nem uma fuga nem uma mudança temporária em vista de um esperado retorno. Arrautza é o nosso único rasgo, a única apneia indispensável à vida. Hoje comemos todos juntos antes que ficasse muito tarde. Os habitantes desse lugar não têm horários para as refeições parecem nunca ter fome. Nós procuramos manter os hábitos que nos mantinham vivos em Euskadi. Cozinhamos mas não saberíamos dizer o quê. A atmosfera é pálida aqui em Arrautza com o correr dos dias destruímos o que acabamos de deixar para trás. A cada passo desaba algo atrás de nós por dentro. Chamam isso de memória. Arrautza é oval parece que este é um ponto valorizado por seus habitantes. Nós não nos interessamos muito por eles. Parece que eles não têm história. Parece que procuram tirá-la também de nós. Vivemos tentamos reconquistar o passado. Esta é a nossa nova luta. Somos nós Gorane e Jokin. Somos a família de sempre transferida para outro lugar. Gorane e Jokin são gêmeos nasceram dentro de nós como duas pérolas. Tomaram o espaço um do outro

Primeira parte

comeram-se mutuamente ainda antes de nascer. Nós os sentíamos lutar também quando eram invisíveis sentíamos um tomar conta do outro para depois perder recomeçar de novo. Nasceram em nós como duas pérolas. Parece-nos incrível pensar que os dois minúsculos fizeram vinte e cinco anos. Os nossos dois minúsculos revolucionários. Quando saíram não choraram nós queríamos ouvir a voz deles mas não choraram. O primeiro a sair foi Jokin a enfermeira o manteve erguido no ar por alguns segundos como uma hóstia. Nós pensamos este filho é a nossa bandeira. Gorane saiu pouco depois quase correndo atrás do irmão em um esforço precoce de imitação. A enfermeira logo a estendeu para nós como se estivesse suja. Nós pensamos esta filha é a nossa voz. Limparam Gorane melhor do que Jokin eles a enxugaram do nosso sangue como se ela pudesse morrer daquilo como se a cada passada da esponja ela ainda ficasse manchada. Ela manteve essa sensação de sujeira a vida toda. Permanecemos no leito do hospital abraçados decidimos que não nos separaríamos nunca. Dissemos aos nossos filhos vocês são a nossa vida. Tentamos preencher cada distância entre mão e mão entre orelha e pé entre olhos e olhos. Dissemos aos nossos filhos vocês são a nossa vida. Queríamos ser uma coisa só um único organismo gerador e gerado. Talvez tenha sido Gorane quem nasceu primeiro. Talvez tenha sido Jokin quem a seguiu. Eis que fragmento após fragmento a nossa memória se esgarça. Os nossos conterrâneos são os responsáveis pelo furto. Somos em pequenas doses mas constantemente roubados. No entanto estamos certos de ter gerado dois gêmeos e que o nome deles é Gorane e Jokin. Estamos certos de que um era a nossa bandeira e a outra a nossa voz. Estamos certos de ter desejado permanecer fundidos como naquele primeiro abraço para sempre. Aos poucos os nossos filhos cresceram. De maneira diversa e paralela como duas asas do mesmo inseto duas

O emaranhado

asas destinadas a voos contrários. Uma atraída por uma luz opaca e visível apenas para ela se distendeu com esforço na direção do céu onde lhe fora prometida a paz. A outra ancorada em um peso enorme se distendeu em direção ao solo porque o seu destino era sujar-se de frutos flores pele humana. Nós somos o corpo invertebrado que ainda os une. O corpo que trabalhou para conciliar esses impulsos opostos extremos. Dissemos aos nossos filhos vocês são a nossa vida. Dizem que no início de cada relação pode-se intuir o futuro o fim. Que nos primeiros momentos podem-se vislumbrar os germes destinados a se desenvolver em formas complexas sublimes ruinosas. Que a história da nossa família pode ser inteiramente remetida àquele primeiro quarto de hospital os nossos gêmeos recém-nascidos sujos de sangue o nosso corpo transbordando de amor. O silêncio dos nossos filhos. Aquele abraço fortíssimo sem ar. Gorane esfregada pelo pano da enfermeira depois estendida em nossa direção como uma coisa fervente obscena. Jokin perfeitamente mudo erigido sobre um trono de ideais. Amamos os nossos filhos mais do que a nossa própria vida. Tentamos transmitir a eles os nossos valores passá-los do nosso corpo ao deles como um patrimônio genético ou uma doença. Eles adoeceram do nosso sangue mas a doença tomou formas diversas sintomas opostos. Primeiro precisaríamos dizer que os nossos filhos uma vez nascidos cresceram. Em rasgos sem ordem nem sensatez. De maneira diversa e paralela como duas asas do mesmo inseto duas asas destinadas a voos contrários. Uma ancorada em um peso enorme distendida em direção ao solo porque o seu destino era sujar-se de frutos flores pele humana. A outra atraída por uma luz opaca e visível apenas para ela se distendeu com esforço na direção do céu onde lhe fora prometida a paz. Nós somos o corpo invertebrado que ainda os une. Nós os criamos como dois selvagens tentando

Primeira parte

transmitir a eles paixão e ardor. O que nos preocupava era apenas isso que tivessem paixão e ardor. Permitimos que seus vícios se espalhassem em todas as direções crescessem e se aguçassem sem opor nenhum atrito. Observamos os nossos filhos se perder cair levantar de novo exaustos sem opor a eles freios limites condições. Não acreditamos ter errado. Falamos a eles de liberdade.

Hoje fizemos as compras duas vezes. A primeira vez saímos no início da tarde logo após o almoço em busca de alguma coisa para o jantar. Hoje fizemos as compras duas vezes. Estavam faltando leite e manteiga pão e peixe. Saímos no início da tarde logo após o almoço em busca de alguma coisa para o jantar. Assim que voltamos para casa percebemos ter esquecido a farinha para o pão e depois de umas duas horas saímos outra vez. Gorane disse não vou junto. Nós a deixamos cochilando no sofá capturada por estranhos pesadelos. O seu corpo tornado frágil se abandonava a rápidos espasmos e Gorane abria os olhos por um segundo ou dois. Queríamos adivinhar os seus sonhos saber se éramos ou não personagens da cena. Gorane é uma fortaleza. Tornou-se isso debaixo dos nossos olhos sem que nos déssemos conta. Teria sido mais fácil de longe encontrá-la de vez em quando e observá-la. A sua macroscópica metamorfose. Mas a mudança leve e diária parece invisível a quem um dia descobre com surpresa que a flor murchou. Se estivesse mais distante poderíamos vê-la se fechar nos odiar. Gorane fez de tudo para fugir de nós. Nos sonhos por exemplo como hoje. Queríamos ver com os olhos vítreos de Gorane com o seu olhar que parece vir de trás de um aquário vazio. Ficamos fora poucos minutos e quando voltamos Gorane estava preparando o jantar. Hoje fizemos as compras duas vezes. Dissemos a ela que nós cozinharíamos mas ela não quis ouvir. Permaneceu apoiada no fogão vermelha de raiva como se a tivéssemos ofendido. Jokin não estava não está quase nunca em casa mesmo assim é o filho mais próximo de nós. Jokin nos seguiu como um discípulo que às vezes se esquece de comer ou se alimenta de comida podre estragada. Toda semana comprávamos um pacote de seringas novas e o repúnhamos na gaveta do seu quarto. Sabíamos da heroína não queríamos que ficasse doente. A heroína era a sua forma de liberdade mesmo que muitas vezes fosse usada pelo regime como arma para acalmar os ânimos exaltados demais. Mas Jokin não estava sedado lutava. Fingíamos não saber de nada. Comemos frugalmente. Esperamos que nosso filho se juntasse a nós a um certo momento para nos contar o seu dia. Não escondemos que muitas vezes tínhamos medo por ele. Um desejo assim tão intenso pensávamos em silêncio pode conduzir à morte violenta no melhor dos casos à fuga. Gorane comeu o seu peixe sem falar nós a vimos somente fitar atônita a janela como se atrás dos vidros tivesse aparecido uma extraordinária visão. Gorane parou de mastigar e cuspiu os restos da merluza no prato nós subimos para o quarto para fechar a janela porque logo começaria a chover. Quando descemos foi ela quem nos convidou para dançar. Não sabíamos o que havia para festejar. Nossa filha estava eufórica chorava. Depois saiu para o jardim e nós continuamos dançando sozinhos.

Quando tinham cinco anos eram dois pestinhas. Queriam tudo mesmo que as formas de seu desejo fossem também elas divergentes. Nós contávamos histórias para eles Gorane parecia mais receptiva Jokin recebia tudo mas nada parecia deixar marcas na sua alma. Nossa filha mais desconfiada filtrava todas as informações e as devolvias modificadas cheias de nuances inéditas ausentes no original. Jokin não era capaz de transformar nada. Por outro lado, sua curiosidade era com o mundo. Atirava-se sobre as coisas com extrema fome tanto que nada parecia assustá-lo tanto quanto a ausência de estímulos de desafios. Sua curiosidade era com o mundo. Nós o levávamos conosco por toda parte ele tocava tudo como se a cada pequeno contato pudesse originar-se o seu universo de outro modo vazio e imóvel. Batia os dedos no mundo aprendendo com o rumor do seu toque ainda frágil mas já desenfreado. A capacidade transformativa de Gorane a levava a modificar a seu bel-prazer histórias simples que contávamos a ela ou a alterar imagens de revistas transformando um rosto masculino em um focinho de animal ou em um edifício de seis andares. Parecia se chocar violentamente com tudo aquilo que o universo lhe oferecia. Limitava então as suas oportunidades de encontrar outras pessoas as coisas que poderiam agradá-la ou feri-la para se tornar motivo de sua fervilhante imaginação. Tentava na solidão construir a própria redoma e quanto mais nós assustados tentávamos empurrá-la para o mundo mais ela hostil reforçava a cortina da sua gaiola invisível. Exercemos mais força sobre ela. Sobre ela exercemos uma certa pressão. O ardor parecia se apagar assim que penetrava sua figura de água incapaz de acolher uma chama que não fosse aquela da sua louca visão. Os ideais se desintegravam chocando-se com sua peneira demasiado fina. Os ideais não passavam. Ficavam fora da sua pele. Mas não queríamos doutriná-la isso não. Quando tinham cinco anos eles se amavam loucamente. Diversas eram as expressões do seu amor mas idênticas em qualidade e poder de doação. Quando tinha uns cinco anos eles se amavam loucamente. Entrelaçavam-se como duas cobras uma devorava a cauda da outra que era por sua vez devorada. Nós assistíamos ao espetáculo expondo-os à luta. Não se tratava de uma educação propriamente dita nunca ousaríamos transmitir a eles

O emaranhado

o nosso credo sob forma de ensinamento. Tratava-se em vez disso de uma exposição passiva e prolongada à nossa vida aos nossos modos de passar o tempo às razões que nos impeliam todos os dias a nos reunir com os nossos companheiros para libertar o país. Uma lenta administração de medicamento uma lenta administração de veneno. A violência não nos assustava e não porque éramos desprovidos de moral. A nossa moral tinha sobretudo uma grandeza diferente e mais amplos horizontes. A nossa visão por muitos ofuscada era orientada somente para os maiores e mais distintos objetivos como se nos colocássemos em uma altura superior que nos permitia observar o panorama divisando fisionomias para outros imperceptíveis. Podíamos ver a partir de uma tal altura o ponto em que acabava um continente e começava outro lá onde os nossos inimigos percebiam somente o verde da grama o alvoroço de uma formiga. À minúscula visão deles nós opúnhamos a nossa violência de visão ampla. A violência não nos assustava. Ao contrário, ela era o meio eleito pelo nosso desejo. Jokin e Gorane começaram a assistir às nossas reuniões tão logo nasceram. Nós os levávamos conosco por toda parte na esperança de que nossas palavras fossem esculpidas passivamente em algum lugar de suas almas. Não foi assim. Foi assim. Assim foi de forma incompleta poderíamos dizer dividida. Jokin bebeu tanto da nossa fonte que foi inundado por ela. Gorane opôs a sua recusa e morreu de sede.

Hoje nos levantamos tarde. Gorane ocupou-se no jardim a noite toda nosso filho não voltou. Em certo momento nos pareceu tê-la visto na janela o seu rosto desmanchado à procura de algo. Em questão de poucos segundos nos levantamos para nos assegurar de que era ela abrimos a janela e havia apenas uma escada vazia sob a chuva. Voltamos a dormir. Estamos cansados. Deveríamos dizer que tentamos dormir porque Gorane continuou a nos atormentar toda a noite. Nós a ouvimos caminhar pela casa a nossa louca besta faminta. Estamos cansados decidimos não dizer nada não fazer nada. Esperamos que ela fosse logo dormir desabasse exausta em algum canto. Não sabemos o que significa ser nossa filha. Podemos intuir a existência de Jokin compreender a sua inquietude e a sua ânsia. Sobre Gorane não temos ideia. Nenhuma ideia dela como se não fosse sequer humana. Às vezes se detém nas coisas de um modo tão intenso e vazio como se estivesse procurando o ponto de separação delas. Não sabemos se é indício de vivacidade ou de total desorientação. A sua consistência é semelhante à dos crustáceos aquática rígida mas também mole terrestre. Nossa filha é um anfíbio ou um caranguejo. Move-se para trás em direção às suas raízes ao mesmo tempo que volta ao princípio parece querer destruí-lo. Somos nós o seu princípio. Como dissemos Gorane nos odeia. Nós fingimos que ela nos ama. Não queremos que ela perceba que sofremos por causa disso continuamos a nos comportar como se não fosse nada. Parece magoada com isso. Parece ao mesmo tempo aliviada com isso. Sofremos sem remédio. Isso não deveria nos dizer respeito. Jokin ficou fora o dia inteiro voltou depois do jantar exausto. Parecia ter percorrido quilômetros e quilômetros com os fones nos ouvidos. Parecia ter viajado para outro país com os fones nos ouvidos. Meteu-se no quarto sem sequer nos cumprimentar Gorane estava feliz e infeliz ao mesmo tempo. Feliz por vê-lo. Infeliz por não ser vista. Nós permitimos que Jokin se fechasse no quarto sem cumprimentar e que Gorane zanzasse inquieta pela casa. Preocupamo-nos com eles mas nos preocupamos principalmente que consigam se virar na vida. Não queremos para eles nenhuma gaiola. Gorane um dia nos disse a liberdade é uma gaiola saibam disso.

O emaranhado

Eles acordaram de ótimo humor cada um perdido em seu canto escuro. Mais que de ótimo humor poderíamos dizer vivos excitados. Nós estamos cada vez mais cansados mas vê-los assim nos dá alegria. Talvez pudéssemos roubar deles um pouco de energia um pouco de existência. Ontem à noite permitimos que Jokin se trancasse no quarto sem cumprimentar que Gorane zanzasse inquieta pela casa. Não quisemos para eles nenhuma gaiola. Convivemos como se tivéssemos nos conhecido há pouco tempo não quisemos para eles nenhuma gaiola. O nosso desejo era o de não exercer nenhum poder sobre eles mas às vezes pode ter acontecido. Antes de eles nascerem havíamos nos dito esses filhos não são os nossos filhos. Nós os amaremos mas como se fossem de outros algo que nunca nos pertenceu que nunca geramos. É tão difícil permitir a quem se ama de se fazer mal dar-lhe a oportunidade de se destruir odiar você morrer. Havíamos dito a nós mesmos suportaremos enxergaremos além dessas dores cotidianas. Havíamos definido o que deveríamos ser. Um mestre inconsciente e mudo. Um guia silencioso uma ou outra palavra de vez em quando nunca sob forma de pedido ou imposição. Uma vez nascidos dissemos aos nossos filhos vocês são a nossa vida. Eles acordaram de ótimo humor cada um perdido em seu canto escuro. Não estaríamos ali para ajudá-los a resolver os seus problemas reprová-los dar-lhes conselhos. Não explicaríamos nada a eles olhariam para nós como para uma presença alheia que de vez em quando deixa marcas no chão ou no céu. Talvez tenhamos pisado demais sobre o chão traçado uma única espessa linha no céu. Deveríamos ter sido mais sutis e invisíveis traçar mais linhas manifestar a nossa presença em doses mínimas esporádicas. As coisas se transmitem de geração em geração também sem a vontade. Para nós também foi assim herdamos muitas dores sem termos consciência disso e as carregamos nas costas

Primeira parte

durante toda a vida pesavam sobre os nossos pais sobre os pais dos nossos pais assim como sobre as nossas costas em igual medida. Às vezes achamos que serão Gorane e Jokin os que libertarão a nossa linhagem daquele primeiro sofrimento infinito. Nós nos convencíamos de que não tínhamos nenhum desejo de doutrinação. Não podemos dizer que conseguimos o nosso intento em vez disso podemos dizer que fracassamos que fracassamos além disso de forma ardilosa. Não podíamos permitir que Gorane e Jokin não se importassem em nada com o nosso mundo. Não queríamos para eles nenhuma gaiola. Queríamos deixar ao menos aquela marca saber que levariam adiante a nossa bandeira a nossa voz. Não para nós mas para algo acima de nós também para nós mas para algo acima de nós. Tínhamos uma língua para salvar uma questão de identidade não podia ser que para os nossos filhos isso não importasse. Fizemos isso principalmente por algo acima de nós mas também por nós também por nós. Talvez tenhamos pisado demais sobre o chão traçado uma única espessa linha no céu. Deveríamos ter sido mais sutis e invisíveis traçar mais linhas. Para nós o céu tinha uma só língua a nossa língua o basco. Deveríamos ter traçado mais linhas libertado outras partes do céu.

Nós nos conhecemos durante uma manifestação em 1965 e não nos largamos mais. Tínhamos dezoito anos. Onde quer que fôssemos estávamos juntos podíamos até nos perder tentar trair permanecíamos juntos. Conhecemos o amor. Aos quatro anos Gorane disse cadeia é a minha palavra favorita. Katean nós dissemos. Gosto do seu som parece uma palavra boa disse fingiu não nos ouvir continuou repetindo a palavra em espanhol ficou toda vermelha quase gritava. Katean Katean dissemos soletramos as palavras como se estivéssemos falando com uma surda era nossa filha era surda.

O emaranhado

Continuou a repetir cadeia em espanhol ficou toda vermelha quase gritava. Gorane não era surda fazia de propósito fazia a surda de propósito. Soletramos Katean Katean como se estivéssemos falando com uma surda era nossa filha era surda. Quando disse Katean sussurrou estava toda vermelha chorava era um choro de raiva. Repetiu Katean muitas vezes dava medo. Parecia furiosa mas sussurrava. Então nos disse vocês são iguais são como todos. Queríamos que também a relação com os nossos filhos fosse como o nosso amor algumas alegrias ocorrem apenas uma vez na vida depois acaba mais nada. Não conseguimos apertamos demais afrouxamos demais. Não soubemos governar o corcel. Então nossa filha disse vocês são iguais são como todos.

Hoje caminhamos por Arrautza as pessoas lutavam para abrir espaço andavam pela rua a multidão vinha para cima de nós. Corremos até o risco de ser atropelados por um carro ninguém parece nos ver mas nós vemos tudo. Esta cidade é oval expande-se e se contrai ao que parece. Esta cidade é como um som ao que parece. Corremos até o risco de ser atropelados por um carro ninguém parece nos ver mas nós vemos tudo. Tentamos cumprimentar ninguém abanou a mão para nós. Continuamos a caminhar para conhecer a cidade em que habitamos havia um parque entramos não havia placas vagamos um pouco falando de coisas desimportantes havia um pequeno lago pegamos o caminho para o lago nos sentamos falamos de coisas desimportantes o que faremos amanhã quando será a próxima reunião falamos também de coisas importantes da nossa prisão por exemplo de como nos prenderam. Elaboramos hipóteses sobre algum nome tentamos adivinhar um traidor mesmo que nos importe encontrar um traidor o importante é que sobrevivemos. Dissemos Javier Koldo Imanol. Dissemos Agurne Lore

Primeira parte

Olatz. Recordamos as pancadas estão aqui no corpo. Não podem ir embora queremos que fiquem como testemunha precisaríamos de um fotógrafo mas não existem fotógrafos aqui. Aqui não sabemos a profissão de ninguém ninguém fala conosco. Ficamos na beira do lago até quase a noite em algum momento antes que escurecesse e esfriasse tiramos os sapatos mergulhamos os pés no laguinho. Estava gelado. Nós nos lembramos da nossa casa a nossa casa às vezes era gelada. Dissemos Agurne Lore Olatz. Dissemos Javier Koldo Imanol. Levantamo-nos e tomamos lentamente o caminho de volta não reconhecíamos nada tudo parecia mudado como a nossa vida pensamos em silêncio quanto mais tentamos voltar atrás com a memória mais o caminho está mudado uma ponte desabou o caminho coberto de mato abriram uma nova trilha sem indicações sem transeuntes. Não há ninguém a quem perguntar. Também Arrautza aquela hora no parque estava deserta não sabemos como encontramos o caminho de volta como saímos do parque. Em um determinado momento estávamos fora as pessoas recomeçavam a caminhar a esbarrar em nós tudo tinha voltado a ser como antes não sabemos como se chama aquele parque. Nesse lugar não existem indicações nem sequer nos lembramos de como ficamos sabendo que este lugar se chama Arrautza. Se nós lemos ou alguém nos comunicou. Esta cidade é oval se expande e se contrai ao que parece. Cumprimentamos de novo para fazer uma tentativa. Os outros não tinham um aspecto maldoso incomodado hostil. Nós nos dissemos talvez eles estejam fazendo também eles também estão tentando nos cumprimentar e nos dizer alguma coisa mas nós não vemos há essa imensa solidão de pessoas que caminham próximas cumprimentam-se não se veem talvez sejamos nós que vamos para cima da multidão somos nós que não respondemos ao cumprimento não é a multidão talvez sejamos nós. Nós nos sentamos em um café

O emaranhado

pedimos água com uma fatia de limão como fazíamos com os nossos filhos com a casca do limão e que esteja azedo nós dissemos. Avançamos sobre os copos havia muito gelo parece ser um costume do lugar fazia mal aos dentes todo aquele frio na boca em toda parte. Fechamos os olhos saboreamos nos lembramos da nossa casa a nossa casa às vezes era gelada.

Alguém fala a nosso respeito mas não reconhecemos essa voz. Nós a ouvimos invadir a atmosfera a cada dia a sua presença não nos consola. Sabemos que nunca seremos esquecidos. Sabemos que seremos lembrados só em parte. A voz muda de timbre talvez sejam mais vozes. Não fala conosco mas fala de nós. Conta a nossa história como um acontecimento trágico e distante. Nessa voz que é um emaranhado de outras vozes reconhecemos às vezes a voz de Gorane outras vezes a de Jokin. Existem ainda vozes amigas mas submergem o resto é a soma de timbres desconhecidos que se fundem em um tom lúcido mecânico. Alguém fala a nosso respeito mas não reconhecemos essa voz. É como se tivéssemos tomado posse dos pensamentos de outros sobre nós. Perdemos a nossa história mas nos apropriamos da história que os outros inventaram sobre a nossa vida. É uma vida que não reconhecemos ou em que reconhecemos apenas indícios como em um filme gravado ao contrário e montado pelas mãos hesitantes de um cego. É uma vida plana sem perspectiva é um relato impiedoso sobre aquilo que fizemos. É uma narrativa sufocada. Objetiva e inclemente. Os nossos erros são elencados um após outro como se cada um fosse passar pela lâmina de uma guilhotina. Somos o que fizemos friamente sem desculpas. Estamos diante de um tribunal. Fomos injustos e egoístas fomos péssimos pais. Não demos instrumentos aos nossos filhos mas apenas espaço livre para errar. Não ajudamos o nosso país mas aprofundamos a sua

Primeira parte

ferida. Fomos perigosos e mortais para quem nos foi próximo. O amor não serviu para nada.

Jokin continua calado Gorane às vezes fala conosco diz que deveríamos ir embora e deixá-la em paz. Tentamos explicar a ela que não é possível mudamos de assunto tentamos saber como ela vai no trabalho achamos que não trabalha mais. O seu corpo ocupa cada vez menos espaço muda de forma Gorane está em vias de desaparecimento constante ela nega. Nas poucas vezes que fala conosco é só para nos mandar embora ela diz agora sumam. Nós obedecemos mas a ouvimos nos chamar a voz é fraca ainda temos bons ouvidos às vezes corremos assim que ela nos olha outras vezes ela diz agora sumam. Jokin parou de ver os seus amigos não temos ideia do que ele faz o dia inteiro no seu quarto fechado não podemos entrar aconteceu só uma vez muitos anos atrás. Muitos anos atrás ou talvez tenha sido ontem ele não fechou com chave e nós abrimos a porta aconteceu só uma vez muitos anos atrás quem vai saber talvez tenha sido ontem. Então Jokin perdeu a cabeça gritou pensou que ficaríamos com raiva pensou que nós o puniríamos porque se drogava. Fingimos não ter percebido nada aquele dia não lhe fizemos perguntas voltamos para o quarto e choramos. Fingimos não ter percebido nada aquele dia não lhe fizemos perguntas voltamos para o quarto e choramos parece que faz muitos anos parece que foi ontem. O que podia nos importar estava livre. A heroína foi um momento nós enxergamos mal apenas suposição nosso filho era vivaz estava sempre à frente nas manifestações não era um drogado. Repetíamos a nós mesmos no conservatório eles perceberiam mas nunca nos disseram nada a respeito e isso nos tranquilizava. Não sabemos se fomos bons pais ou se erramos não sabemos quem é que estabelece isso como saber se fomos bons pais ou se erramos.

O emaranhado

No conservatório diziam que era singular arrogante e tantos outros adjetivos. Diziam que ele não falava. Nós ficávamos felizes pelo fato de que o nosso filho de alguma maneira se distinguia representava um problema para o conservatório um elemento como diziam eles singular fechado cheio de raiva nós pensávamos está certo ficar cheio de raiva é saudável. Olhávamos para nosso filho como para um protesto mas era contra nós contra nós. Sempre fomos mais preocupados com Gorane nos dava mais medo. Sozinha com seus papéis a sua cabeça cheia de imagens sem pé nem cabeça a sua solidão nos dava mais medo do que a droga nos parecia mais radical uma solidão ainda mais oca. Costumávamos dizer um ao outro que não tínhamos tempo para pensar no que fazia nosso filho no quarto nós o levávamos junto às reuniões às manifestações ele vinha era possível notar algumas tiradas brilhantes mas principalmente porque tocava. Jokin inventava ritmos para o nosso protesto mas agora sabemos estava contra nós contra nós. Gorane era sem ritmo não havia nenhuma música nela ou nós não conseguíamos ouvir. Não entendíamos nada sobre ela era uma língua estrangeira. Às vezes nos perguntávamos nós a parimos talvez seja de outra pessoa nos envergonhávamos de pensar uma coisa assim tremenda mas não nos parecia filha nossa porque não entendíamos. Aos sete anos começou a vomitar depois de cada refeição vomitava pensávamos que tinha uma doença grave em vez disso era o leite. Um problema de nada que nos feria feito uma recusa. Uma época Gorane estava transparente mas então era pequena demais. Pensávamos todas as crianças são assim talvez à força de crescer elas se tornem translúcidas opacas e enfim negras. Talvez seja um caminho para a impenetrabilidade para uma total ausência de visão. Gorane ficou opaca se nos espelhamos nela ficamos deformados monstruosos. Perguntamo-nos se é isso que ela acha de nós por isso nos

Primeira parte 173

odeia é por isso que Gorane nos odeia. Perguntamo-nos se é isso que ela acha de nós se é isso que odeia.

Ouvimos um barulho nos debruçamos na janela não era nada. Talvez fosse Jokin tocando nós dissemos não pode ser nenhum dos nossos. Alguém nos traiu não temos ideia de quem possa ter sido éramos como irmãos. Esse pensamento ainda nos faz sofrer. Não é possível superar uma traição parece que não passará jamais. Ouvimos um barulho nos debruçamos na janela não era nada. Fingimos passamos toda a nossa vida fingindo que não era nada. Não é possível superar uma traição parece que não passará jamais. Com muito custo nos lembramos daquele dia existe apenas dor e um certo medo no quarto em que moramos aqui em Arrautza. Arrautza se expande e se contrai ao que parece. Arrautza é como um som ao que parece. Hoje Gorane saiu para fazer as compras Jokin ainda está fechado no seu quarto. Tentamos bater tentamos abrir a porta não abre. Poderia ter saído pela janela as nossas janelas com frequência ficam abertas mesmo se chove nos esquecemos de fechá-las às vezes deixamos que entrem as gotas e estraguem o piso. Nunca fomos apegados às coisas materiais. Jokin pode ter fugido. Hoje Gorane saiu para fazer as compras Jokin ainda está fechado no seu quarto. Nunca fomos apegados às coisas materiais. Acostumamos os nossos filhos a perder alguma coisa todos os dias um lápis um soldadinho a espuma de enrolar o cabelo. Escondíamos tudo mesmo que isso os fizesse chorar. Quando pequenos recebiam presentes do mar presentes que mais cedo ou mais tarde perderiam ou trocariam destruiriam jogariam fora. Tentamos acostumar suas almas a contínuas separações a mudanças repentinas e violentas de modo que estivessem preparados na vida. Preparados para perder antes de tudo a nós. Preparados para se perder. Era um jogo doloroso um exercício de esforço

O emaranhado

uma espécie de jejum. Era assim também para nós também para nós que infligíamos essas dores. Não serviu para nada talvez tenha produzido o efeito contrário. Não demos nada mais do que terras arrasadas e subtrações aos nossos filhos e terras arrasadas e subtrações continuaram a procurar por toda a vida longe de nós. Foi culpa nossa do frágil terreno. Pensávamos as ideias são importantes elas não mudam você as leva para todo lugar são uma casa. Deveríamos ter pensado é importante o pão o domingo no parque alguma proibição de vez em quando regras a serem descumpridas. Deveríamos ter pensado é importante o amigo da escola a avó as tarefas de casa bem-feitas o futebolzinho ver o céu. Não demos a eles nem terra nem regras mas um sistema bom dentro do qual pensar. Gorane chamava isso de a cela ela dizia a cela não tem céu saibam disso.

A voz repete vinte de dezembro de 1973. Nós apertamos os olhos sem que seja necessário. Vinte de dezembro de 1973 morre Luis Carrero Blanco primeiro-ministro ditador designado em vinte de dezembro o carro salta trinta metros pelos ares 1973 pula sobre um prédio inteiro cai em pedaços em um pátio interno vinte de dezembro de 1973 incrédulos observamos a potência da explosão o carro estilhaçar-se no ar como um brinquedinho de vidro. Vinte de dezembro de 1973 dia da morte de Luis Carrero Blanco do seu motorista e do agente de segurança vinte de dezembro carro detonado pelos ares algo nunca visto quase sagrado. O ponto mais alto alcançado por um ministro dizíamos. Dava vontade de rir ríamos. Nós temos vinte e seis anos. Uma vida inteira cavando aquele túnel debaixo da estrada para enchê lo de explosivo e matar Luis Carrero Blanco. Nascemos para ser livres por meio daquela morte nascemos para o vinte de dezembro de 1973. A palavra liberdade está em nossa boca

Primeira parte

como um automatismo uma frase de circunstância como o nosso nome. Recordaremos para sempre o vinte de dezembro de 1973 esse pensamento não abandonará nunca a nossa alma. Não irá embora como as outras recordações não será comida pelos habitantes de Arrautza ninguém poderá subtraí-la de nós nos impedir de recordar hoje e sempre. Todos temos direito a isso. Fizemos isso dizemos em voz alta olhando-nos nos olhos estamos no jardim o sol é opaco os nossos filhos não nos veem talvez estejam dormindo talvez não estejam em casa. Nós fizemos isso a Carrero Blanco repetimos fizemos isso a ele ao seu carro e à Espanha. A Espanha irá se lembrar disso mas principalmente nós nos lembraremos do que fizemos a Luis Carrero Blanco à ditadura à Espanha. Também a família de Luis Carrero Blanco se lembrará disso também Francisco Franco se lembrará disso se lembrarão disso todos os espanhóis e os bascos. Colocamos uma das mãos sobre o coração o batimento é frágil ou talvez não bate fechamos os olhos repetimos fizemos isso continuamos a fazê-lo. Não bate também hoje é vinte de dezembro de 1973 lutamos contra Luis Carrero Blanco contra a Espanha vencemos. Lutamos contra a Espanha não bate vencemos.

Havia um tempo em que Jokin nem ligava para a música. A música era um dos tantos estímulos que passavam debaixo do seu nariz um objeto que ele mexia por alguns segundos para depois jogar fora longe. Tinha esse jeito de deixar o mundo para lá de arremessar o mundo para longe de si depois de tê-lo experimentado. Demos a ele a sua primeira bateria numa sexta-feira de feriado. Ele e Gorane se perseguiam pela casa tentando roubar uma lagartixa morta um do outro. Jokin passava ao lado da bateria olhando para ela com uma indiferença que nos assustava e ao mesmo tempo chamava a nossa atenção para ele. Uma precoce forma de sabedoria de

O emaranhado

maturidade serena assim nos parecia. Continuava a perseguir sua irmã e a lagartixa morta. Não estava interessado no instrumento que marcaria a sua vida poucos meses depois. No início Jokin não ligava nada para a música até começar a bater. Batia na sua irmã batia nos amigos batia também em nós. Não sabia nada de música em compensação batia forte sem chorar sem gritar não dizia nada era o seu jeito de sofrer. Logo a bateria se tornou sua razão de viver um substituto inerte da nossa carne da nossa pele. Tinha um sentido de ritmo inato uma coordenação excepcional para uma criança da sua idade. Avançava decidido sobre o instrumento como se a cada batida quisesse mergulhar para encontrar uma nova dimensão mais adequada para ele. Reemergia exausto e recomeçava com o mesmo ímpeto a mesma fome. O que me impressiona principalmente são as suas simetrias o maestro de música tinha dito depois do primeiro encontro. Parece que o rapaz nunca fez outra coisa na vida. Parece que mexe os braços desenhando no ar raios de círculos invisíveis entrelaçados numa figura tridimensional que cresce. Para nós era como se nosso filho se esvaísse enquanto tocava nos parecia esvaziado de todas as características que a vida havia imprimido em sua figura em seu rosto. Parecia que ele migrava para um outro país. Pensávamos que graças à música Jokin seria feliz. Toda semana comprávamos um pacote de seringas novas e o repúnhamos na gaveta do seu quarto. Rezávamos para encontrá-lo na semana seguinte na mesma posição ainda fechado. Arze aparecia em nossa casa todas as segundas às vezes ficava também para comer mordiscava alguma coisa a contragosto não parava de olhar nosso filho. Gorane odiava também ele plantava os olhos fixos no prato quando Arze ficava para o almoço ou o encarava procurando de algum modo deixá-lo em frangalhos. Mas Arze já estava em frangalhos. Arze mal se aguentava em pé. Gorane encarava Arze

Arze encarava Jokin Jokin não olhava para ninguém. Nós sabíamos quem era Arze sabíamos o que vinha fazer em nossa casa toda segunda sabíamos por que com só vinte e dois anos era um rapaz em frangalhos. Não conseguimos fazer nada por eles não conseguimos freá-los não conseguimos impedir Arze de entrar e vender o bagulho a Jokin drogar Jokin. Pensávamos que graças à música Jokin seria feliz. Foi culpa nossa do frágil terreno.

Hoje a luz está violácea parece que o mundo está para acabar. Lemos um livro sobre Arrautza um livro fino encontrado em um banquinho deserto a poucos quilômetros de casa. Não nos lembramos de nada mas sentimos uma sensação agradável com essa leitura. Ao mesmo tempo nos sentimos transtornados como se na nossa cabeça tivesse se alastrado um enorme espaço vazio. Ficamos sentados no banquinho observando os passantes desavisados. Olham para um ponto fixo no espaço avançam inertes sobre pequenos trilhos que cruzam seus olhos e se perdem no ar. Não sabemos como fazem para nunca se esbarrarem achamos que seria bom para eles. Esbarrar-se. Por isso nos plantamos no meio da rua tentando interromper seus trajetos. Por isso nos plantamos no meio da rua tentando impedir seus trajetos. Não conseguimos interceptar nenhum deles ninguém nos tocou. Sentimos às vezes uma brisa sobre a pele à passagem deles mas nenhum contato real. Demos uma passeada recolhemos algumas flores a luz violácea não resolvia se esvanecer. Nós nos afastamos de casa para não sobrecarregar os nossos filhos sentimos que a nossa presença é insuportável para eles. Jokin não está tocando não faz barulho. Temos medo de abrir a porta e encontrá-lo morto na cama o ventilador na cara a agulha no braço. Nós nos afastamos de casa porque temos medo de abrir a porta e encontrá-lo morto na cama o ventilador na cara a agulha no braço. A cor violeta de Arrautza nos fere nos deslumbra. Por que a cor violeta nos assusta tanto o que nos faz lembrar. Ontem entraram em casa três pessoas justificaram suas presenças com um título que não recordamos. Começaram a nos maquiar queriam que os nossos hematomas desaparecessem. Dissemos a eles para parar para não fazer aquilo. Não nos escutaram. Não sentíamos a sua pele. Sentíamos o toque dos pincéis a suavidade das luvas. Gorane entrou no quarto e começou a olhar a cena de longe imóvel. Talvez tenha sido ontem. Nós tentamos sair mandá-los embora mas não conseguíamos nos mover estávamos como dominados. Estávamos hipnotizados drogados. Após os primeiros momentos o incômodo da maquiagem na pele começou a ficar cada vez mais agradável como se estivessem nos injetando um sedativo o toque dos pincéis começou a parecer uma carícia o perfume artificial dos produtos começou a nos parecer bom mais respirável. O roxo dos hematomas desaparecia debaixo do branco do pó. Tudo começou a nos agradar talvez tenhamos sorrido. Então Gorane disse agora vocês são iguais são como todos.

Ninguém limpava na nossa casa havia bagunça por todo lado bitucas de cigarro em toda parte lixo apodrecendo por semanas. As roupas sujas podiam ficar no cesto por meses até que o cheiro rançoso impregnava no tecido. Gostávamos de cozinhar mas não gostávamos de arrumar tudo no lugar nem limpar e não gostávamos sequer que a cozinha brilhasse não gostávamos de ordem. Quando vovó Leire vinha à nossa casa dizia acho que estou ficando louca vocês são duas crianças. Dizia-nos como vocês acham que vão criar os seus filhos. Nós a apertávamos com força a abraçávamos enchendo-a de beijos dizíamos que a única coisa era o amor. Às vezes se deixava enternecer repetia loucas loucas crianças

Primeira parte

às vezes parecia comovida parecia segurar as lágrimas. Então se punha a limpar a casa limpava durante horas. Foi ela quem ensinou Gorane a se virar com os afazeres a passar o aspirador a organizar as esponjas conforme as superfícies a serem esfregadas. Nós demos outra coisa aos nossos filhos. Esse tipo de coisa não nos parecia importante. Gorane tinha quinze anos quando começou a espalhar suas caixinhas de plástico por toda parte. Ela as colocava no banheiro na cozinha no depósito dentro de cada caixa havia uma esponja de cor diferente esta é para os pratos esta é para a pia do banheiro esta é para o chuveiro esta é para o balcão e a mesa da cozinha. Essas esponjas vocês não devem tocá-las dizia. Essas esponjas são coisa minha. Vocês não devem abrir essas caixas repetia e principalmente não devem misturar as esponjas. As esponjas precisam ficar separadas cada uma tem a sua casa vocês não podem abrir a casa. Toda quinta ao chegar da escola Gorane enfiava as luvas e fazia faxina às vezes faltava até às nossas reuniões para limpar nós tentávamos insistir mas era inútil. Ela dizia que era mais importante que a casa estivesse em ordem que a luta podia esperar. Sentíamos vergonha por ela quando falava assim pensávamos lava essa boca. Quando voltávamos era comum que ela estivesse estendida no sofá as mãos vermelhas e irritadas pelos produtos químicos o rosto relaxado de modo não natural. Não me toquem dizia quando tentávamos nos aproximar ainda estou suja. Eu me sujei da nossa nojeira dizia nos próximos dias será preciso prestar mais atenção. Nem nos perguntava sobre o que tínhamos discutido não lhe importava nada do seu país. Encarava-nos direto nos olhos como se quisesse nos desafiar ou nos censurar por todo o tempo que ela tinha gastado para consertar as nossas falhas como pais. Encarava-nos e ficava quieta nós lhe dizíamos agora sossega lava essa boca.

O emaranhado

Hoje tem sol como daquela vez em Barcelona daquela vez que fomos felizes. Gorane corria mais do que Jokin na praia de Bogatell distanciavam-se de nós girando no ar como dois insetos. Havia vento sol e a luz estava opaca naquele dia. Não parecia que estávamos em Barcelona mas dentro de uma foto tirada por um desconhecido cuja intenção era capturar em uma foto toda a nossa vida. Éramos então uma família. Na foto Gorane corre mas tem o rosto voltado para trás para o irmão porque nenhuma corrida jamais teria sentido sem ele. Grita vem comigo Jokin não fique para trás. Sacrifica por ele a sua corrida em direção ao mar. Na foto Jokin agora está parado a cabeça inclinada para a areia revolvida pelas suas pegadas ou pelas pegadas de um outro qualquer. Veste calças curtas e um moletom com capuz porque é outono ainda que haja sol é outono. Nós somos na foto apenas duas sombras é isso que se vê apenas duas figuras que se alongam escuras pela areia. Pensamos que esse foi o nosso papel que esse era o nosso lugar na praia. Quando chegam à margem, atracam-se feito dois amantes.

Eles continuam comendo devoram os dias. Não sabemos como nos opor a esta farra. Comem os nossos melhores anos nos deixam lembranças tristes detalhes desconexos. Os habitantes de Arrautza parecem inocentes e cruéis. Não compreendem a dor que se desprende da fome deles. Comem como se precisassem sobreviver com os fragmentos da nossa vida por um tempo demasiado longo eterno. Somos nós quem os estimulamos e nutrimos. Esta subtração permanente não nos torna mais leves ao contrário parece que a cada dia ficamos mais pesados e vazios. Vazio não significa leve nós achamos. Vazio significa sem esperança e só. Vazio significa não sei onde me encontro por que estou aqui o que veio antes de mim de onde provém a minha vida. Agarramo-nos

Primeira parte

181

à nossa memória como a uma jangada perdida na névoa. Construímos segundo após segundo a sua base pregamos um tronco ao outro procuramos uma forma adequada para a nossa arca pedaços de recordações que ainda estejam em condições de se manter na superfície. O primeiro pedaço é o hospital os nossos filhos sujos de sangue o segundo pedaço é um desenho de Gorane de bic azul um desenho onde a nossa família vive de forma ideal esboçada. Gorane tem cinco anos e desenha como uma adolescente. Isso significa que a sua técnica é brilhante o seu olhar maduro a sua infância distante. Isso significa que se tornou grande antes do tempo que voltará a ser pequena quando adulta quando precisar para recuperar aqueles anos perdidos. Nós estamos próximos e temos três braços. Um braço está fundido talvez por um deslize técnico mais provavelmente intencional. Não temos quatro mas três braços. Estamos próximos e parecemos gêmeos siameses atrás nas nossas costas há uma casa dividida em dois. Gorane desenhou os tijolos com uma precisão inútil. A fenda se estende da base até o teto a fenda parece uma espinha dorsal. Parece nos dizer que vivemos sobre escombros. A rachadura é o que nos mantém de pé. Lá estamos nós grudados como gêmeos siameses e atrás a casa cortada em duas partes por uma rachadura altíssima. Não temos quatro mas três braços. Isso significa que a sua técnica é brilhante o seu olhar maduro a sua infância distante. A fenda é um tubo de oxigênio um espaço aberto por onde respirar as duas partes intactas da casa são repletas de tijolos minúsculos amontoados um sobre o outro sem espaço de manobra. Gorane desenhou os tijolos com uma precisão inútil. Não há janelas não há sequer uma porta apenas aquela fenda vertical que corta em dois uma casa repleta de tijolos como um longo pulmão. Não estamos perto e temos três braços e parecemos gêmeos siameses. Gorane e Jokin estão distantes Gorane na

O emaranhado

extrema esquerda da folha está deitada de barriga para baixo e nos desenha e da sua caneta sai o primeiro tijolo apoiado no chão. Gorane então está dentro do desenho mas também fora do desenho em virtude de uma sacada genial para uma menina de cinco anos. Gorane é diretora e atriz vive nesse espaço intermediário como um fantasma existe no espaço entre o seu corpo e as poucas linhas de bic traçadas sobre a folha entre realidade e representação. Pensamos ser artista é habitar esse intervalo espúrio e infeliz. Viver enquanto não se vive não viver enquanto se vive. De Jokin só se veem as pernas correndo e parte do dorso inclinado para a frente. A parte restante parece nos dizer o desenho está no mundo. Está no mundo e por isso não se vê. Jokin corre na direção de uma outra folha foge para alguma parte que não seja aqui. Gorane desenhou os tijolos com uma precisão inútil. O terceiro pedaço é Jokin que foge de casa pela primeira vez. É Gorane quem nos alerta com o seu choro eles têm dezesseis anos e não se gostam mais. Algo fez o afeto afundar e não dá mais para ver. Gorane é complicada agora e Jokin não suporta as estranhezas de Gorane Jokin não suporta mais nada tudo o incomoda. Diz eu quero tocar farei qualquer coisa para tocar. Eu não quero fazer mais nada diz. No conservatório as coisas vão mal porque Jokin não tem disciplina disse o diretor porque Jokin estuda só aquilo que quer e não é capaz de ler a música de escrever a música. Analfabeto dizem. No conservatório as coisas vão mal porque Jokin é um selvagem não sabe ler e não quer aprender quer só tocar mas não está disposto a entrar no jogo dizem. Nós ficamos orgulhosos disso. Ele percebe e não muda não melhora é analfabeto. Jokin ri na cara dos professores quando usam essa expressão entrar no jogo. Jokin e Gorane sabem jogar conhecem todos os jogos mais cruéis eles aprenderam desde pequenos. Entrar no jogo para Jokin equivale a perder já de saída e

Primeira parte

ele sabe perder já de saída aprendeu desde pequeno junto com Gorane. Nós o paramos enquanto sai pelo portão com uma pequena bolsa de lona lhe perguntamos aonde vai. Ele abaixa a cabeça responde vou embora. Gorane sai no jardim de camiseta e calcinha e o enche de chutes. É uma briga de arestas com arestas um encontro de ângulos agudos. Como se os nossos filhos tivessem sido recortados grosseiramente da tela do mundo com talhos violentos e apressados. Tesouras cegas ceifaram suas figuras sem cuidado nos detalhes pensamos entre nós se tratar de apenas uma prova um experimento. Mas não existem provas nem experimentos porque os nossos filhos nasceram e o nascimento não é uma prova nem um experimento. Paramos Jokin enquanto sai pelo portão com uma pequena bolsa de lona lhe perguntamos aonde vai. Ele abaixa a cabeça responde vou embora. Gorane diz a ele você não pensa mais em mim não é mais meu irmão. Gorane diz você é mas não quer mais ser. Nós dizemos para ela parar mas é impossível. Jokin responde é verdade não quero mais ser seu irmão não quero ser irmão de ninguém e não quero essa família quero ser sem família. Quero construir coisas novas diz. Quero ser órfão. Diz também vocês não me servem pesam demais. Gorane diz quer nos deixar sozinhos sem você nós morremos. Jokin abaixa a cabeça e diz vocês me fazem mal pesam demais. O vento forte levanta a camiseta de Gorane Gorane segura a mão de Jokin e a apoia em seu umbigo frio debaixo da camiseta remexida pelo vento. Jokin não opõe resistência mas balança a cabeça como se quisesse recusar uma proposta. Permanecem ali de mãos dadas sobre o umbigo de Gorane sob a camiseta. Então Gorane diz sem você ficamos leves demais levantamos voo e daí morremos.

Soubemos o que é o amor. Nós nos conhecemos durante uma manifestação em 1965 e não nos largamos mais.

O emaranhado

Era em 1965. Dançávamos havia uma canção naquele momento parou de tocar. Experimentamos os primeiros segundos sem fôlego sem saber que voltaria. Então tudo foi veloz como se não houvesse mais tempo. Nós também erramos tudo. Vivemos em uma aceleração contínua mitigada por redemoinhos. Foi um mergulho e então nos arrastou o mar. Gélido tempestuoso cristalino também pleno de luz. Tentamos nos abandonar trair romper o fio. Pensávamos esta dor não é amor. Pensávamos esta dor é a prova disso. Aproximamo-nos de olhos fechados sem ver como indo em direção a um destino. Revelamos o pior de nós o melhor ficamos nus. Deveríamos ter encoberto alguma coisa mascarado. Rasgamos as roupas para ver tudo. Muitas pessoas tentaram se colocar no nosso caminho pelo menos assim nos pareceu. Vimos tudo de nós sob uma luz alegre e cruel. Muitas pessoas se colocaram no nosso caminho éramos nós quem as procurávamos a fim de que rompessem aquela conexão sem fim. Precisávamos de outras mãos de algo fora de nós uma tragédia. Não sabíamos fazer isso sozinhos. Não queríamos escolher aquilo. Não soubemos transformar o que nos havia sido dado. Revelamos o pior de nós o melhor ficamos nus. Nós nos ferimos sem remédio era em 1965. Cada gesto tinha o estatuto de uma lei uma escolha definitiva uma condenação. Fazíamos o exercício de sofrer um na mão da outra para sermos fortes na vida. Nós nos movíamos como em uma sala demasiado cheia tomávamos cuidado mas todas as coisas quando passávamos caíam. Enchemos a sala de ruínas. Renascíamos a cada dia. Nós nos dizíamos está destruída daí renascíamos. As coisas continuariam a cair nos dizíamos não importa. Nós nos acostumaremos ao estrondo à dor dos cacos. Nada nos fez tanto mal quanto aquele amor. Tentamos destruí-lo tentamos até procurar alguém que o fizesse por nós. Uma terceira pessoa um acontecimento extraordinário. Não podíamos jogar o

Primeira parte

tesouro mas podíamos ser roubados. Gritamos ao mundo que queríamos ser roubados. Muitos vieram atraídos pelos nossos gritos. Precisávamos que alguém nos pegasse pela mão e nos arrastasse para fora à força que chegasse a morte para nos aplacar. Qualquer um desde que não nós. Que chegasse qualquer um para nos aplacar. Às vezes pensamos somos irmãos nascidos de uma mesma mãe bastardos em igual medida. Procuramos um na outra a origem comum e perdida. Procurávamos um nome adequado para aquela coisa que nos dominava que não sabíamos chamar de amor. Talvez febre talvez paixão. Éramos um a mãe da outra. Éramos inimigos e irmãos. Conhecemos também a leveza uma leveza sem freios e alegre. Teria sido mais fácil se um de nós morresse. Ensaiamos a separação como com os nossos filhos. Nós nos impusemos períodos regulares de abstinência traições insultos. A nossa proximidade era irremediável. Tentávamos fugir um da outra esperávamos desabasse ainda mais chão sob os nossos pés mas nem mesmo isso era suficiente. O nosso era um equilíbrio real e impossível. Quando nasceram Gorane e Jokin pensamos aí estão chegaram para nos separar. Quando nasceram Gorane e Jokin nós os pusemos entre os nossos corpos de modo que ficassem na distância certa. Dissemos a eles vocês são a nossa vida. Deveríamos ter dito a eles vocês são o que separando-nos nos manterá vivos. Esse papel foi pesado para eles. Usamos os nossos filhos como o terceiro objeto indispensável para o amor. Para não ficarmos muito próximos para não ficarmos distantes à força. Os nossos filhos eram o intervalo perfeito mais do que amantes e continentes. Não bastavam os continentes para nos separar não bastavam os outros pensávamos talvez os filhos nos ensinem. Nunca soubemos balancear a energia que havia nos atingido. Estávamos subjugados raptados por ela. Era em 1965. Aquela força nos causava horror não sabíamos por que havia nos

O emaranhado

escolhido. Éramos ao mesmo tempo gratos por isso. Nossos temperamentos não eram compatíveis não se encaixavam. Muito pelo contrário acendiam-se somando-se. Nós nos perguntávamos ser compatíveis significa apagar-se sedar-se. Nós nos perguntávamos ser compatíveis significa jogar água e arredondar os cantos afiados. Pensávamos talvez seja por esse fogo que se vive. Deveria atingir pessoas mais fortes do que nós mais merecedoras. Tivemos outras relações mas não nos serviram. Conhecemos outras pessoas maravilhosas mas não nos bastaram. Soubemos ser felizes também em outros lugares. Tentamos imaginar muitas vezes um distanciamento definitivo era como dizer adeus ao mundo. Pensamos talvez envelhecendo. Talvez envelhecendo doa menos nos movamos mais cautelosos pelo quarto haja menos coisas deixem de cair. Talvez quando velhos não ouçamos o estrondo que faz uma coisa quando cai. Outras vezes pensamos não tivemos coragem dependemos um da outra somos mutilados somos dois viciados. Gorane e Jokin serviram para não nos separarmos jamais. Somos nós as asas e eles o corpo invertebrado que ainda nos liga. Ainda não entendemos nada da nossa história mas estamos certos de que ela foi um dom. Um dom que muitas vezes pesava como um fardo porque não soubemos como usá-lo. Libertá-lo. Interpretamos mal sua mensagem sua destinação suas regras de uso. Deveríamos tê-lo transformado ignorado fugido para longe. Deveríamos tê-lo feito crescer em um ambiente adequado. Deveríamos ter nos livrado dele. Não sabíamos nada sobre o amor talvez estivesse em outro lugar não quisemos procurar em outro lugar. Era em 1965. Talvez tenhamos nos conformado por isso ainda sofremos nos sentimos sufocados. Havia uma canção naquele momento parou de tocar. Dançamos muito dançamos mal dançamos.

Primeira parte

Hoje encontramos um bilhete na superfície do lago. Nós nos esticamos para pegá-lo mas estava longe demais. Ficamos observando-o ondular sobre a água movido por frágeis correntes. Sabíamos que era uma mensagem para nós mas não conseguimos lê-lo. Dissemos virá o tempo para isso também. Dissemos mais cedo ou mais tarde chegará até a margem. O bilhete não se distanciava de nós não se aproximava de nós. Permanecia a uma distância bastante ampla para não ser alcançado bastante curta para ser visto. Nós nos esforçamos uma segunda uma terceira vez. Faltavam poucos centímetros a água estava calma sentia-se o trinado leve de algum pássaro o murmúrio de bichinhos do gramado. O bilhete se mexia como um peixe adormecido dentro de um aquário.

Da primeira vez jogaram junto conosco. Uma manhã de março dissemos a eles hoje é o dia da separação. Peguem três objetos caros a vocês. Gorane se mandou para o quarto Jokin limitou-se a zanzar pela cozinha pegando duas baquetas vermelhas e uma bola. Perguntamos a ele se estava seguro em relação à sua escolha ele disse que sim com um olhar confuso. Quando Gorane desceu as escadas tinha entre os braços uma enorme vaca de pelúcia que cobria quase todo o seu rosto e na mão um desenho em acrílica e uma correntinha azul. Os presentes pesam dissemos a ela. Às vezes pesam demais dissemos. Sentaram-se no chão e nos olharam em silêncio então Gorane nos perguntou que jogo jogaríamos o que significava a palavra separação se queríamos nos divorciar ou abandoná-los. Sorrimos para ela e acariciamos sua cabeça enquanto Jokin dizia então é isso querem se separar. Nós respondemos que separação significa quebrar um conjunto. Nós respondemos que separação significa quebrar um conjunto e ver onde vão parar os pedaços. Colocamos os objetos em volta de seus corpinhos de modo que ficassem rodeados por

O emaranhado

eles. Daí dissemos a coisa mais importante na vida é aprender a não se ligar nunca a nada. Devem aprender que nada dura assim vocês se tornarão pessoas fortes e vão se dar bem na vida. Nós não conseguimos mas vocês podem conseguir. Nós dissemos nós não conseguimos mas vocês podem. Dissemos a eles para quebrar todos os três objetos que os rodeavam. Finjam que é uma prisão nós dissemos. Finjam que estão sufocando nós dissemos. Gorane respondeu nós não estamos sufocando vejam. Respiraram profundamente e mostraram rostos felizes. Nós repetimos finjam. Jokin estourou em lágrimas nós demos uma agulha na mão dele dissemos estoure a sua bola. Gorane disse não quero. Jokin olhou para a sua irmã como se fosse uma divindade a última esperança de permanecer criança. Nós repetimos se esforcem. Vinha uma vontade de chorar mas pensamos que aquele breve exercício pudesse fazer bem a eles. Jokin pegou a agulha na mão e a colocou no chão à sua frente. Nós lhe dissemos é fácil. Nós não conseguimos mas vocês podem conseguir. Verá que isso lhe será útil. Se vocês se acostumarem a destruir sozinhos aquilo que amam não serão os outros a fazê-lo. Algo deve ter estalado na cabeça de nosso filho porque ele pegou novamente a agulha entre os dedos e tentou estourar a bola. A agulha se enfiou no couro Jokin não quis tirar. Limitou-se a observar a agulha e a bola continuava a chorar com olhar de orgulho. Nós dissemos vai demorar um pouco para esvaziar agora pode se dedicar às baquetas. Jokin pegou as baquetas nós perdemos Gorane de vista. Estava o tempo todo ali ao lado do irmão mas nós não a vimos. Tinha conseguido desaparecer ficando na nossa frente tinha conseguido fazer tanto silêncio ficar tão imóvel que parecia inexistente. Ou nós não olhamos para ela. Enquanto Jokin tentava arrebentar as baquetas no chão nós nos ocupamos de Gorane. Estava ali o tempo todo com os seus três objetos em volta do corpo

Primeira parte

com um isqueiro na mão com os cabelos amarrados cada vez mais vermelhos de luz. Nós não a vimos. Gorane nos disse olhem bem para mim. Depois ateou fogo em seu bicho de pelúcia e se pôs a rasgar o papel lentamente sem nunca tirar os olhos do nosso peito. Gorane nos disse olhem bem para mim sem nunca tirar os olhos do nosso peito.

Chove forte estamos em casa. Nós nos lembramos da chuva em Euskadi da cor daquele céu. Não saberíamos como defini-la era a cor céu de Euskadi. Sentimos falta de tudo de vez em quando voltamos. Gorane vem sempre conosco Jokin fica fechado no quarto desde que não escape. Não queremos entrar no quarto como aquele dia descobrir o pacote de seringas aberto a agulha no seu braço. Queremos esperar que a sua porta se abra. Sonhamos com o nosso filho e a nossa filha mas esquecemos quase tudo ao despertar. Somos incapazes de segurar memória e recordações. Não esquecemos Gorane na bicicleta Jokin que caminha com o capuz puxado. Não esquecemos vovó Leire. Um dia vovó Leire disse para a nossa filha desenhe você mesma e a chuva. Chovia forte estávamos em casa aquele dia. Nós observávamos a cena apoiados na janela fumávamos escrevíamos em cadernetas. Nas cadernetas organizávamos os dias de quem deveria morrer. Nossa filha desenhava gotinhas com pequenos riscos parecidos com sinais de subtração acrescentava minúsculas linhas sinais de subtração no papel até preenchê-lo. Esquecia-se de si mesma. Eu disse para desenhar você mesma e a chuva dizia vovó Leire primeiro sorrindo depois ficando cada vez mais sisuda. Você precisa esperar vovó dizia Gorane. Continuava a desenhar linhas de subtração parecidas com chuva sobre o papel se sobrepunham manchavam o papel aqui e ali o rasgavam. Gorane se debruçava sobre a folha como para entrar naquela chuva densa que tirava espaço ao mundo. Então desenhou um pontinho que se tornou o esboço de uma mulher. Eis-me aqui vovó disse nossa filha. Coloca o guarda-chuva disse vovó Leire. Gorane olhava contente para a folha depois colocou a caneta preta no chão não em um gesto de raiva mas de satisfação. Nas cadernetas organizávamos os dias de quem deveria morrer. Coloca o guarda-chuva disse vovó Leire severa. Chovia forte estávamos em casa. Você vai se molhar inteira assim disse vovó Leire. Eis-me aqui vovó disse nossa filha.

Os nossos filhos não conheceram o amor. Nunca nada os abalou perturbou. Nunca nada os abateu esvaziou de um alimento antes administrado em doses excessivas. Ficaram sempre em equilíbrio como se para sobreviver atingissem uma fonte inexaurível de amor ou como se fossem capazes de suportar fome e sede melhor do que os outros. Jokin teve muitas namoradas caíam em cima dele quanto mais ele as evitava. Gorane fez sexo como se fosse um experimento químico a que devia assistir para comprovar uma determinada teoria como se fosse um exame a ser repetido para obter um título indispensável ao seu sustento. Nós sabemos dessas coisas porque as vimos. Observamos os movimentos dos nossos filhos suas imperceptíveis mudanças contamos quem entrava e quem saía do quarto deles os tempos de permanência dentro daquilo que definiam como o seu círculo mágico. Às vezes ficamos assustados pela quase completa ausência de modificação em suas vidas em seus rostos. Ninguém nunca foi capaz de afetá-los de humilhá-los de enriquecê-los tanto quanto o nosso amor. Permaneceram frios e impassíveis. Isso significa ser livre nós pensamos aprenderam bem tornaram-se fortes não sofrerão. Aprenderam a estar sozinhos. Foi graças ao nosso jogo o nosso jogo funcionou. Olhávamos um para a outra após termos feito várias vezes essas reflexões.

Primeira parte

Foi o nosso jogo o nosso jogo funcionou. A tristeza não nos abandonou.

Nas suas festas de aniversário a casa se enchia. Hoje tentamos recuperar aquela sensação de plenitude. Havia muitas crianças da idade deles mas também crianças maiores havia os pais que cortavam os bolos penduravam as decorações enchiam os balões diziam aos seus filhos para tomar cuidado. Nós dizíamos não há nada de valor em casa podem quebrar o que quiserem podem correr e gritar são crianças. Os pais continuavam a se preocupar não queriam fazer feio não queriam ter de ressarcir um vaso ou um copo. Nas suas festas de aniversário a casa se enchia. Todos nos diziam que casa bonita nós dizíamos vejam como correm. Alaia um dia quebrou um recipiente de vidro. Gorane o havia enchido de sal colorido com giz e derramou o sal no recipiente de vidro de modo que se formasse a imagem de uma paisagem lunar. Todo o sal havia se espalhado pelo chão Alaia começou a chorar. Gorane correu para juntar o sal e cortou uma das mãos com os cacos. Mamãe papai disse segurando as lágrimas. As outras crianças continuavam a brincar os pais de Alaia a repreenderam e depois se desculparam disseram vamos comprar outro desculpe Gorane. Gorane disse não se pode comprar outro eu que tinha feito era meu. Nós abraçamos Alaia dissemos para não se preocupar é Gorane com seus caprichos. Depois chegou Jokin sentou-se ao lado da irmã começou a juntar o sal colorido com ela. Os pais de Alaia continuaram a se desculpar nós abraçávamos Alaia continuávamos a dizer a ela é apenas sal em um pote de vidro. Havia muitas crianças da idade deles mas também crianças maiores havia os pais que cortavam os bolos penduravam as decorações enchiam os balões diziam aos seus filhos para tomar cuidado. Não se preocupe Alaia disse Jokin enquanto abraçava a irmã nós

O emaranhado

estamos acostumados. Se você não o tivesse quebrado eles o quebrariam de propósito disse Jokin olhando para nós eles quebram sempre as nossas coisas de propósito.

A voz que ouvimos diz culpados de incontáveis atentados assassinos. Tentamos não ouvir mas nos é quase impossível. A primeira vez que matamos alguém tínhamos vinte e um anos. A sensação foi aquela de aniquilar com um tiro de revólver uma doença terrível. Purificávamos o nosso corpo de alguma coisa suja exterior era como curar. Matamos também para recuperar aquela sensação de pureza. Podíamos contar qualquer coisa um à outra falar sobre a liberdade a independência do nosso país a violência do regime a guerra civil que havia matado papai Aitor. Delirávamos dávamos explicações diversas para preencher uma lacuna que se alargava em nossa alma. Queríamos ainda nos sentir como daquela primeira vez virgens e justos. A voz que ouvimos diz culpados de incontáveis atentados covardes. Nós não éramos covardes estávamos cheios de desejo e sonhos. Um dia Jokin olhou bem em nossos olhos talvez tenha sido a única vez na sua vida que olhou em nossos olhos por um tempo maior que dois minutos. Era pequeno mas parecia grande parecia quase velho enorme. Ele nos disse eu não sei se serei capaz de matar não sei se sou como vocês. Não estava com raiva não nos desprezava ao contrário parecia estar pedindo perdão. Eu não sei se saberia atirar em alguém eu não sei se conseguiria explodir alguém. Nós não lhe dissemos nada nós o deixamos voltar para o seu grupo de amigos o grupo do qual havia se separado poucos segundos antes para vir nos dizer que não era da nossa raça que não sabia se era. Nós pensávamos que sim era pleno de raiva. Com o tempo aprenderá a ver as coisas da distância certa aprenderá a sujar as mãos agora está assustado agora existe apenas a música. Logo saberá da violência

Primeira parte

saberá como reparar a violência. Vai se tornar homem terá piedade e estima por nós. Depois do primeiro assassinato nós matamos outra vez. Nós nos preparávamos cultivando todos os dias o espaço de espera que nos separava da próxima morte. Estávamos como que apaixonados. Depois de ter matado ficávamos escondidos um par de horas pelo menos. Não queríamos voltar logo para casa porque tínhamos em nós o cheiro dos assassinos o cheiro que carregam todos os assassinos. É um cheiro ácido metálico o cheiro das coisas que morreram nas nossas mãos. Não queríamos que Gorane e Jokin sentissem aquele cheiro. Não de nós. Mesmo que o atentado acontecesse a quilômetros de distância o cheiro conseguia nos alcançar e entranhar-se na nossa pele como fazia a sujeira das roupas que deixávamos espalhadas pela casa. Ele nos atacava mesmo quando eram os nossos companheiros que matavam. Matar era ao mesmo tempo merda e esponja pecado e absolvição. Com o tempo tudo mudou. Alcançar aquela sensação de pureza ficou um pouco mais difícil a cada vez como se um resíduo do mal que queríamos eliminar ficasse dentro de nós afundando a cada tiro de revólver cada vez mais para baixo. Era um germe maligno. Nós éramos a infecção. Não sarávamos mais. Valia mais contaminar os outros. Com o tempo tudo mudou. A sensação de liberdade que havíamos experimentado na primeira vez esgarçava-se obedecendo a um lento e inexorável amortecimento. Para compensar a nossa impotência não fazíamos outra coisa que não fosse pensar na morte dos nossos inimigos. Pensávamos em como fazê-los morrer em qual seria a técnica mais eficaz para matar o maior número possível deles pensávamos onde plantar as bombas para que o sangue manchasse mais centímetros de rua. Antes de irmos para a cama toda noite parecíamos ouvir a voz de Gorane e de Jokin. Falavam em coro em uníssono como duas faces espectrais de um mesmo corpo. Era um corpo adulto sem sexo. Antes de irmos para a cama toda noite parecíamos ouvir a voz de Gorane e de Jokin. Era uma voz adulta sem sexo. Repetia até a exaustão uma cantilena uma cantilena que fechava nossos olhos repetia até a exaustão a perfeição semeia cadáveres a perfeição semeia cadáveres a perfeição semeia cadáveres. Com o tempo tudo mudou. Então Jokin dizia eu não sei se consigo fazer isso eu não sei se sou como vocês.

Hoje fomos dar uma corrida. Caminhamos até o parque entramos escolhemos um espaço livre e estabelecemos uma meta. Próximo ao lago havia um carrossel deserto vamos ver quem chega antes. No carrossel perseguiam-se imóveis cavalos e unicórnios de prata. Chegamos juntos parece que estamos condenados a chegar juntos. Então nós dissemos vamos correr vamos correr para onde quisermos amor. Veja quanto espaço podemos ir a toda parte. Continuamos a correr em direção ao carrossel deserto continuamos a chegar juntos. Tocávamos o unicórnio com a crina prateada nos detínhamos alguns segundos para recuperar o fôlego depois voltávamos percorrendo novamente o mesmo idêntico trajeto ao contrário. Fizemos isso por horas. O carrossel não recomeçou.

O que tem dentro da bolsa perguntamos naquela noite. Naquela noite é Jokin quem foge de casa pela primeira vez. Jokin nos respondeu não tem nada só algumas roupas não tem nada. O que tem dentro da bolsa perguntamos. Tem um revólver respondeu Jokin é o revólver de vocês. O que você quer fazer com o nosso revólver perguntamos por que na bolsa está o nosso revólver. Jokin ficou quieto apertou a bolsa como se estivesse cheia de um líquido vital como se fosse um pulmão de onde o oxigênio não podia fugir. Não quero fazer nada disse eu peguei por engano. Não acreditamos nele

Primeira parte

dissemos nos dê essa bolsa pare de apertá-la agora estenda o braço para nós. Não quero fazer nada disse eu peguei por engano. Gorane ao lado dele mantinha a cabeça baixa erguia as pontas dos pés. Tudo bem você pegou por engano agora nos dê aqui dissemos. Jokin continuava a apertar a bolsa contra o seu peito como se estivesse cheia de um líquido vital ou de um veneno a que somente ele era imune. Não posso disse não posso. O que você quer fazer com esse revólver dissemos. Gorane mantinha a cabeça baixa erguia as pontas dos pés a sua camiseta se mexia com o vento. Não quero fazer nada disse Jokin não quer fazer nada disse Gorane. Gorane você sabe o que passa na cabeça do seu irmão perguntamos não passa nada respondeu Gorane. Ele é imune continuou Gorane. O que significa ele é imune perguntamos. Gorane respondeu ele não quer fazer nada com o revólver de vocês e quer que vocês também não façam nada com o revólver disse Gorane. É por isso que ele pegou o revólver de vocês porque ele é imune e quer que vocês também não façam nada com o revólver e quer que vocês também sejam imunes e se curem e quer curar vocês disse Gorane.

Os centros comerciais são diferentes aqui. Dentro nunca há ninguém ninguém deixa vestígios o ar é imóvel as prateleiras excessivamente ordenadas. Tudo é tão perfeito que parece morto cadáver da verdadeira vida. Nós percorremos com pressa as prateleiras procuramos bagunçar as caixas derrubar frascos abrir embalagens. Procuramos imprimir às coisas um pouco de vida do único jeito que conhecemos. O da desordem. Os centros comerciais são diferentes aqui. A oferta é infinita mas nós pegamos sempre as mesmas coisas as coisas que nos lembram de Euskadi. Não podemos deixar que Euskadi desapareça. Sabemos que são os cheiros os gostos que aderem aos objetos da forma mais duradoura. Nós nos

O emaranhado

agarramos aos cheiros e gostos para não esquecer novamente. Merluza bacalhau batatas algum queijo parecido com o nosso. Não é a mesma coisa mas serve. Não é a mesma coisa mas serve ficarmos perto do original tentar transformar esse lugar em uma cópia imperfeita de Euskadi. Cada tentativa nos lembra da distância de nossa casa. Os centros comerciais são diferentes aqui. Tentamos infundir neles vida por meio da desordem. Alguma coisa impede que a desordem dure nós percorremos as prateleiras fazendo o caminho de volta e tudo voltou ao seu lugar. É um mecanismo perfeito assustador. O caos se vira contra nós em forma de ordem e limpeza. Nada nos dá mais medo porém é isso que nos arremessou até aqui. As nossas vidas eram caóticas tanto quanto era implacável a nossa luta. À desordem da nossa casa correspondia a ordem dos nossos tiros de revólver. Algo retorna pensamos. Nós quisemos isso pensamos procuramos e o encontramos aqui. Os centros comerciais são diferentes aqui. Também as embalagens devem ser o máximo possível semelhantes àquelas que usávamos em Euskadi. Os centros comerciais são diferentes aqui. Escolhemos apenas as embalagens com um peixe azul desenhado sobre fundo vermelho mas não existem embalagens com peixe azul sobre fundo vermelho então nos contentamos com um fundo brilhante com um peixe estilizado mesmo que não seja a mesma coisa pode ainda se aproximar é a coisa mais próxima daquela primeira coisa. Hoje fizemos compras duas vezes. No estacionamento havia muitas pessoas que queriam fazer compras hoje. Nós não as vimos mas sabemos que estavam lá porque gritaram forte faz anos que gritam desde aquele dia de junho que gritam o dia em que não estivemos felizes. Foi a partir daquele dia que mudou tudo porque começaram a gritar. Não existem peixes azuis sobre fundo vermelho por isso escolhemos a caixa com o peixe estilizado sobre fundo brilhante lilás brilhante ainda

Primeira parte

que não seja a mesma coisa mas a caixa está rompida o óleo saiu fomos nós quem a rompemos fomos nós quem fizemos sair o óleo rompemos a caixa de merluza rompemos a prateleira rompemos o teto rompemos o grande mercado Hipercor de Barcelona rompemos os corpos de vinte e um civis naquele dia se romperam se partiram frascos latinhas sob a força daquela fúria éramos nós aquela fúria. Fomos nós que mudamos tudo porque continuamos podíamos ter parado mas continuamos. Os protestos invadiram as ruas da Espanha as ruas de Euskadi a Espanha se rompeu inclusive da Espanha saía óleo invadia as ruas rostos tantos rostos que nos diziam parem o óleo invadia as ruas eram rostos dizia parem. Em Zaragoza cinco eram crianças foi depois de Barcelona porque nós não paramos. Em Zaragoza cinco eram crianças são elas que gritam no sangue no óleo. Nós poderíamos mas não paramos. Foi depois de Barcelona.

Existem muitos modos de escapar pensamos enquanto tomamos um banho existem muitos modos de permanecer continuamos a pensar enquanto Gorane nos ensaboa enchendo a banheira de espuma. O seu corpo está a poucos centímetros do nosso mas é tão distante enquanto a música de Jokin parece invadir esta casa. A realidade nos fala em uma linguagem cifrada. Um dia gostaríamos de ir ao teatro assistir a um espetáculo qualquer pensamos ou melhor a um espetáculo estúpido a um espetáculo musical cheio de danças e de chuva e depois gostaríamos que o teatro pegasse fogo explodisse fosse pelos ares aos pedaços gostaríamos de correr pela rua e de nos saber a salvo e próximos entre as chamas. Gostaríamos de correr perigo e dessa vez escapar. No passado não foi assim nós sabemos mas não sabemos quem foi e por quê. Esse pensamento ainda nos faz sofrer. Olha que cabelos detonados dizemos a Gorane parecem queimados precisamos cortá-los. Você tem cabelos compridíssimos se continuar assim vão parar de crescer os seus cabelos são a única coisa que você nunca aprendeu a perder digamos o único exercício em que você nunca conseguiu ir até o fim. Gorane concorda e continua a nos lavar depois entra na banheira junto conosco e se põe a cantar uma canção estúpida e alegre. É como se cantasse na chuva. Os seus cabelos vermelhos e loiros e castanhos boiam sobre a água fervente gotinhas de suor banham seu nariz que é o nosso nariz e o de vovó e o da família Moraza e o de Euskadi da nossa gente. Gostaríamos um dia que você desenhasse o nosso país dizemos a ela que você desenhasse os lugares e as pessoas do nosso país mas principalmente gostaríamos que a sua mão curasse que a sua escrita curasse ficaríamos felizes se você se dirigisse a nós em basco sempre Gorane. Ela continua a cantar passa o sabonete sobre o seu corpo e sobre o nosso derrama sobre nós um líquido perfumado e esfrega forte examina a nossa pele como fazem certos médicos ou certos insetos. Depois vamos cortar esses cabelos lindos dizemos. Parecem queimados dizemos. Nós dizemos também você se lembra das tranças e das flores entre os cabelos dizemos você se lembra do perfume da grama cortada e dos animaizinhos que rastejavam zumbiam você se lembra das abelhas perguntamos. Gorane concorda e ri depois fica triste concorda e ri de novo e fica triste de novo. Das abelhas e dos desejos você se lembra dos desejos no rio que trazia os presentes perguntamos. Gorane concorda e ri depois fica triste concorda e ri de novo e fica triste de novo. Onde está o seu irmão perguntamos ousamos perguntar isso só naquele momento nus na banheira próximos. Gorane canta uma canção estúpida e alegre nós não perguntamos mais nada. Depois ela nos ajuda a sair da banheira tudo está escorregadio temos medo de cair ela nos envolve com panos limpos ergue nossas pernas nos enxuga estamos em equilíbrio graças a ela como daquela vez no hospital agora lembramos foi ela quem nos transportou lembramos o corredor e a luz de néon e então lembramos do hospital em que nasceram. É o mesmo hospital em que fomos parar o hospital onde tudo começou. Nós nos enxugamos e estamos vestidos pegamos a tesoura e cortamos seus cabelos seus cabelos que caem no chão são o jogo que ela enfim conseguiu jogar. Dizemos a ela você ficou grande Gorane está feliz perguntamos. Jokin que não está aqui responde Gorane.

Roubamos dinheiro de Jokin para impedi-lo de comprar droga nos recusamos a adquirir para ele as seringas mudamos consolamos Gorane todos os dias repetimos faça com que sua vida seja agradável não deveríamos ter permitido que eles se perdessem incendiassem vacas de pelúcia esvaziassem bolas é tarde demais.

Hoje o banquinho estava frio hoje o banquinho estava frio gelado. Corremos alguns minutos para nos aquecer. Sabemos ter errado em tudo mas não fomos os únicos. Erramos em reação a um primeiro grande grande pecado. O sol está frio talvez seja a lua. Nada mais aqui se distingue. Combatemos aquele erro mas estávamos errados passamos para o lado do verme do opressor. Foi um instante. Passa uma andorinha ou um avião. A distância do céu nos cega. Queríamos fazer o bem mas éramos imperfeitos não tínhamos guia. Havia fogo demais e não soubemos olhar mas não erramos apenas. Fizemos também o bem pensamos. Houve um momento em que fizemos o bem antes de começar a queda antes de cair em queda livre. Sempre olhamos do alto de muito longe. Deveríamos ter olhado as pequenas coisas o sangue que sai de uma ferida a filha que vomita o leite uma pequena agulha no braço. De tão longe não se vê. Agora

Arrautza é a nossa prisão aqui poderemos pensar. Talvez fosse Euskadi a nossa prisão. Não fizemos mais nada além de pensar em ir atrás dos nossos pensamentos tentar fazer o mundo ir atrás dos nossos pensamentos. Às vezes olhávamos para o céu não ouvíamos o som de correntes. No céu não ouvíamos correntes.

Em Arrautza os habitantes crescem são uma turba incontrolável que come comem os dias em Euskadi e os dias em Madri e Salamanca comem quase toda a vovó Leire agora porque papai Aitor já foi devorado com as suas recordações da antiga guerra comem as braçadas rápidas em Getaria e toda a chuva caída sobre a terra comem o primeiro aniversário dos gêmeos e os desejos lançados ao rio e a piscina como aquela de Alaia comem as férias em Paris e em Marselha e o sotaque francês a ser imitado com o cigarro falso na boca comem as encenações no corredor para desejar felicidades ao vovô que faz anos e mastiga o poema escrito para o companheiro de classe doente devoram a primeira volta de bicicleta sem rodinhas sem papai e devoram o choro de Gorane que compreende que cresceu e sofre e quer voltar atrás comem o primeiro sorriso de Jokin e a última cara engraçada de Gorane as tardes em casa brincando com mosaicos perdendo todas as peças do quebra-cabeça e terminando abraçados fazendo cócegas no chão mastigam os dias da droga aqueles mais sombrios a cara do farmacêutico que vende as seringas todos os infinitos modos para não ver mastigam os amigos de Jokin que entram no quarto de Gorane os amigos de Gorane que se podem contar nos dedos de uma das mãos comem o bolo de sete camadas de vovó Leire os dedos de Gorane que se afundam para encontrar as frutinhas cristalizadas e Jokin que diz pare que nojo suas mãos todas sujas sobre o chantilly devoram as roupas encardidas e as tentativas de mudar de curar comem Gorane silenciosa enquanto tenta entender as nossas ações e Arze que entra em casa arrastando os jeans no chão e mastigam também o chão e as paredes e cada tijolo verdadeiro ou desenhado por Gorane comem a nossa casa e as janelas e os tapetes e quase todos os desenhos de Gorane exceto um e quase todas as músicas de Jokin exceto uma e engolem tudo porque o seu estômago não tem fundo porque a sua fome não tem fim e os seus olhos não têm fim e a sua boca não tem fim e o seu corpo é um corpo sem fim.

Hoje não há sol Arrautza é uma total escuridão lilás. Um lilás mais sombrio do que o negro como um enorme hematoma que cresce. Ficamos na janela olhando o céu. Não víamos nada mas sabíamos que estava lá. Continuamos de mãos dadas mesmo quando Gorane começou a chorar. Nós já não a víamos mas sabíamos que estava lá. Não fomos ao encontro dela como das outras vezes apenas apertamos nossas mãos com mais força. Parece que temos uma única mão como se os nossos corpos estivessem se sedimentando fundindo-se em um único ser desmedido. Aguentamos sem interferir conforme ela nos havia pedido. Expressou esse desejo muito tempo atrás mas só agora sabemos que não podemos mais voltar. O seu desejo dormia em um aquário. Falamos com ela daquela distância porque queríamos que fosse feliz. Estamos aqui na janela a observar um céu que não vemos. Talvez esteja embaixo de nós sob o chão do quarto. Reviraremos o mundo com o nosso amor dizíamos será como cair em um sonho em um outro universo. Juntos caímos um dia dentro do céu.

O emaranhado

Segunda parte

Não vos deixarei órfãos; voltarei para vós.

João 14:18

I. Primeiro movimento

I.

Eu me chamo Gorane, tenho vinte e seis anos, e cometi um crime. Neste ônibus estão quarenta e três pessoas, contando comigo. Eu tenho vinte e seis anos e nasci em Bilbao. Quarenta são velhas. Minhas pernas doem, queria esticá-las, mas não há espaço. Um ano atrás os meus pais morreram. O motorista parece hesitante ou bêbado, se eu morresse em um ônibus cheio de velhos poderia me considerar azarada. Ao mesmo tempo, talvez encontrasse paz. Estas velhas vão para a França atrás de ostras, de rãs e de luzes. Eu vou a Paris porque li um livro. Sou do signo de câncer, um câncer de junho. O meu irmão também é do signo de câncer porque somos gêmeos. Nós não acreditamos em horóscopo mas acreditamos nos planetas principalmente na lua. A lua governa as marés e nós acreditamos muito nas marés. Os planetas estão distantes mas têm o seu peso, como as abelhas e os sonhos. Algumas dessas velhas são espanholas outras bascas, eu sou espanhola e basca ao mesmo tempo. Sou híbrida, ainda que eu prefira dizer suja. Não me sinto basca e não me sinto espanhola, não me sinto nada. Esta sentada ao meu lado faz uma porção de perguntas, por exemplo quer saber aonde vou. Eu respondo: vou encontrar minha avó. Minha avó está viva, chama-se Leire e eu falei com ela ontem. Disse a ela que vou porque estou feliz e estou melhor. Portanto menti para vovó Leire e também para a velha, elas não sabem que vou porque li um livro que conta a nossa história, a minha e a da minha família. A felicidade não tem nada a ver com esta viagem. Doze meses atrás era janeiro, como agora. Doze meses atrás a minha família se separou. Um ano atrás eu matei os meus pais.

Comemoramos metade do ano no Natal, pois somos de 25 de junho. Como somos em dois completamos um ano no Natal. Vovó Leire que é religiosa como toda a nossa gente tem muito orgulho disso, e sempre o fez notar. Eu sempre achava que dezembro quebrava os nossos anos no meio, como o nascimento de um messias. Dizer que Jesus é filho único não está muito certo. Vovó dizia que o irmão de Jesus é o mundo, principalmente os pobres do mundo. «Nós somos pobres?», perguntávamos eu e meu irmão gêmeo e vovó respondia: nós somos normais. Repeti muitas vezes essa frase no decorrer da minha vida, para me dar força. Tentei acreditar nela. «Então Jesus não é nosso irmão», dizíamos para vovó que fazia o sinal da cruz e logo nos batizava com água e limão. O limão entrava nos olhos e queimava, «assim vão ficar azuis», dizia vovó para nos consolar. Nós achávamos que ela queria nos punir, com a desculpa da bênção e dos olhos azuis, ainda que não soubéssemos bem pelo quê. Vovó é a pessoa mais severa da nossa família. Os nossos olhos são castanhos, às vezes amarelados com um ou outro brilho verde. Também os nossos olhos são sujos. O escritor se chama Dominique Luque e é um escritor ruim. Não entendo muito de literatura mas que é ruim disso eu não tenho dúvida. Certas coisas são fáceis de sacar, como perceber um violino que desafina. Torcemos o nariz sem pensar muito. É uma questão de instinto. Encontrei o livro na caixa do correio algumas semanas atrás, sei que foram os meus pais a enviá-lo. Não sei de onde mandaram, mas sei por quê. Li a história em pouco mais de três horas, sem fazer muito caso dos desleixos desse Luque, das suas falhas de estilo. Dá para ver que não sabe nada de heroína, de Euskadi e de mim. Parece haver algo açucarado naquilo que escreve, como se tivesse dourado tudo com um adoçante de frutose ou um granulado. Sempre tive nojo de granulado e também de adoçante, em vez disso adoro frutas cristalizadas. Tenho certeza de que ele usou luvas de borracha enquanto escrevia o seu romance para não se sujar. Dá para sentir que ele não quer se misturar com as nossas coisas, com a nossa gente. É limpinho demais para nós. Por um triz que vocês não são gêmeos brincava vovó Leire, fazendo referência à nossa data de nascimento. Nascemos sob a lua e pagamos o preço disso. Meu irmão se chama Jokin, estou indo buscá-lo de volta. Sem mim ele se perde, sem ele eu não vou a lugar nenhum. Não somos gêmeos siameses mas talvez devêssemos ter sido. Nossa vida teria sido mais fácil, eu certamente teria cometido menos erros se ficássemos grudados. Também para ele as coisas teriam andado melhor. Se Jokin exagerasse demais, eu o pararia. Se eu ficasse imóvel demais, ele me levaria para dar umas voltas e me jogaria no emaranhado. Teríamos escapado juntos. Teríamos ficado juntos. A nossa vida teria sido feliz. Dizer que matei os meus pais não é exato. Dizer que deixei que morressem se aproxima mais da verdade. Dizer que fiz com que morressem é a verdade. Se precisasse escolher um personagem da Bíblia eu seria Judas. Ele seria meu irmão.

Tudo em mim dói porque odeio viajar. O bom é que os velhos em geral não suam então o ambiente é respirável. Estou convencida de que se eu amasse viajar não sentiria todas essas dores nas pernas, nas costas, nos músculos em geral. Ensinaram-me que as coisas que fazem mal são úteis, mas é a primeira vez que acredito nisso. Para encontrar meu irmão desenhei um mapa. Assim que chegar a Paris farei também um plano. Os meus pais, antes de morrer, eram bons com planos e mapas, mataram muita gente com planos e mapas. Para matá-los eu não usei um plano, mas funcionou mesmo assim. Eles também procuravam alguma coisa, como eu procuro meu irmão, eles também procuravam alguma coisa e acho que a encontraram. Eu nunca procurei aquilo que eles procuravam. É desse hiato que nasceram todos os nossos problemas. Agora tenho apenas vontade de olhar o mundo que retorna pela janela. Olhar o passado não é fácil e preferiria não fazer isso, por essa razão olho para os campos amarelos e os fios elétricos e os carros que desafiam a sorte correndo ao lado desse monstro motorizado. Eu sei como é meu irmão porque é sangue do meu sangue, carne da minha carne. Os outros tiveram dele apenas um vislumbre. Só eu conheço o meu irmão, só eu posso reencontrá-lo. Sou a única a saber que eu e meu irmão agora estamos sozinhos no mundo. Para mim é muito importante me lembrar de quem sou porque durante um certo período me esqueci disso. Um médico pouco tempo atrás me fez comprar uma caderneta e sugeriu que eu descrevesse a mim mesma, em poucas palavras. No começo não conseguia escrever nada, então rabiscava, depois desenhava, depois fazia autorretratos bem decentes. Ele ficava quieto e desaprovava. Comecei a escrever algo mesmo que todo mundo em Euskadi soubesse que a minha grafia era ilegível. Eu porém entendia o que escrevia e essa era a única coisa que importava, pelo menos para o médico. O médico era dinamarquês e se chamava Jespersen. Não acho que ele esteja morto mas faz parte do meu passado. Por isso é como se tivesse morrido. Ele me dizia que eu precisava usar uma linguagem clara e concisa

O emaranhado

para me descrever, e que, se eu não tinha vontade de falar de mim, podia falar daquilo que me acontecia durante o dia, mesmo que parecesse não ter importância. Dava-me o exemplo das flores que nascem ou da água que cai do céu. Ele me dizia: «Se chove, escreva: hoje eu vi a chuva». Frases simples e curtas. Dizia que isso ajudaria a minha cabeça a colocar ordem nas coisas. Fazia-me repetir em voz alta o que havia escrito na caderneta e às vezes eu obedecia. Isso não me fazia sentir melhor, mas para ele eu dava a entender que sim, desse modo tinha mais esperanças de que ele me deixasse em paz. Na caderneta eu falava de mim em terceira pessoa. Para mim é importante repetir a mim mesma que sou estranha, mas não louca. Durante um tempo pensei que estava louca e que morreria de loucura. Pensar em morrer de loucura é terrível porque uma vez que você está morto não sabe se está morto de verdade ou se está apenas imaginando isso porque é louco. A coisa mais terrível de ser louco é que você não acredita em nada daquilo que vê e nunca pode se levar a sério, nem mesmo morto. Na caderneta a mão ficava travada como se o papel fosse feito de pedras, fossos e montanhas. Eu me sentia um explorador que não quer explorar nada mas é obrigado a fazê-lo. Comecei dizendo quem sou e continuei dizendo quem sou. Não fiz nada mais do que dizer quem era mas sempre mudava de ideia. Era muitas coisas então no final eu não era nada. Minha mãe nunca disse que sou uma princesa. Minha mãe dizia que eu era uma pequena revolucionária. Minha avó dizia que éramos pessoas normais. Todos diziam que eu era estranha. Meu irmão dizia que eu não devia encher o saco. Eu sou Gorane, tenho vinte e seis anos e é a primeira vez que vou a Paris.

Segunda parte

II.

24 de janeiro de 2008
Delegacia de Polícia, xviii arrondissement

O foragido Jokin Moraza (doravante denominado J.M.), procurado desde o dia 11 de janeiro de dois mil e sete, foi capturado em território francês, região Île-de-France, na noite de 23 de janeiro de dois mil e oito, hora 2:47. No momento da captura, J.M. encontrava-se no quarto de um apartamento situado no número 5 da Rue Belliard, sexto andar, unidade 23. A proprietária do apartamento acima mencionado, de 34 metros quadrados, a senhora Catherine Pignol, ainda não foi localizada. Solicita-se portanto sua convocação à delegacia para interrogatório em que será convidada a prestar esclarecimentos não apenas no mérito de suas relações com J.M., mas também de sua atividade ilícita de locação. O preço imposto pela senhora Pignol por todo o apartamento é de setecentos e cinquenta euros no total, valor que vinha subdividido com o segundo locatário, Sef Meyer, também ele convocado à delegacia em data de 25 de janeiro de dois mil e oito. O senhor Meyer demonstrou-se disposto a colaborar com a polícia. A polícia foi obrigada a forçar a porta do quarto de J.M., trancada à chave como todas as noites, conforme declarações do senhor Meyer. No momento da ação policial, o quarto de J.M. se apresentava de acordo com o que segue: luz apagada, ventilador ligado e apontado para a porta; aquecimento não funcionando. A mobília do quarto é constituída de acordo com o que segue: um colchão, um lençol de cor preta, um edredom, um cabideiro semivazio, uma mala aberta de cor marrom-escuro contendo roupas, um ventilador, uma panela de aço. Uma segunda lista vem acrescida, na qualidade de objetos secundários: um saco de plástico contendo lixo, quatro seringas usadas, dois isqueiros de cor amarela, um pacote de balas de goma, uma latinha de cerveja, uma colher, um garfo, um canivete

O emaranhado

suíço, uma garrafinha contendo uísque, um pente, um aparelho celular desligado, um rádio, um pacote de seringas ainda lacrado. No momento em que foi encontrado, J.M. não estava consciente e apresentava os seguintes sintomas de overdose: perda de consciência com consequente impossibilidade de despertar por meio de estimulação verbal ou massagem de esterno; bradicardia (30 bpm); queda de temperatura e de pressão corpórea; insuficiência respiratória, apneias longas, respiração rumorosa, espuma na boca; miose; coloração cinza-azulada de unhas e lábios; boca seca; língua sem coloração. Não foram constatados traços de violência em seu corpo, o fugitivo não levava armas. J.M. é de constituição robusta e altura aproximada de um metro e noventa centímetros. O peso é presumido em torno dos setenta e cinco quilos (subpeso). No braço esquerdo, na panturrilha esquerda e na coxa esquerda foram constatados diversos sinais de injeções autoimpostas, provavelmente de heroína. Disso se conclui que J.M. é destro. No momento da ação, J.M. usava: calças jeans claras e furadas no joelho direito e na canela esquerda; uma camiseta preta sem ilustrações ou escritas; um moletom preto com vestígios de tinta spray vermelha nas costas e no capuz; botas de cor cinza-escuro tamanho 47; meia com listras vermelhas e pretas no pé esquerdo; cueca boxer preta. Uma seringa usada encontrava-se na palma de sua mão direita (tal seringa deve ser acrescida às quatro supracitadas totalizando cinco). No bolso traseiro direito da calça jeans, estavam presentes: uma carteira marrom de couro contendo dois euros e setenta centavos em moedas de dois, dez, vinte centavos, uma dezena de filtros, uma agulha esterilizada, um anel com pedra azul; um documento de identidade; um cigarro da marca Lucky Strike.

A ambulância chegou às 3:05 e J.M. foi transportado com urgência ao Hôpital Saint-Louis de Paris (1 avenue Claude Vellefaux, 75010), onde chegou às 3:27. Durante o transporte de ambulância, os operadores administraram naloxone (Narcan) por

Segunda parte 211

via intramuscular. J.M. retomou consciência às 3:17. Consentiu quanto à utilização terapêutica de metadona prevista em protocolo. O médico encarregado por J.M. responde pelo nome de Fabien Lambert, especialista em anestesiologia e reanimação. Estão previstas ao menos duas semanas de observação antes da repatriação e da eventual prisão. J.M. será mantido sob vigilância durante todo o seu período de permanência no hospital Saint-Louis. A polícia espanhola requereu a extradição do suspeito J.M. O seu retorno à Espanha está previsto para a segunda semana de fevereiro, salvo complicações.

III.

Cheguei a Paris precisamente às seis horas e nove minutos de 23 de janeiro de 2008, uma hora e meia depois no meu quarto. Estou em um albergue em Montparnasse, o nome é Chez alguma coisa, mas pretendo subir a cidade nesses dias porque é ao norte que se perdem as pistas do meu irmão, pelo menos segundo o livro. O título do livro é *Entangled*, que não é uma palavra francesa, mas inglesa, o que torna Dominique Luque ainda mais idiota e pretensioso do que eu pensava, tão idiota que não me deu nem vontade de procurar na internet o que quer dizer *Entangled*. Quando desci do ônibus, a velha gritou para mim «boa estadia» e daí entrou em um táxi. Eu queria ter entrado com ela porque não sabia para onde ir ou havia esquecido. Eu queria ter ido com ela também para ter companhia. Fiquei no estacionamento por uma meia hora e não senti meu irmão, ou melhor, senti que não estava lá, que estava para ir embora. Procurei ignorar essa sensação, mas não consegui. Tentei reordenar as ideias e encontrei o bilhete onde havia anotado o trajeto a ser seguido para chegar ao albergue. No bilhete

O emaranhado

estava grudada uma bala de goma que eu coloquei na boca e logo cuspi no chão porque estava seca. O meu quarto é miserável, o que me faz perder a cabeça. Tive vontade de ligar para os meus pais para dizer a eles que a desordem me persegue, que a sujeira deles me persegue e nunca vai me largar, mas não posso mais fazer isso. Chorei sentada em uma poltrona verde-garrafa manchada por um líquido branco que poderia ser esperma. Tomei um banho, a cortina do box grudava no meu corpo nu e me dava nojo. Assim que saí me senti mais suja do que antes, enrolei um cigarro e desci para a rua porque meu coração batia forte demais e a cabeça me doía muito. Eu sempre me sinto assim quando espero alguma coisa. É como se um gigante apertasse minha cabeça enquanto estou correndo a toda por horas e se me detenho o gigante me esmaga para me fazer entender que perdi. O ar frio ajudou o meu coração. Havia duas meninas que falavam inglês e me olhavam torto, em um determinado momento uma delas até apontou para mim. Virei-me para elas e gritei «Estou doente, gravemente doente» e voltei para o quarto. Enquanto eu voltava ouvi o som de suas risadas. Com as meninas inglesas falei em basco. Eu nunca falo em basco com ninguém. Não falo basco para irritar os meus pais que haviam imposto essa língua em casa. Quando eram pequenos os meus pais não podiam falar basco por culpa de Francisco Franco. Minha mãe dizia que a nossa língua era tudo o que tínhamos. Em casa falávamos apenas basco, mas eu não queria. Para Jokin tudo bem, para mim essa regra era incômoda, preferia outras, mas essa foi a única regra que os meus pais conseguiram nos dar. Eu teria preferido uma regra a respeito das pessoas com as quais conviver, a respeito dos horários de saída, da limpeza da casa, dos recados ou da comida. Por isso eu falava espanhol de propósito, para que os meus pais entendessem que não era daquela regra que eu e

Segunda parte

Jokin precisávamos. Toda vez que eu falava espanhol minha mãe e meu pai gritavam comigo e me repetiam a mesma palavra em basco até que eu cedesse. Quando eu era menor resistia mais, com o tempo fiquei mais frágil e logo me dava por vencida. Eu me envergonhava, mas me dava por vencida porque não queria ouvi-los gritar e porque sabia que contra eles perderia. Jokin me dizia sempre: «Mas por que se importar com isso?». Perguntava para mim em basco e eu entendia que meu irmão se perderia e não tinha esperança. Agora não preciso mais irritar ninguém. Agora espero ter me enganado em relação ao meu irmão. Quando voltei ao quarto peguei o romance de Dominique Luque e o mapa que tinha desenhado poucos dias antes, para evitar que o gigante voltasse. Quando estou ocupada fazendo alguma coisa parece que não estou esperando nada, mesmo que eu saiba que não é assim. Sei que o gigante poderia voltar de uma hora para outra e sei que precisarei voltar a correr por dias inteiros, mas se estou fazendo alguma coisa ele se distrai e me deixa em paz. A internet também é muito eficaz contra o gigante, mas eu tinha um quarto sem conexão porque custava menos, aliás o albergue inteiro não tinha conexão porque custava menos. Deitei na cama de barriga para baixo com a caderneta, o romance e o mapa. Andei pela minha Paris com um dedo correndo pelos quarteirões, bares, casas, museus que tinha desenhado de bic no papel antes de viajar. Cada desenho era acompanhado de legendas enquanto linhas tracejadas indicavam como passar de um ponto a outro e com quais meios de transporte. Abri o livro ao acaso e reli algumas frases que tinha sublinhado porque me pareciam conter informações importantes. Depois peguei novamente o mapa nas mãos e, para não me esquecer do que estou fazendo aqui, anotei debaixo de cada desenho a sigla J.M.

O emaranhado

IV.

25 de janeiro de 2008
Hôpital Saint-Louis

J.M. passou a primeira noite no hospital sem maiores complicações. A enfermeira relatou que durante a noite J.M. utilizou mais de uma vez (entre sete e dez vezes) o botão de chamada, sem oferecer razões plausíveis a suas solicitações de auxílio. A enfermeira atribuiu esse comportamento à presença, na mente do paciente, de imagens confusas e de sonhos agitados. J.M., no entanto, não confirmou tal suposição.

V.

Durante a noite sonhei com Jespersen. Talvez Jespersen soubesse desde sempre que a culpada era eu. A certa altura até pensei que ele gostava de mim. Fazia perguntas estranhas, perguntas de apaixonado. Acho que entre psiquiatras e apaixonados não existe muita diferença, pelo menos em relação às perguntas. De Jespersen eu gostava principalmente dos anéis e do silêncio, acho que com o tempo também poderia me afeiçoar a ele, mesmo que eu nunca tenha me afeiçoado a ninguém, exceto aos membros da família. Na minha família havia tudo, inclusive as faltas. Não procurei faltas em outro lugar, não procurei dores em outro lugar. Tudo já estava dado de partida. Ao mesmo tempo, eu não tinha nada a oferecer aos outros. Com Jespersen as coisas começaram a andar mal desde o começo porque eu não via, estava como que cegada, ou iluminada demais. Havia esses flashes súbitos na escuridão. No fundo a minha vida sempre foi assim, uma gangorra de excessos. A única pessoa capaz de me dar um equilíbrio é

Jokin, mesmo que eu saiba que seja ele a causa da minha dor, como eu sou da sua. Deveríamos ter sido a mesma pessoa, em vez disso nascemos partidos, separados. Quando precisamos de alguém, significa que nos fará sofrer. Faz um ano que não vejo meu irmão, por isso fiquei louca e pensei que iria morrer. Era só por Jokin, porque não sei o que pensa, porque não sei se me odeia, porque não sei se está vivo. Ele amava os meus pais mais do que eu os amava. Acho que era porque eles o preferiam a mim, acho que era uma espécie de escambo. Ele devia a eles muito mais amor do que eu. Por isso agora Jokin poderia me odiar ou me agradecer. Retirei seu alimento mas lhe dei também uma liberdade que sozinho não conseguiria obter porque o amor, sobretudo aquele recebido, é um usurário. Pode voltar a qualquer momento para cobrar a dívida e Jokin sabia disso. Agora ele não deve mais nada a ninguém, nem eu.

VI.

29 de janeiro de 2008
Hôpital Saint-Louis

Nos primeiros dias de sua permanência, J.M. manifestou acessos de raiva súbitos e queixou-se de dores musculares agudas. A equipe do Hôpital Saint-Louis, a fim de garantir a tranquilidade e eficiência das instalações, optou pelo isolamento de J.M. em um quarto privado da unidade de reanimação. Também para limitar os inconvenientes provocados pela presença da guarda, que, nos dias anteriores, perturbou os visitantes dos pacientes bem como os próprios pacientes. A reação agressiva de J.M. foi definida pelo doutor Fabien Lambert como mais que incomum, uma vez que em geral se limita aos primeiros minutos após o despertar. Ao contrário, a dor física não representa uma exceção nos casos de dependência médio-grave de heroína. Os acessos de raiva se estenderam por três dias, até a tarde de 27 de janeiro. A língua falada pelo paciente foi identificada pela polícia francesa como sendo euskara, também conhecida como «basco», língua isolada protoeurasiática falada no país de origem de J.M. A polícia envidou esforços para encontrar um intérprete, para o caso em que J.M. se decidisse a falar antes de sua repatriação forçada. À raiva seguiu-se um período de total desorientação que durou aproximadamente dois dias, com breves intervalos de lucidez. J.M. lembrou-se com esforço do próprio nome, da própria idade, do próprio endereço em Paris, mas se esqueceu, ou fingiu esquecer-se, do nome da rua em que morava em Euskadi. Nessa ocasião dispôs-se a falar francês. A sua disponibilidade foi totalmente inútil para fins de investigação policial em relação à atividade clandestina dos agora falecidos Yera e Iñaki Moraza, a partir do momento em que J.M. não conseguiu, ou fingiu não ter conseguido, lembrar-se de nada no tocante à sua vida em Bilbao. O fugitivo, protegido pela condição temporária de paciente, não foi forçado a falar. Qualquer atitude relativa aos seus momentâneos lapsos de memória será tomada no tempo devido pela Guarda Civil, tão logo J.M. atravesse a fronteira.

VII.

Acordei às oito da manhã e por alguns segundos não tive medo. Foi quando percebi que estava em Paris que o gigante voltou, então me vesti, enrolei um cigarro e desci para a rua à procura de um café. Cumprimentei a moça da recepção, disse «bonjour», ela não levantou a cabeça mas repetiu «bonjour». Entrei em uma padaria e apontei um croissant simples à senhora atrás do balcão, porque não conseguia falar. O meu francês é péssimo e eu tentarei falar o mínimo possível aqui.

Segunda parte

O meu irmão sempre foi melhor com línguas, não só com o basco, para ele tudo aquilo que vinha de fora era mais fácil de aceitar. Eu nunca seria capaz de me drogar, de me injetar ou inalar uma substância estranha, fazê-la entrar no meu corpo e deixar que o modificasse a seu bel-prazer. Também com o sexo sempre foi assim, mas não podia dizer isso a ninguém, porque as pessoas sempre têm problemas em relação ao sexo, olham torto para você se você coloca em dúvida alguma coisa relativa ao sexo, o sexo deve ser sempre algo específico, mesmo que pareça existir toda essa liberdade em torno dele, há muita gente que faz sexo apenas para deixar de ter dúvidas em relação ao sexo, para calar de uma vez por toda o fato de que fazer sexo é como brincar de cabra-cega, você nunca sabe quem está do outro lado e a sua tarefa é bem esta, encontrar quem está do outro lado para fazer com que sua venda seja tirada dos olhos e você comece a ver, mas ninguém diz que muitas vezes você não encontra ninguém e você vai tateando o tempo todo, tropeça, não encontra ninguém e a única coisa que você espera é que chegue alguém para retirar a venda dos olhos e pronto. Incomodava-me muito tudo aquilo que os outros faziam no meu corpo, mas isso é principalmente culpa minha, porque comecei a jogar cedo demais, e quando você começa a jogar cedo demais significa que você joga mal e que provavelmente não vai aprender a jogar nunca mais porque ninguém nunca mais vai ensinar a você. Aqui em Paris parece que eu não vejo nada, não saberia dizer o que vi em Paris até agora. As únicas coisas de que me lembro são a maquineta em que coloquei o dinheiro na padaria, uma engenhoca peculiar, e as duas inglesas que zoam comigo. Não sei por que disse a elas que estou gravemente doente, talvez porque eu esteja doente de Jokin, é meu irmão a minha doença. Se eu o encontrar parece que vou me recuperar, mesmo que na verdade vá ficar doente de novo, mas não será visível, eu acho isso, voltarei a ficar doente dia após dia assim que eu o encontrar, mas não será visível nem aos outros nem a mim, haverá um equilíbrio tranquilo e reconfortante, enquanto agora talvez eu esteja saudável e esta dor seja o sintoma de que estou me recuperando, que o meu corpo está jogando fora as toxinas e estou me recuperando. Fiz esta viagem apenas porque amo Jokin e o meu amor vai além da doença. Se eu não o encontrar isso significará que precisarei me fortalecer e me recuperar. Na rua não havia ninguém, enquanto no meu bairro de Bilbao a esta hora já estão todos acordados, pelo menos os meus vizinhos de casa que são as pessoas mais regulares que conheço. Eles são a família Vergarachea e nunca se mudaram de Bilbao, são noivos desde os dezessete anos, têm um cachorro, dois filhos e não se casaram porque são anarquistas. Eu nunca vi pessoas mais serenas do que os Vergarachea e isso porque os Vergarachea nunca se mudaram do lugar em que nasceram e sempre escolheram pela própria cabeça sem se preocupar com subserviências externas. É fácil não se preocupar com as subserviências externas quando se está bem firme no chão, mas ao mesmo tempo é difícil estar sempre firme no chão sem sentir necessidade de ir embora. Na minha opinião os Vergarachea são merecedores daquela serenidade, mesmo que pareça que não, parece que não se esforçaram, porque ninguém entende o quanto é difícil ficar parado enquanto todos os outros se vão. As pessoas amam viajar, como amam fazer sexo, para mim viajar é doloroso porque se espera sempre algo que nunca chega, porque cada parada nunca é definitiva, é apenas uma etapa que prepara você para alguma outra coisa e eu sei que a vida também é assim, mas quem ama viajar não sabe disso, se soubesse odiaria viajar. O croissant tinha o sabor apenas da manteiga, mas estava bom, eu sou alérgica a leite e talvez tenha arriscado a vida. Voltei para o quarto, escovei os dentes, sentei-me na cama e peguei o romance de Dominique Luque e o mapa. O início do romance não coincide com o

Segunda parte

219

início da minha viagem, porque o início do romance se perde em divagações banais sobre a infância miserável de um escritor e sobre os seus problemas psicológicos. O início da minha viagem é um porão, cujo nome parece que tem a ver com elefantes, mesmo que os romancistas contem uma porção de balelas e o nome, na verdade, possa ser outro. Para chegar a esse porão não há orientações, nem mesmo falsas, por isso decidi percorrer duas vias. A primeira é a virtual, portanto precisarei de um computador, de uma conexão e das perguntas certas. A segunda é o Théâtre Mogador, nono arrondissement, a que eu espero chegar em pouco mais de uma hora.

VIII.

30 de janeiro de 2008
Hôpital Saint-Louis

As condições de J.M. são estáveis, o paciente não corre risco de vida. As dores persistem. O doutor Fabien Lambert está seguindo o protocolo previsto para os casos de dependência de heroína. O paciente está sendo acompanhado por um psicólogo que se ocupará de iniciar com J.M. um percurso de desintoxicação que, conforme recomenda o doutor Fabien Lambert, deverá prosseguir também em território espanhol, qualquer que seja o resultado das investigações. A polícia, com a ajuda do intérprete, mesmo não tendo encontrado nada de significativo no que tange à atividade clandestina dos Moraza, conseguiu extrair algumas informações relativas ao passado de J.M. que relatamos a seguir: J.M. não vê a irmã gêmea Gorane Moraza (doravante denominada G.M.) desde uma data imprecisa anterior à morte dos pais Yera e Iñaki Moraza, ocorrida em 11 de janeiro de dois mil e sete; J.M. não teve contatos telefônicos ou de outra natureza com a irmã

O emaranhado

gêmea G.M. durante o período em que estiveram separados, período ainda vigente; J.M. não deseja por ora contatar a irmã gêmea G.M. e não quer que G.M. seja informada de sua internação no hospital e do seu iminente retorno forçado ao território espanhol; J.M. efetuou com sucesso, entre janeiro e julho de dois mil e um, um percurso de desintoxicação de heroína num centro em Bilbao cujo nome não foi precisado. O intérprete não extraiu nenhuma informação coerente dos delírios que, durante o sono, parecem obcecar a mente de J.M. O paciente alterna momentos de completa tranquilidade com ataques de pânico e desespero durante os quais repete obsessivamente diversas palavras entre as quais, pela elevada recorrência, recordamos: *bukaera* (fim), *zigortu* (bater, condenar, recluso, castigar), *sute* (fogo, chama, incêndio), *arrautza* (ovo). O intérprete não soube encontrar nenhuma conexão plausível entre os termos supracitados.

IX.

Desci na Opéra e depois caminhei para aliviar a tensão. Deveria ter descido antes para caminhar mais, cinco minutos na rua não foram suficientes para me acalmar. Assim que avistei o teatro, dei mais uma volta no entorno porque eu me sentia esvanecer. Entrei em um café, pedi uma limonada e repeti a mim mesma aquilo que deveria perguntar sobre meu irmão. Em primeiro lugar, eu não deveria perguntar nada sobre o meu irmão. As minhas perguntas precisariam se concentrar nessa Ginevra que, estando no livro, tinha conhecido, desmascarado e enfeitiçado Jokin e depois quase morreu. Torcia para que a história do acidente fosse apenas uma ficção. Ao mesmo tempo tinha ódio dela. Assim que eu encontrasse alguém a quem perguntar me passaria por uma amiga italiana que não sabia francês ou uma amiga de

Segunda parte   221

seu pai ou da companheira de seu pai. Isso eu ainda não tinha decidido porque dependia do sexo e da idade do informante que calhasse de eu encontrar pelo caminho. Dependia de muitas coisas, pensava. Eu poderia até encontrá-la pessoalmente, sem reconhecê-la, e nesse momento eu estaria feliz e numa enrascada. Isso sem contar que podia ser tudo mentira, o nome Ginevra, o Théâtre Mogador, o acidente e meu irmão. Paguei a minha limonada, saí, escondi-me atrás do cachecol e rumei para o teatro que me pareceu um grande cinema mais do que qualquer outra coisa. No cartaz luminoso estava escrito *Le Roi lion*. Cruzei com um senhor muito alto que saía apressado com dois bilhetes na mão. Pareceu-me comprometedor demais dirigir-me diretamente até a moça da bilheteria, então fui ao banheiro fazer xixi. No banheiro não havia ninguém exceto a mulher da limpeza que falava sozinha e cantarolava. A cabine ainda estava suja então fiquei na frente do espelho, lavei as mãos e o rosto e ajeitei os cabelos. Tempos atrás cortei os meus cabelos pensando que estava cortando os de minha mãe. Era quando eu achava que ia morrer de loucura. Agora os cabelos me chegam quase aos ombros. Tirei o cachecol e o recoloquei, abri e fechei o casaco. A senhora da limpeza cantarolava uma canção que eu já tinha escutado em algum lugar, uma canção agradável, e daí comecei a cantarolar também para ganhar tempo. Eu sou bastante boa em cantar, mesmo que não tenha senso de ritmo, que foi dado somente ao meu irmão e em doses excessivas, alguém pensou que eu não precisava disso mas estava errado, porque ter senso de ritmo na vida é muito mais importante do que ter uma voz bonita. «Ansiosa?», perguntou-me a mulher, dirigindo-se a mim com um ar confidencial. «Sim», respondi. Ela recomeçou a cantarolar, de vez em quando me lançava um olhar compreensivo, que ao mesmo tempo parecia zombeteiro como se eu tivesse aterrissado no

O emaranhado

polo norte com um bilhete para as ilhas Fiji na mão. «Como ele se chama?», ela me perguntou sorridente. Tinha olhos simpáticos, os olhos das amigas da minha avó, acostumadas a oferecer doçura em troca de alguma confidência. Eu não sabia o que responder, no instinto teria respondido «Jokin», mas não era uma boa ideia, então respondi «Não falo bem francês. Estou procurando uma amiga minha». A mulher da limpeza abaixou a cabeça e parou de cantar. Parecia envergonhada mesmo que não houvesse motivo. Olhei para ela, tinha o rosto rechonchudo, cabelos curtos encaracolados envoltos por um lenço laranja desbotado, a constituição frágil e flácida. Talvez tivesse abaixado a cabeça devido à minha resposta brusca demais, pensou que eu não quisesse ser incomodada. Falei a mim mesma que devia investir nela, na mulher da limpeza, perguntei-lhe se trabalhava aqui fazia muito tempo e ela me respondeu: «Eu trabalho aqui desde sempre». «Então talvez a senhora conheça a minha amiga, é muito bonita e se chama Ginevra.» Cuspi com pressa as palavras como se estivesse sendo sufocada por fumaça. A senhora fixou um ponto no espaço e fez uma cara pensativa, levemente caricatural, mas no fundo sincera. Eu não sabia quais detalhes acrescentar porque o livro podia estar cheio de mentiras e qualquer detalhe falso poderia desviar a mulher do percurso que a sua mente estava cumprindo com esforço para encontrar uma certa Ginevra entre as suas lembranças. Então eu me segurei um pouco, esperei que a mulher rompesse o silêncio com uma hipótese plausível qualquer e acrescentei apressada «tem uma pinta embaixo dos lábios». Eu não conseguia imaginar uma Ginevra diferente daquela que carregava com certa desfaçatez uma manchinha preta no queixo. A mulher ergueu de repente a cabeça e me olhou como se eu tivesse ofendido alguém. Eu resisti, apoiei-me na pia e ofereci à senhora uma bala de goma. «Aqui de Ginevra nunca houve ninguém. Você está enganada.» Eu concordei e agradeci depois abri a porta do banheiro e entrei trancando-me à chave. Ainda estava sujo e eu não tinha vontade de mijar. Perguntei-me como um banheiro de teatro podia se reduzir a isso. Pouco tempo depois puxei a descarga a fim de dar uma desculpa para a minha permanência lá dentro. «O que você quer?», perguntou-me a mulher, a sua voz chegava fraca até mim do outro lado da porta, fraca mas acusatória. «Estou procurando minha amiga. Mas não a conheço.» Eu sentia a mulher respirar imóvel, não passava mais o esfregão, não cantava mais e não mastigava a bala de goma que eu lhe havia dado. «Não quero fazer nada de errado, é importante. Essa menina pode me ajudar a encontrar uma pessoa. É possível que ela tenha um outro nome.» Recomeçou a passar o esfregão no piso e desanuviou a voz, mas não cantava. «Pode ser que também não tenha pintas», acrescentei. Eu deveria ter saído logo do banheiro e ter ido embora, mas não conseguia e não conseguia nem sustentar a minha busca com alguma outra justificativa. Em compensação eu suava de dar nojo. «Germana não trabalha mais aqui. A *sua amiga* se chama Germana.» Abri a porta e me aproximei da mulher que fingia que eu não existia. Limpava e cantarolava o mesmo refrãozinho passando o esfregão entre os meus pés. De longe, talvez do palco, uma música havia começado a tocar, mas era como se a mulher não a ouvisse, ela continuava a cantar a sua melodia, eu continuava a andar de um lado para outro do banheiro encarando-a, ela não parava de me ignorar. «Como é o espetáculo, você assistiu?», perguntei a ela dando uma de anjinho, depois me apoiei de novo na pia, abri a bolsa e lhe estendi uma nota de cinquenta euros para entender onde e quantas vezes Dominique Luque havia mentido para mim.

O emaranhado

Antes de voltar para casa parei em uma lan house para procurar os elefantes que prometiam me levar ao meu irmão. Caminhei pelo boulevard Saint-Martin, parei na République, comprei um par de luvas em promoção porque tinha feridas e cortes nas mãos, havia uma assembleia, assisti a cinco, dez minutos de assembleia ao lado de um grupo de feministas com os cabelos coloridos de fúcsia e prata, não entendi quase nada à exceção de *levons-nous femmes esclaves*, elas me olhavam fazendo para cima e para baixo com a cabeça como para me convidar a fazer para cima e para baixo com a cabeça junto com elas, segui na Faubourg du Temple, encontrei uns rapazinhos, dezenas de rapazinhos, apenas rapazinhos que cortavam o meu caminho correndo ou voando em seus patinetes, eu me acalmei, entrei na primeira lan house que encontrei na Quai de Valmy e pedi uma cerveja. O chinês da lan house começou a rir e me respondeu que eles não serviam bebida alcoólica, dando-me lição de moral, «este não é um bar», depois apontando para o local onde podia ficar. Era tudo muito triste de maneira insuportável, mas eu deixaria para me entristecer depois, no albergue, com um cigarro na boca e alguma coisa no estômago. Eu tinha direito a uma hora de navegação e não havia me preparado para fazer nenhuma boa pergunta para a rede. Digitei *white elephant Paris* depois *elephant Paris music* depois *Paris elephant Jokin* depois *Jokin drums Paris* depois *Paris drums Ahmad Jokin* depois *concert Jokin drums* depois *basque musician drums Paris* depois *heroin drums Jokin Paris* depois *elephant hospital heroin Paris* depois *white elephant Jokin* depois *white elephant alternative music* depois *white elephant drums* depois *Jokin Moraza Paris* depois *Jokin musician drug* depois *elephant drums heroin*. Era claro que eu não tinha um plano. Caí em diversas páginas do Facebook que mencionavam a data de alguns eventos passados com o nome dos supostos participantes e um ou outro link, mas nada de interessante ou significativo, nada que

Segunda parte

eu já não tivesse encontrado em Bilbao. Agora eu sabia de cabeça também os nomes de quem tinha comentado nos eventos deles. Nenhum dos membros do grupo parecia ter uma página no Facebook ou um site, nem mesmo os White Elephant tinham uma página no Facebook ou um site, seguiam em frente com os concertos publicados ao acaso na internet, panfletos e boca a boca e isso, dizia um tal Loris Grd em um comentário sobre o show de 27 de março, era a força deles. Obviamente saíram menções, dezenas de menções do livro de Dominique Luque, gente que postava corações ao lado de uma frase de efeito, spoilers dos mais variados, meninas que se declaravam perdidamente apaixonadas pelo personagem do meu irmão e desejavam encontrar um tipo semelhante na vida, desejavam que existisse de verdade. Essas meninas eram as típicas meninas que faziam perguntas inserindo três, quatro, cinco pontos de interrogação para dar ênfase à sua necessidade de se fazer conhecer. Havia também uma ou outra crítica ao romance assinada por jornalistas ou bloggers ou especialistas em literatura. A maior parte dessas críticas era elogiosa, um copia e cola recíproco em que pululavam expressões do tipo *expectativas do leitor, narrativa cativante, personagens atormentados, acontecimentos trágicos, visão lúcida do nosso tempo, relação entre pais e filhos, páginas inesquecíveis, olhar implacável, geração sem rumo*. Não fazia sentido repetir as mesmas buscas já feitas em Euskadi, mas uma parte de mim esperava que em Paris encontrasse algo que não tinha percebido antes e que, retirando o nome falso de Ginevra, algum novo resultado viesse à tona. Espero sempre as coisas erradas, quando eu era pequena o negócio até que era divertido, mas dessa vez não, porque sobre a tela não aparecia nada, apenas citações, corações e garotinhas. A tela não era como o mar de Getxo, não respondia como a água aos meus pedidos de ajuda ou de felicidade. Naturalmente saíam também elefantes brancos e joias de marfim, fotos de seringas e gente chapada.

O emaranhado

Eu já tinha perdido uma meia hora e não estava concentrada, continuava pensando nas palavras da mulher, que se chamava Sabine, no modo como tinha me falado de Germana. Havia essa garota tão bela e tão desafortunada, que era a luz do teatro, todos gostavam dela ou tinham uma quedinha por ela, e então um dia o fogo a levou embora. «A sua luz a devorou», dizia Sabine, orgulhosa de sua alma de poeta. «Então ela morreu?», eu perguntei, e Sabine me respondeu que era como se tivesse morrido. Fiquei a ouvi-la, apoiada na pia, até fazia sim com a cabeça para mostrar que estava participando, não queria me aproveitar demais da situação, mas mal tentava fazer uma pergunta mais específica, saber por exemplo onde ela trabalhava agora, Sabine repetia «sumiu», «sumiu», como se Germana Luque tivesse realmente sido pulverizada diante dos seus olhos, desmanchando-se no chão. A única coisa que descobri era que as investigações sobre o incêndio não tinham levado a nada de fato, mas que a principal suspeita era justamente ela, Germana. «Então eles a prenderam?», perguntei esperando uma resposta positiva porque sempre existe alguém com quem se informar quando se trata de prisões e homicídios. «A sua prisão foi o hospital, pobrezinha», respondeu-me Sabine. Odeio os hospitais e não tenho nenhuma vontade de pôr os pés aqui, mas ainda assim anotei o nome desse Saint-Antoine como último recurso. No romance não aparece Saint-Antoine, mas Saint--Louis, assim como não aparece Germana, mas Ginevra, o que demonstra que Dominique Luque tem uma acentuada predisposição para mudar nomes, provavelmente não fez mais do que mudar nomes reais no seu romance, como se essa mudança fosse o seu único meio de proteger e mentir, proteger sua filha e mentir a si mesmo. Poderia tê-lo feito também com o mcu irmão, o que significaria que meu trabalho aqui é inútil, que aquele Jokin não é o meu Jokin, que a sua droga não é a droga de Jokin, e que a minha vida acabou. Eu dei ouvidos às suas

Segunda parte

mentiras e por cinquenta euros, um bilhete do metrô e uma limonada só desmascarei duas delas, graças a uma moça que, pelo menos do que sabemos dela eu e Sabine, poderia inclusive já estar morta. O chinês começou a me olhar impaciente mesmo que eu ainda tivesse direito a quinze minutos, provavelmente ele queria almoçar e esperava que eu me apressasse e pedisse o resto do dinheiro pelos minutos que não tinha usado. Até poderia ter lhe atendido mas eu queria fazer uma última tentativa, inserindo Germana nas minhas pesquisas, então digitei *Germana Jokin elephant* depois *Germana theater fire* depois *Germana Paris beautiful theater* depois *Germana Jokin love art* depois *Germana Luque theater* depois *Germana Luque white elephant* depois *Germana elephant music* depois *Germana fire Mogador* depois *Germana Dominique Luque* depois *Germana Italy Jokin* depois *Germana real book* depois *Entangled Germana real biography* depois *Germana book Dominique Luque* depois *characters book Luque real* depois *Germana Luque biography* depois *Germana Luque bio Paris* depois *Germana expo fire* depois *Germana Luque accident* depois *Germana Luque accident death* depois *Germana Luque dead*. Os Elephant Music eram um grupo de metal coreano, enquanto uma Germana Luc havia morrido ao bater em um caminhão cinco anos antes nas proximidades de Saint--Denis. A biografia de Dominique Luque saía de todos os jeitos, mas a questão filha se encerrava em uma frase que se repetia idêntica, ou com alguma mínima variação, em todas as recorrências consultadas (*do seu primeiro casamento nasceu uma filha, protagonista de seu último romance «Entangled»*). O nome dela nunca era citado. Os acidentes nas estradas eram de qualquer modo os resultados mais frequentes, junto com grupos alemães esotéricos, um dos quais propunha uma releitura dos textos sagrados centrada no conceito de reordenação existencial e expulsão dos dejetos emotivos. Joking era um site italiano de encontros eróticos entre pessoas simpáticas cujo fascínio

O emaranhado

provinha, em porcentagem máxima, da personalidade sarcástica e brilhante dos inscritos que ostentavam, no lugar da clássica foto posada, uma sacada espirituosa escrita em Comic Sans MS. De Germana Luque, porém, existiam inúmeros perfis no Facebook e alguns no LinkedIn que eu esperava que me levassem ao seu lugar de trabalho atual, isso se ela estivesse viva e tivesse um trabalho. O LinkedIn revelou-se uma pista falsa porque as três Germanas Luque que apareciam na tela ou eram velhas demais ou feias demais e outra era uma ítalo-espanhola que vivia em Ibiza e trabalhava de contadora em uma empresa produtora de luzes coloridas ou preservativos (o nome era o mesmo: Night blue). Como foto de perfil trazia um macaco no ombro e a língua de fora, o que me fez optar pela empresa de preservativos. Nesse tempo entrou um sujeito com sacolinhas cheias de comida chinesa e me veio uma fome enorme e me lembrei de que meu dinheiro havia acabado. No Facebook as Germanas Luque eram mais ou menos umas vinte, e havia também uma página dedicada a uma artista visual conceitual morta, famosa pelos seus quadros abstratos que emanavam perfume de rosas, de laranja, de baunilha, de leite, de mar, de campo, de queimado, de caramelo, de papel, de musgo, de chocolate, de pinheiro conforme o momento artístico, o humor, o trauma pessoal ou coletivo evocado pela artista. Sugestionada pela origem nasal da arte da Germana Luque artist, eu naveguei pela página, olhei alguns quadros, inspirei profundamente e bem quando o chinês me botava para fora, senti o cheiro de frango com shoyu.

Almocei as duas balas de goma que haviam sobrado no pacote e uma outra limonada perto do canal Saint-Martin. O aspecto mais reconfortante da situação consistia na real existência de uma filha Luque e de um incêndio: isso me dava alguma esperança no futuro, no fato de que a história do livro tivesse realmente algo a ver comigo e com o meu irmão. Havia sol e isso não correspondia à ideia que eu tinha feito dos meus dias em Paris que seriam escuros e solitários, dias de detetive. O céu limpo me obrigava a sair e a encontrar pessoas e o meu quarto nojento no albergue também me obrigava a sair e a encontrar pessoas, algo que eu não queria fazer assim como não queria falar francês, manter uma conversa importante em um banheiro de um teatro que exibia *O Rei leão* e ser botada para fora de uma lan house por um chinês com fome nervosa. Decidi ir até o Pompidou a pé para depois me refugiar na biblioteca e esperar a hora do jantar. Sem me dar conta disso, eu tinha passado uma boa parte do dia na frente do hospital falso onde Dominique Luque tinha internado Ginevra no romance: passando na frente do Saint-Louis, coloquei a língua para fora, voltada na direção da porta principal na qual provavelmente acabaria entrando, dali a poucos dias, se Sabine não tivesse me revelado a segunda mentira de Luque. Tive sorte, pensei. *Dominique Luque cuzão*, escrevi com uma latinha de spray vermelha em um enorme muro imaginário.

X.

25 de janeiro de 2008
Delegacia de Polícia, xviii arrondissement

Na data de 25 de janeiro de dois mil e oito, às 9:04, o senhor Sef Meyer apresentou-se à delegacia do décimo oitavo arrondissement na qualidade de declarante. Segundo suas declarações, ele e J.M. se conheceram na data de 13 de fevereiro de dois mil e sete. O primeiro contato entre o senhor Meyer e J.M. aconteceu após a publicação na rede social Facebook de um anúncio relativo

O emaranhado

ao apartamento número 5 da Rue Belliard. A tal anúncio de locação, publicado no grupo aberto «Offre appartement particulier — Paris», respondeu também J.M. utilizando um perfil falso. O senhor Meyer afirmou que o nome do jovem russo que o contatou na data de 13 de fevereiro de dois mil e sete e sob cuja identidade virtual teria se escondido J.M. é um certo Zoran Rakion, operário metalúrgico, nascido em Moscou em mil novecentos e setenta e oito. O senhor Meyer recorda que, entre as preferências musicais expressas em seu próprio perfil do Facebook, o assim autonomeado Zoran Rakion teria inserido: pop music, Madonna, Michael Bublé, Diskoteka Avarija e hino da Federação Russa. O senhor Mayer pensou ser oportuno mencionar essa peculiaridade para «ter uma ideia do sujeito» e ajudar de algum modo as investigações. No item «família e relacionamentos», Zoran Rakion teria inserido «viúvo», uma declaração que, conforme o senhor Meyer, uma vez conhecendo melhor J.M., resultou credível, considerado o estado de persistente depressão que se abatia sobre o seu «sombrio colega de apartamento». Em seu perfil, agora inexistente, até onde se recorda o senhor Meyer, não constariam outras informações. A única coisa que o senhor Meyer notou foi que Zoran Rakion havia efetuado a inscrição na rede social poucos dias antes e que não tinha amigos. Disso suspeitou o senhor Meyer, fazendo pensar em um perfil falso, mas qualquer dúvida sobre a real existência do aspirante a locatário foi dissipada por ocasião do primeiro encontro. Após um primeiro contato virtual, os dois então marcaram encontro para o dia seguinte, 14 de fevereiro, no apartamento, em torno das 18 horas, junto com outros dois candidatos a locatários. O senhor Mayer declarou ter escolhido o senhor Zoran Rakion como colega de apartamento, entre uma dezena de aspirantes, devido a seus modos silenciosos, à sua «urgente necessidade de um lugar para ficar» e à sua «grande capacidade de adaptação», uma qualidade que o senhor Mayer parece não ter encontrado nos demais candidatos, que lhe pareceram «ansiosos e obsessivos». Ao contrário,

Segunda parte 231

Zoran Rakion não fez nenhuma pergunta em relação ao funcionamento dos eletrodomésticos, à falta de algumas comodidades no quarto (armário, cama, cadeiras) e, mais genericamente, no apartamento inteiro (acesso à internet, máquina de lavar louça, lavadora de roupas, sistema de aquecimento adequado) e não pareceu sequer interessado no estado de total abandono e falta de cuidado (janelas velhas, mofo nas áreas do banheiro e da cozinha, paredes impregnadas de fumaça, piso irregular) em que se encontrava o apartamento. A única coisa que se limitou a dizer, ao término da visita, foi: «Estou muito interessado». Diante da pergunta: «Ele lhe disse de que nacionalidade era?», o senhor Meyer afirmou: «Tinha um sotaque estranho, dava para ver que não era francês. Mas falava muito bem, o que me fez pensar que era um sujeito instruído. Por isso acreditei nele. Ele tinha até o jeito de um russo, era fechado e quieto. Era muito alto e tinha os cabelos compridos, não sei, dava a ideia de que era russo. Não tenho amigos russos, mas vi alguns russos na televisão ou em alguma parte e ele refletia a ideia que eu tinha dos russos. Acreditei nele na base do preconceito». O senhor Meyer acrescentou que Zoran Rakion era inicialmente pontual com o pagamento do aluguel e falava pouco. Declarou também que Zoran Rakion nunca recebeu nenhum hóspede em casa, a ponto de fazer o senhor Meyer pensar que ele não tinha amigos. Diante da pergunta: «Notou mudanças de atitude em J.M. ao longo da convivência entre vocês?», o senhor Meyer respondeu positivamente, expressando-se como segue: «Começou a falar cada vez menos e a voltar cada vez mais tarde. Nos últimos tempos estava agressivo inclusive com a minha namorada. Eu achava que ele bebia, Mégane, no entanto, entendeu, ela percebeu as marcas no braço e me disse para expulsá-lo. Mas como eu faria para expulsá-lo? Eu não tinha nada na mão, tentei, mas ele me ameaçava, tinha também parado de pagar o aluguel e me acusava de ser ladrão. Dizia que eu roubava seu dinheiro, toda vez que voltava para casa, ele esbravejava pelo dinheiro, dizia:

O emaranhado

'você acha que vai me foder, acha que pode me foder todo, né?', daí no dia seguinte parecia tudo normal, não sei. Nos últimos meses paguei sozinho, meu pai me ajudou. Mégane dizia que eu era um fracassado. Quando tentava pedir a Zoran o dinheiro do aluguel, mesmo que só uma parte, ele dizia que eu o estava sugando, chamava-me de 'sanguessuga negra'. Nas poucas vezes em que falava era vulgar e muito agressivo, eu não ficava tranquilo, ele era alto, o dobro de mim. Dava a impressão de ser alguém que partiria com gosto para a briga. Foi ele quem quebrou o vidro da janela na cozinha e derrubou a porta do banheiro. Não podia denunciá-lo porque nós estávamos ilegais, daria mais problemas. Os vizinhos nunca disseram nada, isso tudo me deixava maluco, eu esperava que eles chamassem alguém mas não faziam nada. Eu realmente não suportava mais aquela situação. No fim comecei a ficar na casa de Mégane porque ela tinha medo de que ele me influenciasse de algum modo ou me fizesse mal, tinha medo de que eu me metesse em confusão por culpa dele. Mesmo que as coisas entre mim e Mégane não andassem bem, ainda assim ela me acolheu na casa de seus pais, apenas para que eu ficasse longe de Zoran». Após uma pausa, o senhor Meyer continuou: «Eu dizia a Mégane para parar, dizia que estava paranoica. Ela estuda medicina, mas é hipocondríaca. Acho que ela nunca será uma boa médica porque não era nada lúcida, tinha medo de que ele me passasse uma doença, hepatite, aids, coisas assim. Ela sabia que era irracional, mas tinha medo da mesma forma. Eu lhe dizia 'eu não tenho que transar com Zoran, só transo com você'. Dizia isso para fazê-la sorrir, mas ela estava mal, estava fora de si, não conseguia brincar com aquilo. Em vez disso, ficava ainda pior quando eu lhe dizia essas coisas. Ela dizia que eu tinha de fazer exames, no começo não queria fazer, mas ela dizia que iria me deixar se eu não fizesse. Mégane sempre teve medo de Zoran, mas no final estava aterrorizada, sempre me dizia: 'Digamos que ele deixe uma seringa perdida e você se pique' ou «digamos que um dia você o

Segunda parte　　　　　　　　　　　　　　233

encontre em casa meio morto e precise socorrê-lo'. Toda vez que eu entrava na casa dela ela me obrigava a tomar banho, dizia que eu precisava me lavar bem, que precisava lavar todas as partes e esfregar, às vezes vinha me inspecionar no banheiro para ver se eu tomava banho de verdade, parecia louca. Ficava ali em pé diante do chuveiro e me olhava, às vezes chorava, sacudia a cabeça. Dizia que eu não podia tocar nada seu, quero dizer de Zoran, que devia tomar cuidado com o sangue de Zoran. Ela tinha praticamente certeza de que ele se drogava, enquanto eu achava aquilo absurdo. Mas ela não entendia, achava que Zoran estava lá para me fazer mal, e por consequência fazer mal a ela também. Para mim ele era apenas um bêbado ou estava passando por um momento terrível. Eu tentava fazê-la raciocinar, mas não tinha jeito. No entanto, foi Mégane quem me fez notar algumas coisas, por exemplo, os furos nos braços, eu nunca tinha dado importância antes, até porque ele provavelmente andava esperto para não ser pego. Tinha os braços esburacados, uma coisa impressionante, eu vi só uma vez mas ficaram gravados na cabeça, não me esqueço. Provavelmente havia também marcas antigas, não sei, porque de outro modo estaria morto, mas morto e enterrado, fim. Não sei como funciona com a droga, mas se alguém tem aqueles braços para mim tem pouco tempo de vida. Tentei sim expulsá-lo de casa, mas não teve jeito e depois eu ficava com pena. No final eu que precisei ir embora. Porém posso afirmar que é por culpa dele que eu e Mégane entramos em crise. Toda vez que brigávamos tinha a ver com ele. Brigávamos por causa dele. Não sei se era realmente ele a causa ou um pretexto, o fato é que, toda vez que brigávamos, de alguma maneira aparecia o nome de Zoran. Ela dizia que eu precisava ser homem, que eu precisava tomar conta da situação, enfim, ela me humilhava com a desculpa de Zoran. Zoran era a prova de que eu era um fracassado, de que eu não valia nada. Também o fato de ter ido viver com Mégane, de ter dado ouvidos a ela, na verdade isso piorou a situação, pois não estávamos prontos para viver

O emaranhado

juntos, principalmente não estávamos prontos para viver juntos na casa dos seus pais. Na prática Zoran Rakion arruinou a minha vida, mas não percebi enquanto isso acontecia, eu me dei conta disso no final». Diante da pergunta: «Nunca duvidou da identidade do seu colega de apartamento?», o senhor Meyer respondeu como segue: «Nunca tive dúvidas em relação ao seu nome ou ao fato de que fosse russo. Para mim ele sempre foi russo e sempre se chamou Zoran. Nunca pensei que pudesse mentir, até porque nunca falava. Também, por que alguém mentiria sobre o próprio nome, é uma coisa idiota, eu não sabia que ele era fugitivo. Descobri por vocês que ele só tinha me contado balelas». O senhor Meyer respondeu então às perguntas do agente Duval relativas a eventuais hábitos ou comportamentos particulares de J.M. A partir das respostas do senhor Meyer, veio à tona o que segue: J.M. passava pouco tempo em casa, tanto no início quanto no fim de sua permanência no apartamento; J.M. nunca contava nada a respeito de si e não se mostrava interessado na vida do senhor Meyer; J.M. tinha o hábito de dormir com a porta trancada; J.M. escutava música única e exclusivamente com fones de ouvido; J.M. tinha uma preferência por sanduíche com queijo (camembert); J.M. tinha o hábito de tamborilar com os dedos de ambas as mãos sobre qualquer superfície que tivesse à disposição; J.M., quando se lavava, fazia-o exclusivamente tarde da noite, antes de se deitar; J.M. nunca levou mulheres ou amigos para casa; J.M. nunca recebia ligações no celular e nunca forneceu o número ao senhor Meyer; J.M. não assistia à televisão; J.M. não tinha hobbies. Diante da pergunta: «O senhor nunca pensou que ele pudesse ser um terrorista?», o senhor Meyer respondeu negativamente. Diante da pergunta referente a demais informações úteis que o senhor Meyer poderia elencar a respeito de comportamentos ou conversas com J.M., o interrogado respondeu como segue: «Eu não o conhecia e não me interessava. Levo uma vida de merda, portanto já era muito se nos cumprimentássemos. Eu entendia que a vida dele era difícil tanto quanto a minha e o sentia próximo. Em todo caso nunca entendi porra nenhuma sobre as pessoas». De sua espontânea vontade, o senhor Meyer acrescentou: «Porém, certa vez, ele estava fora, entrei no seu quarto. Eu me inclinei, fiquei na porta. Naquele quarto não havia praticamente nada, era vazio. Vocês também viram, uma coisa miserável. Não que eu tenha porventura algum senso estético, mas era realmente desolador pensar que no outro quarto havia alguém que não tinha sequer uma cama ou um armário, eu disse a ele 'Vamos comprar um', eu estava disposto até a rachar o valor, mas ele não estava nem aí. Não sei, era o quarto de alguém que está de mudança, de alguém que está para ir embora. Só que em vez disso ele ficava, mas era como se estivesse prestes a partir. Parecia o quarto de alguém que tinha outra casa em outro lugar, como se usasse o nosso apartamento como um apoio, sei lá, uma despensa. Parecia o quarto de alguém que tinha uma outra vida». Diante da pergunta: «O senhor notou atitudes racistas de J.M. em relação ao senhor?», o senhor Meyer respondeu: «Sim, aparentemente era racista, no sentido de que me chamava de negro, a sanguessuga negra, como eu já disse a vocês. Porém, não sei, eu não me incomodava, ele não era um desses que olham para você com ternura e depois ai de quem tocar neles. Ele olhava todo mundo do mesmo modo e posso garantir a vocês que não era algo que acontece com frequência. Quando ele me chamava de negro, eu sentia que era um outro negro como eu quem falava. Não colocava uma distância, não dava uma de gentil para não se sentir culpado. Era um bosta, mas era assim com todos. Zoran era alguém que sujava as mãos. Por isso ele me enganou». Ao término do colóquio, o senhor Meyer declarou-se à disposição para colaborar também no futuro, garantindo entrar em contato com a delegacia tão logo se recordasse de outras particularidades, mesmo que aparentemente insignificantes, a respeito de J.M. O senhor Meyer ainda forneceu o número de telefone da senhorita Mégane Fabre, que será prontamente contatada. Diante da

O emaranhado

eventualidade de encontrar o seu ex-companheiro de apartamento J.M., o senhor Meyer reagiu com forte recusa.

XI.

Sete são os caminhos para chegar ao meu irmão. Cada caminho tem suas ramificações, mas é importante manter o olhar firme e não se deixar enganar pelos atalhos floridos. Todos os dias percorrei um caminho e reunirei na caderneta as informações a fim de construir um mapa mais detalhado e alcançá-lo. Estou certa de que, detalhe após detalhe, reconstruirei o rosto de meu irmão.

XII.

31 de janeiro de 2008
Hôpital Saint-Louis

As condições de J.M. são estáveis, na data de 30 de janeiro de dois mil e oito o paciente parece ter recuperado o apetite. J.M. passa os seus dias na cama, os enfermeiros estão seguindo minuciosamente o protocolo previsto para dependências médio--graves de heroína. O sofrimento de J.M. parece ter minimamente diminuído. Das 11h às 12h e das 16h às 17h J.M. é acompanhado no corredor por um enfermeiro para efetuar cerca de uma hora de caminhada para reavivar os músculos. A desintoxicação prevista pelo protocolo consiste na administração de pequenas doses de metadona com aumento rápido e gradual. O doutor Lambert aventou a hipótese de que a dose média de heroína tomada por J.M. antes do início do tratamento fosse de 0,83 g/dia e que boa parte dela fosse inalada por via respiratória. As marcas de injeções

Segunda parte

encontradas na parte esquerda do corpo de J.M. remontariam em sua maioria a seu precedente período de dependência, interrompido na clínica de desintoxicação em Bilbao (ver acima). O paciente reagiu ao tratamento de maneira ótima e se submeteu a todos os exames de controle, que registraram um resultado negativo (hepatite, aids, sífilis etc.). Portanto, o paciente goza, em geral, de uma boa saúde, não obstante o seu corpo se mostrar malnutrido. A partir dos resultados negativos dos exames, conclui-se que, com toda probabilidade, J.M. sempre utilizou agulhas e seringas esterilizadas para autoinjetar as doses de heroína. Ainda não foi rastreado o traficante de quem J.M. adquiria a heroína, admitido que houvesse apenas um, mas pelos exames toxicológicos concluiu-se que a qualidade da substância era excelente, com toda probabilidade de proveniência afegã, o que contribuiu para diminuir os riscos à saúde do paciente. A partir das análises efetuadas na fina camada de coloração marrom-claro encontrado nos braços de J.M., e em particular sobre boa parte das marcas das injeções, concluiu-se que se trata de uma base de efeito ultrafluido pele nua, frescor aveludado, marca Dior.

XIII.

Sinto que estou doente, mas não tem um termômetro aqui. Preciso sair deste albergue, procurar um lugar mais confortável. Tenho certeza de que é o ar deste lugar que me faz mal. O primeiro caminho para chegar até o meu irmão é aquele em que desemboquei ontem na internet e com Sabine. Chama-se caminho Germana, é o mais rápido, o mais difícil de pegar. Mesmo que esteja próximo, não vai se mostrar logo, não para mim. No segundo caminho para chegar ao meu irmão seria melhor não confiar porque tem a ver com a literatura e portanto com a retórica, as florzinhas que recobrem uma estrada

O emaranhado

de estrume. Esse é um caminho que dá voltas e se compraz das próprias curvas, das próprias estradas íngremes e da paisagem, e é um caminho que não me levará a nenhum lugar, a menos que eu tome algumas precauções. Subirei esse caminho com cuidado, lembrando-me de nunca acreditar demais no que vejo, de não me encantar diante de uma vista bonita, de retirar a poesia de qualquer coisa que apareça pela frente e de usar calçados robustos. Por isso, quando encontrar Dominique Luque, se conseguir encontrá-lo, não acreditarei em uma palavra do que me disser. Procurarei olhar em torno. Para saber onde vive Dominique Luque posso me servir do caminho um, de sua filha — considerando que eu a encontre antes dele e considerando que, uma vez encontrada, eu ainda precise dele —, da lista telefônica ou do seu editor. O terceiro caminho para chegar ao meu irmão é o caminho do seu vício e se chama heroína. Eu sei que esse caminho não é uma mentira. Precisarei percorrê-lo não apenas para encontrar meu irmão mas para me reapropriar da minha sombra e crescer. Foi nesse caminho que eu o abandonei muitos anos atrás e não caí com ele. Não sei se teria sido mais fácil ir de mãos dadas por esse caminho, mas sei que foi difícil ficar olhando. A respeito desse caminho ele não me perdoou. Vim a Paris para correr em sua direção, para correr mais do que ele e para trazê-lo de volta ao solo da nossa separação mais antiga. O quarto caminho é povoado de pessoas que terão encontrado meu irmão sem vê-lo, é a rua da boataria, das primeiras impressões e das fofocas. Esse caminho poderia se chamar Pompidou, como poderia se chamar Orsay, Grévin, Louvre ou Rodin. É o caminho que tenho menos vontade de encarar. No caminho Orsay, Grévin, Louvre ou Rodin encontrarei muitas informações, muitas datas, muitos nomes de lugares ou conhecidos, e é lá que precisarei tomar cuidado para não me perder, para contar com as pessoas certas. O quinto caminho é o grupo de elefantes de meu irmão, é a música de meu irmão e a sua nova família, enquanto o sexto caminho é o do hospital certo, o Saint-Antoine, onde Jokin deve ter obrigatoriamente passado, pelo menos uma vez, para visitar a sua espécie de amor. Talvez seja o hospital que vai me conduzir aos elefantes, talvez eu chegue a eles por outras vias, atalhos virtuais ou ditados pelo acaso, pela impertinência ou pelo desespero. Talvez não haja elefantes e meu irmão tenha se perdido definitivamente, então não me restará nada além de segui-lo pelo caminho que ele me abriu e que eu comecei a percorrer pensando em salvá-lo. Desta vez prometo que cairemos juntos ou cairei sozinha, se a verdade é que estou girando em falso e Jokin me espera lá no fundo. Haverá então um sétimo caminho em meio a todos esses caminhos, que eu construirei seguindo em frente dia após dia. Esse é o caminho mais acidentado, é o caminho em que estou pronta para me perder e é o caminho que leva o meu nome, Gorane. Eu não me absolvo de nada. Amém.

XIV.

28 de janeiro de 2008
Delegacia de Polícia, XVIII arrondissement

Em data de 28 de janeiro de dois mil e oito, às 11:53, a senhora Catherine Pignol se apresentou, conforme solicitado por telefone, à delegacia do décimo oitavo arrondissement na qualidade de declarante. A senhora Pignol declarou ter encontrado pessoalmente, no mês de janeiro de dois mil e sete, o candidato a locatário Sef Meyer, que lhe pareceu «um rapaz digno de confiança». A senhora Pignol declarou também ter encarregado o senhor Meyer da escolha de um eventual segundo locatário de quem ela não queria «saber absolutamente nada». Diante da pergunta relativa às garantias por

O emaranhado

ela requisitadas aos locatários, a senhora Pignol respondeu não ter estipulado nenhuma garantia, exceto o pagamento do primeiro mês de aluguel no mesmo dia da entrega das chaves. A senhora Pignol também declarou ter depositado na pessoa de Sef Meyer toda a sua confiança e não ter então redigido nenhum documento nem oficial nem informal que salvaguardasse as partes implicadas. Portanto, não é possível estabelecer a data precisa de ingresso do senhor Meyer no apartamento, que, em todo caso, pode ser estimada entre 25 de janeiro e 6 de fevereiro de dois mil e sete. Conforme reiterado pedido, a senhora Pignol declarou dispor de «meios próprios pessoais de controle»: a zeladora Alizée Servadio, sua amiga de família, seria encarregada do controle periódico e informal da unidade 23 «com uma desculpa qualquer», monitorando também os movimentos suspeitos e os sujeitos pouco recomendáveis que pudessem transitar dentro e fora do apartamento entre as 10 e as 21 horas. No restante do tempo, Alizée Servadio «tinha coisas a fazer em sua casa». A senhora Pignol reiterou o fato de não ter estipulado nenhum contrato regular com os dois locatários. O método de pagamento era constituído por um envio mensal, mediante correio, no total de setecentos e cinquenta euros, incluídas as despesas. Em relação à declaração de conteúdo de tal valor mensal, a ser aplicada sobre o envelope, os inquilinos tinham a liberdade de fazer como bem entendessem. As justificativas usadas com mais frequência, recorda a senhora Pignol com alguma incerteza, pareciam ser: «reembolso de férias julho-agosto», «presente de casamento», «despesas variadas», «despesas de serviços». A senhora Pignol lembrou ter sugerido ao seu locatário Sef Mayer para «ser vago» em relação ao título a ser colocado no envelope, «para ficarem mais tranquilos». A senhora Pignol declarou ter sempre e somente se comunicado com o senhor Meyer no tocante a eventuais problemáticas ligadas à locação e não ter em sua posse nenhum contato telefônico, endereço de e-mail ou coisa que o valha do segundo locatário J.M., a ponto de que

Segunda parte

para ela «podia de fato nem existir». A senhora Pignol, embora admitindo a sua atividade ilícita de locação, declarou firmemente o seu completo alheamento em relação aos fatos que possam ter acontecido no apartamento habitado pelo senhor Meyer e por J.M. Ela declarou, além disso, com ainda mais convicção, não ter pretendido de nenhum modo proteger o fugitivo J.M. e, ao contrário, ignorar totalmente a sua condição de fugitivo e a sua dependência de heroína. Manifestando a própria indignação e a própria raiva e chegando até a se maldizer por ter alugado o próprio apartamento «a um drogado nojento», depois de ter explicitado também a própria perplexidade em relação à falta de prontidão da amiga zeladora, a senhora Pignol concluiu a conversação com a seguinte declaração no que concerne a J.M.: «Por mim pode até morrer».

XV.

Eu não estava doente, mas alguma coisa eu tinha, porque me revirei na cama a noite inteira e pela manhã estava um trapo. Entrei no café de sempre para o croissant de sempre. Depois do café da manhã, eu estava ótima. Enquanto isso, o tempo me ouviu e no céu se estendeu um cobertor cinzento; parecia que um véu de névoa fosca pairava entre o céu e a calçada como um recife de corais ou uma floresta quase invisível de algas. Eu adentrava o mar da cidade sem máscara e sem escafandro direto para o Pompidou. Peguei o metrô para Denfert-Rochereau, fiquei em pé com as mãos nos bolsos tentando não cair com os solavancos da baleia subterrânea, queria exercitar meus dotes de equilibrista, mas a verdade é que sentar me dava nojo. Havia manchas escuras, sobre os banquinhos da linha seis, que devia ser uma das mais velhas, e aqueles banquinhos conservavam a merda de gerações e gerações de burgueses, drogados, mendigos, estudantes, padres, operários e assassinos. Tudo aquilo que está impregnado de história sempre me deu medo, talvez porque me lembre o basco, a minha língua, as origens do meu povo espalhadas em alguma parte da Europa. Eu queria coisas novas, lençóis novos, toalhas novas, um pouco de leveza em uma língua cheia de frescor com a qual recomeçar tudo. Eu não tinha nada para recomeçar, era a vida dos meus pais que devia recomeçar, a minha devia seguir em frente e pronto. Obstinavam-se a olhar para trás, como animais que perderam o dono. Eu olhava à minha frente e não via nada. Os meus pais não tinham ideia do que era o futuro, achavam que sabiam, achavam que lutavam para melhorar as coisas, em vez disso não sabiam e lutavam por nada. Eu e meu irmão tentamos fazê-los parar, mas fracassamos, e não conseguimos nos perdoar de ter fracassado, nem a Espanha pode nos perdoar pelo fracasso. Eu e meu irmão precisamos apenas olhar para a frente mesmo que não vejamos nada. O metrô todos os dias fende a escuridão para chegar à sua próxima parada e assim eu fiz e continuarei a fazer até encontrar a minha parada, então descerei, subirei as escadas, irei me acostumar novamente à luz e poderei voltar para casa. Também os meus pais pararam onde deviam parar, e não fui eu quem quis isso. Os meus pais pararam onde eles quiseram.

XVI.

9 de fevereiro de 2008
Hôpital Saint-Louis

O retorno de J.M. à sua pátria foi estabelecido para quinta-feira 11 de fevereiro de dois mil e oito. O fugitivo será conduzido às 6:30 da manhã por dois guardas de segurança. O doutor Lambert confiará a eles o protocolo previsto para o tratamento de desintoxicação, a ser taxativamente continuado também em território basco, quaisquer que sejam as responsabilidades políticas, as acusações e as condenações que pesarão sobre o paciente. Recomenda-se além disso que o percurso médico e farmacológico seja acompanhado de um suporte psicológico, preferencialmente psiquiátrico, tendo em vista que a fragilidade emotiva do paciente pode se manifestar em nova recaída como a que se seguiu à primeira desintoxicação no ano de dois mil e um. Uma vez fornecido o protocolo, J.M. será algemado somente em caso de reação violenta e transportado em ambulância até a estação Gare de Lyon, onde será colocado em um veículo sedã quatro portas vidros escuros placa AR—143—ZA. A troca do fugitivo J.M. acontecerá na cidade fronteiriça de Hendaye, onde a chegada está prevista por volta das 15 horas. À polícia espanhola será fornecido o registro das conversas com os declarantes da oitiva durante o período de convalescença de J.M., junto com o protocolo de desintoxicação redigido pelo doutor Lambert e por seus colaboradores. A partir desse momento a pessoa de J.M. estará inteiramente sob os cuidados da polícia espanhola. A extradição de J.M. foi aprovada por unanimidade pelas autoridades espanholas e francesas: o objetivo comum é o de isolar o fugitivo impedindo que ele venha a entrar em contato com possíveis parceiros perigosos tanto em Paris quanto em Bilbao. Após atravessar a fronteira, J.M. será então transportado para Intxaurrondo (San Sebastián), em direção ao quartel da Guarda Civil, onde se submeterá aos interrogatórios necessários a fim de verificar sua hipotética culpa. A chegada a San Sebastián está prevista para as 16 horas, aproximadamente. Em San Sebastián J.M. não terá a possibilidade de encontrar ninguém, nem a senhora Leire Moraza, sua avó, nem a senhorita G.M., sua irmã gêmea, que parece ter deixado provisoriamente o país para uma curta temporada de férias. Após várias conversas com a parte interessada e outros sujeitos ligados à organização terrorista ETA, foi estabelecido que não existem acusações que pesem sobre a senhorita G.M. Conforme as declarações da senhora Leire Moraza,

O emaranhado

J.M. deveria ser repatriado antes da chegada de G.M. O plano de retorno à pátria de J.M. poderá ser modificado ou cancelado somente em caso de circunstâncias excepcionais não evitáveis, quais sejam: condições meteorológicas adversas; *factum principis*; riscos (não previstos) à segurança; fuga do paciente; agravamento das condições do paciente; morte do paciente.

XVII.

Cheguei às onze em ponto e precisei ficar na fila pelo menos uma hora debaixo de chuva junto com mais um bom tanto de gente. Dominique Luque, nesse caso, descreveria a cena com uma frase tipo «pareciam sem-teto em fila por um pedaço de pão», comprazendo-se da comparação entre turistas esfomeados por arte e mendigos. Dominique Luque nunca escreveria «vagabundo», «pobres-diabos», ou «indigentes» ou «desgraçados», escreveria «sem-teto», para ser educado e não ofender ninguém, porque Dominique Luque acha que a arte só acaricia e quer que as pessoas lhe digam «bravo». Dominique Luque é daqueles que colocam a mão na frente da boca antes de arrotar não porque sejam educados, mas para ouvir dos outros o quanto são educados. Eu admiro as pessoas que arrotam ou bocejam ou tiram a comida dos dentes sem colocar a mão na frente da boca, mas admiro ainda mais aquelas pessoas que colocam a mão na frente da boca mesmo que não haja ninguém, mesmo que estejam sozinhas em um quarto com a luz apagada sem janelas. Essas são pessoas nobres e raras. Odeio pessoas como Dominique Luque. Alguém assim nunca terá nada de mim. Na minha frente havia três espanhóis que falavam como se devem preparar rãs, duelavam de maneira cada vez mais agressiva. Não me interesso por rãs e não sei cozinhar, mas a presença deles

Segunda parte

245

me dava uma espécie de alívio, e a fila não me pareceu tão insuportável como seria se eu estivesse perto de um alemão, de um italiano ou de um basco. Quando falo se sabe que não sou espanhola, porém se sabe pouco, sabe-se que sou de fora mas só os mais sensíveis entendem que ser de fora, no meu caso, significa ser apenas basca. Ser basco significa ser único, isolado, menor e especial, a minha opinião é que ser basco não significa nada. Eu gostaria de ser espanhola, gostaria de ser uma coisa só. Ver o mar em espanhol, ver as minhas mãos em espanhol, ver Jokin em espanhol, ver os meus pais em espanhol, fazer planos em espanhol, viver como espanhola, foder como espanhola, fazer filhos espanhóis como espanhola. Eu gostaria de ter só uma possibilidade, não duas. Ter duas possibilidades é uma roubada e no fim você corre o risco de que duas possibilidades signifiquem não ter nenhuma. Ninguém quer admitir que o mito da liberdade desmoronou e é por isso que o celebramos, porque desmoronou. De todo modo eu falo, mas não sei nada sobre liberdade, talvez eu saiba um pouco mais do que os outros, mesmo assim não sei nada sobre ela. Cheguei ao fim da fila faltando três minutos para o meio-dia e me enfiei para dentro com uma corridinha. Dei uma volta na papelaria ou livraria à direita, cheia de volumes de arte e cartões-postais ilustrados, queria comprar ou roubar tudo, mas pensei que eu ainda voltaria. Tentei imaginar meu irmão naquele cenário, mas era impossível. Tudo era organizado e sóbrio demais, Jokin nunca conseguiria trabalhar em um lugar assim, esconder-se em um lugar assim. Jokin nunca conseguiria nem se apaixonar em um lugar assim. Acho que meu irmão nunca se apaixonou de verdade, mesmo que eu não saiba exatamente o que significa apaixonar-se de mentira, mas por uma menina eu acho que ele realmente ficou fissurado. Chamava-se Maria, era muito hábil e era a preferida de minha mãe.

Minha mãe a conhecia porque Maria também participava das reuniões e foi lá que se conheceram ela e Jokin e ela e minha mãe. Toda vez que Maria falava, ou toda vez que se falava de Maria, os olhos de minha mãe brilhavam e também os de Jokin brilhavam, ainda que eu nunca tenha entendido se os olhos de Jokin brilhavam, por assim dizer, de forma independente ou se brilhavam refletindo os olhos de minha mãe. Jokin e Maria se separaram por culpa da droga, porque Maria dizia que a droga era um instrumento do poder e tinha provas disso. Maria dizia que a heroína foi posta em circulação propositalmente para idiotizar todo mundo, como tinha acontecido em 1968, e dizia que Jokin tinha caído e que a luta não precisava de um cara como ele. Maria era mais forte do que minha mãe e o meu pai juntos. Eu gostava muito de Maria mesmo que a sua existência me fizesse mal, fazia-me mal como Jokin olhava Maria e me faziam mal os olhos de minha mãe, a forma como brilhavam. Num certo momento pensei em ficar amiga dela, mas eu era muito invejosa, então pensei que o meu objetivo, na vida, seria tornar-me como Maria. Maria era quatro anos mais velha do que nós, tinha os cabelos pretos, os olhos de um corvo e peitos espantosos. Eu a amava por tabela e a odiava diretamente, por conta própria. Tornar-me como Maria era impossível para mim. Tenho minha personalidade mas mantenho-a escondida, então parece que não tenho. Também eu sou mais forte do que minha mãe e meu pai juntos, sou sim, mas do meu jeito. Eu me aproximei do balcão de informações depois de ter zanzado por alguns minutos. Preferia que houvesse algumas pessoas na minha frente para ganhar tempo, mas as pessoas, quando a gente precisa delas, não respondem ao chamado, então fui direto à mulher de óculos que tomava suco com canudinho enquanto mexia no computador. Eu disse «Olá» e ela sorriu para mim, mas só com a boca. Continuou quieta

Segunda parte

então eu disse «Olá, queria saber se é possível consultar o registro dos funcionários, de quem trabalhou aqui. No Pompidou. Um ano atrás». A moça despertou e me perguntou o motivo, e eu, que não tinha preparado uma boa desculpa, respondi «Porque desapareceu uma pessoa». Enquanto eu falava levantei os olhos, como para dizer «que saco isso». Fiz isso porque nesses poucos dias de permanência em Paris, descobri que, se forem maltratados, os parisienses amarão você, se agir com enfado, eles pensarão que você tem razão, mas se você se mostrar gentil e em dificuldades esqueça. Os parisienses têm uma natural predisposição para o servilismo ou o masoquismo, não sei. «Que pessoa?», ela me perguntou de maneira um tanto submissa e eu rebati perguntando se havia ou não essa possibilidade de consultar o registro. Não levantei os olhos novamente, mas talvez tenha bufado. Ela me disse que os registros com os empregados eram jogados fora ou perdidos e que portanto em substância não havia nenhum registro, desculpando-se. Eu perguntei «Então posso falar com alguém?» e ela ficou quieta e me olhou desconcertada. Continuei dizendo que me interessava o registro com os nomes dos empregados que haviam trabalhado ali a partir de janeiro de 2007 durante a mostra de Agacia Gil e ela mexeu dois minutos no computador para então me dizer que não havia acontecido nenhuma mostra de Agacia Gil assim como não havia mais nenhum registro. Estava também claro que ela não tinha ideia de quem era Agacia Gil. Perguntei outra vez se podia falar com alguém e ela passou a mão no telefone, continuava sorrindo para mim mas por trás de seus óculos eu lia terror, terror de uma situação que foge do controle de uma moça com um canudinho na boca e um par de óculos com uma armação vermelha hexagonal. Depois de um tempo desceu um tipo robusto, com um crachá escrito *Bernard C.*, e a moça, sorrindo-me, educadamente me transferiu para ele, e me pareceu que, por trás daquela armação espalhafatosa, estivesse me fazendo alguma reverência com os olhos ou algo do gênero. Eu não fiz nenhuma reverência, disse «obrigada», mas uma voz rouca saiu de mim, como a de alguém que gritou o dia todo no estádio torcendo por um time que sempre perde. Cumprimentei Bernard com a mão e repeti as minhas perguntas. Bernard disse para eu me sentar e me mostrou onde. Eram estranhas engenhocas brancas que deviam lembrar cadeiras, mas numa chave criativa, e estavam imundas. Eu me sentei como se estivessem salpicadas de alfinetes e tentei pensar no motivo pelo qual estava ali sem me deixar distrair pelas manchas. Bernard me pediu para ser mais precisa e respondi na lata, disse que queria saber se uma tal Germana Luque havia trabalhado no Pompidou um ano antes durante a mostra de Agacia Gil. Ele me disse que não, balançando a cabeça energicamente, o que era bastante ridículo. Enquanto sacudia a cabeça, mantinha os olhos fechados e uma expressão solene como se estivesse anunciando ao mundo a morte acidental de algum figurão. Eu não sabia o que dizer e apenas acrescentei «Você tem certeza?», e ele continuou a sacudir a cabeça não mais na horizontal, mas na vertical, sempre com a mesma expressão. Quando parou, apontou seus olhos minúsculos e negros nos meus, que provavelmente eram grandes e sujos, e me disse «voilà», ou algo parecido, uma daquelas expressões gentis que usam os franceses para se livrar de você o mais rapidamente possível. Até uns meses atrás eu não saberia reagir àquela ação resoluta, mas parece que mudei bem rápido nos últimos tempos, por isso fiz uma última tentativa e disse, dando leves tapinhas em suas costas, como que para movê-lo «Olha que é importante. Uma mulher desapareceu. A protagonista de um romance. Não se encontra mais a protagonista de um romance famoso». Devo ter me atrapalhado um pouco, mas

Segunda parte 249

a essência do discurso era aquela, clara e eficaz, evidentemente não o bastante porque Bernard C. deu um sorrisinho estilo mafioso ou bandido e se foi, de longe eu via que ele tinha recomeçado o seu pequeno balanço com a cabeça e senti uma sincera pena não por mim, mas por ele.

Talvez eu devesse ter perguntado a Bernard C. se ele tinha lido o romance, deveria ter-lhe levado um, mas não fiz isso. Zanzei mais um pouco pela papelaria ou livraria e não encontrei nada da minha artista preferida, Carol Rama, nem mesmo de Gina Pane, Helen Frankenthaler, Antonio López Garcia, Gastone Novelli. Provavelmente por culpa minha porque procurei mal e com pressa, queria voltar para casa, mas não para aquela casa, queria voltar para uma outra casa. Às vezes a arte me ajuda, quando bate a angústia ou a tristeza, mas hoje é meu dia de azar, o dia em que não encontro nada e em que não devo encontrar nada. Quando não encontro nada me sinto sozinha, ou melhor, percebo que sou sozinha. Senti vontade de chorar e me escondi atrás de um expositor de cartões-postais. Mulheres graciosas, quase inexistentes, dançavam sobre fundos de vermelho-vivo com vestidos gigantes e esfumados com pastéis a óleo. Eu devia estar com o rosto todo vermelho e as lágrimas corriam mesmo que eu mantivesse os olhos fechados, caíam em gotas enormes, como pérolas. Se eu tivesse encontrado os desenhos de Carol Rama talvez não tivesse chorado, ou melhor, talvez tivesse chorado mesmo assim, mas teria chorado melhor. Existem coisas que fazem você chorar de maneira grandiosa, quase heroica, como as cores, as marcas sobre o papel e a arte em geral. Para o meu irmão era a música, para os meus pais era política, mas a política não é como a arte, ao contrário, opõe-se à arte e a polui. Eu nunca fiz um curso de arte embora os meus pais tivessem tentado me mandar várias

O emaranhado

vezes, seguidamente chegavam em casa com um panfleto e o deixavam sobre a escrivaninha, ou vinham com discursos estranhos em que num certo momento aparecia a proposta de fazer um curso de desenho ou de aquarela ou de pintura a óleo com fulano ou beltrano que, veja, mal se inscreveu e já melhorou muito. Minha mãe e meu pai sempre tiveram essa ideia de me melhorar, mesmo que nunca tenham admitido isso, a ideia de que eu fosse algo incompleto que alguém precisava burilar. Minha mãe e meu pai sempre pensaram que se eu entrasse em um grupo seria mais feliz e melhoraria. A desculpa era a de que eu melhoraria no desenho, a verdade é que eles queriam que eu melhorasse, como pessoa em geral. Nunca dei ouvidos a nenhum deles, mesmo que sempre parecesse a mais submissa da família, na verdade eu era a mais forte. Sempre agi com a própria cabeça mesmo que ninguém tenha se dado conta disso. Por isso não fiz nenhum curso de desenho e não melhorei nada. Essa história de que Germana Luque nunca trabalhou aqui e que Agacia Gil nunca fez uma mostra aqui não me agrada. Quando eu estava em Bilbao naveguei no site de Gil para ter uma ideia de quem era e fiquei realmente impressionada pela feiura das suas obras. Eu não as chamaria sequer de obras, chamaria de porcarias, idiotices, picaretagens, coisinhas. Os críticos as chamam, em vez disso, de obras herméticas ou misteriosas ou de vanguarda ou de pesquisa mesmo que, olhando para o suposto desenvolvimento artístico de Agacia Gil, pareça que essa mulher tão aclamada esteja procurando desde os vinte anos as mesmas coisas e encontrando há vinte anos as mesmas porcarias, idiotices, picaretagens, coisinhas. Não tenho muitos talentos, mas reconheço quando uma coisa é autêntica, e as obras de Gil são fruto de um espírito frívolo em tom pastel, um espírito muito ordenado e cheio de preconceitos, sarcasmo e vileza. Eu sempre soube que os meus

Segunda parte

pais acreditavam realmente naquilo que faziam por isso foi impossível detê-los. Os meus pais eram artistas da morte. Deveriam ter construído um edifício ou escrito um livro ou feito um disco, mas decidiram endireitar um país e para endireitá-lo precisavam antes destruí-lo e para destruí-lo não estavam dispostos a esperar tempo demais, a demolir pedaço por pedaço aquilo que não andava bem, mas queriam fazê--lo com os arroubos dos apaixonados, de maneira gloriosa e espetacular. Os meus pais eram amadores. Queriam entrar para a história destruindo a história. Já faz algum tempo que eu tento me lembrar apenas das coisas negativas porque os meus pais me fazem muita falta. Todos os dias elenco os seus defeitos, os momentos em que me humilharam ou fizeram-me sentir fora de lugar, coleciono as vezes em que preferiram qualquer um a mim e não me pouparam de me fazer entender isso, agarro-me a todo o mal que fizeram ao meu povo e fico contemplando isso por horas, mas a verdade é que acho que não conseguiria sem eles. Sei que é a raiva que me mantém viva. Existem muitas coisas que não entendo dessa história, principalmente não entendo por que Dominique Luque precisou mentir em relação ao museu e a Agacia Gil. Talvez tenha desejado dar ao seu romance um tom mais solene, o que significa que devo procurar em alguma galeria minúscula, quem sabe fora de Paris, algo desconhecido e meio sem graça. Talvez Dominique Luque quisesse dar um pano de fundo brilhante a uma história de amor que não entendia, e para entendê-la tratou de inseri-la em um pa-norama reconhecível, um panorama *seu*. Ele é daqueles que para entender se uma pessoa lhe agrada precisa trazê-la para si, levá-la ao cabeleireiro de confiança, dar-lhe uma geral e olhar para ela no mínimo de três ou quatro perspectivas diversas. Eu quando olho para as pessoas olho uma vez só e já percebo se gosto delas ou não.

O emaranhado

XVIII.

29 de janeiro de 2008
Delegacia de Polícia, xviii arrondissement

Na data de 29 de janeiro de dois mil e oito, às 18:08, a senhorita
Mégane Fabre apresentou-se à delegacia do xviii arrondissement
na qualidade de declarante. A senhorita Mégane Fabre, de início
reticente, disponibilizou-se a expor a própria versão dos fatos, sem
negligenciar detalhes aparentemente insignificantes. Conforme
declarações da senhorita Mégane Fabre, ela e Zoran Rakion se
conheceram no apartamento partilhado com o senhor Meyer em
um dia impreciso de fevereiro. Depois de algumas hesitações a
senhorita afirmou que se tratava, com absoluta certeza, de 27 de
fevereiro à tarde, perto das 17h. A senhorita Fabre encontrava-se
no apartamento para uma tarde de lazer com o seu namorado. Os
dois passariam toda a tarde «em intimidades», passando «da cozinha, para o quarto, para o chuveiro» até a chegada inesperada de
Zoran Rakion, que os teria surpreendido na cozinha ocupados em
«fazer um lanche» com um bolo de chocolate preparado pela senhorita Fabre na manhã do mesmo dia. A senhorita Fabre, convidada a prosseguir com seu relato, declarou que «tudo ia às mil
maravilhas» e quis precisar que ela e o senhor Meyer não tinham
«nenhum problema de casal» e se amavam «muito». Ao pedido de
esclarecimentos referentes à duração da sua relação com o senhor
Meyer, a senhorita Fabre respondeu que a história com o senhor
Meyer havia começado mais ou menos um ano e meio antes, mas
que no momento lhe era impossível recordar o dia exato. Tratava-se
em todo caso de uma noite de meados de junho, em um jantar em
que a senhorita Fabre havia se apresentado com o seu anterior
«namorado histórico», de nome Auguste Martin, três anos mais
velho do que ela, formado em medicina e especializando em he-
patologia. À mesa, além dela e do seu ex-companheiro, estavam

Segunda parte   253

presentes dois doutorandos em medicina, um bolsista de psiquia-
tria, um musicista de jazz — amigo do bolsista —, duas meninas
apaixonadas por literatura e empregadas em uma empresa de
importação e exportação, e o colega delas Sef Meyer, que parecia
não partilhar de suas veleidades literárias, mas que se mostrou,
por sua vez, extremamente preparado no tocante às capitais do
mundo, revelando uma paixão desenfreada por geografia que ma-
ravilhou e divertiu a todos. A senhorita Fabre declarou: «Sabia
inclusive a capital das Ilhas Salomão». A senhorita Fabre ressaltou
que, ao contrário do senhor Meyer, o senhor Martin com muito
esforço se virava com as capitais europeias mais famosas, de-
monstrando uma absoluta ignorância no tocante aos países do
leste e titubeando até no caso da Áustria, da Itália e de Portugal.
A senhorita Fabre declarou não se lembrar do nome dos outros
comensais porque após o referido jantar não os veria nunca mais.
A única pessoa com quem trocou contatos foi a senhorita Jacqueline, amiga do senhor Mayer, e vizinha de cadeira da senhorita
Fabre. A senhorita Fabre também declarou que, no momento de
troca de contatos, não pensou em perguntar o sobrenome da
senhorita Jacqueline e limitou-se a salvar o seu número sob o título
Jacqueline Le Virage, em que Le Virage correspondia ao nome do
restaurante em que ocorreu o encontro (distrito de Quinze-Vingt).
A senhorita Fabre admitiu ter ficado imediatamente atraída pelo
senhor Meyer, que lhe causou uma ótima impressão não apenas
pelo seu aspecto físico «macho», tão diferente em relação ao do
senhor Martin, e pela sua cultura geográfica, unida a um agudo
senso de humor e de aventura, mas também pela sua maneira de
beber e comer com absoluta liberdade. A tal propósito, a senhorita
Fabre declarou o que segue: «Auguste era um saco. Ficava me
dizendo para tomar cuidado para não engordar e não deixar crescer um tumor. Tinha fixação pela cirrose hepática, controlava minha
bebida, eu nunca podia me embebedar porque havia essa merda
de cirrose hepática me esperando na esquina. A vida com ele era

O emaranhado

triste. Um saco. Eu sabia que acabaria me apaixonando por outro, merecia isso. Sef, não sei, tinha alguma coisa selvagem. Era o contrário de Auguste. É fácil se apaixonar por alguém que seja o contrário de Auguste, Auguste não é o tipo por quem alguém se apaixona, é o tipo de quem se fica noiva. Depois dos primeiros meses de flerte, que até foram prazerosos, ele se tornou um manequim, afeminado, sempre atento a tudo, com todos os seus rituais de limpeza. Era obsessivo. Obsessivo por saúde. No sábado, em vez de transar íamos correr. No domingo também em vez de transar íamos correr, ou limpávamos a casa. Depois relaxávamos. Relaxávamos, entende? Nos dias seguintes eu sempre me pegava pensando em Sef». A senhorita Fabre declarou ter entrado em contato com Sef Meyer pelo telefone poucos dias depois e logo ter marcado encontro com ele. O número teria sido fornecido por Jacqueline Le Virage com quem, no entanto, a senhorita Fabre afirmou nunca mais ter encontrado depois daquela noite. A tal propósito, a senhorita Fabre declarou: «Talvez inconscientemente tenha usado Jaqueline para ter um contato com Sef. Naquela noite eu e Jacqueline não falamos tanto assim. Ok, na mesa estávamos lado a lado, mas não é que tivesse esse feeling incrível. Fizemos algumas piadinhas sobre a comida, que não era grande coisa, elogiei o vestido dela, talvez. Isso eu faço sempre, mesmo que o vestido seja horrível, faço isso para cativar as mulheres que em geral são sempre um pouco hostis porque veem que sou bonita. Num certo momento ela me falou sobre livros, dizia que eu lembrava a protagonista de um romance francês do século XIX, que meu rosto era igual ao da tal moça. Não me lembro do nome do romance, porém devo dizer que era bem irritante. Meio pesado. Nem sei se era um elogio porque não li o livro. Ela me disse que eu tinha um rosto pré-rafaelita. De qualquer modo não tenho hábito de pedir o contato de pessoas que conheço assim por uma noite e basta, então foi estranho que eu pedisse o número para Jacqueline. Enquanto nos despedíamos, eu disse algo do tipo 'Ah, vai,

Segunda parte

vamos nos ver, dar uma saidinha'. Auguste não estava, tinha ido pagar a conta. Então talvez eu tenha aproveitado o fato de que ele não conseguia me ouvir. Poderia tê-lo feito inconscientemente porque sabia que usaria o número de Jaqueline para escrever a Sef». A senhorita Fabre declarou que a história com o senhor Meyer começou logo após o primeiro encontro secreto entre eles nas imediações do Parc Montsouris e que ela se decidiu por deixar o senhor Auguste Martin depois de aproximadamente três semanas. A tal propósito, a senhorita Fabre declarou: «Eu deveria tê-lo deixado imediatamente, mas não consegui. E não porque gostasse dele ou qualquer outra coisa. Contava um pouco essa história a mim mesma, mas não era verdade. Tinha medo da reação dos meus pais, Auguste era um ótimo partido. Tinha também medo de que a história com Sef acabasse logo e eu ficasse sozinha. Não gosto de ficar sozinha, isso me deprime. Vamos e venhamos, ficar sozinho é uma merda, não é? Por isso mantive as duas relações paralelas por quase um mês. Ao final eu me decidi, mas aos meus pais contei que tinha sido ele quem havia me deixado, que tinha me traído. Eles ficaram desconcertados. Ainda não se convencem de que eu gosto de Sef, acham que eu ainda choro por Auguste. Eu não tinha mesmo coragem de dizer que a decisão havia sido minha, eles não me perdoariam, Auguste era rico, atlético e muito doce. Tinha uma brilhante carreira pela frente». Convidada a se concentrar em sua relação com Zoran Rakion, a senhorita Fabre pediu para se ausentar por alguns minutos a fim de pegar uma garrafinha de água e esticar as pernas. Em seu retorno, a senhorita Fabre declarou: «Não tenho muito o que dizer, eu mal o conhecia». Quando questionada sobre o número total e a dinâmica de seus encontros, a senhorita Fabre não respondeu antes de lhe ser assegurado o absoluto sigilo das próprias declarações. Após a requerida garantia, a senhorita Fabre declarou: «Na verdade eu e Zoran nos vimos diversas vezes». Convidada a prosseguir e a especificar as circunstâncias de seus encontros, a senhorita Fabre,

O emaranhado

com evidente dificuldade, acrescentou: «A maior parte das vezes nós nos vimos sozinhos». A senhorita Fabre imediatamente pediu ao agente Duval para não divulgar de nenhum modo tal notícia «para não magoar Sef». Transcreve-se a seguir o diálogo entre a senhorita Fabre e o agente Duval:

Duval: «O que poderia magoar Sef, senhorita Fabre?»

Fabre: «O fato de que eu e Zoran nos víamos. Escondidos dele.»

D: «A senhora tinha uma relação com Zoran?»

F: «Não sei. Fazíamos sexo. Ele só fazia sexo comigo. Eu... não sei.»

D: «A senhora estava apaixonada por Zoran?»

F: «Acho que sim, sim. Eu estava fora de mim.»

D: «Pode ser mais precisa?»

F: «Não sei. A minha relação com Zoran não era precisa. Quando o vi pela primeira vez, fiquei apavorada. Parecia um delinquente. A primeira reação foi de medo. Porém Sef desaparecia perto dele, parecia um coitado.»

D: «Em que sentido?»

F: «No sentido de que entre os dois não havia nenhuma comparação. Sef parecia um bom rapaz, sei lá, parecia um almofadinha. E ainda Sef era intimidado por Zoran. Zoran, não sei, era gostoso, era intrigante. No início realmente eu tinha quase pavor dele.»

D: «O senhor Meyer confirmou essa versão, afirmando mais de uma vez que a senhorita parecia assustada com Zoran. E então o que aconteceu?»

F: «Sim, eu estava assustada, mas morta de atração. Ele era muito bonito e parecia não se importar com nada. Eu venho de uma família muito rica, meu pai é cirurgião, minha mãe é pediatra, trata todas as crianças mimadas de Paris. Um tipo assim eu nunca tinha encontrado na minha vida, só nos filmes. Ele mal olhava para mim, e isso acabou virando uma obsessão. Eu era praticamente transparente para Zoran. Não é algo que costuma acontecer comigo.

Segunda parte

Pedi mais informações sobre ele, mas Sef não sabia nada. Nunca suspeitou porque não entende o quanto um tipo assim pode atrair as mulheres. Ele pensa que as mulheres são atraídas por aqueles tipos com dinheiro e carinha limpa. No entanto, a partir daquele dia do bolo, eu comecei a insistir em ir até a casa de Sef. Dizia que tinha vontade de ficar em casa, que queria ver um filme, enfim, inventava uma desculpa para não sair. Assim eu podia ver Zoran, ainda que ele quase nunca estivesse em casa. Enquanto eu fazia sexo com Sef, obviamente pensava em Zoran, coisas assim.»

D: «Então teve início a relação entre vocês.»

F: «Sim, quer dizer, não era uma relação verdadeira. Um dia Sef saiu para comprar duas cervejas, daí disse que passaria também na sua mãe, que mora bem perto, porque ela tinha um problema com a pia e não queria chamar o encanador. Perguntou-me: 'Tudo bem ficar sozinha um pouco?', e eu respondi que sim. Zoran estava no seu quarto, Sef saiu e eu fui até a cozinha. Sabia que Sef ficaria longe por pelo menos meia hora, até uma hora, então num certo momento bati na porta de Zoran. Nisso tudo eu tinha ainda muito medo de Zoran.»

D: «A senhora já tinha percebido os furos nos braços?»

F: «Sim, tinha percebido, sabia daquilo. Mas era algo evidente, mesmo que eu não tivesse visto os furos, dava para sacar que alguma coisa não ia bem com ele. Eu não teria percebido que era heroína, talvez pensasse em álcool. Não sei por que bati, aquilo me arrepiava. Eu dentro de mim sempre senti essa necessidade de evasão, essa vontade de me aventurar. É também o motivo pelo qual deixei Auguste por Sef, só que depois de um tempo Sef também se tornou previsível. No fim das contas não era tão transgressor como eu achava. Também a brincadeira das capitais depois de um tempo encheu o saco, o cara ia até ao banheiro com o atlas e ficava lá por horas. Não era muito sexy pensar nele sentado no vaso com o atlas.»

D: «Certo, então a senhorita bateu…»

O emaranhado

F: «E ele abriu e me fez sinal para entrar. Uma coisa incrível, parecia que ele estava esperando por isso. Era sexy como o diabo. Quer dizer, ele me fez entrar no quarto como se tivesse previsto tudo. Como se soubesse que eu estava caidinha e bateria lá. Depois foi aquilo, nós nos beijamos e fizemos as coisas, amassos vários, mas não fizemos sexo. Daí eu voltei para o quarto de Sef e não conseguia me acalmar. Eu estava realmente fora de mim, não via a hora de repetir aquilo. Sef percebeu, eu disse que minha menstruação havia descido e estava com calor e perguntei se podíamos sair, mesmo ele estando com a sacolinha de comida tailandesa na mão. Por fim, insisti de tal modo que comemos tai na rua, nos degraus do seu prédio, mas eu não sossegava.»

D: «E por que não fizeram sexo?»

F: «Não sei, porque seria complicado vestir-me a tempo, talvez. Era mais arriscado. E eu também tinha medo de pegar alguma coisa.»

D: «Uma doença venérea?»

F: «Sim, claro. Eu não tinha comigo um preservativo, tomo pílula e em todo caso na teoria eu teria uma relação estável. Zoran também não tinha. Pelo menos acho, não perguntei a ele porque de qualquer forma eu não faria sexo, já que Sef podia voltar de uma hora para outra. De noite, quando voltei para a casa, escovei os dentes e cuspi sangue. Dali em diante entrei em paranoia.»

D: «Como assim?»

F: «Porque achei que, se eu tivesse uma ferida na boca e Zoran também tivesse uma ferida na boca, o que em geral é muito provável, ele poderia já ter me contagiado. Zoran tinha dentes horríveis, eu gostava muito, mas em si estavam bem estragados, feios mesmo, então eu achava que em geral também o estado das suas gengivas não fosse o máximo. Tinha esses pensamentos um pouco paranoicos, comecei a pensar que por causa daquela loucura eu tinha adoecido e estragado tudo.»

D: «Tudo o quê?»

Segunda parte

F: «Não sei, a minha vida?»

D: «Mas depois você não parou de vê-lo.»

F: «Não. Era mais forte do que eu. Um mês depois fiz o teste de aids e não deu nada.»

D: «A senhorita fez só esse teste?»

F: «Sim.»

D: «Depois daquele primeiro episódio, vocês se viram sempre na casa de Zoran?»

F: «Não, nunca.»

D: «E onde vocês se viam?»

Nesse momento a senhorita Fabre suspendeu o diálogo por alguns minutos, manifestando evidente embaraço. Solicitou então permissão para interromper definitivamente a conversação, permissão que não lhe foi concedida. A conversação, portanto, prosseguiu como se segue.

D: «Repito a pergunta, senhorita Fabre. A senhorita afirmou que a senhorita e Zoran continuaram a se ver depois do primeiro encontro íntimo. Afirmou que esses encontros não ocorreram mais na casa de Zoran, mas em outro lugar. Pode nos explicar melhor onde aconteciam tais encontros?»

F: «Essa pergunta eu vou responder por escrito.»

D: «Por escrito?»

F: «No sentido de que tenho a intenção de responder, mas não oralmente. Vocês pegam uma folha e eu escrevo a minha resposta na folha.»

D: «A senhorita quer responder à pergunta numa folha?»

F: «Exato.»

D: «E por quê?»

F: «Isso me ajudaria. Por causa da vergonha.»

A conversa foi momentaneamente interrompida até que se arranjasse uma caderneta que foi prontamente repassada à senhorita

O emaranhado

Fabre. A seguir reportamos a transcrição do documento escrito de próprio punho repassado ao agente Duval pela senhorita Fabre:

A maior parte das vezes eu pagava um hotel. Algumas vezes peguei um bed & breakfast. Zoran me encontrava diretamente lá. Nós combinávamos por telefone, eu não tinha o celular dele, mas ele tinha o meu. Eu havia deixado um bilhete debaixo da porta dele no dia do nosso primeiro encontro «íntimo», subi com a desculpa de fazer xixi enquanto Sef tinha ficado lá embaixo nos degraus do prédio comendo tai. Depois de nove dias Zoran me ligou. Eu contei: nove dias de espera. Na tela aparecia «número privado». Tentei várias vezes pedir o seu número, mas ele nunca quis me dar. Nós nos víamos apenas quando ele tinha vontade, eu escolhia o lugar e dava o dinheiro. Às vezes Zoran me pedia para ficar uma noite a mais para dormir no hotel e eu pagava. Dizia-me sempre que não queria que eu dormisse com ele e eu ia embora, mas ficava feliz que ele permanecesse lá, na nossa cama, e ficava feliz porque ele não voltaria para casa com Sef. Eu esperava a sua ligação todos os dias, não estava nem aí para o dinheiro. Não estava nem aí também para a dignidade, para essa fixação de ser amada. Com Zoran, ser amada era algo secundário. Ele sempre fez o que queria. Eu estava muito apaixonada por ele, fazia-me feliz. Aconteceu também de fazer sexo no carro, mas só uma vez. O carro era meu, quer dizer, do meu pai. Nunca o levei para a minha casa, moro com os meus pais. Não havia muita paixão da parte dele, não era um tipo fogoso. Talvez eu não lhe desse tesão suficiente, mas eu não me importava nem mesmo com isso. Zoran era demais. Estranho que alguém tão frio fosse tão demais, mas ele era. Sinto muita falta dele. Tivemos apenas relações protegidas. O sexo era fantástico. O seu desinteresse me excitava, era o contrário do que eu sentia por ele. Normalmente isso me feriria, mas com ele não. Amar Zoran era uma coisa minha. Ele não tinha nada a ver com aquilo. Sentia-me transportada por aquele amor e não precisava receber nada em troca, não precisava

Segunda parte

de confirmação. De uma parte havia ele, que me chamava quando queria, de vez em quando, provavelmente apenas para que alguém lhe pagasse uma ou duas noites de hotel. De outra havia eu, que morria por ele, e havia esses hotéis bastante luxuosos aonde eu o levava somente para fazer sexo, mesmo que o amasse. Enquanto fazíamos, parecia sempre que ele estava pensando em outra coisa e isso era muito sexy.

D: «A senhora repete a palavra 'sexy' com bastante frequência. Diga-me, senhorita, é 'sexy' proteger um fugitivo?»

Diante da pergunta do agente Duval, a senhorita Fabre reagiu com evidente estupor, afirmando, dessa vez oralmente, não entender o sentido da pergunta. O agente Duval então prosseguiu: «A senhora sabia que o nome verdadeiro do seu amante não era Zoran Rakion, mas Jokin Moraza, membro do ETA, a famosa organização terrorista basca que atua em território espanhol?». Diante da pergunta do agente Duval, a senhorita Fabre manifestou claros sinais de colapso, como rubor, respiração ofegante, olhos vidrados, tremor generalizado. Às 19:28 a senhorita Fabre perdeu a consciência. Quando despertou, a senhorita Fabre aceitou reapresentar-se à delegacia no dia seguinte, 30 de janeiro de dois mil e oito, às 10:30 horas após um café da manhã reforçado.

XIX.

Comuniquei aos caras do albergue que vou sair em uma semana. Daqui a uma semana será 4 de fevereiro de 2008. Comecei a procurar trabalho mesmo sem saber fazer nada. Em Bilbao eu trabalhava meio período nos correios e depois voltava para casa e desenhava. Aqui não posso desenhar e para trabalhar nos correios eu precisaria conhecer bem francês e apresentar um currículo. Os caras do albergue me fizeram pagar adiantado os sete dias restantes e eu fiquei com cinquenta euros e oitenta e um sanduíche. Hoje decidi não gastar nada, o sanduíche será suficiente para todo o dia, eu o dividirei em três pedaços, o primeiro para o café da manhã, o segundo para o almoço, o terceiro para o jantar. Na mochila também tenho balas de goma que comprei ontem e que usarei para enganar a fome de tanto em tanto. Vou me comportar como um soldado porque estou em guerra, o meu inimigo é Paris, Paris que escondeu meu irmão e embaralha as cartas toda vez que procuro um ponto do qual partir. A única coisa que descobri foi a existência de Germana Luque, a inexistência de Ginevra Luque e um beco sem saída que leva o nome de Centre Pompidou. Saí, caminhei por uns dez minutos em direção a Alésia, sentei-me em um banquinho e folheei o jornal de classificados que comprei ontem. Sem dinheiro não posso encontrar meu irmão, não posso dormir, não posso ficar acordada. Eu não nasci pobre, tornei-me pobre. Os anúncios de trabalho são genéricos, a maior parte são ciladas bem fáceis de perceber. Existem sobretudo anúncios de homens que procuram amizades femininas condescendentes e cheias de amor para dar a alguém. Eu não tenho amor para dar a ninguém por isso não posso sequer responder aos anúncios de prostituta. Dirigi-me ao Mogador para reencontrar Sabine e lhe pedir de volta os cinquenta euros. Achei que não seria difícil causar-lhe pena e preparei um discurso. Pensei em dizer: «Sabine, estou desesperada, não tenho mais dinheiro e preciso me prostituir», ou «Sabine, faz dois dias que durmo na rua, devolve os cinquenta euros, eu imploro», em vez disso perguntei-lhe imediatamente sobre a droga. Mal cheguei ao teatro, logo me senti mais tranquila, porque é fácil voltar aos lugares onde já passamos um tempo sem que nos acontecesse nada de ruim. Por força de voltar a esses lugares começamos a chamá-los de casa e nos

Segunda parte

comportamos como tolos, como se aqueles lugares nos pertencessem, como se soubéssemos mais do que os outros em relação a como funciona a vida nesses lugares, ao que pode e não pode acontecer a você nesses lugares. Sabine estava para acabar o seu turno, eu a peguei lá por pouco e ela pareceu feliz em me ver. Perguntou-me «O que você faz aqui?», com o tom de uma noiva que cumprimenta um velho amigo, o arroz ainda enroscado nos cabelos. Perguntei-lhe se tudo bem dar uma caminhada e ela concordou com certo entusiasmo. Talvez tenha pensado que eu lhe daria mais dinheiro para receber novas informações, eu me sentei nos degraus de um edifício ao lado do teatro e enrolei um cigarro. Não sou viciada em fumo, para mim fumar é só um prazer, mas poderia parar amanhã. A minha única dependência é Jokin, se ele não existisse eu não saberia o que significa depender de algo ou de alguém. Sabine saiu, eu traguei forte, uma última baforada, e ofereci o resto do cigarro para ser gentil. Sabine recusou com uma expressão de nojo que não me ofendeu. Começamos a caminhar e ela me disse que eu parecia abatida e me perguntou se eu comia, eu lhe respondi que tinha comido dois terços de sanduíche e ela repetiu como você está abatida, como está abatida. E eu lhe respondi que ela me parecia bem, que eu a achava bonita e logo fiz a cara mais triste possível, mas ela não percebeu. A segunda coisa que me perguntou foi «Encontrou Germana?» e eu respondi que não, Sabine abaixou a cabeça e parecia estar prestes a chorar. Disse para eu ficar tranquila, que eu a encontraria e então ela me fitou com um olhar esperançoso e irônico que eu não soube decifrar. Depois me disse «E então?» e continuou a caminhar, olhei para a ponta dos seus sapatos empinados para cima, o seu casaco cinza mal cortado, os seus cabelos escuríssimos que nem cobriam as orelhas, e pensei que Sabine poderia trabalhar com moda. Tinha uma graça inata. Depois, enquanto caminhávamos com passos acelerados, ela com suas pontas empinadas, eu com os meus tênis sem marca, perguntei se ela sabia onde eu podia encontrar droga. Sabine se deteve, deu alguns passos para trás e soltou uma espécie de gritinho falhado dizendo algo que parecia um insulto. Começou a se afastar e eu gritei atrás dela «Veja, eu não quero me drogar», mas ela não deu sinais de que queria parar, então apressei o passo, e ela também apressou o passo, e acabamos com ela tentando escapar e eu perseguindo-a dizendo que ela tinha entendido mal, que eu não queria me drogar. Quando a alcancei, ela começou a me bater com a bolsa até que eu lhe disse «Acho que Germana está envolvida em um esquema grande de droga». Sabine continuou me olhando feio, mas pelo menos parou de me bater, apenas cruzou os braços repetindo «Droga? Droga? Que droga? Que esquema de droga?» por cerca de trinta segundos. Eu lhe contei que provavelmente tinha entrado nessa por causa de um ex-namorado toxicômano que a fez entrar em negócios obscuros e que era nesses negócios obscuros que eu poderia procurá-la. Ela repetiu algumas vezes «Não é possível» e eu repetia que sim, era possível, mas que isso não significava que estava tudo perdido, se ela me ajudasse. Sabine me perguntou «Mas por que você pede isso justamente para mim?» e eu respondi a verdade e a verdade era que ela era a única pessoa que eu conhecia em Paris. Acrescentei que eu seria cuidadosa e que não tinha mais dinheiro para lhe dar, que não tinha nada e a coisa estava feia. Também lhe disse que precisava de um trabalho e que não sabia onde procurar nem isso. Naquele momento levantou-se um vento muito forte e nos abrigamos debaixo de um telhado observando a chuva que tinha começado a cair com gotas grossas e esparsas. Ela me disse «O trabalho eu arrumo para você, a droga você procura sozinha em Saint-Ouen». Eu a abracei, dei dois ou três

Segunda parte

beijos na sua bochecha e permaneci ao lado dela esperando a chuva parar. Enquanto estávamos em silêncio, dei-me conta de que Sabine não sabia o meu nome porque em Paris eu não tinha um nome.

Para ir até Saint-Ouen eu precisava de um bilhete de metrô, de um bilhete de trem e de uma meia hora. Perguntei a Sabine se podia me ajudar e ela, bufando, estendeu-me cinquenta euros e o seu número de telefone. «Eu ia devolver mesmo», disse. Corri até o primeiro metrô que encontrei e comecei a minha viagem pelo caminho número três a fim de chegar ao meu irmão. «Saint-Ouen é um lugar feio», Sabine me disse antes que eu me afastasse, «você não deveria ir lá sozinha, ou melhor, não deveria ir lá de jeito nenhum.» Depois acrescentou «Hoje não é dia de mercado. Você não vai conseguir nem se esconder no meio das pessoas». Não entendi bem o que ela pretendia, mas achei que estava exagerando e perguntei se queria me acompanhar. Disse-me que não e repetiu que não era para eu ir. Arrependeu-se por ter me fornecido o nome de Saint-Ouen e eu lhe disse para ficar tranquila, embora naquele momento eu estivesse me cagando nas calças. Desci do RER às cinco em ponto e comecei a andar tentando gravar na cabeça cada particularidade para voltar para casa sem me perder. Segui por aquele que eu tinha batizado de caminho principal, ladeado por edifícios enormes e brancos semelhantes a quartéis, escolas ou hospitais. Depois de ter vasculhado na minha cabeça uma frase decente para puxar papo com alguém, eu me agachei e comecei a respirar, respirações profundas e muito lentas para me acalmar. Eu estava acocorada no asfalto equilibrada pelos tornozelos. Não encontrava nenhuma frase que pudesse funcionar, as únicas coisas que me vinham à cabeça eram «Você tem heroína?», ou «Por quanto você faz» ou «Uma dose,

O emaranhado

obrigada». Eu não sabia se precisava agradecer ao traficante ou não, se existia um protocolo, um código ou coisa similar. Se bastava se farejar como os apaixonados. Jokin comprava a heroína com Arze, que não era um traficante como os outros, era seu amigo, e nós o encontrávamos em casa toda semana diante de um prato de peixe fumegante. Eu não parecia uma moça apresentável, mas talvez não tivesse o aspecto adequado para passar por viciada, ainda que Sabine tivesse dito que eu estava abatida, ainda que eu fosse seca e malvestida, ainda que eu usasse uns tênis detonados e um casaco vagabundo, talvez ainda conservasse uma lucidez que me denunciaria. Quando me acalmei, levantei a cabeça e comecei a observar Saint-Ouen de baixo. Sobre um fundo cinza destacavam-se linhas horizontais e verticais que serviam para demarcar edifícios, uma ou outra loja, distribuidoras e paradas de ônibus, e ainda havia os passantes, linhas plenas e curvas que caminhavam ou corriam ou estavam paradas esperando alguma coisa. Eu tinha de observar as linhas paradas, as linhas que esperavam alguma coisa. Esse seria o meu plano. Levantei-me e caminhei mais um tanto para encontrar um lugar mais adequado e adequado para mim significava cheio de gente que caminha e de gente que está parada esperando alguma coisa. Não parecia uma boa ideia me enfiar num beco, considerando que houvesse becos em Saint-Ouen, ou entrar em regiões distantes demais da estação, por isso caminhei uns quinze minutos e parei ao lado de um restaurante japonês all you can eat. Eu tenho nojo de comida japonesa mas tinha tanta fome que mataria até dois pratos de sushi, se eu tivesse dinheiro e se o restaurante estivesse aberto. Tirei do bolso do casaco o meio cigarro que Sabine recusou e comecei a fumar fingindo ter mil pensamentos na cabeça. Na minha frente havia uma loja de quinquilharias, a porta roxa de um edifício de quatro andares com plantas nas janelas,

Segunda parte

267

uma esteticista com a placa *Alchimie* e uma mulher corpulenta usando jaqueta de couro com *legging* e pagando o estacionamento. Na varanda do segundo andar do edifício um cara de jeans e roupão branco fumava e me encarava e mexia no celular e me encarava de novo. Num certo momento, enquanto eu tentava fingir que nada acontecia, achei que o cara tirou uma foto minha e isso me desconcertou, gritei para ele «O que você quer?». Ele começou a rir e fez uma dancinha que terminou com um gesto vulgar do quadril. Fui saindo dali e ele continuou a gritar atrás de mim e a rir. Fingia transar com o ar naquele roupão de merda. Mais à frente, perto de uma quitanda, encontrei um banquinho e me sentei. Eram quase seis e eu queria pegar o trem das sete e dezoito, no máximo, para chegar ao albergue perto das nove. Depois de alguns minutos passou um sujeito que empurrava um carrinho de bebê e falava no celular com um sotaque sul-americano, então eu o segui até um jardim considerável, com um balanço, alguns banquinhos, dois escorregadores e uma espécie de trepa-trepa. Fiquei observando a cena de longe, dois menininhos que se alternavam no mesmo escorregador seguindo um ao outro, outra criança no balanço e uma outra que correu em direção ao sul-americano com os braços abertos para levantar voo. O sul-americano tinha dois filhos e não tinha ido ao parque por causa de droga. Continuei a caminhar por uma rua sem nada e acidentada, os únicos traços de vida eram as mercearias, onde eu adoraria parar por uma maçã, um saquinho de amendoim ou um refri, em vez disso girei à direita e me encontrei em um jardinete minúsculo com um banquinho ocupado por um tipo que dormia sentado. Eram seis e cinco e eu deveria voltar perto de seis e quarenta para ter certeza de que não perderia o trem e não ficaria perambulando no escuro, então achei que continuar a enveredar pela cidade era inútil e me sentei ao lado do dorminhoco. Essa é uma linha curva imóvel que espera algo, pensei. Eu me encolhi, apoiei o lado direito do rosto sobre os joelhos e comecei a observar o homem de viés, que roncava de boca aberta com uma jaqueta preta e as mãos no saco. Eu estava tranquila e continuei a me sentir tranquila mesmo quando entendi que o sujeito não estava de fato dormindo porque batucava os dedos no bolso e tinha a respiração das pessoas quando acordadas, silenciosa e ligeiramente agitada. Quando decidiu acabar com o seu teatrinho, voltou o olhar para mim, com a cabeça ainda jogada para trás, e eu vi os seus olhos, que eram olhos verdes e muito bonitos, rajados por estrias marrons e amarelas e verde-escuro e, parecia, em alguns pontos violáceas, talvez reflexo do céu, de uma noite de amor ou de uma droga extraordinária. «Por que você finge dormir?», perguntei, e ele não disse nada, só se endireitou, tirou as mãos do saco e acendeu um Camel. Eu permaneci imóvel porque naquele momento não tinha medo de nada e não me sentia em perigo mesmo que em torno de nós não houvesse um trânsito reconfortante de pessoas, mas só dois rapazes ao lado de uma scooter e alguns cães. «Sou nova aqui», eu disse, «e não sei onde *comprar.*» Sublinhei um pouco a palavra «comprar», ostentando uma insegurança que eu realmente não sentia, porque agora eu estava acostumada a falar francês e porque pedir droga a alguém me pareceu a coisa mais natural do mundo depois de andar ou desenhar. Ele deu um sorrisinho, voltou a olhar para a frente e então disse «Estamos todos aqui para você, mocinha». Especifiquei que queria comprar um negócio forte e não «de mocinha» e me pareceu que algo nele começou a se preocupar de verdade com a minha saúde, o que naturalmente era um absurdo ou uma projeção, como dizia Jespersen, mas que naquele momento me parecia evidente, por mais que inverossímil que fosse. «Do que você está falando?», ele me perguntou, dessa vez olhando para mim, um cigarro aceso na boca e os olhos semicerrados, como se eu fosse um monstrinho da floresta ou uma alucinação ridícula que causava ternura ao seu próprio inventor. «Heroína», respondi, afastando levemente as pernas para parecer mais segura. A palavra heroína me dava arrepios, fazia-me chorar, vinha-me uma vontade de morrer abraçada em alguém. Naquele momento o sujeito manifestou certo estupor, afastou ligeiramente o rosto como se eu emanasse um cheiro dos infernos e me perguntou se era espiã ou algo parecido. Eu lhe respondi que não era uma espiã e que era uma viciada. Disse a ele com uma cara arrogante como a que Jokin fazia quando Maria falava: você me dá nojo. Ele estourava em uma risada não natural, uma risada que eu sabia bem não ser uma risada mas um choro de desespero disfarçado de alegria, arregaçava as mangas e chacoalhava os braços furados como se estivessem cheios de correntinhas de ouro ou pulseiras valiosas. O sujeito me disse que um grama custava quarenta euros e que eu podia confiar porque era coisa boa. Ele disse: «É um Paris-Las Vegas», aludindo à viagem que eu faria graças à sua criança. Quarenta euros era demais para mim, mas recusar seria suspeito e Sabine tinha prometido me encontrar um trabalho e em caso de problemas eu poderia ficar dormindo no sofá da casa dela no décimo segundo arrondissement por um tempo. Pensar nisso me fazia bem. Concordei e ele me mandou mostrar o dinheiro e deixar cair nota por nota aos meus pés. Deixei caírem os meus quarenta euros como havia mandado, enquanto ele vasculhava os bolsos à procura do bagulho olhando em volta e assobiando. «Se você quer trabalho, vá até Les Esclaves sábado à tarde depois das duas», ele me disse enquanto estendia o pacote hermeticamente fechado. Nós nos demos as mãos e ele me passou o presente, como se fazia com os chicletes de uma

O emaranhado

língua para outra no ensino médio. «E se arrume.» Eu não tinha bolsos na jaqueta e enfiei a dose na bolsa, pois colocá-la na calcinha ou no sutiã me dava nojo. «As mulheres trabalham melhor», ele acrescentou. Eu lhe perguntei que horas eram e ele me respondeu que eram seis e vinte, por isso me levantei e ele contou as notas que ainda estavam aos meus pés, enquanto uma velha com uma sacola de compras atravessava com passos ligeiros o outro lado do parquinho. «Diga a eles que fui eu que te mandei», acrescentou obstinado, olhando-me com ternura e fungando com um nariz de batata tão inofensivo que tornava surreal toda a cena que havia se desenvolvido diante dos meus olhos por aquela meia hora e de que eu era indiscutivelmente uma protagonista. «E você, quem é?», perguntei antes de ir. «Eu sou El Papa», respondeu-me colocando as mãos na minha cabeça.

XX.

30 de janeiro de 2008
Delegacia de Polícia, XVIII arrondissement

Na quarta-feira 30 de janeiro de dois mil e oito, às 10:46, a senhorita Mégane Fabre se apresentou à delegacia um pouco mais tarde que o combinado no dia anterior, para completar a própria declaração no que se refere às suas relações com J.M., seu amante. A senhorita Fabre, convidada a retomar o assunto do ponto em que havia interrompido no dia anterior devido a um leve mal-estar, reiterou com absoluta convicção não ter consciência da verdadeira identidade de J.M., muito menos da sua atividade terrorista. A senhorita Fabre também ressaltou que a relação entre ela e Zoran Rakion não era uma relação baseada no diálogo, dando a entender que a ligação entre eles pudesse resumir-se a uma história de cunho exclusivamente sexual. Instada a dar explicações referentes a algumas discrepâncias presentes no seu relato, em particular no tocante à contradição evidente entre a sua atividade sexual com o fugitivo J.M. e o medo que apresentava em relação às doenças que o autodenominado Zoran Rakion pudesse transmitir a ela e, de modo totalmente isento de fundamento científico, ao namorado Sef Meyer, a senhorita admitiu que, nos primeiros momentos, esse comportamento ambivalente a havia assustado, mas que com a ajuda da sua psicóloga tinha conseguido dar uma razão plausível. Convidada a compartilhar, de maneira sintética, suas descobertas com o agente Duval, a senhorita Fabre declarou que o medo que ela própria demonstrava ao se deparar com o autodenominado Zoran Rakion, e que parecia amplificar-se nas conversas com o senhor Meyer, derivava de um sentimento de culpa muito profundo devido primeiro à sua atração por Zoran Rakion e depois à traição concreta perpetrada em prejuízo do seu namorado. Esse sentimento de culpa seria além disso fruto de um sentimento de culpa muito mais antigo, herança do passado da senhorita Fabre, entristecida pelas repetidas e explícitas traições da mãe ao marido. A esse respeito, a senhorita Fabre se expressou como segue: «Com a doutora De Crozals analisamos a situação juntas e ela me fez entender que eu fazia ceninhas para Sef só porque eu me sentia culpada pelo fato de não o amar mais. E pelo fato de, que se eu pegasse uma doença de Zoran, poderia passar para ele. Em última instância, a culpa de tê-lo traído, principalmente de tê-lo traído, porque era uma coisa que vinha da minha mãe, que minha mãe passou para mim. Digamos que o meu sentimento de culpa se transformava em doença, virava uma coisa concreta, mais fácil de administrar. A doutora me disse que acontece com bastante frequência que as pessoas transformem um medo em outro que talvez seja mais simples de controlar. Eu achava que com um banho ou com um teste de aids o sentimento de culpa iria embora. Desse modo eu tinha mais controle. Achava

O emaranhado

que ao saber que Sef estava saudável eu me sentiria mais em paz». Diante da pergunta referente à falsidade do seu comportamento, a senhorita Fabre declarou não ter consciência dos mecanismos inconscientes que regulavam o seu medo de contaminação, e não poder então ser definida como pessoa «falsa», mas sim como «à mercê de si mesma». A senhorita Fabre continuou como segue: «Eu estava à mercê dessa angústia, e descarregava em Sef. Eu o fazia enlouquecer, armava confusões e o insultava, mas não fazia isso de propósito. Fazia e pronto. E então o pânico que eu sentia era verdadeiro, só que o agente da contaminação não era Zoran, mas era eu. Eu que tinha transado com Zoran e depois transava também com Sef. Eu era o veículo da doença de Zoran, ainda que eu me protegesse sempre e tomasse todas as precauções. Às vezes eu tinha medo de que o preservativo estourasse e que tivéssemos feito algo errado, ficava sempre vigiando para ver se eu não sangrava e ele também não. Eu andava sempre com curativos e antisséptico na bolsa. A minha era uma doença moral, digamos, e eu a transformava em uma doença física, foi isso que a doutora me fez entender. Fiquei desconcertada quando entendi. Eu chamava de aids, mas aquela coisa se chamava infidelidade». Diante do pedido para que detalhasse melhor os seus excessos de ira para com o senhor Meyer, a senhorita Fabre respondeu: «Talvez eu ficasse com raiva de Sef porque atribuía a ele a culpa de não ter sido capaz de manter viva a chama. Censurava-o por ser como meu pai e censurava a mim mesma por ser como minha mãe. Saía das sessões com De Crozals muito confusa, sentia-me pesada, na prática eu era a herança neurótica de tudo aquilo que os meus pais haviam feito um para o outro, daquilo que minha mãe tinha feito ao meu pai, e pronto. Minha mãe pelo menos não tinha sofrido, bancava a putinha com serenidade, eu ficava mal como um cão, ficava mal por aquilo que eu fazia, ficava mal por Sef, ficava mal pelo meu pai e até pela minha mãe. Eu achava que ficava mal, ao menos, mas quem sabe no fundo eu me divertisse. Talvez até agora no fundo eu esteja me divertindo. Talvez Zoran me atraísse tanto assim porque me parecia impossível feri-lo. Era o único que podia sair incólume dessa história e eu lhe era muito grata por isso». Diante da pergunta relativa ao motivo de ter dado sequência à sua relação com o senhor Meyer, a senhorita Fabre expressou-se como segue: «Eu não queria deixar Sef, eu não quero deixá-lo. Principalmente não posso deixá-lo por alguém como Zoran. Para De Crozals havia um objetivo escondido nas minhas cenas. Não eram apenas a manifestação desse enorme sentimento de culpa, mas também um meio para romper o laço com Sef. Eu não conseguia deixá-lo, não consigo nem agora. Mas aqueles excessos teriam conseguido por mim». Convidada a dar explicações no tocante à expressão «alguém como Zoran» e a fornecer a sua descrição de J.M., a senhorita Fabre, depois de hesitar alguns segundos, afirmou: «Zoran era fascinante, quieto e muito triste. Parecia ter um pensamento fixo na cabeça que lhe fazia esquecer todo o resto. Talvez fosse a droga, não sei. Mas era como se, ao lado daquela coisa que obcecava o seu mundo, todo o resto não tivesse peso. Ele também parecia não ter peso, às vezes. Aconteceu de eu me sentir um elefante ao lado dele. Ele era inconsistente. Eu me sentia rica, rica de ideias, de amigos, de coisas a fazer, de problemas, rica de tudo. Rica mas de maneira excessiva, tipo suja, como se ser rico fosse ridículo, uma vergonha, como se ele, mesmo que fosse drogado e maltrapilho, tivesse uma sabedoria toda sua, sei lá, tipo oriental. Em vez disso eu era rica, cheia de coisas e sem sabedoria. Ele só tinha uma coisa e pensava nela continuamente. Talvez fosse a moça de quem ele gostava, ou o fato de que matou pessoas, como vocês me disseram. De qualquer forma havia essa fixação ao lado da qual todo o resto, eu, Paris, o dinheiro, o seu quarto de merda, desaparecia». Convidada a dar explicações no tocante à hipotética «moça de quem ele gostava», a senhorita Fabre sacudiu a cabeça em sinal de negação, afirmando não conhecer a identidade, nem parcialmente, da menina em questão, que teria sido nomeada

O emaranhado

por engano durante um ato sexual particularmente intenso. «Tinha um nome estrangeiro de que não me lembro», afirmou a senhorita Fabre, «um nome estranho.» O diálogo entre a senhorita Fabre e o agente Duval prosseguiu da seguinte forma:

D: «E a senhora não ficou mal, que ele pronunciasse o nome de uma outra durante o ato?»

F: «Não, não tanto. Tinha sido tão bom que acabei não dando muita importância. Eu estava satisfeita, aliás ocorreu-me agradecer a ela, a essa moça. E depois eu nunca esperei me interessar por alguém como Zoran, imaginava que existissem outras histórias com mulheres alternativas que viviam pela rua e eram fascinantes, com vidas difíceis, artistas sem grana, coisas assim. Talvez de noite, no dia seguinte, pensando a respeito, eu tenha ficado incomodada, porque analisava a coisa com racionalidade e não tinha a adrenalina do sexo fantástico que fazíamos. Mas Zoran me dava principalmente pena.»

D: «Jokin Moraza lhe dava a pena?»

F: «Sim, quero dizer Zoran. Desculpe, mas não consigo chamá-lo com esse nome, o que é, espanhol?»

D: «Basco.»

F: «Sim, ele me dava pena porque como eu lhe disse ele era triste, profundamente triste. Por isso da outra vez que nos vimos decidi que não transaríamos e levei-o à vidente.»

D: «Vidente?»

F: «Eu peço para uma vidente muito famosa em Paris ler as cartas para mim, é uma pessoa séria que viveu na Índia durante a metade da sua vida e agora voltou para a França e trabalha muito com todas as pessoas interessadas em melhorar a própria vida, a qualidade da própria vida. Imagino que para vocês não interessa o mundo etéreo, coisas esotéricas, meditação, energias. Não é apenas previsão do futuro, é algo a mais. Ela vê a sua alma. Vê a sua alma, fala com ela e a convida a tomar uma direção, mas com

Segunda parte

delicadeza, e não faz previsões de morte ou de infortúnios se você diz a ela que não quer saber nada disso. É muito respeitosa como mulher, sinceramente prefiro a vidente a De Crozals, que me faz sentir angústia.»

D: «E como se chama essa vidente, a senhorita sabe isso pelo menos?»

F: «Ela usa o nome La Coupe, não sei o seu nome verdadeiro. La Coupe se refere ao fato de que ela ajuda você a cortar os fios negativos da vida, e convida a tecer novas tramas felizes. É tipo isso o que está escrito no seu cartãozinho de visitas.»

D: «Essa senhora tem um cartão de visitas?»

F: «Sim, claro, embora funcione mais no boca a boca. De todo modo ela tem até um site.»

D: «E Jokin Moraza concordou em fazer uma sessão com uma vidente com nome de cabeleireira que lê tarô?»

F: «Zoran concordava com tudo. Era como lidar com uma puta. Ou consigo mesmo.»

D: «E por que a senhorita o levou a essa vidente?»

F: «Porque eu queria que ele desabafasse, o senhor se esquece de que eu o amava. Queria vê-lo contente, queria fazer-lhe o bem. Talvez eu pensasse que ele me agradeceria de alguma forma.»

D: «E essa vidente, o que teria dito a ele?»

F: «Não sei, não entrei. As sessões são privadas.»

D: «E ele não lhe disse nada depois?»

F: «Não, nada.»

D: «E a senhora se lembra de que aspecto ele apresentava?»

F: «Igual a antes. Parecia não ter acontecido nada. E ficaram no mínimo uma hora lá dentro.»

D: «Então a senhora declara não saber nada nem mesmo sobre isso.»

F: «Sim, não sei nada e não consegui extrair nada do olhar dele. Zoran não tinha um olhar.»

O emaranhado

Diante da pergunta referente a eventuais informações úteis que podiam ter sido reveladas por Zoran Rakion no tocante à sua atividade terrorista, a senhorita Fabre reiterou não se lembrar de nada significativo porque «Zoran nunca falava de si, em geral nunca falava». Diante da pergunta referente a eventuais informações úteis no tocante aos círculos de droga com os quais Zoran Rakion estava provavelmente envolvido, a senhorita Fabre declarou não saber de nada, e de nunca ter visto nada porque «Zoran nunca se drogava na minha frente». Diante da pergunta referente às marcas de uma base cosmética de sua propriedade, a senhorita Fabre afirmou usar já há diversos anos um «fantástico» produto ultrafluido da Dior capaz de cobrir qualquer imperfeição, agindo com extrema naturalidade mesmo nos defeitos mais visíveis, como espinhas, olheiras, cortes e até hematomas. A senhorita Fabre declarou-se disponível para fornecer um recipiente ao agente Duval, caso fosse importante para as investigações ou caso ele quisesse simplesmente testar a eficácia do produto.

XXI.

Enquanto eu voltava para casa na Linha 6, esperava que alguém roubasse minha bolsa onde a dose estava escondida. A ideia de ter um grama de heroína comigo dividia-me em dois, como se um pombo imundo tivesse pousado no meu ombro e eu não conseguisse espantá-lo. Para mim o mundo sempre foi dividido em duas partes, o pombo pertencia a ambos os mundos e a punição que ele começou a aplicar em mim foi a da contaminação. A primeira vez que senti o pombo nas minhas costas tinha quinze anos e estava limpando o vaso sanitário da casa dos meus pais. Limpava para transformar a casa dos meus pais em minha casa. Mesmo que eu estivesse com luvas, sentia os respingos de mijo, de

Segunda parte

merda, os pelos caídos no assento me invadirem como se eu não tivesse pele. Era uma sensação desagradável mas eu continuava a limpar porque minha avó havia me ensinado, porque aquela lição era diferente das outras. Uma vez terminado, tirei as luvas, recoloquei-as em sua embalagem de plástico, lavei as mãos diversas vezes e senti um pombo pousar no meu ombro. Com o tempo aprendi a conviver com ele, ele voltava com cada vez mais frequência, eu o alimentava, acostumava-me a ele, permitia que construísse o seu ninho imundo no meu ombro. É o mesmo pombo da dose, é o mesmo pombo que voou até mim quando os meus pais morreram. Agora sei que viver com um pombo no ombro é o meu destino e que não posso fugir ao meu destino porque não posso viver em paz, e acho que todos temos um fantasma que gira em torno de nós e nos lembra quem somos, como a sombra que esculpe nossas silhuetas arrebatando os olhos à cegueira. Há quem tem a sorte de se aperceber disso tarde, há quem sente o seu sopro no pescoço aos quinze anos, há quem nasce e não sabe o que significa andar por aí sem esse peso que pressiona como uma lembrança, uma lembrança recalcada que reemerge de repente e muda as coordenadas de uma vida inteira. Quando eu era pequena achava que ele voaria para longe sem alarde, e que o mesmo aconteceria ao de meu irmão e de meus pais. Agora sei que todos rodamos pelo mundo com a nossa dose no bolso, e que cada um tem o seu pombo no ombro, a sua mancha, e deve seguir em frente e ser feliz com a sua dose diária de dor. Ninguém roubou minha bolsa e eu voltei para casa a passos ligeiros, ansiosa por me livrar do saquinho. Eu não podia abandoná-lo na rua porque uma criança poderia pegá-lo, um mendigo, um animal, eu precisava assumir a responsabilidade por aquilo que de agora em diante chamaria de meu leite em pó. Talvez eu corresse o risco de ser presa ou algo parecido, eu não sabia nada sobre droga. Eu tinha dado o meu primeiro passo no mundo violáceo de meu irmão, nesse mundo que sempre me pareceu sujo e impenetrável, feito por pessoas diferentes de mim, mais corajosas ou mais covardes do que eu, um mundo no qual eu nunca saberia me mover nem sobreviver e do qual teria sido logo expulsa sem grandes cerimônias. Aquele mesmo mundo me havia, por outro lado, aberto os braços e convidado a entrar, abençoando-me. Como viciada eu era convincente, eu também tinha o sensor dos drogados, sabia encontrar o bagulho, orientar-me farejando-o, intuindo-o em um parquinho de periferia, na cabeça inclinada de um desconhecido, na peculiaridade dos passos tronchos de uma velhinha que se manda sem olhar para trás. O que para mim, até então, havia sido um tabu parecia, ao contrário, uma transação banal de compra e venda a céu aberto feita por gente comum, gente da igreja que fingia dormir em um banquinho, gente com nariz de batata, gente que se escondia por trás de codinomes ridículos para não ser encontrada. Eu me sentia orgulhosa e o meu orgulho se assemelhava ao que sentia pequena quando quebrava os brinquedos sob as ordens da minha mãe e do meu pai. Sentia que ao destruí-los eu me tornaria mais forte, por mais que fosse injusto e doloroso, como sentia que ao me perder encontraria o meu lugar no mundo. Entrei no quarto e coloquei a dose na caixinha de maquiagem, tomei um dos banhos mais longos da minha vida lavando Paris, o metrô, Saint-Ouen, o sujeito vulgar que dança de roupão, a sujeira do banquinho, El Papa, a heroína e eu, eu que comprava leite em pó, eu que me comportava como se nada fosse e recebia conselhos sobre o que fazer no sábado à noite. Agendei *Les Esclaves sábado depois das 2h* e me joguei na cama, que enchi de migalhas ao devorar o último terço do sanduíche. Durante a noite, que foi a noite mais longa da minha vida, sonhei com minha mãe, tinha

Segunda parte

os cabelos compridos e me dizia para seguir a trilha, para chegar até a ponta dos seus cabelos, onde eu encontraria um precipício, para abrir bem os olhos e me jogar.

XXII.

10 de fevereiro de 2008
Hôpital Saint-Louis

No domingo 10 de fevereiro de dois mil e oito, às 3:27 horas, J.M. tentou fugir. Foi detido pelo segurança — que havia se ausentado por um momento para ir ao banheiro — na saída do elevador, que foi prontamente bloqueado conforme recomendação do doutor Lambert, que casualmente notou a inesperada presença de J.M. no corredor. O segurança, uma vez recapturado o fugitivo, reconduziu-o ao quarto, algemou-o e trancou a porta. Às nove da manhã a enfermeira recebeu permissão para entrar e administrar uma dose de sedativo, em quantidade tal que não comprometesse a excelente continuidade do processo de desintoxicação de J.M. Ao despertar, J.M. foi interrogado sobre os motivos de sua tentativa de fuga. Após longo silêncio, J.M. respondeu não ter tido intenção de fugir e que, acometido por um ataque de fome, queria apenas chegar até o café ou à maquineta para «um sanduíche e uma cerveja». Após ter lembrado ao fugitivo J.M. a absoluta proibição de consumir bebidas alcoólicas e alimentos não previstos pelo plano alimentar elaborado para ele pelo doutor Lambert, o segurança novamente trancou a porta, informando todos os médicos, enfermeiros e serventes da unidade sobre o ocorrido. J.M. consentiu em não sair do quarto pelo resto do dia.

XXIII.

Ontem passei a minha última noite no albergue e me mudei para a casa de Sabine, que vive sozinha em um apartamento que cheira a fritura. O apartamento é no terceiro andar de um bairro do décimo segundo arrondissement que se chama Quinze-Vingt. Paris é dividida com régua e se parece com a África, uma África que se mostra aos lampejos, apenas em certos bairros, em toda a sua graça. Eu durmo no sofá de veludo vermelho que Sabine tem na cozinha, uma cozinha que também é sala de estar, despensa, entrada, porão e corredor. Apesar disso, a ordem impera. Sabine deixou claro já de início que precisaremos fazer turnos para tudo. A palavra-chave dessa casa, ela me disse, é turno. Haverá turno para ir ao banheiro, turno para limpar, turno para cozinhar, para fazer as compras e até para ficar acordada, se necessário. Perguntei se podia colocar um lençol limpo no sofá e ela permitiu porque para Sabine pouco importa a questão estética do seu apartamento, ou pelo menos não lhe importa tanto quanto o seu funcionamento prático. O banheiro é minúsculo, toda vez que entro prendo a respiração pelo máximo de tempo que posso para não sentir o que da primeira vez me pareceu um vago cheiro de esgoto. Posso estar enganada, mas por ora não quero saber nada sobre a descarga do vaso da casa de Sabine, quero tapar o meu nariz e botar fé nas tubulações que parecem erguidas com areia, cal e sal marinho, e equilibradas por um mecanismo precário e vingativo que poderia decidir se rebelar a qualquer momento contra as regras de tal ecossistema. Ficar aqui é de todo modo melhor do que ficar no albergue porque tenho a impressão de viver em uma casa de verdade e Sabine poderia ser minha avó. Eu sei que, quando há alguém por perto, quando há alguém que vive com você, é mais difícil morrer de loucura porque a loucura não encontra espaço, não extravasa como acontece na

Segunda parte

281

solidão, e se não extravasa é porque tem vergonha de se mostrar para um estranho. Quando você tem alguém por perto, sobretudo alguém que não ama, mas por quem tem respeito, é difícil que a loucura leve a melhor sobre você porque o que mais se deseja não é estar nu diante do outro, mas expor a ele o seu produto. Enquanto entre dois seres humanos continuar existindo um espaço ficcional, a loucura permanecerá como característica acessória de uma personalidade única e fascinante. O espaço do chuveiro é bem grande, enorme em relação ao resto do banheiro, e não tem a cortina que se gruda no corpo, existe um box de verdade sem tapetinhos antiderrapantes imundos no chão e sem mofo. Quando não há mofo e ratos nas casas de Paris significa que você tem sorte, disse-me Sabine franzindo o nariz. A casa tem o chão levemente inclinado, se eu tivesse uma bolinha de gude poderia mostrar a ela, porque Sabine não acredita, diz que invento as coisas e que tudo está perfeitamente alinhado. Não quero discutir com ela porque lhe sou grata, mas a sua cegueira me espanta e acho que com o tempo poderei fazê-la reparar em algumas coisas, como a absurda disposição dos móveis, o abuso de luzes frias que dão um tom ainda mais deprimente ao apartamento e que contrastam com a cor das cortinas, das toalhas e do sofá, uma cor vermelha antiga que faz a casa se parecer com um velho bordel repaginado. Sabine arrumou uma entrevista de emprego para mim amanhã seis de fevereiro e me disse para comprar algo simples que me dê uma aparência organizada e modesta. Esse conselho me fez entender que não será um trabalho de prostituta e me fez entender também que nunca conseguirei esse trabalho porque assumir uma aparência organizada é impossível para mim. Isso era a minha mãe quem dizia e era a única coisa de que ela se orgulhava, a única coisa que aos olhos dela me fazia parecer uma verdadeira rebelde e que lhe dava esperança de que dentro de mim ardesse o germe do nacionalismo, pronto para irromper em um dia qualquer com toda a sua força destrutiva deixando boquiabertos meu pai, ela, todo o país e o mundo inteiro. Era o germe do nacionalismo que desgrenhava os meus cabelos, amassava minhas roupas, desamarrava meus sapatos. Para agradar Sabine fui comprar um bloco de folhas brancas para desenhar a tabela dos nossos turnos, ela me deixou as chaves porque precisava trabalhar e eu queria que ela encontrasse a casa em ordem, o jantar pronto e a tabela preenchida com turnos justos e equilibrados. Sentei-me e comecei a traçar o perímetro retangular, depois as caixinhas, depois as palavras, tentando escrever de maneira normal. Desde os meus seis anos sofro de um distúrbio que na verdade não me causa sofrimento algum, mas ao que parece causa nos outros, e que se chama escrita especular. Dessa anomalia os meus pais nunca se orgulharam e tentaram corrigi-la mandando-me para um psicólogo, um psicólogo que apenas me dizia: pare de se esconder, pare de se esconder, e olhava para mim com um ar de padre que me dava arrepios, vontade de cuspir na cara dele e dizer: em vez disso, seria melhor se você se escondesse. Sempre achei que para os meus pais esse meu distúrbio incomodasse porque me tornava pouco operacional e me transformava em um peso morto para a luta. Não conseguia sequer escrever um slogan num panfleto, fazer uma lista com os nomes dos participantes das reuniões, redigir resumos ou relatórios. Agora consigo compor uma tabela e me esforçar para escrever direito, faço isso por Sabine e porque na minha vida os turnos sempre me faltaram e aliás acho que fariam bem a todos, pois Jokin nunca teria se drogado se tivesse tido a obrigação de limpar a cozinha duas vezes por semana ou de varrer o chão depois do jantar, porque os meus pais nunca pensariam em quantas pessoas precisariam matar a fim de entrarem para a história se tivessem nos criado de maneira normal, se tivessem tido um trabalho normal, se tivessem tomado banho todos os dias, se tivessem nos educado para não dizer palavrões,

Segunda parte

se tivessem comprado cortinas para os nossos quartos em vez de nos fazer dormir nus, transparentes e sem barreiras, expostos demais ao frio, ao calor e ao mundo. Não posso afirmar com certeza como teria sido a nossa vida com essas precauções, mas posso imaginá-la. Uma hora dessas estaríamos todos em Euskadi, Jokin teria se tornado um músico de verdade, com um salário fixo, os meus pais ainda estariam vivos e eu teria continuado a trabalhar no correio, encontraria um rapaz por quem me apaixonar e me apaixonaria e jamais saberia o que significa correr o risco de morrer de loucura. Talvez nunca visse Paris, certamente não teria conhecido Sabine nem perdido meu irmão. A vida, em suas tortuosidades, carrega consigo dons maravilhosos, mesmo quando parece estar punindo você, e surge na sua frente com caminhos íngremes que se fizeram passar por descidas, bem quando você está prestes a se esborrachar ela lembra a você de alguma forma que na estrada errada que você pegou existe um presente, um presente que só podia ser encontrado ali e que nenhuma estrada boa poderia ter lhe oferecido. Quando você pega o caminho errado você fica igual à cauda dos vestidos de noiva, igual aos jeans boca de sino, à língua dos cães, que agarram tudo, a merda, os restos de comida e os diamantes, a luz, a noite e o meio-dia, e é uma coisa que não ocorre quando você vai pelo caminho certo porque lá acontece somente aquilo que você escolheu que devia acontecer. Enfiei o saquinho com o bagulho debaixo do colchão, como a tradição manda, para poder verificar todas as noites que tudo está bem e que Sabine não corra o risco de se meter em confusão por culpa minha. Escrevi os dias da semana nas caixinhas e subdividi as faixas de horário em blocos de duas horas por segurança e para poder agrupar mais atividades no mesmo intervalo de tempo. A nossa vida de revezamento de turnos começa oficialmente às nove da manhã e termina às nove da noite, o que proíbe a realização de trabalhos domésticos nos

O emaranhado

horários-limite, perto de dormir e acordar. Às segundas-feiras eu limpo o banheiro (9h-11h) e cozinho, enquanto Sabine lava a louça e dá uma limpada no chão, mas só depois do jantar (19h-21h). Às terças-feiras Sabine arruma as camas, ajeita e leva as roupas para a lavanderia (11h-13h), às 14h eu preparo o almoço e vou buscar as roupas da lavanderia (15h) enquanto ela varre o chão. Às quartas-feiras eu passo as camisas retiradas no dia anterior (9h-11h), Sabine prepara o almoço (13h-14h), eu limpo o chão e faço as compras de fruta e verdura (17h-19h). De noite eu cozinho e ela limpa. Às quintas-feiras, se o banheiro já estiver sujo, Sabine limpa (9h-11h), eu preparo o almoço, lavo a louça e varro o chão (14h-15h). A essa altura a geladeira estará praticamente deserta e alguém precisará fazer as compras de proteínas e carboidratos (a compra de frutas foi quarta-feira). Talvez sexta-feira seja o nosso dia livre. Eu parei porque percebi que ainda não sabia nada sobre nossas vidas, nossos horários e meu trabalho, então fiz um cigarro e fiquei olhando a tabela, que me transmitia uma certa paz e na qual eu não me chamava mais Gorane, mas Ginevra, um nome que era o segundo presente que essa estrada ruim havia me dado, depois de Sabine.

XXIV.

6 de fevereiro de 2008
Delegacia de Polícia, XVIII arrondissement

No dia 6 de fevereiro de dois mil e oito, às 15 horas em ponto, o agente Duval dirigiu-se ao número 55 da Rue Raynouard, ao consultório de Madame La Coupe, de quem até o momento foi impossível descobrir o verdadeiro nome, a fim de colher informações ulteriores em relação ao caso J.M. e fechar as investigações

Segunda parte

285

antes da repatriação do fugitivo. Na sala de espera — uma saleta provavelmente criada a partir de um antigo banheiro comunitário no ático (sétimo e último andar) e formada por: um banco, uma cadeira de vime, uma banqueta, um pôster estilo chinês kitsch, e uma revista de ocultismo datada de mil novecentos e noventa e nove — estavam presentes uma jovem, elegante mulher loira tingida (idade estimada: 32 anos), sentada na cadeira de vime, e uma senhora mais velha (idade estimada: 50 anos) em pé diante do pôster. A jovem mulher, ocupada consultando o celular, foi chamada por Madame La Coupe e ficou no consultório por cerca de dez minutos. O escopo do chamado, conforme esclarecido posteriormente, era o saldo de uma conta em aberto. O agente Duval adentrou o consultório de Madame La Coupe às 15:25, ou seja, poucos minutos depois da saída da senhorita loira. No momento do ingresso, o local — um quarto de empregada transformado em consultório privado — apresentava-se no seguinte estado: bom. A mobília, caracterizada por uma evidente incoerência na escolha das combinações cromáticas e estilísticas, era constituída por: um tapete persa puxado para o bordô; papel de parede na cor verde-mar com desenhos de peixes e flores estilizadas; um lustre de cristal (muito provavelmente falso); uma pequena janela com cortinas listradas (marrom e amarelo); um espelho com bordas douradas apoiado na parede em posição precária; uma mesa de madeira antiga; uma cadeira de rodinhas estilo moderno na qual se sentava Madame La Coupe; uma cadeira de metal para o cliente; um pôster estilo chinês kitsch (com poucas diferenças em relação ao anteriormente citado); um retrato naïf de Madame La Coupe em tons de rosa, violeta e carmim. Convidado a se sentar, o agente Duval esperou que a senhora tomasse a palavra. Madame La Coupe, depois de embaralhar as cartas, convidou o agente Duval a «cortar o maço». Após ter executado a operação, Madame La Coupe pediu ao agente Duval para que fizesse, possivelmente em voz alta, sua pergunta relativa a trabalho, amor ou destino, ressaltando a proibição de formular questões referentes à própria saúde ou de outrem. A pergunta podia ser concernente ao próprio requisitante ou a uma segunda pessoa. O agente Duval nesse momento revelou sua identidade, explicitando o motivo de sua visita e convidou Madame La Coupe a esclarecer suas relações com o autodenominado Zoran Rakion, um sujeito alto de quase dois metros, com sotaque estrangeiro, cabelos compridos e olhar perdido. Madame La Coupe, em um primeiro momento surpresa, declarou lembrar-se perfeitamente da aura e do rosto do rapaz que suscitou nela «uma impressão extremamente vívida», perguntando ao agente Duval o motivo do seu interesse no jovem. O agente Duval convidou a senhora a detalhar pormenores e circunstâncias do seu encontro com Zoran Rakion. Madame La Coupe nesse momento afirmou que atenderia aos pedidos do agente somente sob a condição de que o interrogatório se desenvolvesse na forma de uma sessão habitual de leitura de tarô, única forma de troca lícita na sala que não «toleraria outras formas de diálogo» potencialmente capazes de «alterar o equilíbrio e as energias do lugar», comprometendo o ambiente de trabalho com que Madame La Coupe se preocupava «mais do que com qualquer outra coisa no mundo». Após reiterar, à guisa de sugestão, que era possível inclusive colocar questões a respeito de outrem, Madame La Coupe convidou o agente Duval a formular a sua questão relativa a trabalho, amor ou destino. Em resposta, o agente Duval instou a senhora a dar detalhes sobre: data e forma do seu encontro com Zoran Rakion; questões colocadas pelo sujeito; declarações ou confissões mais ou menos explícitas do sujeito, particularmente referentes a uma eventual namorada e às suas relações com a organização terrorista ETA; motivos da fuga do sujeito de Bilbao e da sua permanência em Paris; outras eventuais informações de cunho privado e/ou político. Diante do obstinado silêncio de Madame La Coupe, o agente Duval viu-se obrigado, a fim de acelerar o interrogatório, a colocar a seguinte questão: «Quais são as relações do meu homem com a atividade

Segunda parte

terrorista do ETA?». Madame La Coupe convidou o agente Duval a formular questões mais consoantes à dimensão espiritual da existência, ressaltando então o que se segue: «O senhor se exprime de modo meramente factual. Sugiro que entre em sintonia com a nossa linguagem». O agente Duval perguntou então à senhora o que entendia por «nossa», pergunta à qual Madame La Coupe limitou-se a responder com uma risada sarcástica, convidando o agente a «fazer um esforço». O agente Duval, para o bem das investigações, buscou satisfazer a solicitação da senhora, tentando formular uma pergunta do agrado de Madame La Coupe. Os esforços do agente Duval levaram à seguinte questão: «A senhora pode me dizer tudo o que sabe sobre a vida do homem que lhe descrevi anteriormente?». Madame La Coupe nesse momento dispôs as cartas sobre a mesa encarando-as por cerca de um minuto em absoluto silêncio.

Relata-se em seguida o estrito diálogo transcorrido entre os dois, gravado no dia de hoje, 6 de fevereiro, pelo agente Duval:

MLC: «Há uma pessoa muito importante na vida desse jovem, uma pessoa próxima, pequena por assim dizer, que ele não vê. A noção de 'pequeno' pode ser entendida naturalmente em sentido amplo ou metafórico. Há algum tempo encontram-se na mesma cidade, embora a presença dela pareça vaga. É uma mulher de personalidade, a Imperatriz. Vem-lhe à mente alguma coisa?»

D: «Prossiga, não se interrompa. Evite me interpelar. Sou eu quem lhe faz as perguntas.»

MLC: «Acho que posso confirmar essa presença feminina na vida do jovem que, da primeira vez, veio aqui acompanhado por uma mulher. Mas não é a mulher de que falam as cartas, é uma outra. A mulher que é objeto das tribulações daquele que o senhor chama de Zoran, aliás. Poderia ainda ser uma terceira mulher, porque as cartas, a esse respeito, são muito, muito confusas.»

O emaranhado

D: «Seja mais precisa, senhora. Quem seria essa desconhecida?»

MLC: «Veja, para as cartas a Imperatriz é a Grande Mãe, a Grande Deusa Mãe. Há, reunidos nessa carta, inspiração, subconsciente, profecia, mas também instabilidade emocional e, em certos casos, incapacidade de controlar os acontecimentos. É uma carta complexa, múltipla como os reflexos que aparecem na coroa da Imperatriz. A ligação com essas mulheres, ou melhor, entidades femininas, poderia ser precipitada, irracional e exclusivamente emotiva. Não destrutiva, isso não, ou pelo menos não prevalentemente destrutiva. Excelentes frutos nasceram de tais encontros. É possível que o nosso jovem homem, que eu vi três vezes ao todo, tivesse perdido o controle de uma situação sentimental, uma situação em si positiva mas degenerada porque privada de freios devido à presença, veja, do décimo quinto arcano. Uma carta terrível por si só, e ainda mais terrível nesta disposição que é uma disposição problemática e potencialmente feliz. Imagino que o senhor não saiba que o décimo quinto arcano é o Diabo.»

D: «A senhora está de brincadeira comigo?»

MLC: «Agora, segundo minha visão particular, quando o Diabo aparece no centro de um esquema desse tipo — um esquema em que está ausente a carta da Morte, que é transformação e mudança, assim como está ausente a da Temperança — e quando, sempre o Diabo, encontra-se ao lado do décimo segundo arcano, a situação é de uma tragicidade particular, uma tragicidade que deriva de pressupostos, como eu disse, potencialmente felizes. Existe nesse jovem uma extraordinária incapacidade, que eu definiria como incapacidade de transformação. Ao mesmo tempo nele, ou por meio dele, o acaso acende desejos, incendeia almas e promove verdadeiras maravilhas que nenhuma existência rigorosa jamais conseguiria dar à luz. O senhor sabe bem que a contradição é dilacerante. Neste esquema nós temos, ao mesmo tempo, uma total ausência de vontade e direção e um instinto triunfante que se acende e queima de formas sublimes e extraordinárias, mas não produz nenhum fruto duradouro. Em resumo, vejo imobilidade, imobilidade que se faz passar por movimento frenético, o movimento da Carruagem, e que por sua vez esconde a própria essência larval.»

D: «Logo, em termos concretos?»

MLC: «As cartas me falam de um destino, e o destino é o de um impasse mortífero e de uma degeneração continua, como se vê a partir da presença da Torre aqui atrás. Em trinta anos de carreira, nunca vi nada parecido.»

D: «Nem eu, posso garantir à senhora. A senhora se esquece de que não sou um psicólogo. Não sou um fofoqueiro New Age! Coisas úteis, úteis! O Diabo, a alma frágil de Rakion, a Torre que desaba, cai ou fica em pé por milagre, o mortífero quê? A senhora vem dar uma de intelectual comigo?»

MLC: «Toneladas de potencial desperdiçado. Uma vida deixada apodrecer ao sol. Excessos em cima de excessos numa tentativa fracassada de jogar água nas chamas. O senhor sabe bem que um material tão grande jogado ao vento provoca desastres. Parece que o nosso homem não tem os instrumentos para fazer brilhar nada, no entanto ao longo de sua vida, como eu já disse, alimentou fogos maravilhosos, porque abençoado por um dom que, sem o apoio da razão, do empenho e da tenacidade, volta-se a cada dia contra ele de formas muito, muito violentas. A única presença criativa nesta disposição é a da Grande Mãe, uma Grande Mãe também ambígua porque ladeada, como vê, pela Sacerdotisa, a misteriosa, velada Sacerdotisa. Uma Grande Mãe criadora, certo, mas excessiva, transbordante e sem rédeas. Existem muitas coisas não ditas na vida desse jovem, muitos silêncios, porém trata-se de uma vida que tende naturalmente para o espiritual. Um incorpóreo renegado, portanto letal.»

D: «Muito bem, a senhora venceu. Venceu pelo cansaço. Desisto e lhe dou uma última oportunidade. Mas lhe peço: seja mais explícita. Agora eu dou as cartas e a senhora responde. A senhora me responde e faz como eu digo. Não estou aqui para saber sobre os assuntos pessoais de Rakion. Nem sobre os dele nem sobre os meus, não quero saber da vida de ninguém, ok? Estou aqui porque seu cliente é acusado de terrorismo. Estamos praticamente certos de que matou muita gente. Entendeu? O Diabo, a Mãe, alma sensível de Zoran! Entendeu ou não? Percebe ou não? Matou pessoas, pessoas, e a senhora diverge e finge que não entende! Tente ser uma pessoa séria e me fale de maneira normal.»

MLC: «A única coisa que posso afirmar, a esse respeito, é que a Sacerdotisa, símbolo do mistério, pode esconder qualquer coisa, inclusive crimes, ações terroristas, incestos, suicídios. Se quer saber de mim se o jovem que o senhor chama de Zoran Rakion, e que a mim se apresentou com o nome de Jokin, alguma vez me confessou algo referente ao seu passado de terrorista, a resposta é não. Lembro o senhor de que não sou um padre. As pessoas vêm até mim para saber algo do seu futuro, uma dimensão que creem ser real e que os preocupa mais do que qualquer outra coisa, como as crianças que tremem diante de um fantasma desenhado numa folha. A verdade é que todos, mesmo que não saibam, vêm até mim para ler o seu presente. As pessoas são aterrorizadas pelo presente, porque no presente estamos todos vulneráveis, não temos as armas da lembrança e das expectativas, estamos na onda, uma onda que não conseguimos ver e que na maior parte das vezes nos domina. Mas é apenas no presente que podemos ser invencíveis. O que as pessoas procuram fazer por meio de mim, graças ao intermédio das cartas, é tirar o véu dos olhos — aquele mesmo véu que a Sacerdotisa usa e que nos ensinaram a usar — para começar a ver. Também é verdade que nem todos querem ver. O senhor, por exemplo, quer mesmo ver a história desse Zoran? Fingindo estar interessado única e exclusivamente nas suas implicações políticas, não quer na verdade se

Segunda parte

privar de uma realidade perturbadora, uma realidade que talvez lhe diga respeito, como diz respeito a mim e a todos?»

D: «Sem chance, a senhora continua...»

MLC: «Veja aqui, desenhada, há uma mulher sentada, uma mulher com roupas simples, usando a tríplice coroa do papado. A história desta Sacerdotisa — que se destaca no esquema que nos foi revelado hoje como síntese da história, diria infeliz, do jovem em questão — poderia simbolizar justamente a sua intrínseca duplicidade. Uma duplicidade que se revelou, em primeiro lugar, no nome duplo com que o nosso jovem se apresentou ao senhor e a mim: de um lado Zoran, de outro Jokin. De um lado a potencialidade de um talento que imagino extraordinário e do outro o Diabo que subjuga, desperdiça e esmigalha a flor.»

D: «Está se achando demais agora. Olha, eu conheço o verdadeiro nome de Zoran. Achava simplesmente que com a senhora ele tivesse usado o nome falso.»

MLC: «O falso é verdadeiro, o verdadeiro é falso, o falso é verdadeiro, o verdadeiro é falso. Isso lembra alguma coisa? As pessoas se sentem seguras comigo. Sabem que podem contar a verdade, porque ninguém nunca acreditaria em uma vidente que lê tarô. É como contar alguma coisa para um surdo ou para o vento. O ceticismo das pessoas não me ofende, aliás é uma das armas mais fortes que tenho. Sem o ceticismo da maioria, eu não teria nenhuma credibilidade.»

D: «Um Jokin duplo, a senhora me dizia...»

MLC: «É uma questão de liberdade. Essa dubiedade a respeito da qual o senhor está tão curioso não é uma prerrogativa de Jokin. O senhor também carrega consigo dois nomes, três, muitos nomes, identidades que se misturam sem que o senhor tenha total consciência delas e sobre as quais o seu controle está próximo de zero. Além do mais é algo bastante conhecido e eu não estou dizendo nenhuma novidade. A diferença é que em Jokin essa dubiedade

O emaranhado

é levada ao extremo, nomeada, portanto reconhecível. Veja só a história desta carta, da Sacerdotisa. Tem interesse?»

D: «Tenho interesse. As perguntas sou eu que faço. Continue.»

MLC: «Inicialmente, quando nasceu, essa história tinha duas formas, duas formas muito diferentes entre si, que porém coexistiam. A primeira história, a mais lendária, contava que uma mulher, vestida de homem, foi eleita papa após a morte de Leão IV para ser então desmascarada dois anos, cinco meses e quatro dias depois, apenas porque estava grávida. A segunda história tem a ver com a morte de Guilhermina da Boêmia, e com a seita fundada por ela, a seita dos guilhermitas. No centro do pensamento dos guilhermitas havia a convicção de que existia na Terra um outro filho enviado por Deus e que esse filho era na verdade uma filha, uma mulher: Guilhermina, a propósito. Depois de sua morte, começaram a circular rumores de que ela teria ressuscitado em 1300 trazendo uma nova era — a era das papisas —, e de fato sóror Manfreda Visconti Pirovano foi nomeada papisa pelos guilhermitas e queimada na fogueira ainda em 1300. Entende aonde quero chegar?»

D: «Imagino que a senhora queira começar a me falar sobre fogueiras e bruxas. Economize saliva.»

MLC: «Minha intenção é dizer que cada homem tem muitos nomes, mas no fundo possui apenas duas histórias e passa a vida tentando entender qual é a verdadeira e qual é a falsa, que o conduzirá à ruína. Acho que vocês chamam isso de 'pistas', não? O que quero dizer é que não vai adiantar nada procurar Jokin Moraza se o senhor continua não querendo encontrá-lo.»

D: «Não há mais nenhum homem a ser encontrado, não se preocupe.»

MLC: «O senhor é um sujeito realmente singular. Singular em seu aparente, desculpe-me, aspecto ordinário. Se eu fosse ler suas cartas, estou certa de que surgiria o Enamorado, isto é, a carta da escolha. Não é por acaso que Pitois chama essa carta de 'Os dois caminhos'. Eu poderia dizer 'as duas pistas', as duas vidas

Segunda parte   293

de Jokin Moraza, se preferir. Ao senhor, agente, bastaria pescar essa carta e seguir seu caminho para encontrar seu homem, se acha que isso daria um impulso positivo para sua vida. De outra forma, poderá continuar a zanzar por Paris, interrogar com modos bem bizarros uma mística que tem nome de cabeleireira e impõe rituais incompreensíveis para as conversas. Em todo caso estou lisonjeada. O senhor poderá, eu dizia, continuar a usar o cérebro e a interrogar, seguir adiante fingindo que se atormenta, que se cansa e se cansará, talvez vá se cansar de verdade, tentará demonstrar real interesse pelo caso, até inquietação, e continuará a buscar informações explícitas que ninguém poderá lhe dar porque a sua tarefa, como a minha, não é buscar informações, mas sim extraí-las. Nós — eu e o senhor — somos verdadeiros extratores de verdade. Imagino que o incomode muito ser comparado a uma vidente. No entanto, a nossa tarefa é muito mais parecida do que parece: extrair de símbolos e indícios aparentemente fúteis a verdade profunda de uma existência ignota. Eu extraio vida das cartas, o senhor dos, como chamam, indícios. Mas o senhor é uma pessoa muito brusca e isso não favorece o seu trabalho. A realidade deve ser questionada de modo muito mais indireto do que o senhor acredita. Nunca perguntou no primeiro encontro com uma mulher: 'Quer transar?'. Acho que não, o senhor me parece um homem bastante educado. Se já fez isso, imagino que não tenha tido sucesso. Para levar uma mulher para a cama, é preciso rodeá-la por um tempo mais ou menos variável, mas é preciso fazer isso se o objetivo é conquistá-la.»

D: «A senhora está dando conselhos de revistinha feminina para um agente de…»

MLC: «O senhor não gosta de rodear em torno das coisas, e essa é a sua maior limitação, não apenas como ser humano, mas também como agente. A revistinha feminina, como o senhor diz, não tem nada a ver com isso. Vi homens fazerem sexo da mesmíssima forma como enchem o carrinho do supermercado ou escolhem uma gravata. Tudo está ligado, acredite em mim. O senhor não entende isso. A realidade deve ser cortejada, e para fazê-lo é necessário um dom que falta no senhor: a predisposição para o engano. O senhor vomita tudo como para se justificar, como se fosse o senhor quem precisasse se confessar. O senhor não deixa as coisas falarem, quer que as coisas digam aquilo que o senhor espera que elas digam. Deveria ser mais cuidadoso com as perguntas, enganar o seu interlocutor, se é a verdade que lhe interessa.»

D: «Eu não engano. Eu desmascaro o engano. O nosso tempo acabou.»

MLC: «O senhor está procurando uma roupa de gala em uma padaria. O senhor quer curar a infecção com esparadrapo. O senhor tenta fazer o rio transbordar usando conta-gotas. O senhor é responsável por um pensamento rígido e repleto de absurdos.»

D: «Passar bem.»

MLC: «Ademais, o senhor me deve oitenta euros.»

XXV.

O meu trabalho aparentemente era limpar privadas, os escritórios e as salas de reunião, mas não fui bem na entrevista. Cheguei para a conversa conforme me aconselhou Sabine, simples e arrumada, passamos metade da manhã, das nove às dez e meia pelo menos, tentando me dar uma ajeitada. Sabine até pediu duas horas de folga para se ocupar de mim. Nunca fiquei tão arrumada. Sentia-me uma noiva virtuosa e modesta. Usava calças cigarrete pretas, que Sabine tinha comprado para mim no mercado de Daumesnil por um preço ridículo, mas que me davam um ar bem profissional, uma camisa branca que eu havia encontrado na mala e passado de maneira impecável, e os cabelos levemente laqueados e puxados para trás em um minúsculo coque. Os sapatos eu precisei comprar, sempre no mercado, porque não tinha nada de apresentável e Sabine não podia me emprestar os seus. Os pés de Sabine são muito pequenos, os meus são compridos, magros e com uma estrutura alada. Os meus pés são os pés de quem nunca caminhou, talvez tenha voado, talvez rastejado, talvez ficado na cama olhando para o teto e imaginando seguir em frente de algum outro jeito. Comprei um par de sapatos pretos, com três, quatro centímetros de salto, um salto que me causa constrangimento e me faz sentir diferente, filha de alguém que não conheço. Minha mãe nunca usou saltos nem calças cigarrete e eu sempre tive vergonha de desejar esse tipo de roupa, de experimentar curiosidade por esse tipo de roupa e pelo mundo que trazia consigo, um mundo luminoso e extravagante sem fumaça, sem agasalhos esgarçados e com slogans muito mais agradáveis aos ouvidos do que os nossos. Havia um buraco no teto do escritório em que entrei para a entrevista, um buraco que capturava a minha atenção e que eu precisava me esforçar para não ficar olhando. Em volta do buraco minúsculas rachaduras se espalhavam como raios, construindo na parede figuras maravilhosas parecidas com a escrita khmer ou com os palitos das tatuagens tailandesas. O furo era um furo oval. Nenhuma voz me fala mais desse tipo de forma, não ouço mais nada e o que costumava ouvir às vezes me faz falta. Agora a minha dor é uma dor amortecida, diluída pelo tempo, uma dor sem personalidade. O senhor que me recebeu foi logo avisando que havia me concedido a entrevista apenas porque Sabine tinha insistido muito, e que no momento não havia vagas disponíveis na firma de limpeza. Acrescentou que me avisaria no futuro. Foi tudo rápido e indolor e na hora me pareceu que a notícia me deixava indiferente, como se eu tivesse ido lá apenas para uma tarefa dada com sucesso. Eu me levantei, lancei um último olhar para o buraco no teto, sempre em silêncio, e saí. Uma vez fora, desci as escadas e me perguntei o que seria de mim. Voltei para casa, fiz o que devia fazer, isto é, limpar o chão e sair de novo para comprar fruta e verdura, conforme a quarta-feira mandava. O árabe que vende fruta e verdura quarta está fechado, a tabela precisa ser refeita e deu tudo errado.

Voltei, arrumei um pouco a casa e liguei a televisão. A tv francesa é ainda pior do que a espanhola, então abaixei todo o volume e liguei o computador. As imagens continuaram a se suceder na tela sem áudio, oferecendo-me suas formas habituais. «Esta casa tem uma conexão de internet bem rápida», Sabine havia me dito no dia da minha chegada, com ar de orgulho. Para mim seria suficiente uma conexão normal. O computador de Sabine é grande, velho, tem a tela imunda e as teclas gastas. Parece que foi espancado, parece o computador de alguém violento ou de um escritor. Faltam o «z» e o «r», para usá-los é preciso apertar mais forte sobre uma espécie de martelinho que parece se esconder embaixo das teclas. O computador de Sabine é tão velho que parece um instrumento musical do futuro. Dei mais uma navegada na internet para percorrer o quinto caminho até chegar ao meu irmão, o do White Elephant, ou ainda, do we, como alguns os chamam. Digitei o nome do grupo em todos os buscadores, em todas as redes sociais, e encontrei os mesmos eventos e a mesma enxurrada virtual de aprovação. Grupo sensacional, que saudade do we, músicas gravadas em que se podia ouvir o barulho de fundo dos shows, nenhum álbum, nenhum ep, nada de nada. Nem mesmo o nome de um dos we, Jokin, Ahmad, Éric, fantasmas que devolvem a música da terra depois de terem engolido demasiada vida, dizia um comentário com excessiva ênfase. Meu irmão poderia não ter

Segunda parte   297

nada a ver com essa história e é impossível saber disso, porque os White Elephant não deixam pistas há meses, sumiram, desapareceram da rede, deixando para trás somente o clamor de desilusão de seus fãs. O sumiço deles me dá arrepio. Percorri novamente os comentários em alguns eventos para tentar encontrar novas informações, mas eu sentia ler as mesmas frases e mergulhar outra vez na lama inútil da web, uma lama que me encanta e me engulha, que me desorienta quando nela eu só buscava orientação. Encontrei novamente o show do final de abril em Le Rémouleur, um dos shows mais insólitos da banda, citado inclusive no romance de Luque. Eu já tinha visto as fotos na página da casa de shows, fotos em sua maioria escuras, esfumaçadas e cheias de gente, aliás de multidão, de massa humana bêbada e chapada, em que mal se via o palco. Chamou minha atenção a presença do piano, mas não havia nenhuma fotografia reconhecível de meu irmão, apenas uma figura esguia ao lado do palco que poderia ser qualquer um. Para dizer a verdade, aquela silhueta não parecia do meu irmão. Talvez meu irmão estivesse escondido atrás do piano, talvez o piano fosse o único motivo de estupor, talvez meu irmão tivesse ido mijar. Para alguns aquela tinha sido uma noite fabulosa, para outros não tinha dado certo. «É melhor quando a fera toca», dizia um tal Aliénor Gaudet, «Faltou você», dizia Léo Ma Gloire, «Ideia da hora», rebatia um sujeito árabe, «vão se foder, gênios malditos», era o teor da metade dos comentários. Eu esperava que a fera fosse Jokin. Meu irmão a fera que toca. Digitei de bobeira no google *meu irmão a fera que toca*, esperando um milagre, surgiram ilustrações de animais, fotos de desenhos animados, de uma atriz loira de Hollywood nua de pernas cruzadas e uma ou outra capa de livro em oferta (livros sobre feras ou irmãos, imagino). Continuei procurando em vão. Percebi a recorrência dos comentários de uma garota, Cécile Nbtl, que disparava frases e pontos de exclamação em cada foto. Fui até a sua página, como foto de perfil havia o seu rosto no meio de um show, parecia uma montagem, como se Cécile tivesse cortado a sua foto no parque ou no shopping e colado em um fundo baixado na Anarchopedia, usava piercing e correntinhas por toda parte, cabelos azuis raspados nos lados, maquiagem dark e uma carinha de crismanda. Seu disfarce desmorona por todos os lados, Cécile, eu pensei, o conformismo sai até pelas suas meias. Você é uma daminha que faz o jogo da revolução porque ainda não encontrou nada de autêntico para dar ao mundo. Dê-me suas lamentações, Cécile, dê-me sua lingerie rendada de oitenta euros, suas pernas depiladas e as aulas de hidroginástica para deixar a bunda durinha. Você teria o meu respeito, Cécile, mas você não admite. A única coisa autêntica que vejo é sua carinha de princesa usando fantasia de bruxa no carnaval e o cheiro forte de filme açucarado visto às escondidas da trupe. Como toda daminha de boa família que se preze, evidentemente Cécile tinha uma queda por um daqueles meninos maus, talvez até pelo meu irmão. Quem sabe Jokin até a tenha levado para a cama, e ela sonhava com a volta dele, a recuperação do rapaz perdido graças à princesinha punk fajuta que aparece na sua vida e drena o oceano do material explosivo. Jokin, quando sóbrio, jamais teria uma assim, e eu já o tinha visto fazer uma seleção razoavelmente cuidadosa mesmo em situações críticas, tipo na festa do conservatório, quando tínhamos dezesseis anos, ele estava bêbado e eu tinha sido convidada para dançar com seu amigo Jorge que tocava violino, tinha o pinto minúsculo e queria ver se a louca da irmã de Jokin faria alarde por isso ou se, ao contrário, as medidas mínimas podiam passar despercebidas, quem sabe até funcionar muito bem, com uma que não batia muito bem da cabeça. Naquela ocasião Jokin havia recusado Carlota, que era bem gostosa, mas que era

Segunda parte

burra demais. Maria o amou por isso e provavelmente achou que Jokin era um puro, alguém que estava na luta todos os dias, nas pequenas coisas, alguém que concebia a sua batalha como uma meticulosa, constante, invencível erosão. Maria era uma pessoa maravilhosa. Sorria para mim como se me agradecesse pela nossa existência, pela minha existência e de Jokin, dupla materialização terrena de um espírito eleito que por fim a havia enfeitiçado. Tinha andado com Jokin para lá e para cá, grudada em Jokin na frente de Carlota, descartada em um segundo pelo viés antiburguês do meu irmão. Acho que depois meu irmão transou com ela, uma outra noite, rápido e escondido com a desculpa da bebedeira. Naquela noite eu tinha voltado para casa sozinha, com o cara me perseguindo bêbado e gritando algo meloso a propósito do seu pinto. Jorge não era feio mas se mostrava realmente ruim. Aquela honestidade em relação às suas dimensões era uma forma de vil confissão. Existem pessoas que, por medo de serem descobertas em suas fragilidades mais profundas, preferem deixar você a par delas por antecipação, com uma breve apresentação introdutória. Não são capazes de suportar a angústia do desmascaramento gradativo. Preferem tirar isso logo da cabeça. Não sei se pertenço a esse tipo de pessoas, mas com certeza Jorge detém um lugar todo especial no grupo. No perfil de Cécile estavam publicadas todas as datas de show do WE, mas não havia nada substancialmente novo sobre a identidade dos membros e sobre o meu irmão, apenas um arquivo meticuloso e inútil. Anotei a caneta no caderninho o nome Cécile Nbtl, para garantir, e esperei que Sabine voltasse, como espero que Jokin volte, que voltem minha mãe e meu pai e me digam onde devo procurar, como fizeram enviando-me o livro pela caixinha do correio, obrigando-me a lê-lo. Eu o li, vim a Paris e me perdi. Paris não me acolheu, esfregou no meu rosto sua enorme boca mentirosa e

O emaranhado

daí negou o beijo, cerrou os dentes e então mordeu a língua. Eu não sei que língua fala essa cidade, como nunca soube que língua falava a minha cidade. Não possuir uma língua é como não estar em nenhum lugar, ou estar desconfortável onde deveria estar e confortável onde não é bem-vindo. Não possuir uma língua é como falar demais para uma Guarda Civil, contar onde se escondem os seus pais e causar a morte deles. É uma coisa perigosa, uma coisa que você carrega para toda a vida e que faz você se lembrar de que, faça o que fizer, você está sempre onde não deveria estar e ausente onde todos esperam por você. Eu não sei quem espera por mim e não sei onde. Estou sempre em outro lugar.

XXVI.

8 de fevereiro de 2008
Delegacia de Polícia, XVIII arrondissement

No dia 8 de fevereiro de dois mil e oito, o senhor Dominique Luque compareceu à delegacia para confirmar as próprias declarações no tocante à sua relação com J.M. Consultado pela primeira vez por telefone no dia 27 de dezembro de dois mil e sete, o senhor Dominique Luque havia expressamente afirmado não ter tido mais contatos com J.M. desde o mês de setembro de dois mil e sete e tê-lo visto ao todo três vezes: a primeira em julho de dois mil e sete, em um café do décimo terceiro arrondissement, Le Quichotte, onde os dois, ambos sozinhos, teriam começado a falar generalidades e onde Dominique Luque, fascinado pela figura do estrangeiro, teria pedido o seu número de telefone sem conseguir obtê-lo; a segunda, poucos dias depois, no mesmo café do décimo terceiro, sem que entre os dois tivesse havido nenhuma troca, a ponto de Dominique Luque, graças às taças de vinho, ter sido

Segunda parte

301

levado a crer nunca ter conhecido o estrangeiro e que as recordações fossem meros produtos de sua imaginação; a terceira e última vez no mesmo café, onde os dois se sentaram à mesma mesa e J.M., evidentemente embriagado, deixou escapar declarações íntimas sobre sua vida, declarações que Dominique Luque se deu ao trabalho de anotar com cuidado em sua caderneta, para em seguida editar, reelaborar e transfigurar de forma romanesca os vagos e desconexos relatos de J.M. Questionado sobre as incongruências dessas declarações com um e-mail enviado ao editor no dia primeiro de setembro de dois mil e sete — um e-mail em que Dominique Luque afirmava ter encontrado J.M. pela primeira vez no Hôpital Saint-Antoine no período da internação da filha, amiga ou amante de J.M., e de ter na sequência encontrado J.M. única e exclusivamente naquele hospital —, o senhor Luque expressou o que segue: «O e-mail que enviei ao meu editor naquele dia de setembro pode ser considerado fruto da minha fantasia da mesma forma que os acontecimentos narrados no romance. Para nós, escritores, a fronteira entre realidade e imaginação é tão lábil que nos esforçamos para dizer a verdade inclusive na vida real, não tanto por deslealdade quanto por — me permita — deformação profissional. Com meu editor, então, o negócio se complica ainda mais, porque é principalmente com ele que pretendo criar uma imagem, digamos, alterada de mim. Mais misteriosa e perturbadora do que na realidade ela é. A cada livro, preciso me lembrar de seduzi-lo. Aquele dia me pareceu evidentemente oportuno — e digo isso de maneira totalmente hipotética, uma vez que não me recordo de fato das razões que me levaram a mentir — contar ter conhecido Jokin no lugar em que minha família estava lutando contra a morte. Certamente me pareceu mais — por assim dizer — alegórico apresentar um personagem tão mentalmente perturbado em um hospital onde se tramavam os fios da relação, também doente — e imaginária, devo ressaltar —, com minha filha e onde ele, o personagem, pudesse se dar conta de para onde a doença que eles tinham em comum os havia conduzido. Muito melhor do que um encontro em um café do décimo terceiro, não? Pura estratégia narrativa». Entre tais declarações, afirmou Dominique Luque, com absoluto vigor, não haveria nenhuma referência à suspeita atividade terrorista de J.M., sobre a qual, de fato, não há vestígios no romance, não obstante esse aspecto pudesse ter animado muito a história dos protagonistas, favorecendo a dinamicidade da intriga e as vendas. A esse respeito, Dominique Luque afirmou: «Não pensei nisso, e fico me amaldiçoando. O meu romance teria dado um salto notável se eu tivesse colocado dentro dele um pouco de terrorismo, de violência histórica. Misturar privado e político, sabe. Aquilo que fazem os clássicos. Desde quando me contaram, não durmo à noite. O ex-terrorista que se arrepende, cai na heroína e se apaixona pela mulher errada esperando que ela o salve, uma mulher que se revela algoz de si mesma, terrorista de si mesma, e mete fogo a torto e a direito para dar vazão aos seus bloqueios interiores. O terrorismo que retorna para sua vida na forma da minha filha Germana, Ginevra no romance. E ele que tenta jogar água no seu passado, nela, no fogo que ela gera nele, em si mesma e no mundo que a rodeia, um fogo que vem de dentro e que ela não sabe como canalizar a não ser naquela forma mortífera de incêndio. A heroína que apaga os incêndios da culpa, a sua culpa e da sua família, e essa irmã, essa gêmea misteriosa que traiu, vocês me disseram, essa irmã inclusive mencionada por ele e que eu não soube aproveitar, tanto que no final decidimos cortá-la, como personagem, porque eu sabia muito pouco sobre ela e Robert queria imprimir o livro logo. Não quero nem pensar nisso, que livro teria sido! Mas não sou um clássico, jamais o serei! Não soube encontrar a verdadeira história dos meus personagens, fui cego, alimentei o público com uma história sem raízes, mostrei somente as pontas visíveis do iceberg e negligenciei sua massa destrutiva». Convidado a recompor-se e a esforçar-se para recordar até mesmo detalhes insignificantes, sem se perder em problemáticas artísticas, mas concentrando-se em pormenores aparentemente insignificantes, nomes ou lugares que pudessem ter escapado de J.M. durante suas conversas, Dominique Luque respondeu o que segue: «Se Jokin tivesse feito mesmo que apenas uma ligeira referência a isso certamente eu não teria deixado escapar. Talvez, sim, ele tenha me falado dos seus pais, de Euskadi, mas de terrorismo não, nunca. Contou-me, quem sabe, sobre umas besteiras que fez, mas eu achava que ele estivesse falando de heroína. A palavra terrorismo nunca foi usada por ele. Não tenho dúvidas a esse respeito. E tenho uma memória de ferro. Se eu tivesse ainda que apenas suspeitado de um envolvimento seu em atividades por assim dizer obscuras, teria com toda a certeza feito disso o centro de todo o enredo, e o meu romance teria, quem sabe, entrado para a história, uma reviravolta notável na minha produção, que a crítica teria adorado. Sempre criticaram as minhas histórias minguadas. Medíocre, medíocre, contador de histórias sem substância, encheção de saco. Burguês, burguês, é o que sou! Nesse caso a história poderia ter convencido, ter sido empolgante. Para mim era a ocasião perfeita, chega de individualismo, o meu tormento desde quando comecei. Mas não, não soube ver, fechado, fechado, fechado, fechado, mais uma vez, no meu universo interior, interior, é verdade, sou um escritor burguês, eu sou, e, pior ainda, sou um medíocre. Não vejo os meus personagens, não os vejo, são planos! O meu editor teria se sentido nas nuvens, é absurdo que nem ele tenha tido essa ideia. Houve uma espécie de buraco negro, de recalque, imperdoável. Considero esse um dos maiores erros da minha carreira». Dominique Luque, solicitado a explicar como teria tomado conhecimento do endereço exato de J.M. — endereço que se revelou, sem que tivesse consciência disso, fundamental para a captura do mesmo —, declarou que foi o próprio J.M. quem lhe revelou onde vivia, durante seu último encontro, e que aquele endereço — presente na primeira redação do romance e depois modificado, assim como outros detalhes, por questões

O emaranhado

de discrição — ficou em sua mente porque estava vinculado a uma recordação de infância (na Rue de Belliard morava sua babá Manu, a qual, dos quatro aos dez anos, foi para ele uma verdadeira mãe, tendo em vista a ausência praticamente constante dos seus pais por motivos de trabalho). «Aquela coincidência me tocou muito», afirmou o senhor Luque. «Como lhe disse: infância, questões pessoais, mediocridade, incapacidade de se abrir para o mundo. Toda essa história é um jogo de pais, filhos e substitutos de pais e filhos, não acha?», perguntou em seguida Dominique Luque, sem receber resposta. Diante da pergunta relativa às motivações que levaram Dominique Luque a tecer a trama do seu romance em torno da história de um desconhecido e atrelar esses acontecimentos à história pessoal de sua filha, Dominique Luque respondeu como segue: «Os desconhecidos, ainda mais os silenciosos, são fonte de inspiração para todos que lidam com criação, e em particular para aquele tipo de pessoa meio triste, desleixada e pouco amável que é o escritor. Pode-se ver que o senhor, agente, não tem ideia mesmo de como funciona o processo artístico». Convidado a dar mais detalhes sobre no que consiste tal «processo artístico», Dominique Luque expressou-se da seguinte forma: «Esse homem, Jokin, não era mais misterioso para mim do que era minha filha. Temos uma péssima relação, minha filha não fala comigo. Talvez em Jokin eu tenha visto a mesma aura de Germana, e é por isso que falei dele, e é também por isso que os relacionei. Como dizia antes: substitutos. Substituições contínuas. Um escritor precisa mesmo criar alguma forma de disfarce. Construí uma atmosfera em torno deles, depois fechei essa atmosfera numa caixa — o meu romance, no caso —, inseri uma ou outra circunstância adversa, uma profunda atração recíproca e joguei-as dentro do microcosmo artificial que eu mal havia colocado em pé. Depois fiquei olhando». Solicitado a explicitar com absoluta franqueza as relações entre a senhorita Germana Luque e J.M., Dominique Luque afirmou que os dois nunca se encontraram e não estabeleceram nenhum

Segunda parte

305

relacionamento, acrescentando que a própria Germana Luque, na época da publicação do romance *Entangled*, cumprimentou o pai por ter criado um personagem tão sofredor, contraditório e distante dos seus tipos habituais. «Ainda não entendi se Germana estava zoando comigo», continuou o senhor Dominique Luque no tocante à afirmação da filha. Convidado a entrar em contato com ela para uma conversa com o agente Duval, Dominique Luque pediu diversas vezes para não perturbar a tranquilidade de sua filha que, em todo caso, nada teria a dizer em relação aos seus inexistentes contatos com J.M. Após muitas tentativas fracassadas de dissuadir o agente Duval, o senhor Dominique Luque aceitou fornecer o número de telefone de Germana Luque, que será contatada no menor tempo possível. À pergunta de Dominique Luque referente à eventual captura de J.M., o agente Duval respondeu negativamente. Tanto Dominique Luque quanto Germana Luque serão mantidos sem informações acerca do progresso das investigações, dada a natureza ambígua e não esclarecida da sua relação com o fugitivo.

XXVII.

No sábado fui ao Les Esclaves como El Papa havia recomendado, e fui sozinha. Esta é uma semana para esquecer. Fracassei na entrevista, não encontrei nada de novo sobre o meu irmão e no Les Esclaves foi um saco. As discotecas são um ambiente em que nunca mais quero colocar os pés, elas me dão náusea como os ônibus e os hospitais, ainda que tenha sido justamente na discoteca que encontrei um trabalho. El Papa estava certo, mas é um trabalho que eu não tenho intenção de fazer. As mulheres trabalham mais porque levantam menos suspeitas e o sujeito que me abordou para me fazer virar uma delinquente sabe disso, como sabem disso todos os traficantes do mundo, exceto Arze, que sempre se virou sozinho sem se aproveitar das suas amigas e muito menos de mim. Não quero virar uma delinquente, mas é provável que não haja alternativas, então fiquei enrolando sem dar certezas, que é algo que faço muito bem. Sabine disse ter um plano para mim, mas antes de me falar quer saber se funciona, e eu, antes que ela saiba disso, vou manter abertos os dois caminhos, mesmo que um não me agrade em nada e o outro no momento não exista. Eu não sei que tipo de ideia Sabine tem na cabeça e sei bem demais o tipo de ideia que tem na cabeça o amigo do Papa, Potifar. As ideias de Potifar são o contrário das ideias de Sabine, que continua a procrastinar e o seu olhar me parece cada vez mais triste e fugidio toda vez que cruza o meu. Parece-me que algo em mim a repele e é aquilo que sempre repeliu todo mundo. Essa coisa eu não sei o que é. Sei que existe e sei que me aparta dos outros como uma aura sagrada ou uma armadura. Sei que é como a santidade. Potifar, ao contrário de Sabine, tem muita pressa porque está certo de que o seu caminho vai chegar aonde deve chegar. Aproximou-se de mim perguntando se eu queria dar uma viajadinha. Eu estava em um canto com um drink adocicado na mão esperando que o tempo passasse bastante para poder ir embora. Provavelmente eu lhe parecia uma coitada e achou que eu fosse a presa perfeita, aquela que espera o impulso artificial para tirar os pés do chão e decolar. Não sabe que tenho os pés fora do chão desde que nasci e o que desejo mais do que qualquer outra coisa é aterrissar, criar raízes e afundar na terra até não me mexer nunca mais. A última coisa que quero é decolar. Quando Potifar chegou em mim eram três e meia e eu tinha chegado havia aproximadamente uma hora. Sem lhe responder tirei o saquinho de heroína que tinha levado comigo como se fosse uma coroa ou uma espada. Ele me perguntou se eu era

Segunda parte   307

amiga do Papa e eu disse que sim. Disse que havia sido ele quem havia me recomendado ir ao Les Esclaves e que eu o estava esperando. Ele disse que todas as mocinhas que vão ao Les Esclaves são enviadas pelo Papa. É a segunda pessoa que fala comigo me chamando de mocinha, fico bem puta com isso. Negociar com os traficantes para mim na verdade é fácil, porque para mim é fácil tudo aquilo que necessita de algumas palavras concisas. Para tratar com traficantes você deve parecer distante e inacessível, deve colocar entre você e eles um espaço bem amplo e deve ser brusco. Esses dons são inatos em mim. Ele me perguntou se eu estava interessada em trabalhar e eu o encarei e mexi muito levemente a cabeça para cima e para baixo, um gesto imperceptível, que evidentemente lhe bastou. Pareceu que eu estava mexendo a cabeça no concreto. Potifar me disse que o trabalho era tranquilo e me estendeu um bilhete com o endereço de alguém: 2 Rue Singer. Disse que era um trabalho reservado aos apaixonados do ramo e que eu não deveria me apresentar no número 2 da Rue Singer sem estar realmente convencida. Disse que não havia nada com que me preocupar e perguntou o meu nome. Aspirei os restos da bebida com o canudinho, apoiei o copo no chão, puxei tabaco, filtro e seda e respondi: Ginevra. Perguntou se eu era italiana e respondi que sim, ele se pôs a repetir o meu nome gesticulando a esmo e tornando-se ridículo. Tinha uma dentição perfeita. Eu nunca tinha visto dentes tão retos e limpos, colocados na distância certa como se a genética fosse organizada com lápis e régua para dar vida a uma disposição como aquela. «Você precisa de um outro nome», disse Potifar, «geralmente sou eu que escolho.» Fiz menção de sair e ele me parou, segurando-me pelo pulso. Arranquei meu pulso dos seus dedos porque não queria que ele me tocasse, não queria que grudasse nada dele na minha pele, não queria sentir a sua textura na minha textura, duas

O emaranhado

densidades inconciliáveis. Ele começou a rir, ou melhor, a rir de mim, olhou para mim como se eu viesse de um outro mundo, o que era verdade, ele achava que eu vinha da Itália, eu achava que vinha de Euskadi, mas a verdade é que não sei de que mundo venho e se soubesse sofreria menos, não me enfiaria em situações desse tipo e poderia parar de procurar meu irmão porque não precisaria dele, e ele não teria fugido, e talvez nem mesmo existisse porque não haveria nada além de mim mesma, o meu corpo e o meu país. Perguntei se ele queria fumar, como para remediar a vergonha, mas ele parou de rir, fez sinal de que não e me disse: «Eu chamo todas as mocinhas bonitas como você de Zuleika. Tanto as que eu encontro sozinho quanto as que El Papa me passa. Você gosta de Zuleika, Zuleika? Acha um nome bonito? É o nome das principiantes, depois se você for boa muda de nome. Você é Zuleika 23, está bom para você? Gosta do seu nome, Zuleika? Heim, Zuleika? Você sabe quem é Zuleika?». Eu fiz que não e ele desatou outra vez a rir, a risada mais patética que eu já tinha ouvido, uma risada que apesar daquela vulgaridade tão exibicionista e cafona não conseguia alterar em um milímetro a graça de sua dentição. «Zuleika é a mulher de Potifar», acrescentou Potifar sem que eu tivesse perguntado. «Vocês, as novas recrutas, são o meu harém. Está bem para você, esposinha, esposinha número 23?» Eu não sabia se fazer parte do seu harém significava transar com ele ou vender drogas para ele, em todo caso não estava tudo bem para mim e eu preferiria morrer de uma vez a ir para a cama com Potifar (apesar dos dentes). Sobre a negociação podíamos discutir. Coloquei o cigarro na boca, franzi a sobrancelha como meu pai havia me ensinado e perguntei se ele podia escrever o nome Zuleika num papelzinho porque de outra forma eu esqueceria.

Segunda parte

Fiquei no Les Esclaves até as cinco sem dançar, sem beber, sem fazer praticamente nada. Demorei porque queria deixar o saquinho da heroína em algum canto, mas nenhum lugar me parecia adequado e nenhum momento me parecia certo. Eu tinha razão, porque não existem momentos e lugares certos para largar um grama de droga mortal, a droga que um tempo atrás quase matou meu irmão e que colocou na minha cabeça a ideia de seguir seus passos até encontrá-lo. No fim fui ao banheiro e joguei-a no vaso para que ninguém arriscasse a vida por culpa minha. Adeus, quarenta euros. Eu acho e sempre achei que não existem ações inocentes, que cada gesto está ligado a um outro e que o sopro em uma vela de aniversário é capaz de provocar catástrofes, se mal orientado. Acho que tenho razão, mas invejo quem não sabe disso. Além de pensar onde jogar o saquinho, passei o resto da noite evitando os olhares de Potifar e imaginando quem poderia ser Germana. Observava as meninas bonitas que passavam na minha frente tentando enxergar nelas uma pinta embaixo do lábio, uma cabeleira castanha e volumosa ou qualquer indício plausível. Obviamente procurava também Jokin, mesmo que aquele não fosse exatamente o tipo de lugar que ele amava frequentar. Procuro Jokin por toda parte, carrego esse pensamento comigo, de escolher os lugares certos onde eu poderia encontrá-lo, e cada escolha se torna pesada e definitiva porque a minha vida depende de todos os mínimos e singulares movimentos diários que faço nessa cidade, do supermercado em que decido fazer compras à hora em que decido me levantar, ao boteco em que decido comer, à quantidade de metrôs que perco por dia e que não perco. Chamou minha atenção uma menina loira com a franja muito comprida e uma minissaia de camurça que lhe caía muito bem. Ela se destacava pela sua diferença, a incongruência do seu corpo com o jeito do lugar, e dançava

O emaranhado

com movimentos muito discretos. Embora fossem insinuados, eu podia captar neles um ritmo único e encantador. Passava o tempo afastando os xavecadores que paravam na frente dela com seus movimentos excessivos, explícitos e fora de lugar, embora fosse ela quem estivesse fora de lugar e me parecesse cada vez mais triste. Num certo momento ela se afastou do seu grupo de amigas, que nem pareciam realmente amigas, mas acompanhantes, e sentou-se em um sofazinho não muito longe de mim. A bebida que eu tinha no corpo ainda fazia um certo efeito, não estou acostumada a beber e a ficar fechada em um lugar por mais de meia hora, então fui até ela, sentei-me ao seu lado e perguntei se por acaso ela tinha visto um celular no chão, porque eu tinha perdido o meu. Eu ainda não tinha celular e era o caso de decidir comprar um. Era uma desculpa qualquer para puxar um papo. A menina pareceu aliviada ao me ver, sorriu com delicadeza dizendo que não tinha visto nada, mas que se eu quisesse podíamos procurá-lo juntas. Concordei e começamos a engatinhar entre saltos e tênis que pisoteavam o lugar, batendo aqui e ali em canelas, joelhos e panturrilhas escondidas por meias na maioria das vezes rasgadas. Eu levei inclusive um pontapé no quadril. Seguimos daquele jeito por um bom tempo, olhando-nos de vez em quando, eu divertida, ela evidentemente aliviada por ter encontrado alguma coisa mais estimulante para fazer com uma desconhecida. Não sei dizer se nos parecíamos, mas eu esperava que sim. Ela não tinha pintas no rosto, vestia um collant preto que evidenciava sua cintura fina e quadris quase inexistentes, e tinha nas orelhas um par de argolas pretas compradas em promoção, que de vez em quando brilhavam e a faziam parecer uma fadinha. Depois de um tempo ouvi um gritinho e vi a menina se levantando de repente, tirando o pó da saia e me entregando o que deveria ser o meu celular. «Encontrei», ela

Segunda parte

311

disse. Eu agarrei o telefone e pensei que aquela sorte era a recompensa por ter jogado a heroína no vaso e ter salvado alguém. A vida funciona assim e também a história funciona assim, só que na história quem sofre as consequências nunca são os responsáveis, mas um outro qualquer, pessoas que não têm nada a ver com aquelas ações. A história é lenta, e esse é o principal problema da história e o fundamento de toda injustiça. Por sorte no Les Esclaves a história foi rápida e me premiou. Perguntei à menina como ela se chamava e ela respondeu sorridente que o seu nome era Coralie, e perguntou o meu. Disse que me chamava Ginevra, que eu era italiana e que tinha chegado a Paris havia pouco tempo e estava na casa de uma senhora muito gentil do décimo segundo. É fácil trocar um sotaque basco por um italiano. O importante é que tenha algo exótico, vagamente mediterrâneo. O importante é que o sotaque evoque algo caloroso que tenha a ver com mar e sexo. Ela me disse que estudava para se tornar fisioterapeuta e que ainda morava com os pais porque não tinha vontade de trabalhar e mesmo que tivesse vontade não tinha tempo. Conversamos por cerca de uma hora e no final trocamos nossos números, ela me deu o dela e eu, que não sabia o meu, liguei para ela na hora alegando que tinha uma cabeça péssima. Coralie parece gentil e meio estúpida, mas não de um jeito enfadonho, ao contrário, de um jeito fascinante. Parece que a sua cabeça está metade vazia, o que lhe confere uma expressão um pouco tonta e graciosa, e parece que dentro dela existe muito espaço a ser preenchido, muito ar a ser respirado, enquanto em mim é tudo um amontoado de memórias, pessoas, frases mais ou menos distorcidas e rituais propiciatórios. Dentro de mim é sufocante. Quando há muito espaço dentro da cabeça de uma pessoa, pode ser que essa pessoa seja estúpida, mas pode ser também que justamente essa estupidez parcial a torne

O emaranhado

fascinante, porque são os outros que devem ler aquele vazio, dar a ele um significado e fantasiar. A estupidez de Coralie era realmente misteriosa. Eu me perguntava: aquele olhar levemente baratinado e sonhador que ela impõe ao mundo terá alguma coisa em comum com o meu? A resposta provavelmente é não, por isso gosto de Coralie e me sinto relaxada, e vou tentar me encontrar com ela de vez em quando. Esperamos juntas a chegada do metrô e não conversamos muito, ela desceu em Filles du Calvaire e se despediu com três beijos e o gesto de telefone na orelha. Continuei sozinha por mais oito paradas, mexendo no celular que parecia pertencer a um homem, já que entre as fotos havia sempre um cara musculoso diante do espelho do banheiro, diante do espelho da cozinha, diante do espelho de um restaurante, diante do espelho do banheiro de um restaurante, diante do espelho de um museu, diante de uma taça em que seu rosto redondo era apenas refletido, mantendo a mesma expressão idiota. O celular estava apinhado de mensagens de garotas que queriam encontrá-lo em algum lugar, um café, uma cerveja, um lanchinho, um aperitivo, uma saída depois do jantar, um jantar, um esqueci minha calcinha na sua casa? Nenhum sinal de show, nenhum sinal do White Elephant nem por ali. Já fora da estação Daumesnil, começava a amanhecer, eu quase caía no chão por causa do vento e ninguém poderia me ajudar porque a praça estava vazia. Gritei «Jokin» três vezes, e esperei que me respondesse, que subisse com o seu ar fantasmagórico as escadas do metrô para me perguntar, em tom de reprovação, que diabo de fim eu levei. Então eu lhe responderia: com quem você está falando, meu irmão, com Gorane, com Ginevra ou com Zuleika? Você ficaria feliz em saber, meu irmão, que em Paris eu não existo e é por isso que tenho três nomes.

Segunda parte

XXVIII.

11 de fevereiro de 2008
Delegacia de Polícia, xviii arrondissement

Hoje, segunda-feira 11 de fevereiro de dois mil e oito, Jokin Moraza deixou o território francês. O dossiê elaborado até então foi repassado às autoridades espanholas no período da tarde, junto com o fugitivo, que não opôs resistência de nenhuma espécie e dormiu a maior parte do tempo da viagem de Paris a San Sebastián. De acordo com as informações coletadas até o momento, e inseridas no dossiê de número 23233 (de agora em diante denominado dossiê J.M.), parece que dois Jokin Moraza giraram pela metrópole da grande Paris de janeiro de dois mil e sete até o dia da captura por parte da polícia francesa. Supõe-se que o alter ego de Jokin Moraza, um tal Zoran Rakion, manteve uma série de relações superficiais e utilitaristas com diversas pessoas, sem deixar sinais de si e da sua história, ocultada de maneira por assim dizer inexpugnável de qualquer pessoa que ele tenha encontrado no curso do seu ano de permanência em Paris. Não se exclui todavia a possibilidade de haver alguma testemunha — em particular a senhorita Mégane Fabre — que tenha mentido para protegê-lo. A única pessoa a quem Jokin Moraza teria revelado sua verdadeira identidade seria a autodenominada vidente Madame La Coupe, que, uma vez interrogada, não forneceu dados concretos sobre suas conversas com o J.M. e sobre a suposta atividade terrorista do mesmo. Quanto à relação entre J.M. e Dominique Luque, interrogado por telefone antes da captura do fugitivo e ouvido novamente no dia 8 de fevereiro de dois mil e oito, nada de novo emergiu. Do grupo de inspiração anárquica White Elephant não se soube nada, uma vez que a atividade do coletivo, assim como a da homônima banda de drum'n'bass, parece ter terminado há vários meses sem deixar traços significativos, apenas imprecisos,

O emaranhado

na web. Vale ressaltar portanto que, até o momento, as duas únicas pessoas que entraram em contato direto com Jokin Moraza (e não com o seu alter ego Zoran Rakion) são o senhor Dominique Luque e a autodenominada vidente Madame La Coupe, cuja credibilidade é praticamente nula. O romance *Entangled*, graças ao qual a polícia espanhola pôde elaborar hipóteses, ao final de dezembro de dois mil e sete, sobre a fuga de J.M. para Paris, realizando a captura do fugitivo, revelou-se, como previsto, sobretudo fruto da imaginação do autor. A esse respeito, também a senhorita Germana Luque, interrogada no dia 10 de fevereiro na presença do pai, negou conhecer Jokin Moraza, negou ter estabelecido com ele uma relação de tipo amigável e/ou amorosa, negou saber sobre sua dependência de heroína, negou saber de sua ligação com a organização terrorista ETA, negou ter feito parte do grupo anárquico White Elephant, negou conhecer o endereço do porão em que se reunia o grupo anárquico White Elephant, negou conhecer membros e música do grupo musical de drum'n'bass de inspiração anárquica denominado White Elephant, negou ter trabalhado no Centre Pompidou, negou ter tido distúrbios alimentares ao longo da adolescência, negou ter ateado fogo duas vezes — a primeira no Centre Pompidou, a segunda no Théâtre Mogador (a investigação, a tal respeito, verificou-se nula de fato) —, negou conhecer Agacia Gil, negou conhecer a obra artística de Agacia Gil, negou ter adquirido um vestido para Agacia Gil, negou ter pronunciado as frases a ela atribuídas pelo pai no romance. A única coisa que a senhorita Germana Luque confirmou foi sua péssima relação com o pai e o seu acidente com a consequente internação no Hôpital Saint-Antoine (e não Saint-Louis, como o pai teria escrito no romance). A senhorita Germana Luque então convidou o agente Duval a depositar menos confiança na literatura, nos escritores e na arte em geral.

Segunda parte

XXIX.

Há cerca de um mês trabalho como faxineira para Sabine. Não me tornei uma delinquente, mas sujo minhas mãos da mesma forma. Eu achava que preferia esta vida à outra, limpar banheiros e escritórios em vez de ser delinquente e traficar heroína zanzando pela cidade. Agora não sei mais. Ainda guardo na bolsa o endereço que Potifar me deu e acho que cedo ou tarde darei uma olhada na Rue Singer, embora eu tenha medo e não saiba o que esperar. Passaram--se exatamente vinte e nove dias daquela noite com Potifar e Coralie, um tempo desordenado e cruel. Não encontrei meu irmão, meu irmão nunca me buscou. Ele não faria isso por mim, jamais levantaria a bunda da cadeira e mudaria de cidade e país para me encontrar. Eu poderia, mas não me zango. Meu irmão se esforça para ser indiferente, mas sei que ele se importa comigo. Não me procura porque teme não me encontrar, enquanto eu estou disposta a correr esse risco, a sofrer essa dor. Meu irmão não é feito para o sofrimento, tenta de todas as formas adiar a dor, parti-la ao meio, distrair-se, porém quanto mais tenta mais aquilo o assalta com uma veemência que não existiria se Jokin tivesse feito menos esforços para evitá-lo. Segundo Alaia, especialista em literatura, meu irmão é um personagem trágico. Encontra o desespero bem no caminho em que tentava fugir dele. Eu o perdoo sempre, é a única pessoa que perdoo sempre. Eu, diz Alaia, sou Antígona e luto para sepultar o corpo do meu irmão, custe o que custar. Jespersen diria que eu o amo aos pedaços, como afirmava a propósito da minha memória. «A sua memória, senhorita Moraza, não funciona mal, sabe? Funciona aos pedaços. Eu estou aqui para costurá-los em um todo.» Faz cerca de dois meses que ninguém me chama de Gorane. Sinto falta do meu nome, mesmo que eu saiba

O emaranhado

tratar-se de uma medida temporária e que é muito mais prudente assim, mas ainda tenho dificuldade em responder quando alguém me chama de Ginevra. Ninguém nunca mais me chamou de Zuleika depois de Potifar. Para dizer a verdade, quase ninguém me chama de Ginevra, com exceção de Sabine e, de vez em quando, de Coralie, que no entanto costuma usar designações como «linda» ou «querida» (um hábito que enche o saco). Tento grudar em mim esses meus dois novos nomes, mas eles aderem com dificuldade. Sou um solo impermeável. Trabalhar como faxineira para Sabine significa que dois dias por semana eu finjo ser Sabine. Ela me dá os endereços dos clientes, e eu me passo por ela, apresento-me como Sabine, digo que a empresa Les Serviettes me mandou e que levarei duas, três, quatro horas conforme o caso. Não há ninguém que controla isso e me pergunto como as pessoas põem dentro de casa uma pessoa sem nem olhar para a sua carteira de identidade. De agora em diante, se eu tiver de levar alguém à minha casa para limpar, ou transar ou preparar o jantar, pedirei sempre a carteira de identidade. Desde quando estou aqui não faço nada além de contar mentiras, mas sinto-me sincera, nunca me senti assim tão sincera. Mantenho um ar humilde e para me deixar assim Sabine prende todas as manhãs os meus cabelos em um coque perfeito, então me chama «Sabine» e me dá um tapinha na bochecha dizendo para eu ir logo. São pequenos gestos que me deixam feliz e que conservo em algum lugar dentro de mim, como em um reservatório, como nas corcovas dos camelos que, aparentemente, retêm água, e posso afirmar que é por causa desses pequenos gestos de Sabine que não me desespero todas as manhãs quando abro os olhos. Todas as manhãs abro os olhos e penso que dia da semana é, o que é preciso fazer, qual é o turno que me cabe e a que ponto estão as minhas buscas. Eu gosto de limpar os escritórios ou as casas

Segunda parte

de pessoas educadas. Odeio limpar os banheiros e não sou louca por cozinhas e quartos. Gosto de limpar lugares muito frios ou muito tranquilizadores. Odeio os lugares úmidos, os lugares molhados, os lugares onde as pessoas ficam nuas, se limpam, vomitam, mijam e transam. Quando acordei na manhã seguinte da noitada em Les Esclaves Sabine estava na cozinha preparando uma torta de maçã. Acordei com aquele cheiro de açúcar e canela e era como se eu estivesse em casa, embora ninguém na minha casa cozinhasse assim tão bem, embora eu nunca tivesse acordado com o cheiro de canela em um sofá na cozinha. Certos cheiros têm um quê de familiar, mesmo que você nunca os tenha sentido antes. Eram onze horas, Sabine estava trabalhando na cozinha havia mais de uma hora mas eu não tinha percebido. Ela me disse que precisávamos festejar porque o seu plano era viável e eu poderia trabalhar aliviando um pouco o seu cansaço. «Em que sentido?», perguntei e ela me respondeu «No sentido de que de vez em quando você vai tomar o meu lugar». Explicou-me tudo em detalhes, mesmo que não houvesse muito a dizer. Eu iria no lugar dela até as casas dos novos clientes e fingiria ser ela. O importante era ficar quieta o máximo possível, sorrir discretamente e ir embora logo depois do serviço. Nada mais fácil para mim, que não gosto nem de sair de casa se ouço um vizinho no corredor. Estendi a mão para ela, como a firmar o nosso pacto, e ela me ofereceu uma fatia de torta de maçã e canela. Disse-lhe que infelizmente não podia comer porque era alérgica ao leite, e ela me respondeu: «Eu sei disso, querida *Sabine*. Só usei leite de soja». Depois ressaltou que tinha usado pouco, pouquíssimo, uma ou outra colher, uma porcentagem mínima. Enfiei os dentes na torta e olhei para a Sabine que já tinha começado a lavar os pratos sem receber nenhum elogio, sem esperar que eu agradecesse, sem esperar nada. Sabine é a pessoa mais bondosa que conheço e, muito provavelmente, a mais bondosa de Paris, do XII arrondissement pelo menos.

Para limpar a casa dos outros eu tenho um esquema todo meu. Assim que chego, encho uma garrafinha de água da torneira que usarei para os enxágues. Esse método me permite não ficar pingando pelo chão, no trajeto que vai da torneira até a superfície a ser limpa, e me permite ao mesmo tempo não sujar a pia com resíduos do vaso, dos móveis ou do piso. Ando pela casa com essa garrafinha de água limpa que posso recarregar quando quiser sem sujar nenhuma parte. Essa garrafinha é o meu pulmão, uma espécie de apêndice. Depois de ter enchido a garrafinha coloco dois pares de luvas, não um, para me sentir mais segura. Ainda que essa solução confira às minhas mãos a liberdade de movimento de um robô, ainda prefiro isso à sensação de pele molhada. Primeiro limpo as coisas que me dão mais nojo, depois limpo as coisas de que gosto mais. Prefiro o chuveiro ao vaso, a pia ao chuveiro, o chão ao vaso, à pia e ao chuveiro. Cada superfície tem a sua esponja, não tem isso de que o vaso é limpo com a mesma esponja do chuveiro ou da pia, embora eu acredite que para a maioria das pessoas não seja assim, porque as pessoas não têm medo dos micróbios, não têm asco e toleram a mistura melhor do que eu. Não suporto as misturas porque cresci nisso, num emaranhado, porque ninguém me ensinou como separar o sonho da vigília, a infância da adolescência da idade adulta e da velhice, o ser filho do ser pai, a justiça da brutalidade, a liberdade da inconsequência, a má-educação da ousadia, a irmandade do amor, a loucura da inteligência, o sonho da fuga, a fuga da coragem, a coragem da beleza, a beleza da maldição. Ensinaram a mim apenas qual era o bem e qual era o mal, mas não me explicaram por quê, entregaram-me a sua verdade como a chama olímpica em uma

Segunda parte

corrida de revezamento, esperando que eu a levasse por aí de cabeça erguida, e com isso eu não estava de acordo, não tive a sorte de estar de acordo como acontecia com Jokin, que conseguia correr sem ter ideia do que tinha nas mãos. Não me seduzia a bandeira que deveria carregar, as frases impressas no tecido eram abstratas e palatáveis demais para não serem fajutas. Eu teria separado o bem do mal de um jeito diferente, mas onde nasci, nos círculos, nas salas, na família onde nasci, todos estavam de acordo entre si e todos em desacordo com a Espanha. Eu de vez em quando estava de acordo com a Espanha, amava a Espanha, invejava a Espanha, mas ninguém me ouvia, ninguém levava em consideração o que eu achava: o País Basco devia varrer a Espanha, separar-se da Espanha, era a parte sã no corpo tumoroso, inchado da Espanha e precisava ser removido, enquanto a parte danificada obrigava o último órgão saudável a não consentir com a mutilação. Havia uma besta infectada que precisava ser coberta de terra a fim de preparar o terreno para uma estação mais feliz: tratava-se apenas de decidir de que lado se encontrava a doença, e eu não decidia. Os meus pais me ensinavam a torcer e essa era uma lição que eu não queria ouvir, fechava os meus ouvidos, costurava a língua, aumentava o volume do mundo, o volume do ar, dos pássaros, dos carros, das nuvens, dos grilos, dos lápis nos desenhos, aumentava o volume, mas, assim que eu tentava desligá-lo, as alegações do meu país me invadiam com uma força ainda mais destrutiva, uma força a que eu não sabia como resistir e não resistia e me machucava e corria o risco de morrer de loucura. A loucura também era um modo de aumentar o volume. Quando limpo as casas dos outros todos devem me ouvir porque a decisão é minha. Decido eu como se limpa uma casa, onde se joga o lixo e como obter o melhor resultado no menor tempo possível. Decido eu o que está sujo e o que não está, o que deve ser varrido e o que não. É pouco, mas por enquanto me basta. Coloco ordem na casa dos outros, imponho a mim um esquema e obedeço porque acredito que isso me faz crescer, que isso me separa da raiz doente de onde venho. Quando termino de limpar guardo luvas e esponjas em caixinhas diversas e lavo as mãos, os pulsos e os braços quatro vezes. Primeiro lavo as mãos duas vezes, depois lavo os pulsos e os braços uma vez, por fim faço tudo de novo. Quando faço isso me dou conta de que sou filha dos meus pais, que o seu modo de pensar me persegue, entrou dentro de mim como um veneno ou um remédio tomado sem prescrição, e entendo que devo me curar porque estou suja, porque matei, porque não conhecerei salvação e porque além de ser Gorane, Ginevra, Zuleika e Sabine, eu sou a Espanha.

2. Segundo movimento

I.

12 de fevereiro de 2008
Quartel da Guarda Civil, Intxaurrondo

No dia 12 de fevereiro de dois mil e oito o prisioneiro Jokin Moraza, nascido às 6:18 do dia 25 de junho de mil novecentos e oitenta e um no Hospital de Basurto de Bilbao e residente em Kalea Olano 23 (Bilbao), foi conduzido ao quartel da Guarda Civil, nas imediações de Intxaurrondo (San Sebastián), onde ficou por cinco dias antes de ser transferido para a direção da Guarda Civil de Madri. Durante os cinco dias que se seguiram ao seu regresso à pátria, J.M. foi submetido a diversos interrogatórios voltados para estabelecer o grau do seu envolvimento com a organização terrorista ETA. Tais interrogatórios, conduzidos dentro do absoluto zelo aos direitos do suspeito e na ausência do seu advogado, provaram com absoluta certeza o seu envolvimento com a organização terrorista ETA, tendo cumprido papel de primeira grandeza, em conjunto com os pais Yera e Iñaki Moraza. Após ter sido comunicado da morte de Yera e Iñaki Moraza, ocorrida pelas próprias mãos no dia 11 dc janciro dc dois mil e sete (hora da morte: 16:45) durante uma batida policial na Calle de Cuba 23 (Vitoria-Gasteiz), conforme notificação de Gorane Moraza, interpelada na casa dos Moraza na própria manhã do suicídio dos pais, Jokin Moraza submeteu-se a um interrogatório voltado para esclarecer a amplitude da sua implicação política e a natureza do seu envolvimento com o ETA e com as organizações a ele ligadas. O interrogado admitiu voluntariamente ter participado das ações terroristas perpetradas ao Estado espanhol elencadas a seguir e posteriores à ruptura da trégua, trégua que perdurou de 18 de setembro de mil novecentos e noventa e oito a 3 de dezembro de mil novecentos e noventa e nove: atentado de 21 de janeiro de dois mil (Madri), em que perdeu a vida, devido à explosão de dois carros-bomba, o tenente-coronel da intendência militar Pedro Antonio Blanco García e onde ficaram feridas cerca de dez pessoas; atentado de 22 de fevereiro de dois mil (Vitoria), em que a explosão de um carro-bomba a poucos metros da sede do governo regional basco provocou a morte do líder dos socialistas bascos Fernando Buesa e do seu jovem segurança; atentado de 6 de março de dois mil (San Sebastián), em que ficaram feridas sete pessoas, entre as quais dois membros da Guarda Civil devido à explosão de um carro-bomba durante a passagem de uma patrulha; tentativa de atentado de 24 de junho de dois mil (Getxo); tentativa de atentado de 20 de julho de dois mil (Málaga); atentado de 8 de agosto de dois mil (Madri), em que ficaram feridas onze pessoas, entre as quais duas crianças, no mesmo dia do atentado de Zumaya, em que encontrou a morte José María Korta, presidente dos industriais de Guipuzcoa, e em que estavam envolvidos Yera e Iñaki Moraza, enquanto pouco antes da meia-noite quatro terroristas do ETA morriam em seu próprio veículo carregado de explosivos na região de Bilbao; envolvimento na construção da bomba que matou, na manhã de 30 de outubro de dois mil, na periferia ao norte de Madri, o juiz do Tribunal de Cassação Francisco Querol, junto com seu segurança e seu motorista, deixando também mais de trinta feridos e danificando os primeiros sete andares de um edifício (em relação ao que foi considerado o episódio terrorista mais sanguinolento após a retomada dos atentados, J.M. negou sua participação direta, afirmando ter

O emaranhado

permanecido em Bilbao devido aos seus cada vez mais incapacitantes problemas com droga, pelos quais, poucos meses depois, seria internado na clínica El Tiempo Encontrado, que encerrou suas atividades no final de dois mil e cinco); preparação da bomba que matou em 14 de dezembro de dois mil (Terrassa) um conselheiro municipal do partido popular, Francisco Cano Consuegra (por essa preparação J.M. afirmou ser o único responsável); atentado de 24 de setembro de dois mil e dois (Leitza-Berástegui) em resposta à detenção na França de dois dos maiores dirigentes do ETA — e de estreita amizade com a família Moraza —, Juan Antonio Olarra e Ainhoa Mujika, quando uma explosão próxima a um cartaz pró-ETA matou o guarda-civil Juan Carlos Beiro Montes, atingindo gravemente o sargento membro do Tedax Miguel de Los Reyes Morata e ferindo outros três agentes (em relação a esse episódio, J.M. afirmou ser o único autor do ataque e ter acionado o dispositivo à distância, declarando-se o único responsável pelas ações. A declaração de J.M., pouco credível, será verificada por meio de investigações oportunas); atentado de 21 de junho de dois mil e dois, em que três civis ficaram feridos devido à explosão de um carro-bomba colocado no estacionamento de El Corte Inglés (Zaragoza); tentativa de atentado de 14 de junho de dois mil e três (Bilbao); planejamento, logística, preparação de material explosivo para a campanha «de verão» do ETA (agosto de dois mil e quatro), quando diversas bombas de baixa potência foram colocadas em Cantábria, nas Astúrias e na Galícia; atentado de 18 de janeiro de dois mil e cinco, em que ficou ferido o agente da polícia autônoma basca Fernando García Legorreta (Getxo); atentado de 10 de junho de dois mil e cinco (Zaragoza, nenhum ferido); atentado de 25 de junho de dois mil e cinco nas imediações do estádio de La Peineta (Madri, nenhuma vítima); atentado de 27 de setembro de dois mil e cinco, quando uma bomba de baixa potência foi colocada em uma central elétrica abandonada de Añón del Moncayo (Zaragoza, poucos danos materiais); atentado de 21 de dezembro de dois mil

Segunda parte

325

e cinco (Navarra, nenhum ferido); atentado de 25 de janeiro de dois mil e seis, quando em Vizcaya explodiu um dispositivo com dez/quinze quilos de explosivo (em relação a esse atentado, que não causou vítimas, J.M. declarou ter sido o principal organizador, junto com seus pais); atentado de 14 de fevereiro de dois mil e seis, quando um carro-bomba explodiu no estacionamento de uma discoteca na localidade de Urdax (Navarra) causando considerá-veis danos materiais e nenhum ferido; atentado de 8 de março de dois mil e seis nas imediações da sede da Falange espanhola em Santoña (Cantábria, um ferido); atentado de 30 de dezembro de dois mil e seis, quando um carro-bomba de grande potência explodiu no estacionamento do aeroporto de Barajas (Madri) causando a morte de dois jovens de nacionalidade equatoriana, Carlos Alonso Palate e Diego Armando Estacio, e diversos feridos. J.M. declarou além disso ter participado ativamente de praticamente todas as manifestações atribuídas ao ETA, no papel de «agitador das massas», como confirmam os numerosos testemunhos coletados nos meses precedentes (cf. atas 127, 129 e 140, relativas às declarações de Carlota Aguilar, Sergio Fuentes e Maria Cortés). Instado a dar os nomes dos membros da organização terrorista na qual militou ativamente de dois mil a dois mil e seis, J.M. declarou conhecer apenas alguns apelidos ou as iniciais dos outros membros, uma vez que os componentes da organização terrorista ETA, a fim de evitar vazamento de notícias em particular da parte dos prisioneiros políticos, estavam absolutamente proibidos de se chamar por nome e sobrenome. Instado a fornecer à polícia todas as informações possíveis, incluindo aquelas referentes às supostas iniciais e hipotéticos apelidos, J.M. admitiu não se recordar de quase nenhum e nunca ter tido uma boa memória. A esse respeito, J.M. também afirmou que a heroína tomada por ele nos últimos meses, em doses mais altas que as de costume, teria piorado a situação, já em si comprometida, concernente à sua memória. A polícia conseguiu em todo caso extrair dois apelidos e as iniciais

O emaranhado

de possíveis terroristas: vm, El Galillo, Baby Doe. Sobre essas iniciais e apelidos serão conduzidas as investigações necessárias. As supracitadas autoincriminações de J.M., obtidas mediante o total respeito aos direitos do detento, desprovido de assistência legal, foram utilizadas pelo juiz especial da Audiência Nacional que em 22 de fevereiro de dois mil e oito condenou Jokin Moraza a quarenta anos de reclusão por crimes de terrorismo e pertencimento a grupo armado. No dia seguinte, 23 de fevereiro de dois mil e oito, J.M. deu entrada na prisão de Curtiz, na Corunha, onde foi encerrado na cela de número 99.

II.

Hoje estou em casa porque quase nunca trabalho às segundas. Sabine gosta de trabalhar no primeiro dia da semana, diz que isso a desperta dos dois dias de torpor em que tende a relaxar demais, e relaxar demais faz mal, diz, corre o risco de nunca mais se recuperar. Também gosto de trabalhar às segundas, mas preciso respeitar suas decisões porque Sabine já fez tanta coisa por mim até agora. Às vezes eu queria ir embora e deixá-la em paz, mas não sei para onde e não tenho vontade de ir procurar casa e não tenho vontade de ficar sozinha. Sei que deixar Sabine em paz significaria atormentar a mim mesma, atormentar-me ainda mais do que já me atormento. Hoje é 17 de março e de meu irmão nenhum indício. Os meus pais me parecem mortos há séculos e não falam mais comigo. Fui eu quem quis perdê-los para sempre. Eu costumava suportar o silêncio melhor do que qualquer outra pessoa, agora o silêncio me faz mal, não vejo a hora de Sabine voltar, não vejo a hora de ir para o trabalho, encher o meu dia de esquemas e tabelas, só para ouvir alguma coisa. A voz de alguém no metrô, a voz dos donos da casa que me

Segunda parte

mostram onde fica a despensa, a voz de Sabine que me conta como foi o dia. Quando as coisas vão particularmente mal eu me contento com a minha voz. A única coisa que desejo é encontrar Jokin e a única técnica que elaborei para conseguir isso é me tornar como ele. Todos os dias me transformo em Jokin, raciocino como Jokin, fico ansiosa como Jokin, Gorane está longe como o meu nome que ninguém mais usa, Ginevra tem necessidade e vontade dos outros, Zuleika precisa sair mesmo que fora não haja nada, mesmo que não conheça quase ninguém, que faça frio e esta cidade me dê nojo e raiva e continue a não me ajudar, atire em mim vento e amizades inúteis como Coralie e depois me faça tchau tchau com a mãozinha, baixando as calças e mijando na minha cabeça. Eu não amo esta cidade, esta cidade só pode ser amada pelos aspirantes a artistas, aqueles que enfeitaram os próprios sonhos e colocaram na cabeça a ideia de segui-los, ou podem amá-la os ricos, os ricos que têm todos os irmãos no lugar, em casa ou por perto, e que não precisam procurar nada a não ser um salário um pouco mais alto, uma herança qualquer ou um bom partido com quem passar o tempo na cama ou no cinema. Além de procurar o meu irmão, preciso tomar cuidado para não encontrar o que não quero encontrar. Vem daí o meu esforço para não ler os jornais e para não assistir à televisão porque tenho medo de receber notícias sobre Euskadi, porque tenho medo de saber que encontraram meu irmão debaixo de uma ponte ou afogado na água de Getxo, que o condenaram ou mataram, ou que atiraram nele enquanto fugia por uma rua de Paris ao lado da minha. Não quero saber o que acontece em Bilbao e quero acreditar que meu irmão esteja aqui, a poucos metros de mim, vivo. Não quero pensar que a água de Getxo o tenha arrastado para a margem, como um desejo morto. Sei que não é a forma correta para encontrar alguém, mas é a minha forma. Quero procurá-lo como achar melhor, ignorar inclusive a sua morte, se necessário. Coralie, alguns dias atrás, confessou-me ter ouvido falar do White Elephant, mas nunca ter assistido a um show desses caras porque não é o seu gênero. Ela admitiu gostar de música pop e lírica. Perguntei se tinha amigos ou conhecidos que eram fãs do WE e ela me disse que pensaria e me diria, então perguntou, com o seu ar frívolo de sempre, «Por que você se interessa tanto por eles?». Eu respondi que conhecia uma tal Cécile, que tinha uma quedinha pelo baterista, e ela queria saber um pouco mais dele, como se chamava, como era, se tinha namorada, se era um drogado. Eu lhe disse que não sabia nada deles, e que queria apenas ajudar a minha amiga. Ela insinuou que aquela amiga na verdade era eu e neguei várias vezes, embora no fundo ela tivesse razão. A única pessoa que amei de verdade, na minha vida, foi meu irmão. Depois de experimentar um amor assim, não se pode amar mais ninguém. Inclusive o sexo significa pouco, comparado ao amor. Algumas noites sonho com Jokin, sonho que me abraça e fecha a janela por onde o sol passa e queima minha cabeça e parece querer me derreter. Não consigo fechar a janela porque os meus pés estão pregados no chão como as mãos de Cristo na cruz. Jokin chega, fecha a janela e eu lentamente retomo a minha forma, uma forma sólida, não sei se lentamente ou velozmente para dizer a verdade, nos sonhos nunca se entende bem esse tipo de coisa. Então Jokin arranca os pregos dos meus pés, os pregos logo saem, como se fossem fios de palha pintados de cinza, como se no sonho eu estivesse fingindo e a minha imobilidade fosse apenas uma desculpa para que eu pudesse ser ajudada por ele, para que ele me socorresse, e de fato sobre os meus pés não há sangue e não há nenhum sinal, nenhum buraco. As janelas aqui estão sempre fechadas porque faz frio e para economizar decidimos não abri-las a não ser

Segunda parte

329

para ventilar de vez em quando, principalmente se uma das duas estiver com febre. De tempos em tempos tenho resfriados, Sabine fica a um metro de mim e quando falo ela coloca sua palma aberta entre nós como para se proteger da minha respiração, que parece querer agredi-la com um exército que ela faz colidir no seu escudo de cinco cabeças. Sabine me faz rir. O seu método deve funcionar porque ela nunca fica doente. Sabine interrompe o ciclo vicioso do vírus, que de mim passaria para ela e dela para mim se não tivesse concebido essa estratégia triunfante da mão como escudo. Existem relações que são assim, extinguem o mal graças a um mecanismo de defesa automático, enquanto outras relações, a maioria das relações que encontrei na minha vida, fazem o contrário do que fazem comigo Sabine e a sua mão. Em vez de extinguir a doença, colocam-na em circulação, armazenando toda a dor e atirando-a de volta quando você pensava ter escapado. Acho que a minha família era assim, uma recirculação maligna, mas eu e Jokin éramos diferentes. Quando pequenos trocávamos oxigênio e coisas vivas e tudo parecia funcionar. Eu era o refúgio de Jokin, Jokin era o refúgio de Gorane e todos sabiam que existia um ponto que não podia ser ultrapassado, um ponto depois do qual chegavam os nossos segredos, as nossas brincadeiras e a nossa vida. Isso durou alguns anos e eu não esqueço. Quando a heroína chegou para nos separar percebi que seria para sempre. A heroína é um depósito de dor. Pegava toda a dor do meu irmão e a guardava lá dentro, armazenava e a fazia crescer para depois deixá-la sair triplicada, quintuplicada, contra Jokin e Jokin a atirava em mim e tudo se rompia para se recompor e romper-se novamente. Sei que dentro de cada grãozinho de heroína está toda a dor do mundo, está a dor da minha família, a dor de Arze, a dor de El Papa, a dor de Potifar e desta cidade. Meu irmão gozava, enquanto ia morrendo, e

O emaranhado

se achava livre. Meu irmão esperava que alguém o ajudasse, que o parasse à força, meu irmão, às escondidas, chorava. Eu nunca ouvi. Nunca obriguei meu irmão a jogar fora as seringas, nunca chutei Arze para fora de casa, nunca joguei sua droga no vaso, como agora. Agora é tarde. Esta manhã Coralie me mandou uma mensagem escrita assim: *Oi, acabei dando umas perguntadas por aí, mas ninguém nunca foi a um show do grupo que você me disse. Sinto pela sua amiga! Até logo!*. Eu me senti tão mal que liguei o computador e comecei a procurar freneticamente qualquer informação. No site «Paris drum and bass», onde eu já tinha dado uma olhada uns dias atrás, o último post relacionado ao WE era de 26 de abril de 2007 e sempre tinha a ver com aquele último show em que o piano era o protagonista. Procurei em outros sites, mas foi tudo inútil, assim que me agarrou o desespero, calcei os sapatos, coloquei uma blusa e decidi dar uma volta na Rue Singer.

III.

24 de fevereiro de 2008
Prisão de Curtiz, Corunha

Ao prisioneiro J.M. foi atribuído o número de identificação 811 e um companheiro de cela, Xabier Torres, condenado a um ano e onze meses por sua militância na organização juvenil independentista Haika (cf. arquivo 133). Os dois parecem nunca ter estabelecido relações e a proximidade entre eles foi julgada como pouco perigosa pela direção, que permitiu sua permanência na mesma cela pelos primeiros doze meses de detenção. Estão previstos períodos alternados em cela isolada para o prisioneiro 811 (a definir). Conforme solicitado expressamente pelo doutor Fabien Lambert no arquivo J.M., e como reiterado pelo mesmo profissional por meio telefônico, ao prisioneiro 811 foi providenciado um suporte psicológico, uma vez que seu estado emocional foi considerado pelos especialistas como «altamente comprometido». Segundo análises conduzidas no Hôpital Saint-Louis, o risco de recaída para o detento 811 está compreendido entre 68% e 92% de probabilidade. A detenção poderia também agravar os riscos à saúde mental do prisioneiro, reduzindo as possibilidades de um processo de recuperação duradouro. O doutor Carl Jespersen, responsável de abril a dezembro de 2007 pelo tratamento da senhorita Gorane Moraza, irmã gêmea do detento, realizará as suas visitas todas as terças-feiras das 10h às 11h na cela do detento para um total de uma hora semanal de terapia. O doutor Carl Jespersen foi escolhido por unanimidade como o terapeuta mais indicado para o prisioneiro 811, embora problemas de dependência não estejam entre as suas especialidades. À observação do doutor Jespersen em relação à sua suposta inadequação para tratar distúrbios de dependência de heroína, a direção respondeu com um genérico encorajamento, conferindo ao psiquiatra plena confiança. Às reações provenientes de Paris, acerca da resolução «não eficaz» e «excessivamente branda em relação à gravidade dos problemas de J.M. e à criticidade do seu estado emocional e psicológico», a direção do presídio da Corunha respondeu ressaltando os escassos recursos financeiros da instituição e assegurando ao doutor Lambert e à sua equipe a competência do doutor Jespersen e a seriedade com que o pessoal do presídio se encarregará da saúde mental do detento 811. O pedido de aumento das horas semanais de terapia para o mínimo de quatro horas — pedido impetrado formalmente pela equipe do Hôpital Saint-Louis, na pessoa do doutor Fabien Lambert, via fax — foi, portanto, recusado. Ao doutor Jespersen serão reembolsadas todas as viagens de ida e volta Bilbao-Corunha, assim como eventuais despesas extras, em caso de eventos inesperados.

O emaranhado

IV.

Ele disse para chamá-lo de «o amigo de Potifar» porque não tinha um nome. Quando perguntei como era chamado pelos outros do grupo ele me disse que eu não devia me emaranhar nessa rede se não quisesse arranjar problema. Ele me chamou de mocinha. Disse-me que eu não deveria me considerar uma do grupo, que era cedo demais e que Zuleika significava ser ninguém, ser a sombra de um qualquer e não ter direito a nada. Disse-me que os meus dedos eram finos e que a coisa poderia funcionar muito bem. Eu teria um mês para aprender o serviço e então seria contratada e começaria a produzir duas, três peças por dia. Poderia chegar até as cinco ou seis, com prática e trabalho duro. Ele, que era o melhor, fazia dez, quinze peças por dia. A sala estava quase sem nada, havia somente um sofá baixo com um tecido de imagens africanas, uma mesinha de madeira com quatro cinzeiros cheios e uma bancada de marfim. As decorações africanas representavam Ganesh, então talvez fossem indianas. A janela estava imunda e sem cortinas, semiaberta. O reboco escurecido pela fumaça que coloria a superfície como um papel de parede queimado ou deformado ou encomendado no inferno. O amigo de Potifar sabia mais coisas de mim do que eu, o seu olhar dizia isto: «Eu, mocinha, sou capaz de cortar você em dois, esvaziar você das suas cagadas, preencher o seu corpo com as minhas e remendar tudo». Repetiu Zuleika em voz alta diversas vezes enquanto balançava a cabeça emitindo estranhos sons com a boca como se estivesse sugando a última gota de saliva que restava em todo o universo. Para cortar as malas é preciso ter senso de proporções e muita paciência. O cerne do trabalho é criar fundos duplos perfeitos trabalhando a parte inferior da mala e transformando-a em um depósito inexpugnável de heroína. O maior risco é o de

Segunda parte

333

romper a mala e mandar tudo à merda, ele me disse. Se você manda tudo à merda é um problema, um problema grande. Depois disse: se você manda tudo à merda, no primeiro mês, é um problema meu. Depois passo o bastão e você se vira sozinha, continuou. Pode decidir como vai se virar, as pessoas se revelam verdadeiros geniozinhos, disse. A maioria das Zuleikas precisa comprar a mala que rasgar. Certa vez uma Zuleika deixou o país depois de ter rompido uma malinha vagabunda. Uma outra que entendia de agulhas e alfinetes levou-a para casa e começou um negócio de bolsinhas recicladas. Se você decidir continuar vai precisar escolher como reparar o dano. Um outro aspecto do trabalho é a solidão, porque quem na vida quer ser adaptador de malas não pode contar nada a ninguém, nada do que faz, nada da própria vida, nada sobre aonde vai todas as manhãs ou sobre como leva dinheiro para casa. Quando perguntarem isso você deve mudar de assunto ou dar a ideia de que trabalha nos serviços secretos. Você também precisa ser convincente, o que não deveria ser um problema. Por isso temos a tendência de pegar mulheres. Ele me perguntou se tinha um namorado e eu disse que não. Perguntou se eu morava sozinha e menti. As minhas respostas o tranquilizaram e ele continuou a me falar com um tom mais compreensivo, quase aflito. As únicas pessoas com quem falamos do nosso trabalho são os aprendizes, as Zuleikas como você, disse. Potifar nunca me manda gente que xavecou no bar, em geral me manda gente mais confiável, dá para ver que você causou uma ótima impressão nele, disse o amigo de Potifar encarando-me e saindo-se com um «de fato você não tem o olhar de alguém que pode trair a qualquer momento». O sorriso dele parecia o de um corvo. Eu disse que talvez tivesse sido El Papa quem falou bem de mim, mas o amigo de Potifar não reagiu à minha suposição. Você é a minha única Zuleika de março, ele ainda me disse, trate

O emaranhado

de aprender alguma coisa e rápido. Perguntei se precisava ir todos os dias e ele me disse que dependia de quanta pressa eu tinha e do quanto eu estava precisando. Não deu detalhes sobre pressa de quê, precisando de quê. «Pelo mês de aprendizado você não ganhará um tostão», disse. «Considere isso um reembolso por todas as malas que você vai arrebentar.»

Quando saí do escritório do amigo de Potifar eu me vi caindo em um daqueles cartões que felicitam bebês recém-nascidos. Paris estava inofensiva, tinha aquele rosto bonito de boa menina que agradava tanto aos turistas e que eu nunca tinha tido a honra de encontrar, senão agora, enquanto saía da sala de ensaios do mais hábil cortador de malas da cidade, depois de ter ganhado a sua completa confiança. Agora eu não podia voltar atrás, porque voltar atrás significaria arrumar muito mais problemas do que os problemas que teria aceitando o trabalho. Já não teria medo de nada, pensei. Jokin ficaria orgulhoso de mim. Antes de voltar para casa parei em uma loja que vendia eletrônicos para ficar um pouco em um ambiente aquecido. A casa do amigo de Potifar era gelada. Eu aprenderia a cortar malas no frio, como se entrasse em um país nórdico recortado mais ou menos no perímetro irregular de Paris, Paris que se parece com uma tartaruga que caminha a passos lentos em direção a Nanterre, as patas em Montrouge e a sua merda abandonada em cocozinhos irregulares nas árvores do Bois de Vincennes. Comecei a vagar pensando para onde iria a minha vida, qual direção tomaria e com que velocidade, uma vida de tartaruga que se passava por guepardo ou uma vida de guepardo que finalmente reconhece seu instinto de velocista e abandona para sempre a pele de uma ponderada e indolente estagnação. Eu não sabia se o que estava prestes a fazer era mais um passo no caminho errado ou a primeira virada redentora na direção da trilha

Segunda parte

de flores, e não podia saber disso agora, e não me interessava saber disso agora. A única coisa que me interessava era saber se no final daquele caminho, ou em algum lado da margem, ou arfante caído no chão, ou em disparada na velocidade da luz sobre uma motocicleta, ou bêbado sapateando em meio aos automóveis molhados, ou suado e exausto, ou morto em um precipício que ladeia o asfalto, ou vivo e brioso e nu, ou equipado com sua barraquinha de fruta e verdura em alguma cidade de veraneio, ou sujo com uma mochila nas costas e o polegar pedindo carona, ou adormecido entre cães abandonados, ou enlouquecido e perto do suicídio, meu irmão estava me esperando. Os meus dedos se recuperaram, despertaram do congelamento, e o corpo readquiriu uma temperatura favorável à vida. Quando saí da loja de eletrônicos ainda tinha tudo comigo, a não ser os vinte euros e cinquenta que me bastaram para comprar um gravador novinho em folha.

V.

Transcrição de declaração 127 (Colóquio informal com Carlota Aguilar, potencial testemunha) de 29 de janeiro de dois mil e oito, incluída no arquivo J.M. e válida para a consequente acusação de Jokin Moraza.

Hoje, 29 de janeiro de dois mil e oito, às 18:30, a senhorita Carlota Aguilar deu as seguintes declarações à Polícia Judiciária de Bilbao, referentes ao suspeito Jokin Moraza, conhecido da declarante. Conforme as supracitadas declarações, Moraza teria «sem dúvida alguma» feito parte do grupo terrorista ETA, encontrando-se também emaranhado em «pesados esquemas de droga». A senhorita Aguilar, admitindo de sua espontânea vontade de ter tido com o suspeito apenas uma relação superficial e exclusivamente sexual, declarou com absoluta firmeza ter «ouvido claramente» o suspeito falar de «atentados e coisas parecidas» no telefone com alguém após o ato sexual, em um dia não precisado de março de dois mil e dois. Mais especificamente, a senhorita Aguilar declarou o que segue: «Jokin pegou o meu celular e começou a fazer essa ligação pensando que eu estivesse dormindo, uma vez que ele não se importa com os outros e está pouco se lixando para tudo, tanto para o meu crédito no celular quanto para o que eu podia sentir por ele... era bem assim, agora entendi e já me conformei... mas eu não estava dormindo e escutei coisas, não tudo, mas a respeito disso eu escutei, e tenho certeza de que estava falando de atentado, de atirar em alguém, embora o telefonema tenha sido rapidíssimo e ele logo tenha saído de lá, foi para a cozinha, quase na mesma hora, então consegui ouvir apenas algumas palavras, tipo 'atirar' ou alguma coisa do gênero, 'ajuda'. De qualquer maneira, pelo tom da ligação, ameaçador... estava muito claro que estavam falando de alguma coisa obscura. Podia também ser sobre droga, mas disso não é preciso que eu fale, todos sabem que Jokin era um heroinômano e não sou eu que preciso dizê-lo. Também não vejo como a palavra 'atirar' tenha alguma coisa a ver com droga, por isso digo e não tenho medo de errar que estavam falando do ETA e não de heroína». A senhorita Aguilar, convidada a prosseguir com o seu relato, no caso de ter negligenciado alguns detalhes, declarou conhecer «apenas de vista aquela maluca da irmã dele», pronunciando-se a propósito da família Moraza da seguinte forma: «Uma doença... eles vieram ao mundo doentes, são podres por dentro e dá para ver, todos veem, e fazem mal para todo mundo. Para mim já passou, mas nunca sofri tanto quanto sofri por causa daquele bosta de Jokin, com sua capacidade de não estar nem aí para você, desgraçado, como se eu não fosse digna de nada, como se eu estivesse ali apenas para servi-lo... sua muleta ou coisa parecida... sua mãe ou a sua enfermeira... eu não estou a fim de

Segunda parte

ser enfermeira de um drogado... não sei nem se ele queria, mas acho que sim, se dependesse dele poderíamos continuar a nos ver assim para sempre... e às escondidas, porque alguém como ele e uma como eu não podem ser vistos juntos... não havia nenhuma doçura nele... e nem nas enrascadas em que nos metíamos... em que ele me metia... claro, eu deixava... no estacionamento, naquele carro minúsculo... eu acho que ele não é normal, tem problemas graves, por isso não me espanto que a irmã seja destrambelhada e que os pais sejam assassinos, eles são justamente uma família com defeito, e não sou só eu quem diz, se fosse só eu então o senhor poderia pensar que estou com ciúme, com raiva... ferida... mas todos dizem que eles são podres, os Moraza, são podres por culpa deles mesmos e não porque tiveram alguma infelicidade particular... existem vidas realmente difíceis mas a deles não foi difícil, enfim, é possível ver de tudo por aí, na televisão, mas eles não, não tiveram nenhum trauma, nenhum infortúnio particular, são apenas maus e malfeitos, eles têm alguma coisa que não funciona no cérebro... mas o que é grave é que eles não estão nem aí, nem pensam em tentar se curar, pensam apenas em seguir usando os outros, seguir com a sua ideia de justiça ou de arte... Jokin tinha essa ideia da arte absoluta... algo parecido, arte absoluta ou radical, sei lá... não me lembro como ele dizia até porque não dizia isso para mim, dizia para algum outro que depois vinha me contar quando eu pedia informações... sobre Jokin... algo que tinha de alguma forma a ver com sacrifício, sacrifício de si, mas sobretudo dos outros, isso é o que eu acho, porque ele passava por cima dos outros como se não fossem nada, e os pais aniquilaram metade da Espanha só porque queriam livrá-la da ditadura, mas o senhor percebe? A ditadura já tinha acabado, só que eles ressuscitavam esse fantasma toda vez para poder fazer aquilo que queriam sem se sentirem culpados... como se na Espanha ainda existisse Franco!... nós, bascos, somos pessoas normais como os espanhóis... gente boa, boa gente, como

O emaranhado

se diz, somos bons, normais! E eles, eles eram violentos como todos os outros do seu bando, nojentos... e digo isso mesmo não sabendo que eram do ETA, ninguém aqui sabia... talvez alguém suspeitasse, claro... para mim pareciam só malucos... bascos malucos que acabaram com a reputação do nosso povo... tenho vontade de rir só de usar a palavra povo... quando penso com que tipo de gente eu fui me envolver naquela época me sinto mal... não que eu frequentasse os ambientes políticos, obviamente... eu me sinto distante da política, não sei como dizer, parece que não tem a ver comigo, entende? Entende, enfim, mas, veja, eu não sou burra. Eu me interesso por ecologia, animais... No entanto, embora eu não frequentasse aqueles ambientes, comecei a ir a algumas festas e a me encontrar com Jokin porque, de todo modo, ele era de uma beleza... enfim, eu gostava muito... no caso da irmã eu não sei, ninguém sabe o que ela faz, sei que ia para a cama com os amigos dele de vez em quando, mas assim, tanto fazia, essa talvez seja a única coisa que se sabe da irmã, porque um ou outro depois contava sobre as trepadas com ela, não para Jokin obvia-mente, para ele não se podia dizer nada porque para ele sua irmã era como se fosse assexuada, uma santa, toda vez que alguém se aproximava dela ele ficava uma fera ou ia para outro lugar para não ver... ou se picava... imagino eu, né, não escrevam isso, não tenho provas... quero dizer, nem do resto na verdade, estou di-zendo o que acho, posso, né? No entanto, dá para ver a uma milha de distância que não tem a cabeça no lugar, não sei como é pos-sível ir para a cama com uma louca desse tipo... eu teria medo de ter a garganta cortada ou de ser amarrada numa cama enquanto ela recita uma fórmula mágica... se todos aqui a chamam de bruxa algum motivo deve ter... porém acho que ela ia para a cama com os amigos dele só para enciumá-lo... corriam até boatos de que os dois tinham uma relação ambígua... uma coisa incestuosa... um nojo, porém eu não me espantaria, já que a família... eu não me espantaria com nada, nem que se espancassem ou que o pai

Segunda parte

339

abusasse deles, de tão estranhos que eram, todos os quatro... porém Jokin ficava puto e os mandava tomar no cu, são principalmente aqueles do grupo do Pablo (Mejía Herrera) que a chamam assim... bruxa... porque odeiam Jokin e sabem que ele é muito ligado à irmã, mesmo que não pareça, quero dizer, realmente não parece mesmo, às vezes parece querer ficar longe dela, ou é ela, de qualquer forma às vezes pareciam mesmo desconhecidos, mas ele cuida muito dela, talvez até demais pela história que eu estava contando, ou melhor, talvez seja a única pessoa de quem ele cuida visto que de mim nunca cuidou... é claro que eu não era nada para ele, mas mesmo com a sua espécie de noiva não foi muito gentil não, praticamente nunca eram vistos andando juntos e ele a traiu várias vezes, comigo por exemplo... obviamente tinham relação aberta, imagine se não iam dar uma de alternativos também nisso, mas eu acho que Maria sofria que nem um cachorro, a namorada dele se chamava Maria... É óbvio que a mulher sofre com isso, e acho que ela não ficava com mais ninguém... Às vezes ela o fazia acreditar que sim, porque de fato ela ficava mal vendo-o dar uma de idiota com as outras... Idiota é modo de dizer, dava muito mais do que uma de idiota, ia para a cama e tudo o mais, às vezes até saía com elas por um tempo, como se fosse alguém livre... Mas ela, Maria, fingia que nada estava acontecendo até porque aquele era o único modo para ficar com ele, porque ele era do tipo que se você errasse ou se comportasse de um jeito pesado ou enjoativo não durava um segundo até ele mandar você tomar no cu e desaparecer... então ela engolia, enquanto eu não, absolutamente não, caí fora... é assim que eu vejo... não que Maria seja uma amiga, pelo contrário... mas a irmã sabia que todos a chamavam de bruxa, imagine se não ia saber, aquela lá no fundo entendia tudo, e talvez desse uma de estranha de propósito porque para os Moraza é bem isso que dá prazer, fazer-se notar... pense que os pais, lamento que estejam mortos, mas até um certo ponto, os pais andavam por aí como mendigos, uma coisa ridícula, minha mãe me contou que

O emaranhado

quando Jokin e a irmã dele eram pequenos quase não dava para entender quem era o adulto, pareciam colegas das brincadeira, entende? Você os via andar por Bilbao sem saber quem eram os pais de quem, entendia só porque você via que Jokin e a irmã eram fisicamente crianças, quero dizer, dava para entender obviamente, mas só pela fisionomia, não por outra coisa, aqueles dois, estou falando dos filhos, mas também dos pais, nunca tiveram horários, nunca tiveram proibições, podiam fazer tudo e daí se vê como saíram, anárquicos, completamente fora de controle, violentos com todos, eles têm uma violência dentro deles incrível, desmedida, é óbvio que sendo filhos de terroristas… pensando nisso agora aqueles dois me dão medo mesmo… Jokin e a irmã, mas também os pais… se você olha na cara deles você vê a guerra, não sei como dizer… você vê alguma coisa que não vai, alguma coisa que está dentro, bem dentro… olhos de bicho, parecem desumanos, parecem querer, não sei, a irmã parece que quer devorar você, é como se quando ela olha, já me aconteceu de cruzar o olhar dela, é como se ela quisesse me comer ou me roubar alguma coisa, uma espécie de vampiro… uma cleptomaníaca… sei que ela ia a um psiquiatra, vai ver era por causa disso… eu tive essa impressão, ela me olhava como um lobo… de qualquer modo, no início eu achava que minha mãe me dizia isso, estou falando da história dos pais, para me fazer parar de pensar em Jokin, que tinha se tornado um pensamento realmente obsessivo, uma coisa absurda porque apesar de tudo eu estava meio que apaixonada por ele, eu achava, mas depois descobri que era real essa coisa dos pais, no sentido de que os pais não eram apenas violentos, eram malucos mesmo, o tipo de pessoa que nunca deveria ter filhos, gente perdida, que deveria se tratar em vez de fazer filhos, existem pessoas boas que não fazem filhos porque às vezes não podem, num nível físico eu quero dizer, e daí existem pessoas como os Moraza que fazem gêmeos e os arruínam… porque para aqueles dois acho que já não existe esperança, estou falando dos filhos, não há nada que

Segunda parte   341

se possa fazer por eles, e depois os gritos que se ouviam até na rua, o senhor não imagina a bagunça que faziam, uma hora riam e se ouvia música alta saindo da casa deles e cantavam e gargalhadas que parecia que estavam quase morrendo sufocados pelas risadas e cinco minutos depois berravam e se xingavam, atiravam coisas uns nos outros, uma amiga da minha mãe me disse que uma vez jogaram até cadeiras para fora da janela, quando os filhos eram pequenos... e os filhos estavam no jardim e viram aquelas cadeiras voando da janela e continuaram brincando sem falar nada, parados, sentados na grama... veja, como se fosse normal, como se estivessem acostumados e achassem que os pais também estivessem jogando um jogo de gente grande, aliás talvez seja bem isso que os Moraza alegavam aos filhos, isso se sentissem necessidade de justificar alguma coisa, o que me parece estranho, conhecendo-os... mas não tenho pena deles, tenho pena das pessoas que sofrem, mas eles não sofrem de jeito nenhum, são, eram felizes e ficavam se exibindo porque se achavam especiais, e por um tempo eu também achei que fossem e me sentia especial fazendo sexo com Jokin, aliás aquela única vez, ou me sentia de alguma forma especial porque ele tinha certa atração por mim mesmo eu não sendo alternativa o suficiente para ele, não era suficientemente envolvida com o círculo político que ele frequentava, mas eu era muito bonita, muito mais bonita do que aquelas garotas vestidas como retardadas, como indigentes, com todos aqueles cabelos na cara, sem nenhum cuidado com nada, até fediam, a pele detonada, os dentes, como se não se cuidar fosse um sinal de inteligência e de superioridade mental, como se ficassem mais espirituais não tomando banho, olhavam para mim como se eu fosse uma idiota, eu não sou um gênio mas não acho que todas aquelas lá fossem especialistas em astrofísica... nas manifestações pareciam se vestir da pior maneira possível de propósito, como se ele pudesse prestar mais atenção nelas, eu acho que ficavam horas se desarrumando, esforçavam-se... e ele obviamente

O emaranhado

não olhava para elas porque estava empenhado em tocar e em incitar as pessoas... vocês sabem que ele tocava bateria, né? Sim, caí nessa por um tempo, esperava entrar e fazer parte daquela espécie de bolha, não sei como chamar aquilo... uma aura violácea que carregavam consigo... porque de algum modo aquelas são pessoas, os Moraza, tão convencidas que no final até você se convence e tenta de todo o jeito se tornar como eles... brincam com o charme do maldito, entende, com essa coisa meio de filme, com isso de fazer tipos destrambelhados e fora da casinha... não que não fossem isso de verdade... mas depois entendi que era melhor manter distância, é um tipo de gente contagiosa se você não se cuidar, parecem ter um veneno com eles, ou uma maldição, são como uma mancha de petróleo, não sei, como sangue infectado e têm tentáculos longuíssimos, eu me livrei disso, mas seus tentáculos estão em qualquer lugar, por toda Bilbao, e se o senhor for por aí perguntar verá quantas pessoas eles atingiram, quantas pessoas foram feridas por aquela família... toda Bilbao os odeia, e até toda a Espanha os odeia... deixaram cicatrizes por toda parte e é por isso que no final eles morreram». A senhorita Aguilar, após ter se desculpado por sua exposição extremamente confusa dos fatos, declarou não ter nada mais a dizer. Antes de ir embora, também pediu ao agente Diáz para ir atrás de Jokin Moraza e trancá-lo para sempre na cadeia.

VI.

Existem dias como este em que Paris não vale nada. Esta tarde saí para fazer compras (é quarta-feira) e não teria dado um centavo para viver aqui. Apesar de eu ter encontrado casa, ter um trabalho, ou melhor, dois trabalhos, apesar de ter alguns amigos e fazer a compra todos os dias no mesmo lugar, e falar todos os dias a mesma língua, e não sentir mais aquele estranho sentimento de desorientação que se sente assim que você acorda em um lugar diferente de casa, ainda estou em viagem. A minha existência aqui não tem nada de sólido, eu me perco todos os dias no azul cinzento deste céu apinhado de rastros. Estou em viagem e fico parada. Não me aproximo de nada. Decidi gravar os meus encontros com o amigo de Potifar porque tenho a intenção de descobrir algo sobre meu irmão e não quero que nada se perca. É uma escolha que fiz instintivamente, e sei que é a certa. À noite colocarei os fones de ouvido e em vez de escutar música, como fazia Jokin, ouvirei as palavras do amigo de Potifar para tentar arrancar dali alguma coisa de útil. Voltarei a percorrer o meu dia como espectadora, escutando com os fones a minha voz que fala à sua voz, a sua voz baixa e demorada que parece querer me acariciar até que eu goze, sem conseguir. Vou posicionar o gravador no bolso da frente do jeans que estará coberto por um moletom longo e esgarçado, enquanto o jeans será leve, a fim de não constituir uma barreira sonora espessa demais que poderia (acho) criar um obstáculo para o sucesso da operação. Não sei nada de gravações, mas farei uma primeira tentativa amanhã. O amigo de Potifar não deve ligar para o jeans, a não ser que seja um estilista ou um maníaco. Carregar comigo um gravador me dá certa segurança, ainda que não exista um porquê. Parece um testemunho da minha existência e me permite esquecer. Vou confiar as minhas recordações ao aparelho e a minha cabeça poderá se esvaziar para se encher de futuro. Pelo menos é isso que eu desejo para mim. Pelo menos é isto que dizem os otimistas: pense no futuro. O meu futuro se chama Jokin e eu não o vejo e ele não me ilumina. Coralie furou comigo, devíamos nos ver para tomar alguma coisa juntas, mas ela diz que está ocupada, atrasada com os trabalhos. Quando fala de trabalhos, suponho que se refira aos chapéus de palha para cães. Coralie diz que o business de

O emaranhado

produtos para cães num dia não muito distante dominará o mundo e ela está se preparando para satisfazer as demandas do mercado que em breve, muito em breve, exigirá uma grande quantidade de produtos hiperexclusivos para cães, sobretudo para cães ricos, e sobretudo produtos inúteis, como os chapéus de palha para cães. Ela já fez seis e está procurando um nome para a sua coleção. Espera cobrar muito por eles e dar uma guinada na vida. Eu finjo me interessar por isso e respeitá-la. Não consigo dar boas sugestões para essa linha de chapéus para cachorros, ainda que, a cada palavra que eu proponho, totalmente a esmo, ela comece a gritar exaltada dizendo que sou um gênio e que é uma ideia fantástica. Acho que Coralie é muito estúpida, o que significa que também sou e que no início da nossa relação cometi um erro gigantesco. Coralie se revelou uma desilusão, e não tanto por essa estranha paixão pelos chapeuzinhos quanto pelo seu modo de estar no mundo. Já não gosto de como ela se veste, já não gosto de como ela fala comigo, no começo eu gostava, agora odeio o seu jeito de me consolar quando não tenho nada do que ser consolada e de me liquidar com duas frases feitas quando teria necessidade de ajuda, não gosto da sua leveza que está ali para mascarar um espírito substancialmente vulgar e pouco vívido, e não gosto da sua alegria postiça, exibida, que se arruma toda para sair e depois esquece as calcinhas. Coralie é uma entusiasta do pensamento positivo e me dá azar. Impõe o seu sorriso ao mundo e quer que os outros façam o mesmo para não estragar a sua perspectiva. Como hoje ela está empenhada no seu projeto revolucionário, eu fiquei em casa sozinha na frente do computador. Tentei desenhar mas não consegui. Fiz duas linhas verticais e senti uma angústia, a angústia de não saber mais fazer isso, mas principalmente a angústia de já não ter vontade de fazer isso. Alguém diria que se trata de falta de inspiração, eu digo que

Segunda parte

se trata de excesso de preguiça, preguiça que me impede de comprar papéis decentes, lápis decentes, aquarelas decentes, acrílicas e guaches decentes, preguiça que me faz dizer que não existe espaço na casa, que correria o risco de manchar os móveis de Sabine, preguiça que me faz achar que Sabine não quer que eu faça isso, mesmo que eu nunca tenha perguntado a ela e no fundo imagine que ficaria contente. Então fiquei enrolando na internet esperando Sabine. Até as seis horas da tarde de hoje, eu nunca tinha visitado a página do Théâtre Mogador e esse foi um grave erro, um passo em falso de amador. Então enquanto eu navegava digitei quase sem perceber *Théâtre Mogador* na barra de pesquisa e se abriu esta página cheia de estrelinhas e comentários positivos. Na verdade eu não queria procurar a página do teatro, mas o mapa do teatro para entender como eram organizados os espaços, onde estavam os camarins, os maquinistas, quantos palcos havia, e ficar imaginando a vida de Germana dentro daquele ecossistema. Imaginando a vida de Germana imaginaria também um pedaço da vida do meu irmão. Colheria o reflexo dele num assento de madeira da plateia ou no corrimão do primeiro camarote ou na expressão falsamente educada de Germana que aponta o toalete para um espectador com seus dedos «nervosos e finos», como o pai os havia definido no livro. Quando me dei conta de que eu estava na página do teatro, uma página muito ativa e frequentada, senti umas garras me arranharem em uma região do estômago, uma parte que corresponderia ao piloro (conferi na Wikipédia). Na página do teatro encontrei muitos comentários, encontrei as datas das apresentações e as resenhas positivas de um crítico qualquer postadas com uma frase de efeito e pontos de exclamação em excesso, encontrei perguntas de um espectador em relação a horários e possibilidade de consumir alimentos na sala (resposta negativa), algumas poucas

O emaranhado

reclamações (programação horrível, pessoas roncando, preços altos, pessoal grosso) e muitos elogios ao diretor, ao estafe e a algum ator. Encontrei, em 4 de maio de 2007, a pergunta de Antoine Buchet que pedia informações a respeito de uma tal lanterninha muito interessante que o havia acompanhado até o seu lugar na noite anterior e que ele queria absolutamente rever, e encontrei a resposta de Briac Lemaire, que copiei na minha caderneta dezesseis vezes chegando a decorá-la: *Eu vi, essa menina trabalha num café na Place d'Italie ela não bate bem mas de todo modo eu te entendo é uma gostosa.*

VII.

18 de março de 2008
Prisão de Curtiz, Corunha

Hoje, 18 de março de dois mil e oito, o doutor Jespersen chegou à prisão de Curtiz, na Corunha, às 9:26 para o seu primeiro encontro com o prisioneiro 811. Após a entrega da ficha, que o doutor Jespersen se comprometerá a estudar nos mínimos detalhes, o agente Diáz teve o cuidado de resumir alguns pontos relevantes da personalidade do prisioneiro 811, convidando o doutor Jespersen a seguir um protocolo de comportamento definido. Relatamos a seguir as declarações recapituladas pelo agente Diáz no tocante ao prisioneiro 811 e as regras de comportamento que o doutor Jespersen está convidado a seguir para garantir a tranquilidade da instituição e o êxito do procedimento.

O prisioneiro 811 apresenta uma personalidade instável, agressiva e introvertida, o que impede qualquer comunicação tradicional com o sujeito. Não foi possível estabelecer um diagnóstico preciso, além do já confirmado problema de dependência de heroína.

Segunda parte   347

Embora não exista, no momento, uma resposta clínica precisa no tocante à patologia psíquica do prisioneiro 811, é possível em todo caso afirmar que o sujeito apresenta uma personalidade de tipo dependente e manipuladora, apática e pouco colaborativa, além de marcadamente narcisista. Transtornos de personalidade esquizoide não estão descartados. O referido sujeito pode ser também acometido por um Transtorno de Déficit de Atenção com Hiperatividade (TDAH), hipótese que motivaria a sua incapacidade de controlar os impulsos assim como a marcada propensão de seu comportamento no tocante a: influência do ambiente externo (máxima); inclinação para o uso de substâncias entorpecentes (máxima); vida sexual (promíscua); conquista de objetivos (fracassada). Considerado o ambiente familiar em que o prisioneiro 811 viu-se obrigado a crescer, o transtorno poderia ter sido subestimado ou, mais provavelmente, ignorado em idade evolutiva, manifestando-se em sua forma mais virulenta na idade adulta: idade que o prisioneiro 811 parece nunca ter alcançado. Entre os sintomas que comprovariam a hipótese de diagnóstico de TDAH registramos: distração e dificuldade de prestar atenção em detalhes; desordem; impulsividade; desenvolvimento de traços contestadores e provocadores (a ser incluído na descrição mais genérica: «comportamentos agressivos»). Entre os sintomas secundários assinalam-se: transtorno de conduta; transtorno de humor; transtorno de ansiedade (compensado pelo abuso de droga). Sugere-se, portanto, uma abordagem farmacológica agressiva, destinada a conter os excessos do paciente mediante sedativos a serem regularmente administrados, caso a situação o exija. Deste momento em diante o prisioneiro 811 será denominado, por questões de praticidade e concisão, com um único vocativo: 811.

O emaranhado

VIII.

Perguntei a Briac Lemaire se podia me dizer o nome do café em que Germana trabalhava. Ele me respondeu depois de alguns minutos perguntando se Gorane era meu nome de verdade. Respondi que Gorane, como nome, não existe. Ele digitou uma risada, fiquei imaginando-o imóvel na frente do computador, pronto para abrir as calças. De fato me perguntou se eu podia enviar uma foto. Inseriu um ponto de exclamação para atenuar o conjunto e dar a impressão de que o seu pedido era algo simpático, quase jocoso e totalmente inofensivo. Não havia nada de divertido. Eu disse que mandaria, mas só depois de ter informações sobre Germana. Ele escreveu: as coisas não funcionam assim. E daí inseriu uma carinha. Perguntei como funcionavam e ele me perguntou se eu era lésbica. Falei que isso não era problema dele, mas ele insistiu. Respondi que era bissexual e que não me apaixonava pelo sexo, mas pelas pessoas. Era uma frase que eu gostava de dizer, e era verdade. O negócio deve tê-lo excitado e imaginei a sua mão pousando no pau. Isso excitava todo mundo. Eu me divertia excitando esses idiotas. Pela foto parecia um tipo genérico com camisa, um daqueles caras que não fazem outra coisa na vida a não ser esperar sexta à noite. Pela foto parecia também um maníaco. Os seus olhos minúsculos me faziam pensar nos de uma girafa de papel machê que um amigo meu tinha me dado de presente uns três anos antes, depois de uma trepada, sem explicar o motivo da escolha do bicho com alguma posição particularmente bem-sucedida durante a transa. Até onde eu sabia, pelo menos, não existia a posição da girafa. Era um amigo de Jokin que eu tinha apelidado de «girafa plácida». Era um escultor alternativo. Tinha sido delicado comigo e um pouquinho enfadonho, mas no conjunto foi divertido, considerando que gozar pudesse ser

Segunda parte

349

definido como uma diversão. Eu achava que diversão para as pessoas era algo diferente do orgasmo ou da excitação, alguma coisa bem mais banal que compensava a absoluta impossibilidade da troca recíproca de prazer. Eu sentia prazer, mas não estava certa de que me divertia. Para mim diversão era desenhar ou brincar de esconde-esconde ou estourar balões de água com meu irmão. O sexo sem orgasmo era um saco. O amigo de Jokin no final das contas me pareceu respeitoso e bem tranquilo, alguém com uma vida sexual regular que não tinha me catado na rua só para desafogar sua fome ou acrescentar um risquinho na famigerada lista de trepadas que todo macho parece ter escondida em algum lugar, assim como uma ou outra mulher que ama se dizer feminista. Não que eu me deixasse catar na rua por todos, mas às vezes acontecia de aceitar uma proposta, digamos, de forma imprudente. Ou que algum deles se revelasse particularmente invasivo. Por isso eu tinha chamado o amigo de Jokin de «girafa plácida». Em homenagem aos dois presentes que ele havia me dado: a girafa de papel machê e suas maneiras respeitosas. Acontecia de eu colocar ao lado do seu apelido outros adjetivos como «furiosa», «resistente», «básica». Eu gostava de conferir atributos de mulher associados à «girafa», porque ele tinha algo nitidamente feminino. Havia sido esse algo que me conquistou. Adorava os tipos mistos. As mulheres que de repente revelavam uma pegada viril. Os homens indecisos, com uma insegurança levemente caricatural. Adorava o esforço que faziam para ser puros, sem rachaduras. Eu me reconhecia neles, naquela sujeira. O empenho com que tentavam a todo custo dar uma coerência a seu aspecto e a seus apetites sexuais me enternecia, sobretudo quando os via fracassar miseravelmente em um olhar animalesco de provocação, ou em um gritinho ridículo, ou em um berro inadequado demais para uma menina.

O emaranhado

Essa estrutura prestes a desabar tornava-os humanos e fazia crescer em mim a vontade de amá-los e de levá-los para a cama. Se havia alguma coisa que eu achava repugnante era a integridade das pessoas, sua prontidão para tomar, sem hesitação, um ou outro partido, vestindo a camiseta «macho» ou «fêmea» com o único objetivo de vencer o jogo. Adorava os chutes tortos, a fantasia, as saídas de campo. O torcedor que escolhe a arquibancada errada e tenta de todas as maneiras não ficar feliz pelo gol de quem, do seu lado, todos chamam de adversário. Graças ao meu joguinho o amigo de Jokin se tornava, conforme o humor do dia, «girafa plácida furiosa», «girafa plácida resistente», «girafa plácida básica». O segundo adjetivo chegava para dar uma nuance redentora ou, de qualquer modo, para problematizar o todo. Posta em xeque ou confirmada, sua personalidade era enriquecida de contradições ou explodia em sua inamovível natureza: a forma perfeita da placidez. O sujeito me perguntou como eu estava vestida e lhe disse que estava na cama só de calcinha. Calcinha de renda cor-de-rosa. Eu não conseguia arrumar um apelido para esse sujeito, acho que pelo fato de nunca tê-lo visto nu e desamparado. Em todo caso, não conseguir achar um apelido era péssimo sinal. Eu estava usando jeans e moletom e meias enroladas sobre as calças tipo pescador. Não estava só de calcinha na cama, morreria de frio e me sentiria uma retardada. Odeio rosa. Só o fato de ele ter engolido essa me dava asco. Era um idiota integral. Era também um macho integral. Ele me perguntou quais eram as minhas preferências, sem especificar em relação a quê. Eu lhe disse que gostava de tudo só para não destoar da sua vagueza. Dependia de quem fazia o quê. Naquela circunstância, não havia nenhuma diferença entre mentir e dizer a verdade. O sexo não era uma questão de gostos. Mas era uma questão de verdade. Perguntou a medida do meu sutiã. Espertamente, respondi

Segunda parte

que não estava de sutiã, nunca tinha usado e estava com os peitos de fora. Esse golpe de misericórdia deve tê-lo feito arriar. Ele me disse que deveríamos nos encontrar para três pontinhos de suspense. Eu digitei: *para?* e ele me respondeu que eu tinha entendido. Não escrevi nada. Claro que eu tinha entendido, mas queria medir o grau de sacanagem. Ele voltou a escrever repetindo que eu tinha entendido e acrescentou uma carinha. Ele me dava a impressão de ser um estuprador que conta piada para a mulher que está violentando. Aquela reticência inútil, em sua redundância, me feria. O seu grau de sacanagem era perto de zero. Uma coisa nojenta. Aquela carinha era mais cruel do que qualquer vulgaridade sobre mim. Tentei insistir, mas não teve conversa. Briac Lemaire devia ser um engenheiro, um homem de cálculo: um tipo determinado. Briac Lemaire vivia na Rue de Picpus 39 e no dia seguinte, para me conhecer, ficaria em casa das 18h às 23h com uma garrafa de Traminer na mão.

IX.

Transcrição de declaração 129 (Conversa informal com Sergio Fuentes, potencial testemunha) de 31 de janeiro de dois mil e oito, inserida no arquivo J.M. e válida para a consequente acusação de Jokin Moraza.

Hoje, 31 de janeiro de dois mil e oito, às 9:30, o senhor Sergio Fuentes deu à Polícia Judiciária de Bilbao as seguintes declarações no tocante ao suspeito Jokin Moraza, seu primo de terceiro grau. Conforme tais declarações, os dois teriam se encontrado poucas vezes, duas, três vezes no máximo no último ano. A família Fuentes, de fato, tentaria de todas as maneiras «apagar ou pelo menos esquecer a ligação de sangue» que, embora distante e indireta, unia-os à família Moraza, uma família, esta, com que não se sentiam aparentados nem por atitudes, nem por aspecto físico e muito menos por ideais. «A minha família», afirmou o senhor Fuentes com veemência, «não tem nada a ver com terrorismo.» «Nós», afirmou o senhor Fuentes, «odiamos os terroristas e sempre estivemos do lado da Espanha.» «Vocês», afirmou o senhor Fuentes, «não devem nos tomar como parentes, porque na verdade não somos.» «Nós», afirmou o senhor Fuentes, «somos diferentes e colaboraremos de todas as formas com vocês para que a verdade venha à tona.» Convidado a dar informações acerca da atividade terrorista de seus parentes de terceiro grau, o senhor Fuentes afirmou não saber «infelizmente nada além do que se diz nos jornais», já que, em seus breves e raros encontros, os Moraza tomavam muito cuidado para não revelar nada de suas atividades, porque a família Fuentes — como eles bem sabiam — não apenas não aprovaria, como ainda denunciaria às autoridades competentes. Convidado a dar uma descrição, a mais pormenorizada possível, de seu primo de terceiro grau, o senhor Fuentes expressou-se da seguinte forma: «E quem entendia aquele. Não era meu primo. Nunca o considerei meu primo, nem parente. Não era alguém da família, era como se não tivesse uma família. Ou melhor, era como se tivesse até demais. Estava entranhada nele. Um cheiro! Eu tinha vergonha quando andávamos juntos porque a família deles não era uma família, era uma zona. Uma confusão total. E não dava para diferenciar ninguém, estavam como que grudados, sabe? Sim, grudados, uma comuna. Eu nunca entendi que merda faziam, mas respirava-se um ar estranho. Principalmente entre ele e aquela palerma da irmã, acho que transavam ou faziam coisas. Certamente faziam coisas. Talvez não tenham ido até o fim, espero que não tenham transado de verdade. Mas estavam sempre grudados, mesmo pequenos, e não é pela coisa dos gêmeos, mas sabe, aqueles dois se gostavam, não estavam nem aí com o fato de serem gêmeos. Para os Moraza não importava merda nenhuma.

Segunda parte

353

A liberdade! Enchiam a boca com essa liberdade! Eis a sua liberdade: comer a irmã! Que ainda por cima eu achava feia, o rosto encovado, com aqueles tufos de cabelos vermelhos e loiros e mais escuros, parecia um cabo de vassoura. Seca de dar asco e com aqueles olhos de louca… um tipo… mas ela não morreu, certo? Que porra você faz com a liberdade se a usa para trepar com uma dessas, uma tábua, ainda por cima, inquietante! Aquela era uma casa cheia de merda, estou dizendo. E não apenas simbolicamente. Também a casa dava nojo. Mas a nojeira de verdade eram eles, todos os quatro. Davam umas olhadelas entre si. Era como se estivessem se seduzindo reciprocamente. A mãe com os filhos, o pai com a mãe e os filhos, os filhos entre si. A única que se salvava era a avó, coitada. Isso me dá arrepios, eu saía daquela casa devastado. Tinha uma pena da avó… toda vez que eu precisava ir até lá tinha febre, ou caía e me machucava. De qualquer modo era melhor do que respirar as toxinas daquela casa. Mas estou saindo do assunto. Jokin, que posso dizer, ele se achava. A impressão é de que ele se achava demais, parecia falso além de louco. Toda vez que lhe fazia uma pergunta ele me olhava como se eu fosse um imbecil. Então fizesse ele as perguntas! Eu perguntava como ele estava, ou como as coisas iam no conservatório, coisas assim, só por falar, já que éramos obrigados a ficar juntos por um par de horas, e ele nem me respondia. Às vezes ele me olhava direto nos olhos, seus olhos riam sempre, zombando de mim com gosto… mas o restante do rosto continuava triste e esburacado. Eu não sei como ele fazia para transar tanto assim! Pelo menos é o que se diz por aí, que tinha mil mulheres. Dizem que quando alguém se acha gostosão todos os outros acreditam, deve ser verdade! Ou às vezes lançava aquele olhar para a irmã que tinha o mesmo idêntico olhar, caralho, uma coisa assustadora. Olhavam-se com aqueles olhos que riam zoando comigo. Depois, porém, o negócio seguia adiante entre eles, por conta deles, eu não tinha mais nada a ver, continuavam a se olhar com aqueles olhos de gato como se

O emaranhado

se gostassem, entende, não era um olhar de irmãos. Um nojo, não sei mais o que dizer. Não sei quase nada sobre Jokin, mas isso foi o que eu vi». Convidado a pensar mais um pouco, nos mínimos detalhes, sobre todos os seus encontros com a família Moraza e sobre uma possível referência, mesmo que de passagem, a fatos e/ou episódios e/ou nomes próprios mencionados por um ou mais membros da família e potencialmente ligados à atividade terrorista do ETA, o senhor Fuentes declarou que: mesmo sendo impossível estabelecer a quantidade de vezes que, durante a sua vida, encontrou os membros da família Moraza, está seguro em dizer que nos últimos dez anos seus encontros se limitaram a uma dezena, dos quais a maior parte teve curtíssima duração (troca de dinheiro), sendo outro fortuito, na rua, e que durou «exatamente o tempo de um oi»; nunca foram pronunciados «nomes suspeitos» nem foi feita nenhuma referência a episódios que pudessem de alguma maneira ter relação com o ETA; durante os almoços de família, os Moraza cuidavam para manter televisão e rádio desligados, provavelmente a fim de não deixar escapar alguma opinião e/ou reação favorável/ desfavorável às notícias políticas do dia; os membros da família Moraza nunca tentaram fazer proselitismo «direto» voltado para os membros da família Fuentes; na casa dos Moraza não se via a presença de panfletos, manifestos nem nenhuma espécie de objeto que pudesse revelar sua atividade terrorista; os membros da família Moraza ostentavam indiferença em relação aos acontecimentos políticos. A esse respeito o senhor Fuentes tentou se lembrar, sem sucesso, de um episódio específico durante o qual seu pai (Juan Fuentes) usou palavras duras em relação à atividade terrorista do ETA no tocante a um assassinato recém-executado por parte do bando (no tocante a tal assassinato, o senhor Fuentes não conseguiu recordar nem dia, nem mês, nem ano, nem número de vítimas e feridos), sem desencadear nenhuma reação nos Moraza, que se limitaram a mudar de assunto com, afirma o senhor Fuentes, «olhar de robôs». O senhor Fuentes também confirmou as declarações da

Segunda parte

355

senhorita Aguilar no tocante ao papel de incitador das massas que Jokin Moraza teria durante as manifestações a favor do ETA. Diante da solicitação do agente Diáz para que comunicasse quaisquer outras particularidades, caso viessem à tona, o senhor Fuentes respondeu positivamente. Diante da solicitação do agente Diáz para que se colocasse à disposição de investigações adicionais, e para preencher — junto com os membros da sua família — um relatório escrito a respeito da família Moraza, que pudesse fornecer uma ideia completa e detalhada das relações interfamiliares entre os membros, o senhor Fuentes consentiu, afirmando que toda a sua família ficaria feliz em cumprir, do modo mais minucioso possível, a tarefa designada. Diante do pedido para que descrevesse como se sentia no tocante à morte dos seus parentes distantes, Yera e Iñaki Moraza, o senhor Fuentes admitiu não ter a mínima ideia.

X.

19 de março de 2008
Gravação número 1

[*Ruído de fundo*]
«Oi. Sente aqui. Sim.»
[*Ruído de móveis sendo arrastados*]
«Tem água?»
[*Passos. Batida de mala sobre a mesa*]
«Você deve abrir desse jeito. Olhe bem. Precisa cortar aqui. Não, nada de tesoura, não toque em nada e olhe. Hoje você não corta nada. Olha e deu. Deve seguir essa linha. Toda mala tem uma linha, agora eu digo a você qual é mas com o tempo você vai ter de encontrá-la sozinha. É aqui que se vê se você é boa ou não. Agora você deve imaginar essa linha que percorre a mala porque é aí que precisa cortar. Se

você não encontrar dá tudo errado e você joga fora todo o trabalho. Está claro?»

«Não.»

«Agora só me escute. Não dê o passo maior que a perna. Imagine uma linha que vai daqui até aqui e uma que vai daqui até aqui, entendeu? Agora você precisa só imaginar essa linha e não pensar no que eu disse. Daqui até aqui e daqui até aqui, entendeu?»

«Ok. Seriam duas linhas, então.»

«Você vai cortar aqui. Um corte preciso. O trabalho precisa ser meticuloso senão o pessoal vai preso. Ok? Não pense enquanto corta. Pense só na linha, ok?»

«Ok.»

«E não é que o pessoal vai preso e deu. É também você que perde o trabalho, ok?»

«Ok.»

«Não pense nem mesmo nisso. Se tem dúvida pergunte agora.»

[*Pigarro*]

«Nenhuma dúvida?»

«Qual a cor da linha?»

«O quê?»

«Branca?»

«Sei lá eu.»

«Ok, desculpe, não sabia o que perguntar. Tudo claro.»

«Que seja branca, sei lá. Como você achar melhor. Se a mala for branca será preta, se a mala for preta será branca. Deve dar para ver bem. Então deve ser uma cor que contraste, sei lá. Tudo certo?»

«Sim.»

«Por que você pensou numa coisa dessas...»

«Não sei, desculpe, era só para perguntar alguma coisa. Tudo certo.»

Segunda parte

«Você não é obrigada a perguntar se não tem nada para perguntar, ok?»

«Ok.»

«Não estamos na escola.»

«Ok. Posso tomar água?»

«Os copos estão na cozinha, a água encanada aqui é uma merda, vou logo avisando. Então concentre-se, ao meio-dia eu tenho umas coisas para fazer.»

[*Passos. Bater de louça. Passos*]

«Obrigada.»

«De nada. Então, depois de fazer o corte perfeito é que se pensa no revestimento. O revestimento deve ser espesso. Aqui eu uso plástico e papelão. Deve ser quase impossível cortar. É preciso que demorem para cortar isso com aquelas faquinhas de merda que eles usam. Precisa parecer um fundo de verdade. Antes de se ocupar com o revestimento você deve saber quanta heroína vai colocar nesse fundo falso. Da próxima vez vamos falar da heroína. É heroína em tijolos. Aqui a gente se expressa em número de tijolos: 20, 25, 40. Mesmo que não sejam exatamente tijolos como no caso da coca. No entanto você precisa ouvir o que diz Potifar ou alguém do time dele. Ele dá um número e você organiza os espaços conforme a quantidade de heroína que precisa ir para outra parte da Europa ou do mundo. Você não precisa se interessar por isso.»

«Pelo quê?»

«Pelo fato de saber para onde vai a heroína. Você só precisa pensar em fazer malas perfeitas, ok?»

«Ok.»

«Para colar bem o fundo duplo você usa esse negócio aqui. Parece fácil mas não é. Não pode colar à toa. É um trabalho de precisão, tanto quanto o corte. Talvez seja ainda mais difícil porque a gente relaxa. Acha que pode desfazer.

Não pode. Se você cola mal o revestimento, pode jogar tudo no lixo. Também perdeu mais tempo. Quanto mais robusto for o revestimento, mais difícil será para os agentes entender que se trata de um fundo duplo. Claro que você precisa calcular tempo e custo. Não pode levar um dia para fazer um fundo duplo senão fica no prejuízo e não entrega o serviço. Esse é um trabalho de perfeição, mas o perfeccionismo exige tempo demais. É também um trabalho de imaginação. Você aqui precisa ser perfeita imediatamente. Use as técnicas que quiser, reze, transe, faça meditação. Você precisa vir lúcida para cá, ok?»

«Ok.»

«O jeito não me interessa.»

«Ok.»

«Não se deve ver a costura e a estrutura deve parecer sólida. Eu coloco primeiro os tijolos de heroína e daí pego as medidas e começo a costurar. Obviamente, quanto mais heroína mais arriscado é, porque o fundo duplo fica mais grosso e o espaço visível da mala se torna mínimo. Se a mula for novata ou estiver nervosa demais, e os agentes fizerem abrir a mala, obviamente perceberão que tem alguma coisa errada em uma bolsa enorme onde mal cabem duas blusas.»

«Mula?»

«Ou traficante. Aviãozinho. Câncer. Como achar melhor.»

«Mula.»

«Portanto, quanto menos heroína se transporta, mais fácil passar. Finalmente entenderam isso e começaram a fracionar mais. Uns anos atrás era um horror. Faziam caber nessas malas 40-50 tijolos e logo eram apanhados. Malonas entupidas de heroína com três cuecas e queriam passar de boa! Daí colocavam a culpa em nós, mas as malas estavam perfeitas. O problema não estava na fabricação, mas na carga.»

«E nas mulas.»

«Claro. Existem mulas que entram em parafuso, suam, fazem cagada. Dá para ver na cara que elas têm droga na mala.»

«E como elas são escolhidas?»

«Isso eu não sei, não sou eu que escolho. Eu selecionaria melhor.»

«Então, se forem pegas, a culpa é sua e não delas?»

«Elas vão em cana, mas a culpa é nossa, dos adaptadores. Sabe, as mulas vão para a cadeia, aquela é a punição delas. Então geralmente a culpa cai em nós, até por uma questão de equilíbrio, entende? Um pouco lá, um pouco cá. Uns anos atrás, quando ainda se faziam essas cargas absurdas de heroína, cinquenta tijolos de uma vez só, a mula ia em cana e nós ficávamos com a culpa. Mas melhor do que a cadeia.»

«Mas você ainda trabalha.»

«Claro que ainda trabalho, mocinha. Eu sou o melhor. Você precisa medir aqui, aqui e aqui. Daqui a pouco chega uma pessoa e você precisa sumir. Leve em conta até os milímetros. Os milímetros vão se somando, se você não dá bola o erro se acumula e o revestimento fica um lixo. Até os meios milímetros você deve considerar. Você precisa virar uma calculadora. Como você se dá com as contas?»

«Mal. Conto com os dedos.»

«8 + 15?»

«Preciso pensar um pouco.»

«A borda você precisa virar para dentro para o trabalho ficar limpo.»

«Espere, eu me perdi. Estamos na forração.»

«Revestimento.»

«Não consigo imaginar essa forração. Com a linha era mais fácil.»

[*Ruído de cadeira. Passos. Ruído indefinido. Passos*]

«Isso é um revestimento. Aqui foi mal costurado, não olhe aqui. Essa é a parte que deve ir para dentro, viu? Senão dá para saber que é um fundo duplo.»

«Para dentro você quer dizer onde vai ficar a heroína?»

«Sim. Não onde vão colocar a merda das roupas e das cuecas.»

«Ok.»

«Sabe costurar?»

«Não. Sei desenhar.»

«Hoje vamos fazer um apanhado geral. Tudo bem até aqui?»

«Acho que sim.»

«Diga para mim o que eu disse até agora.»

«Preciso imaginar uma linha, duas linhas, brancas se a mala for escura e pretas se a mala for clara, agora não sei como fazer para encontrá-las, mas você vai me ensinar, no momento sei que preciso imaginar essas duas linhas e cortar. Daí preciso contar os tijolos de heroína e fazer o revestimento com as costuras por dentro. Isto é, a borda para dentro. As costuras exatas.»

«Muito bem. Depois que você fez isso, a mala está feita e você a borrifa com repelente para cães. Esse aqui. Não use outro. Eu dou para você»

«E é isso?»

«Essa é a parte teórica. Obviamente a fabricação do revestimento é a parte mais longa.»

«Mas então eu preciso costurar a heroína na mala?»

«Em que sentido?»

«No sentido de que antes eu coloco os tijolos de heroína e depois começo a costurar.»

«Essa é a minha técnica. Tem gente que costura no chute e depois enfia os tijolos, só que é um trabalho mais grosseiro. Eu gosto de emparedar a heroína na mala. Digo assim.»

«Emparedar a heroína?»

«Sim.»

Segunda parte

«Então alguém precisa me dar a heroína para ser costurada.»
«Vão dar os tijolos para você.»
«Então eu vou mexer com heroína.»
«Claro, achou que ia mexer com o quê?»
«Achei que tinha a ver com as malas e pronto.»
«Não. Quem põe a heroína dentro é você.»
«Faço a parede.»
«Exato.»
«Eu vou trabalhar sempre aqui ou em casa também?»
«Você vai trabalhar sempre aqui, as malas serão retiradas aqui. O que você está pensando, mocinha? Você é uma viciada?»
«Queria saber se precisava levar trabalho para casa. A minha casa é pequena e eu não quero ficar com droga por aí.»
«Você não vai ficar com droga por aí. Não roube droga porque você está morta. Nem tente usar a heroína que dão para você, entendeu? A droga e as malas ficam sempre aqui. E também o repelente para cães.»
«Que cheiro tem?»
«Um cheiro que só os cães sentem.»

XI.

Relatório do primeiro encontro do doutor Jespersen com o prisioneiro 811, ocorrido no dia 18 de março de dois mil e oito às 10:00. Relatório redigido em 19 de março de dois mil e oito e enviado por e-mail pelo doutor Jespersen.

19 de março de 2008
Encontro o prisioneiro 811 (que de agora em diante denominarei 811, conforme me foi ordenado pelo agente Diáz) às 10:00 do dia 18 de março de dois mil e oito. Entro na cela enquanto 811

O emaranhado

finge dormir. Sento-me e espero que finja despertar. A cela está arrumada, o companheiro não está presente. 811 vira-se na cama dando-me as costas. Tem um aspecto doente. Percebo logo uma evidente semelhança com a irmã gêmea, não apenas no rosto — que observei fugazmente nos primeiros minutos de permanência na cela — mas também na amplitude ossuda da coluna e no modo de pousar os pés (compridos) na cama, sem graciosidade e levemente abertos para fora. Pés de um membro de tribo africana, penso, como ocorreu-me pensar na primeira vez que vi os pés de Gorane Moraza enfiados dentro dos tênis. Uma impressão, admito, singular e totalmente injustificada, uma vez que não podia ver seus pés nus mas apenas sua silhueta imprecisa presa no calçado. 811 insiste em fingir dormir. Digo: «Bom dia» e não responde. Repito «Bom dia» e 811 responde: «Oi». Digo: «Você está dormindo?» e 811 responde «Não». Inadvertidamente, dirijo-me a 811 chamando-o de «você». Apresento-me sem mencionar minha relação profissional com a irmã gêmea de 811. Peço a 811 que se levante e sente-se à minha frente, onde coloquei uma cadeira. 811 se levanta e senta-se à minha frente. Apesar do aspecto doente, tem um olhar bom e relaxado: um olhar de todo inocente. Não consigo fazer coincidir essa primeira impressão com as descrições do agente Diáz e com os testemunhos colhidos e inseridos no protocolo J.M. A minha impressão se choca contra tudo o que li até o momento sobre 811. Tenho plena confiança nas minhas impressões. Exponho a 811 o meu método de trabalho, um método elaborado nos últimos meses. Omito que, na elaboração desse novo método de análise, sua irmã Gorane Moraza teve papel fundamental, ainda que inconsciente. Omito a iluminação experimentada por mim durante a terapia efetuada com Gorane Moraza, iluminação graças à qual cheguei a compreender o verdadeiro significado do termo «recuperação». Explico que não tomarei notas nem farei perguntas acerca de seu passado. Explico que o único passado que indagaremos é aquele remoto da reencarnação. Que, se estiver de acordo, iremos nos

Segunda parte

ocupar de suas vidas precedentes por meio do método da hipnose regressiva. Explico que as coisas pelas quais sofremos no presente nem sempre têm origem na vida em que experimentamos tal sofrimento, mas que se fundam em existências antigas, vividas em outros lugares, sob a forma de outros seres, plantas, animais, personagens célebres, microrganismos. Dou alguns exemplos de cura por meio da pesquisa de vidas passadas (exemplo paciente Magellano; exemplo paciente piloto). Faço referência à interrupção do círculo a que a terapia com hipnose regressiva pode levar o paciente. Explico que a sua dependência de heroína pode não encontrar motivação nos problemas com a sua família, no seu caráter ou em suas experiências infantis, mas em círculos que permanecem abertos em vidas anteriores, situações não resolvidas que encontram, na dependência, um modo de se representar, clamando em alta voz por uma resolução. Pergunto se tudo ficou claro. 811 faz sinal de que sim. Pergunto o que ele pensa disso, quais são suas impressões. 811 me encara com um olhar de lobo. Pergunto como se sente. 811 responde que se sente muito mal. Pergunto: «Quantas vidas você acredita ter vivido?». 811 responde: «Nenhuma».

XII.

Quando entrei na cozinha do amigo de Potifar para pegar o copo eu sabia que não beberia. Era uma desculpa para me levantar e recuperar o fôlego. Eu nunca teria ousado encostar meus lábios naqueles copos imundos para beber água dos canos por onde, conforme ele disse, só circulava merda. No final da tarde fui para a casa de Briac Lemaire. Tinha intenção de fechar questão o mais rápido possível. Cheguei às 19h. Abri o portão com o código que ele havia me dado, subi as escadas e bati. Ele abriu com uma garrafa na mão, como tinha prometido. Um homem confiável ou previsível, dependendo do ponto de vista. Era mais velho do que eu pensava e tinha mãos horríveis: pequenas e obesas. Como se não bastasse, entrevi pelos nos dedos. Ele me cumprimentou quase sem me olhar na cara. Disse: «Entre». Na sua voz detectei um inquietante vagido. Era o lamento de um recém-nascido que espera algo melhor da luz e se vê cheio de sangue nos braços de uma desconhecida em lágrimas. Perguntou se eu queria beber e falei que não. Disse: «Você é magra», e eu respondi que sabia disso. Encarou-me sem falar, como se me odiasse. Eu havia me autoconvidado para ir à casa dele com um cortejo de baratas e serpentes? Não. Mas parecia. Depois me perguntou «Pintou o cabelo?», como se aquela pergunta pudesse mudar a cor deles, dando-lhes uma gradação mais uniforme e desejável. Respondi que não. Nem sequer me ouviu. Não queria mudar apenas a cor dos meus cabelos, mas também a forma e a aparência do meu rosto, as asperezas do meu corpo, o estilo da minha roupa. Tudo nele era expressão de recusa. Eu me apoiei na mesa, tirei do bolso o ne-cessário e enrolei um cigarro. Enquanto isso liguei o gravador que ainda estava no outro bolso. Eu precisava me defender de alguma forma. Não me sentia ofendida, mas me sentia vulne-rável. Acendi o cigarro e perguntei o nome do café. «Na teoria eu deveria dizê-lo depois», falou Briac Lemaire. «Depois do quê?», perguntei. «Achei que você era diferente», respondeu. «Estou vendo», disse eu. «Você não é obrigado a me beijar.» Aquela frase o perturbou. Briac Lemaire devia pertencer àquele tipo de pessoa que tenta ver um propósito específico em cada circunstância: não existe um passeio no parque sem uma mi-nuciosa colheita de flores para um buquê, não existe sono sem sonhos úteis e significativos, não existe relação humana que não desemboque em amizade, amor, contratação ou transa. Cada coincidência, cada situação, cada encontro precisa ser *funcional*. A minha presença na sua casa precisava então levar a alguma coisa. Briac Lemaire, consciente do desgosto que sentia por mim, não sabia que forma útil poderia assumir a nossa relação recém-começada. Eu não tinha dinheiro comigo, senão poderia propor-lhe uma troca justa: o nome do café por um par de notas de vinte. Assim eu poderia acalmá-lo. Ele tinha a determinação do serial killer. Briac Lemaire estava em evidente dificuldade diante da incógnita que naquele momento eu representava: o resultado da minha presença em sua casa não era ainda reduzível a um encontro sexual, nem a um encontro amigável nem a uma reunião de trabalho. Havia o seu desgosto pela minha aparência complicando as coisas. Um detalhe que Briac Lemaire não tinha considerado e que surgiu subitamente diante dele em toda a sua ferocidade. Podia desejar algo que seus olhos e seu integral temperamento macho continuavam a recusar? O rótulo que eu tinha na testa naquele momento era: intransável. Aquele algo era eu: um serzinho esguio tricolor apoiado na parede com cigarro na boca e botinhas vermelhas nos pés. Ele me perguntou se eu queria sentar e eu perguntei outra vez o nome do café. Ele me respondeu, balançando a cabeça, que não podia me dizer porque o acordo não era esse. Perguntei o que ele queria fazer e ele me disse: «Diga alguma coisa». «Alguma coisa que coisa?», eu perguntei. «Alguma coisa que me dê vontade de comer você», disse Briac Lemaire. Fiquei em silêncio. O cigarro se apagou. Apertei o isqueiro na mão. Ele começou a andar em volta da mesa e a suar, eu comecei a ficar com medo. Eu lhe disse que não queria transar e ele ficou furioso, dizendo que eu o havia enganado. Supliquei que me dissesse o nome do café, mas ele gritou: «Você é uma lésbica desgraçada! Uma lésbica de merda!». Eu me levantei e me preparei para sair. Briac Lemaire me seguiu e parou na frente da porta. Estava roxo e seus olhos brilhavam com uma luz que eu não achava que pudesse emanar de dois furinhos tão pequenos. Aquela intensidade não combinava com um tipo como Briac Lemaire. Briac Lemaire não tinha nada de intenso. Era um

O emaranhado

líquido diluído e impuro. Um líquido de onde apenas uma luz fraca, amarelada e sinistra pode ser emitida. Acendi o cigarro e ele me prendeu na parede e começou a lamber minhas orelhas. A sua língua era fria e viscosa. Pensei na língua dos gatos para criar coragem, tentei evocar a sua rugosidade para tentar imprimir aquela sensação na língua de Briac Lemaire. A língua de Briac Lemaire continuava viscosa, ou melhor, continuava sendo a quintessência da viscosidade. Antes que ele chegasse à boca, apaguei o cigarro no seu braço. Com aquele braço ele estava tocando a minha bunda seca repulsiva. Soltou um grito e me chamou de puta. Dei-lhe um chute no saco e ele caiu no chão. Pisei em sua barriga, o salto da minha bota apoiado educadamente em seu umbigo. Exigi que me dissesse logo o nome do café e ele resmungou «Mirounga, na Butte». Fugi despencando pelas escadas e tropeçando três vezes. Ele não gritou nada, e eu não ouvi. Não me sentia culpada, na verdade me sentia coerente. Algumas horas antes eu tinha recusado beber no copo do amigo de Potifar. Eu certamente não podia me deixar beijar na boca por um porco.

XIII.

20 de março de 2008
Prisão de Curtiz, Corunha

Hoje, dia 20 de março de dois mil e oito, às 6:10 (manhã), 811 perturbou o silêncio do presídio com gritos, berros e gestos violentos de natureza variada (socos, pontapés, cabeçadas na parede). Semelhante explosão de agressividade parece provocada pela necessidade premente de heroína, prova de um processo de desintoxicação tão meticuloso quanto ineficaz. A fim de interromper tais crises e restabelecer a quietude do presídio, 811 foi conduzido

Segunda parte

para a cela de isolamento, onde permanecerá até segunda ordem. Cada decisão médica relativa a possíveis recaídas ficará a cargo da equipe do presídio, sob indicação do doutor Jespersen. Em todo caso, ao agente Diáz reserva-se o direito de dar a última palavra sobre a questão.

XIV.

Quando cheguei em casa, escutei a gravação do meu encontro com Briac Lemaire. Não dava para ouvir quase nada, a não ser as palavras «você é magra», «lésbica de merda» e «puta». Todo o resto era um ruído de fundo indefinido, um ruído que parecia vir de outra dimensão, paralela à nossa, sobreposta à nossa, uma dimensão que nos protege ou nos ameaça com um sibilo contínuo. Na gravação com o amigo de Potifar não havia sinal dessa dimensão e tudo estava perfeitamente límpido e terreno. Era como se estivéssemos posando diante de uma câmera prontos para gravar a nossa mensagem promocional. Ouvi a gravação, mas não encontrei nada de útil a respeito do meu irmão. Comecei a cozinhar e a esperar Sabine e enquanto o forno se aquecia arrumei a casa e preparei as roupas para a manhã seguinte. Amanhã preciso limpar a casa de uns ricos e estou sem vontade, porque os ricos sujam mais do que qualquer outra classe social, acostumados como estão a ser servidos. Não mexem um dedo antes que eu chegue, não se envergonham de nada. Suas casas emanam um odor nauseante. As coisas que Briac Lemaire me disse só agora começam a me ferir. Sei que não sou bonita, mas ao longo da minha vida tive as minhas satisfações. Nunca causei nojo em ninguém. Por isso acho que estou irritada com o meu irmão e com tudo aquilo que estou aguentando por sua culpa. A droga, as malas, a solidão, mas principalmente Briac

O emaranhado

Lemaire. Não esqueço o que senti na sua casa: a humilhação de causar nojo em um maníaco, ou pior, a humilhação de que causar-lhe nojo me importe e me fira. Amanhã, depois do trabalho, irei ao Mirounga para dar fim a essa história, ou para finalmente dar início. Não sei como vou reagir caso não encontre Germana Luque. Não sei o que lhe dizer, caso a encontre. Não sei se ela vai querer falar comigo ou se vai se distanciar irritada, dizendo que não quer saber mais nada de meu irmão. Não sei como fazer para reconhecê-la e não sei como ela vai acreditar em mim. Não sei se está viva. Não sei se conheceu meu irmão. Sei que por sua culpa eu me tornei uma delinquente.

XV.

Transcrição da declaração 140 (Conversa informal com Maria Cortés, potencial testemunha) de 1º de fevereiro de dois mil e oito, inserida no arquivo J.M. e válida para a consequente acusação de Jokin Moraza.

Hoje, 1º de fevereiro de dois mil e oito, às 16:30, a senhorita Maria Cortés deu à Polícia Judiciária de Bilbao as seguintes declarações no tocante ao suspeito Jokin Moraza, seu ex-namorado. Conforme tais declarações, a senhorita Maria Cortés detalhou que a relação entre ela e Jokin Moraza não poderia ser definida como um verdadeiro namoro, mas sim como uma «relação aberta». Diante do pedido de esclarecimento da questão, a senhorita Cortés, após ter mostrado suas veleidades revolucionárias com uma postura provocadora de extrema relutância, definiu a sua relação com Jokin Moraza como uma relação «livre». Após diversas solicitações do agente Diáz, a senhorita Cortés chegou a especificar que a relação entre ela e Jokin Moraza não previa encontros assíduos, não previa

Segunda parte

fidelidade ou exclusividade de nenhum tipo, não previa presentes nem frases doces nem projetos. «Gostávamos um do outro e nos dávamos bem», declarou. Após ter ressaltado a proibição de fumar dentro da estrutura e ter confiscado o pacote de cigarros da senhorita Cortés, o agente Diáz solicitou à senhorita que detalhasse as relações de Jokin Moraza com a organização terrorista ETA, de que ela própria — como verificado anteriormente — fazia parte, motivo de sua recente prisão. A senhorita Cortés respondeu que, em virtude da descontinuidade de sua relação e da liberdade que constituía seu pressuposto fundamental, ela não tinha ideia «do que passava pela cabeça de Jokin». Confrontada com o absurdo e com a pouca credibilidade de tais afirmações, a senhorita Cortés reiterou não saber nada a respeito da implicação de Jokin Moraza nas atividades terroristas do ETA. Convidada a relembrar os motivos da sua recente prisão e os diversos testemunhos colhidos no tocante à sua relação com J.M., a senhorita Cortés afirmou o que segue: «Não estou negando que tive relações com Jokin. Estou dizendo que não sei nada da sua relação com o ETA». Instada a modificar sua atitude e a se dirigir ao agente Diáz de uma forma mais adequada, a senhorita Cortés declarou não ter mais nada a dizer no tocante à questão e não sentir portanto nenhuma necessidade de se dirigir ao agente Diáz. O agente Diáz convidou a senhorita Cortés a explicar os motivos desse seu desinteresse em relação à vida do seu ex-namorado, perguntando também se ela sabia da relação entre ele e a senhorita Aguilar. Diante das perguntas do agente Diáz, a senhorita Cortés respondeu como segue: «Não tenho ideia de quem seja essa Aguilar. Não me importa. Jokin e eu tínhamos outras relações. Eu não diria desinteresse em relação à vida de Jokin. Reitero que ele não era meu namorado. Não sei nada dessa história porque ele me falava o que queria. E eu fazia o mesmo. Não fico enchendo o saco». Convidada a dar todas as informações úteis referentes à vida de Jokin Moraza, a senhorita Cortés perguntou ao agente Diáz se ele achava interessante receber informações referentes ao tamanho e ao desempenho do seu pênis. Quando censurada por sua grosseria, a senhorita Cortés continuou a discorrer em linguagem vulgar sobre os desempenhos sexuais, ao que parece exemplares, do seu ex-namorado. Convidada a se calar, a senhorita Cortés foi novamente convocada a se concentrar na atividade terrorista do seu ex-namorado, atividade em relação à qual a senhorita Cortés reiterou não ter nada a dizer, concluindo as suas declarações como segue: «Mesmo que eu soubesse alguma coisa, eu certamente não ia querer dizer ao senhor». Após tal provocação, a senhorita Cortés foi reconduzida para a cela pela guarda Benítez, encarregada de ajudar a senhorita na recuperação de sua teimosa memória.

XVI.

A casa dos Dupont era mais suja do que eu imaginava e ainda me coube aguentar a aporrinhação de madame por causa de uma vassoura fora do lugar. No final eu estava tão suja e acabada que precisei passar em casa antes de ir ao Mirounga. Troquei de roupa, lavei o rosto e saí. No metrô fiz em voz baixa uma oração estúpida. Dizia: «Que seja gentil». Acho que estava me referindo a Germana. Repetia essas palavras sem intencionalidade, já que não sabia exatamente quem deveria ser gentil, nem por quê. Essa oração tinha um efeito calmante em mim. Desci do metrô, subi a Rue des Cinq-Diamants e virei à direita na direção da Rue Barrault, onde, no número 23, encontraria o meu café. Diminuí o passo observando de longe um par de mesinhas e um sujeito que fumava ali fora. Estava imóvel, a não ser pelo movimento do braço que subia e descia no trajeto do chão até a boca. Parei para fumar perto dele, dando-lhe as costas para não começar uma conversa para a qual não estava preparada. Isso

Segunda parte 371

se o sujeito mumificado fosse dotado de palavra. Aproveitei para dar uma olhada dentro do café, que não era muito iluminado nem muito grande. Uma série de mesinhas se espalhavam em um espaço estreito marcado por um tímido corredor e por um balcão com uns dois metros de comprimento. Um cozinheiro de aparência sul-americana cozinhava algo à vista de todos enquanto um garçom jovem, tatuado e de rosto levemente taurino servia as mesas de um jeito alegre e meio malandro. Eu via beleza na ligeira falta de graciosidade que emanava do seu rosto. Algo excessivamente geométrico, quase robótico. E uma personalidade forte que redime a dureza do seu rosto, uma dureza na qual eu me reconhecia e pela qual eu sentia uma simpatia imediata, até meio piegas. Entrei e perguntei ao sujeito robótico se podia me sentar em algum canto. Sorrimos na mesma hora e, eu achei, do mesmo idêntico modo, leve e sincero, como se as nossas duas formas geométricas tivessem imediatamente coincidido, desencadeando de repente um processo virtual de reconhecimento. Sentei-me a uma mesa no fundo da sala perto de um grupo de rapazes franceses que deveiam ter mais ou menos a minha idade. Falavam alto e eram todos muito bonitos, de uma beleza desleixada e consciente. Um jeito de se vestir e de se portar que tinha a ver comigo (embora eu não fosse o tipo de pessoa que pudesse considerar-se consciente e em comum com eles tivesse apenas o desleixo). Não havia nenhuma barista mulher, mas eu a esperava. Era improvável que chegasse. O garçom veio anotar o meu pedido como se estivesse falando de um show extraordinário de que tinha acabado de participar. As pessoas alegres nunca me deixaram à vontade, mas com ele as coisas pareciam estar indo bem e me deixei contagiar. Eu disse que queria um vinho tinto não frisante e que, como eu não entendia nada, ele podia escolher o que me servir. Ele me perguntou: «Você confia em mim?», dando uma piscadinha e eu disse que sim. Tínhamos uma ligação maravilhosa. A taça chegou depois de alguns minutos e fiquei ali a bebericar o vinho, olhando em volta e tirando da mochila um bloco de notas e uma caneta preta. Quando os parisienses falam entre si acho difícil entendê-los. Usam o verlan e falam muito rápido, por isso consigo pescar só algumas palavras-chave às quais me agarro para remendar em torno a frase inteira com um mínimo de sentido. Aqueles ao meu lado falavam de universidade, estudavam arte na Sorbonne. Eram chegados ao garçom, então podiam ser seus colegas de universidade, colegas mais preguiçosos do que ele, que ao que parecia pagava seus estudos atendendo aos pedidos nas mesas. Não me parecia que ele pudesse ter alguma coisa a ver com arte. Podia ter algo a ver com mecânica e com computadores. Podia ainda ter alguma coisa a ver com esporte e com rap. Talvez fossem apenas clientes habituais. No final da mesa havia um casal de namorados, e, no balcão, um senhor distinto com duas meninas mais jovens que na hora eu apelidei de «as estagiárias». Mexiam a cabeça e as mãos com gestos nervosos contando histórias envolventes nas quais ele não parecia minimamente interessado. Comecei a desenhá-los esperando que ninguém me notasse. A cabeça das duas meninas, vista de trás, era pequena e graciosa e o movimento de seus cabelos curtos me fazia lembrar de flores ao vento. Depois de terminar o esboço das duas pequenas cabeças floridas, captei na expressão do homem uma semelhança com a de Briac Lemaire e parei de olhar para ele. Uma expressão violenta e vil. O meu coração acelerou, senti calor e vontade de fugir ou de vomitar. Fui ao banheiro lavar as mãos. As minhas mãos estavam destruídas pelos trabalhos domésticos e pelas lavagens, tanto que eu podia escolher uma série hospitalar de cortes e manchas vermelhas que indicavam o caminho da minha ruína. Senti vergonha das minhas mãos e espalhei um bom tanto de creme hidratante, prometendo outra vez a mim mesma não me lavar mais por pelo menos dez, quinze horas. Quando voltei a minha taça estava novamente cheia e no meu caderninho estava escrito *Bravo!*. As minhas mãos ainda estavam embranquecidas de creme, como as mãos de um mímico. O garçom me olhava de longe sorrindo. Parecia estar ali só para me dar informações. Mas eu queria ser prudente e abordá-lo por outros motivos que não tinham nada a ver com o meu irmão e com a sua suposta namorada italiana. Na verdade pensar no meu irmão naquele momento me perturbava. Se entrasse pela porta, certamente teria algo a dizer sobre os olhares trocados entre mim e o garçom e inventaria uma desculpa para me censurar. Os seus gritos me faziam muito mal. Fiquei imaginando o garçom me jogando contra o balcão e me beijando como tinha feito Briac Lemaire, só que sua língua era áspera, eu usava uma saia curta, a minha bunda era mais carnuda e no final transávamos atrás do balcão derrubando garrafas e talheres como nas cenas mais banais do cinema. Continuei rascunhando palavras que ouvia dos universitários ao meu lado, enquanto alguns iam embora e novos recrutas chegavam e se sentavam pedindo bebida ao meu robótico amigo. Parecia que eles passavam o dia ali, como se aquele café fosse um prolongamento coletivo dos seus cubículos embolorados e sem espaço de manobra nem para alguma juvenil empreitada erótica. Os recém-chegados também eram bonitos e barulhentos, embora eu me esforçasse para não olhar com demasiada insistência para eles e para ficar fazendo as minhas coisas. O garçom se aproximou de mim e perguntou se eu estava esperando alguém. Disse que não, e ele se foi sem me perguntar mais nada e sem sorrir, parecia decepcionado ou preocupado comigo. Revi a cena do seu tórax nu que me encurralava no chão e tive vontade de rir e pular

O emaranhado

em cima dele. É estranha a expressão de quem se deixa levar por fantasias eróticas em público. A minha é absorta e acho que parece muito triste. Fico com a boca levemente aberta como à espera de um beijo. Mas, de algum modo, é como se eu já soubesse que não iria chegar. A alegria dos franceses ao meu lado começou a me deixar levemente embaraçada porque era ao mesmo tempo próxima e impossível de compartilhar. Suas piadas não me divertiam, eram pessoais demais — ligadas a coisas que eu não conhecia — ou idiotas demais. Era como se quisessem me envolver sem saber exatamente como e a minha relutância de algum modo os ofendia e me causava mal-estar. Tentando não dar na vista e me cobrindo discretamente com a mão toda suja de branco, tentei mesmo assim espiá-los, para ter pelo menos um novo rosto para esboçar. Um rapaz loiro com jeitão de líder e topete rebelde pedia conselhos sobre a montagem de uma mostra fotográfica que ele organizaria dali a alguns meses, conselhos que eu poderia lhe dar caso não tivesse ouvido a voz do garçom dirigir-se, com a mesma alegria com que acabava de me presentear, a uma menina que acabava de entrar. Tinha os cabelos curtos e desgrenhados, dois olhos enormes e um jeito distraído, escondido por um casaco de peles azul que a deixava parecida com uma riot grrrl. Fechando a porta com o pé, ela foi até ele com um estranho movimento de quadris, como imitando uma antiga dança cigana ou indiana, enquanto ele dizia — encarando-me de tanto em tanto — «A gente sente sua falta, inclusive queremos você de novo entre nós, Gigi».

Segunda parte

XVII.

Relatório do segundo encontro do doutor Jespersen com 811, ocorrido no dia 25 de março de dois mil e oito às 10:00. Relatório redigido em 26 de março de dois mil e oito e enviado por e-mail pelo doutor Jespersen.

26 de março de 2008
Encontro 811 às 10:00 do dia 25 de março de dois mil e oito. Encontro 811 já sentado na cadeira que lhe foi preparada para o nosso encontro. Interpreto tal gesto como uma boa predisposição de 811 em relação a mim e em relação à terapia que empreenderemos juntos. Nós nos cumprimentamos. Pergunto a 811 se teve ocasião de refletir a respeito da minha proposta de terapia. Acrescento que, no caso de ele não estar de acordo ou não se sentir ainda pronto para investigar suas vidas anteriores, poderemos nos dedicar a uma terapia clássica ou verbal pelos primeiros três, quatro encontros. 811 responde: «Não me sinto pronto». Consinto e lhe pergunto do que gostaria de falar. Responde que não encontra prazer em falar. Pergunto: «Sente necessidade ou desejo de falar da sua família?». Ele responde: «Fiquei sabendo que os meus pais morreram». Pergunto quais são os seus sentimentos em relação a tal acontecimento. Ele responde: «Dor». Nesse momento, busco enlaçar-me — diante da sensação de dor que 811 inesperadamente menciona sem resistências nem autocensuras — à sua questão principal concernente à dependência de heroína. Formulo para tanto a minha pergunta deste modo: «Existe algo que poderia ajudá-lo a superar esta dor?». Não faço menção à heroína, espero que seja 811 quem me fale dela. Optei de fato por um tratamento de tipo leve-maiêutico anti-intervencionista. As minhas expectativas são frustradas. 811 balança a cabeça em sinal de negação. Então, dirigindo-se a mim em forma de pergunta, diz: «O senhor, imagino?». Pergunto se quer falar sobre o que sente em relação à morte dos

O emaranhado

seus pais. Ele repete: «Dor». Pergunto se quer acrescentar mais alguma coisa. Ele me responde: «Eles se suicidaram». Sinto um profundo incômodo. Tento prestar atenção nas minhas emoções a fim de atenuar, acolhendo-a, a sensação de incômodo que estou experimentando. Entendo que o meu desapontamento e a minha impossibilidade de continuar o diálogo com 811 derivam da profunda desconfiança que acumulei em relação à psicanálise tradicional, da qual fui, durante anos, um nome de peso. Compreendo, ainda mais profundamente do que me ocorreu alguns meses atrás, os reais motivos de minha desconfiança da psicanálise tradicional: motivos que têm a ver com sua pretensão de reparar a dor por meio de uma ação que mira a descoberta, a reelaboração e a cura/normalização de eventos traumáticos compreendidos no arco da vida presente. Buscar a luz para outras vidas. Não iluminar os cantos à força, mas esperar que o clarão surja de repente da escuridão. Proteger e respeitar a escuridão. Deixar que permaneça como tal. Percorro novamente o período que antecedeu a minha iluminação, também conhecida como conversão. A sensação de incômodo fica mais aguda, principalmente quando penso nos pacientes a quem administrei psicofármacos, sedativos e «tratamentos de choque». Conheço esse sentimento de culpa, essa fenda permanente. Não vou mais fundo. Decido interromper o meu fluxo de pensamentos negativos e autodestrutivos, concentrando-me na questão de 811. Reflito e respiro. Concentro-me outra vez em 811. Penso em como ajudar o paciente a se libertar de seu sofrimento do modo mais eficaz possível. Pergunto a 811 se acredita em Deus. Uma pergunta que poderia significar: a) a entrada em temáticas de tipo espiritual que julgo extremamente úteis para fins de recuperação; b) uma ligação com o tema-família, pois os pais e os avós de 811 eram muito religiosos; c) uma reação cética de tipo raivoso, que serve para dar vazão a toda a negatividade presente na alma de 811; d) uma referência à heroína à qual os viciados com frequência atribuem qualidades divinas. 811 se limita a uma risadinha irônica. Não insisto.

Segunda parte 377

811 frustrou mais de uma vez todas as minhas expectativas. Alguns minutos se passam no silêncio. Não posso deixar de pensar em Gorane Moraza e no poder de conversão que a jovem exerceu em mim, com pontos de vista para os quais eu nunca soube me dar — nem a ela nem à senhora Leire — uma explicação científica. O sintoma alucinatório não era patológico. O sintoma alucinatório nem era portanto definível como sintoma. Naquele tempo usei palavras como: hipersensibilidade, mediunidade, genialidade, comunicação superior. Percepção em mais dimensões da realidade. Portanto, para todos os efeitos, realidade. Penso na força de Gorane Moraza e na sua capacidade de entrar em contato com o sobrenatural a que ela mesma, inconscientemente, me deu acesso. Penso na alma de Gorane Moraza. Uma alma ferida e luminosa. Uma alma de feridas luminosas. Não consigo falar de Gorane Moraza a não ser de modo sentimental e retórico. Algo que ela não aprovaria de forma alguma. «Eu tenho sete feridas», a senhorita Moraza me disse um dia, «como as sete vidas dos gatos. Viver é explorar a ferida. Não existe outro modo de viver. Não tente me convencer de que existe. A ferida é bonita. A cicatriz necessária. Eu sou uma ferida aberta. Oval é a casa, também a fenda.» Não consigo me esquecer dessas palavras. Gorane Moraza escreveu-as na caderneta com que a presenteei, junto dos seus desenhos habituais. Busco alguns dos traços característicos de Gorane Moraza em 811, em especial: veia polêmica; resistência a qualquer ação/intervenção vinda de fora; nervosismo; extrema capacidade de observação; rispidez; excelente capacidade de representação imaginativa; inadaptabilidade; intempestividade; dom da síntese; capacidade de concentração incomum; perspicácia súbita; quase ausência de verbalização. Não detecto nenhum desses aspectos no gêmeo 811. Reluto em recorrer à psicologia tradicional, como me foi sugerido pelo agente Diáz, insatisfeito com o primeiro relatório redigido na última semana. Uso o termo «insatisfeito» na condição de eufemismo. Faço um esforço para encaixar os acontecimentos e a psique de 811 nas

O emaranhado

grades preestabelecidas que tomei como referência durante toda a minha vida anterior à conversão. Tento acreditar na ciência. Digo a mim mesmo que a aparente ausência de traços comuns com a gêmea Gorane Moraza — uma ausência ainda não verificada, já que desprovida de um conhecimento aprofundado do sujeito — poderia derivar de uma espécie de balanceamento compensatório ocorrido entre os dois irmãos gêmeos, em virtude do qual uma teria adquirido todas as características da resistência, e o outro todas as características da entrega e do abandono aos acontecimentos. Com consequente transferência de responsabilidade recíproca, justificada pela existência do gêmeo especular. Suponho um processo de crescimento incompleto e dependente entre os dois irmãos, que teriam dessa forma assumido atributos extremos e absolutos de um certo tipo de personalidade (borderline?) sem atingir um processo de individuação saudável. Desse modo, os dois se completariam mutuamente, sem que pudessem subsistir de forma independente. Suponho que exista um vínculo de proteção recíproca dos dois gêmeos que impediria a personalidade de progredir em um sentido evolutivo. Suponho um hiperliberalismo parental. Decido encerrar a sessão. Sinto-me totalmente incapaz de prosseguir com essa enxurrada de bobagens.

XVIII.

Quando Gigi saiu do café larguei o dinheiro em cima da mesa e saí também. Eu deveria ter deixado o meu número ou sair de um jeito mais cenográfico, mas não tive tempo. Não tinha prestado atenção nos detalhes de Gigi, olhei os cabelos, as pernas e principalmente o casaco de peles azul. Um tom de turquesa extraordinário. Não sabia se tinha uma pinta embaixo do lábio nem para quantos nomes podia valer o apelido Gigi. Achei que como abreviação de Germana

Segunda parte 379

podia funcionar. Achei que o sotaque final combinava com o seu jeito de caminhar e o corte de cabelo descontraído. Talvez Germana fosse a versão completa e oficial de Gigi, sua versão prêt-à-porter. Comecei a segui-la pela Rue Barrault mantendo distância e tentando abafar o máximo possível o som dos meus saltos no asfalto. Por causa das minhas botas vermelhas e dessa nova mania de andar por aí com uns tantos centímetros de salto eu poderia comprometer o resgate do meu passado. Um resgate que me levou a perseguir uma silhueta azulada e oscilante, que balançava como se sua estrutura óssea não fosse sólida o suficiente para suportar o esvoaçar de suas plumas. Cambaleava como um pavão azul--turquesa em direção ao metrô. Era fácil não a perder de vista. Era também difícil não dar na vista. Parecia que o meu toque-toque marcava o tempo, como o cronômetro de um dispositivo pronto para explodir em nossas mãos tão logo elas se juntassem. Gigi acelerou o passo, suas pernas compridas a empurravam para a frente enquanto o busto ficava levemente recuado, inclinado para mim e na direção do caminho que ia passo após passo sendo deixado para trás. Era um modo atrevido e elegante de caminhar, ainda que eu pudesse observá-la apenas de costas. Os seus cabelos eram mais escuros do que os meus mas igualmente irisados. Sob a luz das oito da noite — uma luz que eu preferia àquela descarada do meio-dia —, banhavam-se de um vermelho-escuro, talvez de roxo e laranja. Alguém poderia simplesmente dizer que eram castanhos. Carregava uma mochilinha de couro e sua cabeça era de tamanho médio, muito bem-feita, não infantil nem excessivamente graciosa: era uma daquelas cabeças de que meu irmão gostava, meu irmão que detestava tudo o que cabia na definição de gracioso. Dado o modo como Gigi cortava o ar e desenhava o seu movimento sinuoso entre as pessoas, os carros estacionados e os edifícios haussmannianos que se intrometiam entre ela e a mais completa solidão, a sua postura, assim como o seu crânio, não era nada graciosa, mas soberana. Ao mesmo tempo o seu caminhar tinha algo instável e briguento: o passo de uma rainha cansada de coroas e mesuras que foge do seu reino para uma viagem de carona sem um tostão. Essa viagem de carona talvez tenha sido o meu irmão. Eu estava passando para receber o dinheiro da corrida.

No metrô, Gigi enfiou-se em um dos banquinhos internos, no vértice de um quadrilátero muito distinto: à sua direita uma menina elegante, quem sabe uma modelo, passava esmalte coral nas unhas, enquanto o banquinho da frente era ocupado por um velho bem-vestido que lia um livro de pernas cruzadas e por um homem mais jovem, igualmente notável, que usava fones de ouvido e escrevia no celular. Gigi olhava para fora da janela e tamborilava com as mãos. Às vezes tinha a impressão de que me fitava e que o seu olhar não estava realmente lá fora, mas queria aproveitar estrategicamente o reflexo do vidro para olhar em volta sem se comprometer. Abaixei os olhos algumas vezes. Ela podia ter uma ideia de como o vagão era composto, concentrando-se em um passageiro à sua escolha, enquanto eu não conseguia aproveitar o reflexo do vidro para espiar a única coisa que me importava naquele momento: a sua misteriosa pinta. Refletidos no vidro eu via apenas seus olhos, semelhantes a voragens ou a pupilas de diabo, e um vislumbre de lábios entreabertos e, ao que me parecia, divertidos. O restante do rosto era uma sombra pastosa atravessada por galerias escuras, tijolos e estações de metrô. Eu podia pelo menos olhar sem pudor para seus cabelos, suas pernas e mãos. Os dedos eram finos, as unhas compridas e sem esmalte. Calçava botas vitorianas, com cadarços amarelo-palha amarrados na parte

Segunda parte

de trás do tornozelo, não na frente, como faziam todos e como o desenho do calçado sugeria. Tinha um estilo todo seu. Parecia nadar dentro das roupas, como a esconder as suas formas que, tímidas, entreviam-se em uma dobra do agasalho, que eu podia avistar pela abertura do casaco agora desabotoado, ou em uma sinuosidade da calça que revelava uma curva perfeita na altura dos quadris e da bunda. Eu também nadava nas roupas, mas meu corpo não fazia promessas. Havia muitos corpos como o meu, eram os corpos de quem gritava que era melhor não chegar perto até segunda ordem. Talvez fossem os mesmos corpos que tinham pouco ou demais a oferecer. A maioria dos corpos exibia declarações explícitas, painéis publicitários. Alguns corpos suplicavam. Muitos corpos que eu havia conhecido tentavam mentir e para fazer isso impunham-se regras (eram os mais perturbadores: os corpos dos acadêmicos e dos políticos). Muitos outros corpos prometiam a torto e a direito, mas, quando chegava o momento de se entregar, davam para trás por medo de quebrar as expectativas que eles próprios haviam criado. Os corpos como aqueles de Briac Lemaire suavam merda. Alguns corpos passavam o tempo tentando se tornar outros corpos. Geralmente esse tipo de corpo tinha como alternativa a dissimulação ou, quando se tratava de corpos atravessados por uma verve extremista, a própria anulação. Havia corpos que, em sua limpeza, tentavam não dizer nada. E depois havia o corpo de Germana, que fazia poucas promessas sem saber a quem. Naquele momento quem recebia a mensagem era eu. Eu não tinha vocabulário. Não ouvia uma promessa, mas um pedido de atenção. Mas talvez isso não dependesse do seu corpo, mas do romance. Era impressionante ver materializada na minha frente uma figura que até então havia imaginado como o resultado de algumas páginas brancas e jatos de tinta malsucedidos. A Germana em que eu pensava até então não tinha espessura, a não ser aquela dada pelo meu irmão. Ela era a sombra, o produto artificial das palavras de Dominique Luque, das mulheres que Jokin tinha levado para a cama e dos meus gostos estéticos particulares, como se em Germana, ou Ginevra, todos nós — eu, o pai dela, o meu irmão e a Literatura — tivéssemos projetado as nossas expectativas, as nossas fantasias erótico-sentimentais e o nosso passado, e ela se visse recebendo e engolindo uma miríade de características, pernas e cabelos com a obrigação de condensá-los em uma síntese harmoniosa. Gigi era muito mais simples. Agora, encostada na janela como uma criança em frente a uma barraquinha de doces, ela estava pouco se importando conosco. Tinha vomitado tudo. Por isso ela tinha a postura de uma sobrevivente. Eu estava certa de que a teria notado de qualquer maneira, mesmo que não tivesse presumido sua ligação com o meu irmão, mesmo que ela não estivesse usando um casaco de peles azul, mesmo que não tivesse saído do romance. Há figuras que se impõem aos outros com uma leve vibração. Quase não existem. Mas ninguém consegue deixar de reparar nelas porque sacodem a atmosfera e de certa forma podem ferir você. Ferem os homens que nunca conseguirão alcançá-las e ferem as mulheres, pelos mesmos motivos. Gigi era assim. Eu não era assim. As pessoas estavam felizes por não me alcançarem. E eu estava feliz por isso.

Assim que passou a Quai de la Rapée, Gigi se levantou, alisou seu casaco de peles abotoando-o com cuidado (sobre a bunda eu tinha razão: perfeita) e abriu espaço entre as pessoas, sorrindo como uma benfeitora. Naquele momento, ao se dirigir para a saída e se apoiar em uma barra depois de tê-la contornado, tive medo de que não fosse ela. Abaixei a cabeça. Temi que a pinta não existisse. Fitaria o seu rosto liso e perfeito sem fendas nem relevos. Por isso não a olhei no rosto. Poderia segui-la ainda por horas, mas não conseguia olhar para ela. Eu sabia que ela me incineraria. Ou eu a teria incinerado. Uma das duas acabaria mal de qualquer maneira. Eu estava obcecada com essa história da pinta. Era uma espécie de maçaneta que eu precisava abaixar para ingressar no meu passado. Quem queria entrar nele talvez não fosse eu. Dominique Luque tinha colocado na boca do meu irmão palavras românticas em relação àquela pinta. Algo como: o ponto de origem do vórtice que tinha arrastado Jokin para sua nova vida. Eu estava segurando a barra do metrô para não ser arremessada como um cadáver no meu passado. O meu passado coincidia com a nova vida de meu irmão. O todo marcado por uma pinta no queixo. Para alguns, certos encontros significam o início de algo terrível ou extraordinário. Para outros, os mesmos encontros significam apenas o fim. A entrada ou a saída através de uma mesma porta. Dei as costas para Gigi e caminhei em sua direção como um caranguejo. Por trás, olhando-me pelo reflexo da janela, minha única rosa dos ventos. Pisei no pé de um velho que me rogou uma série de pragas em uma língua estranha. Pedi desculpas dando-lhe razão, mas ele continuou bufando e gritando enquanto eu me maldizia por ter me feito notar. Gigi colocou os fones e começou a bater um pé no chão. Na hora me pareceu ser o direito, mas devia ser o esquerdo, porque eu era um caranguejo e olhava tudo por um espelho. Talvez escutasse a música de meu irmão. Talvez Jokin a tivesse ensinado a tocar bateria. Tinha uma batida determinada com suas vitorianas nos pés. As portas se abriram diante da indicação *Bastille*, Gigi desceu e eu desci também. Por alguns segundos temi tê-la perdido de vista, mas logo avistei seu azul-turquesa que me arrastou para a superfície como o dorso de um golfinho. Subi as escadas lentamente esperando ver para que lado ela se virava. Mas Gigi não se virou. Parou no centro da escadaria e acendeu um cigarro, não se importando com os passantes que esbarravam nela. Talvez tenha fechado os olhos. Eu parei também e comecei a olhar em torno. Não fechei os olhos. Entrei em pânico e enrolei um cigarro. Fiquei com raiva porque minhas mãos tremiam e parecia que o meu corpo estava para arrebentar. Eu não ousava olhar para Gigi, mas precisei fazê-lo, não podia correr o risco de perdê-la, então percebi que ela não estava fumando. Mantinha o cigarro suspenso de lado deixando que queimasse. Era o ar quem fumava o cigarro, eram os passantes, era o próprio cigarro, talvez fosse até eu. Mas não Gigi. Gigi deixava que o cigarro queimasse e olhava para mim. Era um gato. Espremia os olhos com o seu braço formando uma vírgula queimado por uma linha. O braço esfumaçando. A chuva que não caía. «Por que você está me seguindo?», gritou divertida. Curvou-se na minha direção como se tivesse visto um barco ao longe. Acho que corri em sua direção. Saltitando ou numa caminhada veloz. Talvez tenha sido ela quem desceu até mim, mas tudo foi muito rápido. «Sou Gorane», respondi pulando em seu pescoço.

XIX.

27 de março de 2008
Prisão de Curtiz, Corunha

Hoje, 27 de março de dois mil e oito, 811 foi interrogado pelo agente Diáz e por seus dois auxiliares — o agente Cantarín e o oficial Pastini — no tocante à sua atividade terrorista e propagandística na organização clandestina ETA. A 811 foi novamente pedido para que listasse minuciosamente nomes e sobrenomes dos membros do grupo, especificando seus papéis e suas responsabilidades

Segunda parte

no planejamento e na execução das ações terroristas perpetradas pelo ETA causando danos a civis e autoridades. 811 obstinou-se a não falar, afirmando não se lembrar de nada e não conseguir mais «ficar lúcido». A tal respeito, atribuiu a responsabilidade por sua agitação e perda de memória à falta de heroína e ao isolamento forçado. Pediu em seguida um maço de cigarros. O oficial Pastini lembrou a 811 que a sua demanda deverá ser formulada dentro dos tempos e modos previstos pelo regulamento. 811 implorou ao oficial Pastini para que fizesse uma exceção. O oficial Pastini desencorajou 811 no tocante a essa possibilidade e recordou também a 811 o seu comportamento pouco colaborativo. 811 reiterou não se lembrar de nada. 811 perguntou se era possível requerer uma dose de heroína, seguindo os tempos e modos previstos pelo regulamento. O agente Cantarín pediu a 811 que não dissesse disparates. A discussão foi outra vez encaminhada para a questão principal. O agente Cantarín pediu informações sobre os misteriosos apelidos VM, El Galillo e Baby Doe, citados anteriormente por 811. 811 afirmou não saber mais nada no tocante a esses três apelidos e não ter nem mesmo certeza de que estavam corretos. 811 também afirmou que a validade das suas declarações deve ser considerada praticamente nula. 811 reclamou de dores articulares e angústia constante «nunca experimentada antes». O agente Diáz instou-o a concentrar-se nos nomes, afirmando que isso jogaria a favor da sua condição. Tendo em vista o silêncio prolongado, o agente Cantarín mencionou o nome de Maria Cortés, revelando a 811 a notícia do seu encarceramento. 811 perguntou em qual prisão se encontrava Maria Cortés, informação que não lhe foi dada. 811 demonstrou preocupação em relação a Maria Cortés. O agente Cantarín nesse momento perguntou a 811 como podia se lembrar tão bem do nome de Maria Cortés tendo em vista a suposta condição comprometida de sua memória. 811 afirmou a tal respeito: «Com Maria eu ia para a cama. Estávamos juntos». Não satisfeito com a resposta de 811, o agente Cantarín pediu maiores explicações

O emaranhado

a 811, sem obter nenhuma resposta satisfatória. Informou também a 811 ter conhecimento de sua vida sexual promíscua. «Todos vocês perderam a memória», afirmou em seguida o oficial Pastini, «mas a senhorita Maria parece tê-la perdido menos.» 811 não reagiu à leve provocação do agente Pastini. 811 foi reconduzido à cela após uma hora de interrogatório concluído com nada de fato. Antes de deixar a sala afirmou: «Imagino que estejam orgulhosos de fazer parte daqueles que cotidianamente garantem a segurança e a democracia deste país».

XX.

Gigi não acolheu nem refutou o meu abraço. Eu queria grudá-la no meu corpo ou me esconder dentro do seu. Era como se eu quisesse lhe demonstrar alguma coisa. Mas Gigi ficou ligeiramente afastada de mim, como se o contato com seu sexo, com seu seio, com seu ventre pudesse dar vida a uma reação química violenta e potencialmente mortal. Gigi era material inflamável. Eu não era mais água. As pessoas em volta não reparavam em nós. Gigi continuava afastada de mim por alguns centímetros e eu me pendurava no seu pescoço como a amante de um quadro de Chagall. Logo Gigi se afastaria pegando minha mão e eu alçaria voo. Mas não voaríamos juntas pela cidade. Quando Gigi se afastou foi como se alguém tirasse a cadeira sobre a qual eu havia ficado hipnotizada: uma subtração de apoio repentina, ou talvez a libertação do laço que aperta a cabeça do enforcado. Comecei a segui-la pela Faubourg Saint-Antoine sem que ela falasse comigo, não ia mais devagar nem mais rápido, mantinha o passo que eu até então conhecia, como para ostentar o sangue-frio e insultar minha pretensão de abalar seu mundo. De vez em quando se virava para se certificar de

Segunda parte

que eu ainda estava ali. Parecia não querer me perder, mas havia um orgulho extraordinário que impedia a celebração do nosso encontro: orgulho ou medo, caso exista uma diferença substancial entre os dois. Tudo dizia respeito a ela. Eu daria qualquer coisa por uma confirmação, embora a agitação que com ternura tentava esconder começasse a piorar a situação e eu pudesse vê-la abrir espaço tropeçando, ou em um movimento abstrato dos dedos que desenhavam pianos em volta para uma melodia inexistente. A insegurança que gradativamente perturbava os seus passos convencia-me de que aquela era a minha mulher e que no seu rosto eu encontraria a mácula que estava procurando. Ela apertava o ar com um gesto nervoso e se virava para mim correndo o risco de se tornar sal. Alguém gritaria de bom grado para ela: fuja pela sua vida! Mas eu sussurrava o contrário e a minha voz, que era a voz do meu irmão, era mais convincente do que qualquer premonição celeste. Gigi entrou em uma rua à direita, parando na frente de um portão verde-escuro que emanava um forte cheiro de tinta. Parei a poucos metros dela porque num certo sentido eu tinha medo. Talvez ela já tivesse chamado a polícia e estivessem vindo me buscar. Com o fone que eu a tinha visto colocar no metrô ela não escutava a música de Jokin, mas tinha denunciado a alguém a minha presença suspeita. Agora que estavam vindo me buscar eu não saberia o que dizer. Que era a irmã de um terrorista. Que também os meus pais eram terroristas e que eu os havia matado. Que não os matei realmente, mas era como se o tivesse feito. Que estavam mortos por minha culpa. Que eu não me chamava Ginevra nem Zuleika nem Sabine. Que o meu nome era um nome impossível. Que meu irmão talvez tivesse magoado Gigi, como havia magoado todos na sua vida. Que eu não sabia onde estava meu irmão e que tinha seguido Gigi para encontrá-lo, e que para descobri-la havia

O emaranhado

corrido o risco de ser estuprada e tinha me tornado cortadora de malas. Que a heroína era menos potente que o sexo, pelo menos segundo minha própria experiência. Que tinha valido a pena e que eu faria o que fiz tudo de novo apenas para admirar a pinta que agora eu via se agitar sob o queixo de Gigi, enquanto me dizia: «Anote o endereço e volte aqui amanhã às duas. Agora eu não consigo».

XXI.

Relatório do terceiro encontro do doutor Jespersen com 811, ocorrido no dia 1º de abril de dois mil e oito às 10:00. Relatório redigido em 2 de abril de dois mil e oito e enviado por e-mail pelo doutor Jespersen.

2 de abril de 2008

Encontro 811 às 10:00 do dia 1º de abril de 2008. Vejo 811 já sentado na cadeira que lhe foi preparada para nossa sessão. Não interpreto mais esse gesto como uma boa disposição de 811 para se encontrar comigo, mas como um modo seu para me bajular (ou me usar?). Registro essa impressão completamente instintiva e inesperada. Pergunto a 811 como se sente e ele me responde que se sente muito mal, atacado por câimbras, náuseas e tonturas há mais ou menos cinco dias. 811 afirma não ter certeza de que sejam realmente cinco dias, declarando ter perdido totalmente a noção do tempo. «Poderia ser também um mês, não sei há quanto tempo estou aqui», afirma em seguida. «Começaram quase imediatamente.» O seu rosto está pálido e, por assim dizer, ressecado. Pergunto a 811 se ele preencheu o formulário para aquisição de medicamentos específicos e se teve a oportunidade de consultar um médico. 811 me pergunta se posso arrumar heroína. Formula o pedido com grande naturalidade. Tenho o ímpeto de responder

Segunda parte

389

positivamente. Parece estar me pedindo uma bala ou um pedaço de bolo. Apesar da minha hesitação inicial, respondo a 811 que não tenho como arrumar heroína e lembro a ele que o consumo e o tráfico de heroína são ilegais também na prisão. Parece que 811 está começando a chorar. Após alguns segundos (uns trinta), percebo que o seu rosto assumiu todas as expressões do choro, mas que dos olhos não saem lágrimas. Como se 811 não tivesse água disponível dentro dele. Fico satisfeito com o uso anterior do adjetivo («ressecado») que encontra nessa manifestação insólita uma agradável confirmação. Também a minha impressão inicial concernente às bajulações que 811 me fez parece ser confirmada pelos pedidos de heroína efetuados pelo paciente. Nisso encontramos uma das características peculiares dos toxicodependentes modelares: tendência ao engano e à mentira, exploração ilícita, flerte utilitarista, cara de pau. Peço para 811 me falar sobre a heroína. Peço para 811 descrever a heroína. Os seus benefícios e as suas contraindicações. Digo a 811 que, se quiser, poderá desenhar ou escrever um poema. Tudo sobre a heroína. Ou sobre a droga em geral. Considerada a paixão de 811, sugiro que cante uma canção. Tento superar a sensação de embaraço que me provoca a formulação de tais propostas. A minha empreitada se revela impossível, já que 811 começa a rir desbragadamente. E continuará, com razão, até o fim da sessão.

XXII.

Voltei para casa quase correndo. Fiz todo o caminho como se estivesse fugindo de alguma coisa. Não sabia se era essa a sensação de quando se alcança um objetivo. Eu nunca tinha alcançado um objetivo. É a impressão de que no justo momento do contato algo substancial escape, obrigando-nos de novo a caminhar? Era como se Germana tivesse me

O emaranhado

ameaçado de morte. O encontro para a tarde seguinte soava como uma sentença, o dia estabelecido pelo carrasco para o corte que ceifa o pescoço para sempre. Quando entrei em casa, Sabine me perguntou o que tinha feito. Eu devia estar vermelha e suada. Respirava como uma asmática. Respondi que tinha feito um pouco de exercício porque nesta cidade todos fazem exercício quando têm tempo. Respirei. Disse que hoje tinha tido tempo. Sabine sorriu para mim e me respondeu que eu fazia muito bem cuidando de mim mesma. Que ela também tinha pensado a respeito, já que o nosso acordo secreto lhe permitia ter algumas horas de folga. Então me disse: «Vejo que você está muito bem. Paris mudou você». Eu queria responder que havia sido Gigi quem tinha me mudado. Eu desejava do fundo do coração contar a minha história a Sabine, dizer-lhe a verdade, como tinha feito com Germana, apresentando-me impulsivamente com o meu verdadeiro nome. Gigi era a única a saber como eu me chamava, a única para quem mentir me parecia supérfluo, quase ridículo. Como se ela fosse o ponto de intersecção entre mim e Jokin, a nossa inesperada mediação que interceptava os meus pensamentos e os dele fundindo-os em um único ser dotado de equilíbrio perfeito. Talvez, na nossa vida, tudo tivesse funcionado melhor com um terceiro irmão. O que nos havia faltado era o árbitro que marcasse os pontos e nos apontasse quem estava cometendo falta, obrigando o jogador desrespeitoso a passar um tempo na reserva. Nós tínhamos feito tudo sozinhos, não atribuíamos culpas, nunca íamos para a reserva. O nosso jogo era anárquico e tudo se misturava, público, treinador e atletas, e era impossível estabelecer um início ou um fim de partida, o brotar do talento ou seu declínio inexorável no infortúnio ou na velhice. Tínhamos simplesmente errado a geometria: o triângulo funcionava melhor do que a linha, era uma forma fechada dentro da

Segunda parte   391

qual era possível mover-se livremente. A linha cortava em dois um espaço e podia seguir adiante para sempre. Dentro daqueles dois pedaços infinitos de universo não soubemos como nos mover. Eu fiquei paralisada. Jokin vagou a esmo com uma venda nos olhos. Nenhum dos dois via nada, mas diversas eram as escolhas que nos haviam levado à cegueira. Sabine cozinhou arroz e frango com curry e fomos para a mesa com a televisão ligada. Quando estamos na mesa, Sabine nunca fala e eu consigo pensar. Enchi o meu prato de arroz porque parecia que eu estava em jejum havia semanas. Pela manhã eu precisava encontrar o amigo de Potifar. À tarde eu precisava encontrar Gigi. Passar meio dia com um traficante me tranquilizava, perto daquilo que poderia acontecer com Gigi. Ele havia me ensinado a cortar malas e eu tinha aprendido a recosturá-las e enchê-las de heroína a ser enviada pelo mundo. Gigi me apontaria para o voo dos pássaros e eu compreenderia se migravam para uma zona livre ou se voavam para a morte.

XXIII.

3 de abril de 2008
Prisão de Curtiz, Corunha

Hoje, 3 de abril de dois mil e oito, a senhora Leire Moraza solicitou por telefone um encontro com seu neto. Foi-lhe novamente recordado para consultar o calendário entregue a ela no momento do encarceramento de 811 com dias e horários previstos para as visitas. Portanto, poderia se apresentar diretamente na data escolhida por ela. A senhora Leire Moraza afirmou querer agendar um encontro para o dia seguinte (4 de abril de dois mil e oito) às 15h, convidando o secretário a marcar o seu nome na devida agenda.

O secretário respondeu que não havia nenhuma necessidade e que a instituição a acolheria no dia e no horário escolhidos por ela. A senhora Leire Moraza insistiu com um comportamento descabido, e afirmou em seguida: «Quero ter certeza de que verei meu neto. Quero ter a prova de que vocês vão me deixar vê-lo». O secretário afirmou que não existe nenhum impedimento relativo às visitas, excetuadas as restrições de dias e horário. Lembrou além disso que o tempo previsto para cada visita vai de um mínimo de zero a um máximo de trinta minutos. A senhora Leire Moraza lembrou ao secretário que passaria no dia seguinte às 15h. O secretário assentiu. A senhora Moraza formulou a seguinte questão antes de desligar: «Não vão matar o meu neto esta noite, né?». O secretário afirmou que toda a responsabilidade referente à vida de 811 é atribuível única e exclusivamente ao próprio 811 e que a prisão se ocupará de garantir-lhe condições de sobrevivência otimizadas.

XXIV.

21 de março de 2008
Gravação número 2

«Ei, você está atrasada. Vamos começar logo. [*Batida seca em superfície de madeira*] Pega aqui. Agora começa a cortar como eu ensinei. Lembra?»

«Eu me lembro das linhas. Mas nunca fiz isso.»

[*Risada escandalosa*] «Então você não aprendeu na escola, mocinha? Que estranho! Aqui todos aprendem a traficar no primeiro ano do fundamental e no médio ensinam a cheirar coisa boa e a injetar no recreio.»

«Ok.»

«Você é uma figura. Esta mala é de descarte, então dá para estragar. Não vou dar uma original logo, pode treinar nesta.»

Segunda parte 393

«Ok.»

«Eu fico olhando sem dizer nada, dou uma de fantasma.»

«Os fantasmas também podem falar. Isto é, nunca ouvi dizer que são mudos, acho.»

[*Risada escandalosa*] «Você conhece muitos fantasmas então, certo? Está com a cabeça cheia de fantasmas, certo?»

«Não. Não a cabeça. Corto assim, certo?»

«Assim pode ser. Está imaginando bem a linha? Precisa se lembrar disso. É inclusive uma técnica supersticiosa.»

«Uma técnica supersticiosa.»

«Sim. Nesse trabalho a superstição é uma técnica. Se você não segue certos procedimentos, dá merda.»

«E como você faz para saber que eu estou imaginando?»

«Isso não é problema seu, concentre-se e corte. Vejo que já está relaxando.»

«Não.»

«Você chegou com dez minutos de atraso. Quer dizer que está relaxando.»

«Ok. Estou imaginando agora.»

«Eu faço o fantasma. [*Ruído misturado*] Então, o corte sinceramente não está ruim, a mão você tem. A segunda linha está melhor do que a primeira. Pelo resultado você parece estar concentrada. Muito concentrada.»

«Obrigada.»

«Você me disse que era russa?»

«Italiana.»

«Você corta como as chinesas. Quase. Para cá vêm principalmente chinesas. Quero dizer, vem um pouco de tudo, mas no final sobram só as chinesas. Sou eu que as faço ficar, as francesas e as inglesas são um desastre. As ucranianas não são ruins, todo o leste europeu trabalha bem. Mas no final encontram um serviço em outro lugar ou vão embora de Paris. As chinesas ficam mesmo que geralmente tenham um segundo trabalho como costureiras. Mas são confiáveis. Em geral não entendem onde essas malas vão parar. Ou fingem não entender. Normalmente não querem saber, mantêm a boca fechada e pensam em fazer o serviço. Muitas me deixaram porque suas famílias abriram um restaurante ou coisas desse tipo. Mas são túmulos. As sérvias são muito boas, porém agressivas demais. Não me dou bem com elas e no final mando tudo tomar no cu. É importante ter um bom caráter neste serviço.»

«Túmulos?»

«No sentido de que não sacaneiam você. Que não querem dar uma de espiãs ou coisas do gênero. Com as chinesas você está seguro. Cuidam das suas coisas. Um caráter bom.»

«As italianas?»

«Você não tem um mau caráter, mas é um pouco estranha. Faz perguntas estranhas, tipo de que cor é a linha ou dos fantasmas que falam. Você é divertida também, eu me divirto. Nunca tive italianas aqui, dá para ver que não passam pela seleção de Potifar. Agora também corte esses três tecidos, põe nesse modelo aqui. Provavelmente Potifar as leva para a cama e pronto. São sexy, as italianas. Você parece, sei lá, polonesa. Poderia ser também irlandesa, uma do IRA ou coisa parecida. Você tem uma cara de quem se meteu em encrenca.»

«Corto todos os três, como antes?»

«Sim, como antes, e mantenha a concentração. Agora eu faço o fantasma que fala.»

«Ok.»

«Nem sempre você vai conseguir trabalhar em condições ideais de silêncio. De fato, pensando bem, nunca tive italianas. Elas me dão a impressão de serem pessoas imprecisas.»

«Aqui eu fiz torto.»

Segunda parte

«Deixa que eu fale dos erros. O meu cérebro registra tudo. Eu disse que a gente se torna uma calculadora humana. Eu disse, não?»

»Mais ou menos. Da outra vez.»

«Eu vi que você fez torto. É porque estou falando com você. Você deve se acostumar a trabalhar mesmo quando em volta alguém faz bagunça. O mundo sempre faz bagunça, entende? O mundo em volta faz sempre bagunça, ok?»

«Sim, ok. Eu sei disso.»

«Sabe disso, você é experiente? É uma mulher vivida?»

«Não.»

«Então, essas duas ficaram bem boas. Aqui não. Não é só a linha torta. Todo o corte está horrível. É como se tivesse rasgado com os dentes, olha esses fios. Esse corte está uma merda. Você não pode apresentar um trabalho assim. Com esses fios logo param você. Você sabe que faz o pessoal ir preso, né?»

«Sim, eu me lembro, mas não me fale mais isso.»

«Digo porque isso aqui não é brincadeira. Claro que preciso continuar falando isso porque olha que horror este corte.»

«Ok.»

«Agora vamos tentar costurar, vem desse lado. O nosso trabalho é o de destruir e reconstruir esse negócio. Beleza? Agora refaça esse corte como um cirurgião de merda. Não deixe o paciente com as tripas no ar. Estes são tecidos de teste. Hoje treinamos e pronto, mas não quer dizer que estamos brincando, ok?»

«Ok.»

«O trabalho que você precisa fazer é esse. Limpo, limpo. Simples. Desse lado e depois desse. Respire enquanto costura e também enquanto corta. Nós falamos da respiração?»

«Não.»

«A respiração deve ser a de uma pessoa dormindo. Não a de alguém que está transando ou correndo. Nem a de alguém que assiste a televisão. Ou que cozinha o que faz qualquer outra coisa. Alguém que dorme, visualizou? Regular e profunda.»

«El Papa sempre finge que dorme quando trafica?»

«E o que você sabe sobre isso?»

«Eu o conheci assim.»

«Então o primeiro contato foi com o Papa.»

«Sim, em Saint-Ouen.»

«E o que você fazia em Saint-Ouen?»

«Dava uma volta.»

«Dava uma volta naquele buraco de merda de Saint-Ouen?»

«Eu ainda não sabia que era um buraco de merda. Depois não voltei mais.»

«Eu nasci em Saint-Ouen. Que bela merda de lugar. Seja como for, isso de dormir é uma técnica velha. Mas não é exclusiva dos traficantes. Quem usa também são os caras no trem quando chega o controlador pedindo bilhete. Ou os maridos quando não têm vontade de transar porque treparam com a amante ou a mulher virou um lixo. Digamos que El Papa é meio das antigas. Por isso nós o chamamos assim. É um careta do caralho.»

«Então não é um código para ser reconhecido?»

«Não, é um negócio que se usa meio sem critério. Essa não é uma história de espião, mocinha. O que você acha, que a gente fala em código Morse ou manda sinal de fumaça? O mundo da droga é como o mundo normal. Cheio de merda e de pessoas que valem ouro. Você viu o dente de ouro de Potifar, né?»

«Não. Notei os dentes.»

«Isso de dormir não é uma técnica que exige muito de você. Se você dorme não corre nenhum risco e, sendo

Segunda parte   397

uma coisa comum, isso de dormir por aí ou nos parques, ninguém percebe. Só que sempre funciona. O sono torna você intocável. Eis aqui, é tipo uma encadernação, vê? Preste atenção. Costure só desse lado por enquanto. Como costurar um livro. Você lê livros, né?»

«Não.»

«E vai para a universidade?»

«Não, sou uma mulher da limpeza.»

«Você é uma mulher da limpeza.»

«Sim.»

«E o dinheiro não é suficiente?»

«Não, trabalho meio período.»

«E você usa droga? Cuidado com os dedos.»

«Não. Aqui eu preciso ir do outro lado ou enfiá-lo aqui?»

«Como você acha que deve fazer?»

«Devo ir para cá e daí fazer o nó.»

«Sim, mas o nó não pode ser visto, não vai me fazer aqueles nós gigantes que eu vi as inglesas fazerem. Por pouco não davam um laço. Depois eu ensino a queimar o nó.»

«Isso quer dizer...»

«Quero dizer que o excesso de fio nós queimamos. É uma parte difícil. Enquanto isso pense em fazer um nó decente e costure também os outros dois tecidos. Essa cor, é laranja?»

«Qual?»

«O cabelo.»

«Sim. Quero dizer, é bem vermelho. Avermelhado.»

«Você parece uma irlandesa de merda. Você não está me contando lorota? As italianas não têm esse cabelo alaranjado.»

«Também existe italiana laranja. Ou melhor, com o cabelo laranja. Agora o que eu preciso fazer?»

«Agora você faz este trabalho aqui. Eu cronometro e você corta estes cinco tecidos e os costura outra vez usando a técnica que eu ensinei. Para cada pedaço você tem oito minutos. Esse é um protótipo minúsculo em comparação com o tamanho das malas, mas é para testar, vamos ver como você se sai.»

«Então eu corto e costuro um tecido de cada vez.»

«Sim.»

«E espanholas você nunca teve?»

«Não sei, talvez eu tenha tido alguma sul-americana. Barraqueiras insuportáveis. Não sabiam nem enfiar o fio no buraco. Com aquela voz rouca do caralho. Aquele sorriso de merda estampado na cara. Não tinha bosta nenhuma do que rir. Deixavam a sala uma zona. Viviam se espetando. Incompetência total.»

«Mas são sempre mulheres?»

«Sim.»

«Quer dizer que os homens não podem fazer este trabalho?»

«Não, eu diria que não.»

«Mas é você que decide?»

«Eu decido quem fica e não quem chega.»

«E decide baseado no caráter?»

«Primeiro vem a habilidade e depois o caráter. O primeiro pedaço está bom, seis minutos, resultado decente. Mas continue. Se uma é muito boa, mas tem um caráter de merda, tento aguentar um pouco, mas se me enche demais eu mando embora. Prefiro manter uma não tão boa, mas confiável e disposta a aprender. As sérvias são muito boas, mas são umas putas. Um jeito de fazer do caralho, como se tivessem vindo aqui para me ensinar o ofício. Todas têm uma ironia só delas que me deixa putaço. As chinesas são o acordo perfeito. Tudo depende do acordo.»

«Estou indo bem?»

«Vou falar no final. O acordo é tudo no trabalho. Nas relações. Inclusive no sexo. Você não pode fazer aquilo que

Segunda parte   399

der na cabeça. Deve se submeter a certas condições. Senão é como transar sozinho. Transar sozinho com outra pessoa se chacoalhando junto com você. É uma questão de saber lidar com o mundo. Os que trabalham bem sabem lidar e sabem até onde podem ir e onde os espera o precipício. Até na droga é assim. Um bom traficante é alguém que sabe onde parar.»

«Terminei este.»

«Cinco minutos, muito bem. Resultado ok. Este é o corte de uma sérvia e a costura de uma chinesa. Tem certeza de que você é italiana?»

«Sim.»

«Preciso dizer a Potifar para me mandar italianas. Pelo menos dá para conversar, não é como com as sérvias. As sérvias são realmente umas putas.»

«Mas você sabe os nomes das pessoas que trabalham aqui?»

«Mais cedo ou mais tarde eu descubro. Ou elas me dizem ou eu pergunto. De qualquer modo em algum momento sai. O pessoal tem fixação com nomes e apresentações.»

«Então talvez você conheça uma tal de Gigi.»

«O que é isso, uma puta?»

XXV.

4 de abril de 2008
Prisão de Curtiz, Corunha

Hoje, 4 de abril de dois mil e oito chegou à prisão uma carta de Paris endereçada ao agente Diáz. Na carta, o agente Duval convidava à leitura da declaração de Robert Schmitt, diretor da editora L'Abreuvoir, responsável pela publicação do romance *Entangled*, de Dominique Luque. Reportamos em seguida o conteúdo da carta.

Aos cuidados de Arturo Diáz
30-03-2008
Caríssimo,
Esperando ser de grande valia, envio-lhe a transcrição de conversa mantida na data de 28-03-2008 entre mim e o senhor Robert Schmitt, diretor editorial responsável pela publicação do romance de D.L. O senhor Robert Schmitt, que havíamos ouvido anteriormente, no mês de janeiro, pediu para se reapresentar à delegacia e depor de forma oficial. Definir como uma «conversa» é em si um erro. Eu diria tratar-se mais de uma declaração «em forma de monólogo», como se verá, visto que o senhor Schmitt proferiu o seu discurso de maneira totalmente a-dialógica: como se o estivesse lendo ou o tivesse decorado. Apesar de não me parecer que contenha elementos úteis para a investigação, acreditei ser correto deixar o senhor a par do fato. Tomamos a liberdade de «limpar» o texto das hesitações e das frases desconexas para tornar a leitura mais ágil. Parecerá, portanto, um verdadeiro monólogo (mérito do nosso estenógrafo). Ou um simples desabafo. Sugiro-lhe em todo caso não dar fé irrestrita às palavras abaixo reportadas. Dominique Luque permanece, a nosso ver, um elemento suspeito.
Cordialmente,
Antoine Duval

Dominique me enviou o primeiro rascunho do romance por e-mail. Sim, escreveu alguma coisa no corpo do e-mail que eu não recordo. Eu nunca leio as ladainhas dos escritores, suas tentativas de me convencer de que aquilo que fizeram foi feito com o coração. Toda aquela choradeira. Você deve saber que, queria dizer que, confesso que. Antecipam os pontos fracos do romance para não ouvirem que o trabalho está horrível. Se você ousa dizer isso, eles se saem com um: eu avisei. É paradoxal que só. Até Dominique tem esse viciozinho. Por isso baixei o anexo e excluí o e-mail. Como sempre. O romance e basta,

Segunda parte

nada de doçuras cretinas. Os meus autores eu não queria nem conhecer. Queria ter os arquivos no computador e pronto. Conversar com a pasta no desktop, corrigi-la e não precisar da opinião deles. Relacionar-se com os escritores é pior do que se relacionar com um serial killer. Eles se agarram ao seu romance como uma velhinha à carteira. Eles me olham como se eu fosse o trombadinha que chegou para roubar a pensão. E então me apontam uma arma na cabeça. E se sentem justificados porque, pobrezinhos, feri sua alma sensível. O trabalho de uma vida! Crime de honra. Mal e mal releem o que escrevem, o seu trabalho é de uma vida, encontro erros de digitação que me dão vontade de fazê--los engolir as páginas de sua vida de merda. E mastigar bem. Todos orgulho e profundidade. Todos subsolo e tragédia. E depois vêm com uns romances simplórios que minha neta escreveria melhor. Minha neta tem cinco anos e vai à igreja todos os domingos. Eu não sei o que é escrever para esses caras. A exibição de algum status social? Um abrigo para a mediocridade? Que escolhessem um ofício mais lucrativo ou mais moderno, sei lá eu. Designer. Fotógrafo. Chef. Se quiserem mesmo ser artistas. Eu não publico esses idiotas. Ser escritor é em si uma vergonha. Vangloriar-se disso já é sinal de que alguma coisa não vai bem. Os melhores escritores que conheci na vida quase se envergonhavam de dizer por aí que escreviam. Ficavam sossegados num canto fazendo suas coisas. Não ficavam por aí, não ficavam aparecendo nos lugares certos. Já nem viviam em Paris, mesmo que aqui aconteça tudo. Eram também uns coitados. Destruíam uns aos outros e destruíam também o seu talento. Não tinham amigos literatos ou editores. Tinham amigos delinquentes e operários. Mesmo que isso tenha se tornado meio que um clichezão com a moda de Bolaño e toda a turma dos sul-americanos. Daí era todo mundo buscando ser amigo de delinquente. Em resumo, os escritores verdadeiros têm amigos normais que falam sobre como seguir adiante de algum jeito. Ou amigos farmacêuticos. Por assim dizer. Enfim, gente no meio de gente. Gente para quem você não daria um euro. Gente que não acredita em si mesma. E daí eles tiram da manga umas obras-primas e todo mundo diz: mas como conseguiram?

O emaranhado

Mas de quais abismos sacaram todas essas dores? E na verdade o subtexto é: mas alguém já ouviu falar deles? Mas como é possível que nunca tenham tomado uma cerveja com a gente? Outras bobagens. Os abismos. Os críticos começam com essa bobagem do abismo e daí começam a notá-los, e deixam de lado por um tempo os escritores e as escritoras em voga, aqueles que aparecem nos lugares certos e que nasceram nas famílias de intelectuais e falam bem nas apresentações. Não como os escritores de verdade que nas apresentações parecem completos idiotas. Pelo menos no início, palermas como poucos. Dá vontade de gritar da plateia: chega! Acaba com esse tormento! Queremos ler o livro! Que me parece inclusive uma reação justa. Uma reação positiva para nós das editoras. Porque no final se um escritor é bom a gente compra o livro, ponto. Não contam merda nenhuma essas apresentações por aí em toda a França, com alguma escapadinha para o exterior, em um instituto de cultura num buraco qualquer onde só vão velhos. Conta o boca a boca, a opinião das pessoas. Quem diz o contrário não entende nada de literatura. A literatura está fora do controle. Você não pode tentar direcioná-la com uma frase feita ou com apresentações por aí. Com os falsos escritores as apresentações são bombásticas, os temas abordados atualíssimos, a eloquência brilhante. Daí você vai ler o romance e parece que está com um gatinho na mão. Cego. Que fica miando pedindo comida. Um troço que não dá nem para olhar. Daí morre, os críticos se esquecem de novo daqueles bons e coitados e voltam a falar dos escritores em voga, dos escritores amigos seus sobre quem eles escrevem resenhas ótimas em troca de favores. Favores de qualquer tipo, inclusive sexuais, como: eu dou três estrelinhas e meia e depois como sua irmã. Desde que você esteja de acordo, beleza. Lembre-se das três estrelinhas e meia. A sua irmã não transa faz um tempão. Sempre com educação e certo estilo. Sempre com um cachecol no pescoço e um sapato chique. Gentalha. Clubinho e panelinha. Província, em toda parte. E, enquanto saem essas resenhas compradas, os verdadeiros escritores voltam a ser os coitados no cantinho e fazem outra obra-prima. E continuam sem acreditar em si mesmos. E assim vai. Eu tenho uma

Segunda parte

visão monacal da literatura e quero reivindicá-la. Dominique não é um nem outro. Não é nem um monge nem uma puta. Esse é o principal problema dele. Tudo bem até, de um certo ponto de vista, porque assim, diluído, pode ser digerível um pouco por todo o mundo. Um escritor digestivo. Esse seu último romance não é ruim, ainda que o primeiro rascunho fosse uma merda, como sempre. Havia todos esses personagens que apareciam e desapareciam e não se entendia que caralho era aquele monte de gente. Inclusive com nomes absurdos. Gurane, Gorana. Tinha essa aí que de vez em quando aparecia. Riscada. Quem caralho é? Dominique é preguiçoso, esperava que eu fizesse o trabalho. Esperava que eu me armasse de grande paciência e lhe dissesse: querido Dominique, li com grande interesse o seu romance, pergunto-me no entanto por que diabos você decidiu inserir essa figura, qual papel você espera que ela tenha na dinâmica narrativa e por que, por que, por que escolheu dar esse nome exótico e tão pouco palatável? Também esse negócio dos nomes tem toda uma lógica. Uma profusão de John, Chris, Asia, Ambra, Iris, Jennifer, Ingrid, sempre nomes ingleses ou italianos, que o italiano é musical. Ninguém falando de Thierry ou de Marie. Ou melhor, Marie sempre aparece e em geral é a supergata que não tem noção, meio maluca e rabugenta, que muda a vida do protagonista e depois o deixa para ficar com um ricaço. Ou com uma mulher. Como variante de Maria. Sempre por causa desse negócio do exotismo. Claro que aproveitei a oportunidade e cortei Girone e todas as referências à vida desse Jokin no País Basco. Até teria sido interessante aprofundá--las, mas Dominique é preguiçoso e precisa aprender de alguma forma. Eu não podia fazer aquilo por ele. E ele decidiu não fazer. Disse que tinha urgência em ver o seu romance publicado. Urgência! Isso aí também é um must have. Todos sentindo essa urgência de escrever e de publicar. Será comparável à urgência de ir ao banheiro? Todos urgência e abismo. E daí não tem sequer paciência para construir uma história que tenha um fio, uma intriga de qualquer tipo. Ficam restritos a ele, a ela, ao outro. E depois recheiam tudo com um pouco de estilo. Mas a história continua sendo ele, ela, o outro. No caso de Dominique, ele,

O emaranhado

ela, a outra, nomes aleatórios, um pouco de droga e música alternativa. *Pelo menos tentou.* Em geral as tramas de Dominique eram: ele, ele, o passado dele, ele e ele de novo, ele acordando, ele tomando consciência, ele, ele, o passado dele que é mais forte do que ele, um meteoro que intercepta a parábola da vida dele (em geral uma ela) e daí ele ele ele ele ele. *Fim.* Escrever bem gera esses monstros. Escrever bem é o sono da razão. Alguém que escreve bem se sente no direito de não dizer porra nenhuma. Canta. Acha que a sua eloquência pode carregar tudo nas costas. Diz que faz escrita de investigação. Investiga uma história se for capaz. Procura uma porra de uma história. Não conseguem. Ficam com febre. Acham que escrever uma história equivale a ser escritor de série B. Continuam cantando aos berros. O problema é que existem esses críticos que continuam dizendo que cantam bem. Para essa gente faria bem uma bela de uma surra. Uma surra na primeira página. Impossível de ignorar. Um ótimo remédio contra quem canta bonito. Inflamação fulminante na traqueia. Agora você não consegue cantar. Precisa só se recuperar. Para se recuperar você precisa me arrumar uma história. De outra forma não canta mais. Se você não arrumar uma história eu não deixo mais você cantar. Em lugar nenhum. Tiro o palco de baixo da sua bunda. Porque você se sentou. Não faz nem o esforço de ficar em pé para cantar. Está sentado de pernas cruzadas e canta esse romance de merda. Não sabe nem me dizer quem caralho é Girona, Garone. Mas que porra é essa? Mas Dominique pagou caro. Quando lhe contaram sobre o terrorismo ele enlouqueceu. Por uns dias achei que ele se mataria, quer dizer, achei que poderia ficar fantasiando sobre isso. Não fazer isso, obviamente. No mundo do além não se pode cantar. Mas ele ficou realmente um trapo. Ficava me dizendo: esquecemos do terrorismo, esquecemos do terrorismo. Ele me colocava no meio. Como se eu também tivesse esquecido. Eu não tinha esquecido porra nenhuma porque eu não tinha lembrado de porra nenhuma. A lembrança era dele. Ou a fantasia, que dá na mesma. O romance era dele. Mas não conseguia assumir nem mesmo essa responsabilidade. O esquecimento era comum. Compartilhado. De repente, virou

Segunda parte

comunista. O que ele queria dizer era que eu o encorajasse a ir mais fundo. Fazer brotar a ideia. Sócrates. Um editor maiêutico. Para um escritor digestivo. Eu deveria tê-lo transformado em um escritor indigesto. Na sobremesa amanteigada que estraga o jantar. Na bebedeira que faz você vomitar. Eu deveria tê-lo acordado. Cuidado dele. Eu não sou um blogueiro de moda. Um hair stylist. Um personal shopper. Eu sou um editor e o editor publica os livros e os livros são escritos pelos escritores e eu não sou uma porra de um bote salva-vidas! Ele me dizia: como é que a gente não sacou isso? Como se eu também tivesse conhecido esse cara. Como se eu devesse ter percebido nos traços do rosto de Jokin a sua alma independentista. O que é que nós podemos fazer, ele me dizia. Ainda com essa primeira pessoa do plural! No final eu parei de responder. Quer dizer, ele me telefonava, eu atendia, e, assim que ele começava com essa história de nós precisamos, nós deveríamos, eu desligava o telefone na cara. Ele até foi à editora algumas vezes, cabeça baixa, olhar apatetado. Não entendo o seu comportamento, ele me dizia, você está irritado comigo? Também tem essa história de que alguém deve obrigatoriamente estar irritado com eles. Eu estava cuidando da edição crítica de Boileau, tinha todos esses seiscentistas de quem tomar conta. Os seiscentistas são malucos, um pouco menos do que os quinhentistas, mesmo assim é gente que suga muita energia. Naquele momento estávamos enfrentando o velho problema das notas críticas. Onde enfiamos essas notas críticas? Eu dizia colocamos no final, e os seiscentistas me respondiam, não, colocamos no rodapé. Eu lhes dizia: no rodapé não funciona, as editoras universitárias colocam lá, eu, que não sou um editor universitário, eu, que sou um editor famoso e não vendo só para dois ou três especialistas, coloco as notas sempre no final porque daí não interrompem o fluxo de pensamento e as pessoas não se atrapalham e não deixam o livro na metade. Coloco as notas onde eu achar melhor! A porra de uma escolha editorial! E eles faziam beicinho e me diziam: então, se vamos colocar no final, pelo menos tiramos esse sistema americano primitivo e usamos o francês. E colocamos em itálico as citações estrangeiras. Patriotas de merda. E eu

O emaranhado

dizia: o sistema americano é mais prático e ágil e eles: mas não é elegante. E não é completo. E dá-lhe me apontar todos os limites desse sistema americano. Parecia que eu estava no mercado. Pechinchavam como se estivesse em jogo o preço de dois aipos e uma alcachofra. E nessa bagunça toda chega Dominique com aquela carinha de temente a Deus. Durante o bombardeio dos seiscentistas. Você sabe o que diz Boileau?, eu perguntei. Tinha na mão uma citação e joguei aleatoriamente: «A razão, para caminhar, em geral tem uma única via à disposição». Algo parecido. Dito de um jeito melhor. Havia ainda um erro de digitação naquela frase, e na verdade eu a enviei aos seiscentistas com certa satisfação. Uma únicavia. Pensei: talvez agora não me encham o saco. A vergonha vai calar esse pessoal. Para os seiscentistas um erro é tipo um carimbo. A palavra «burro» colada na testa. Na verdade não ouvi falar deles por alguns dias, depois voltaram ao ataque. Dominique fez uma cara pensativa e concentrada. Dava uma de comovido. De quem entendeu as dinâmicas profundas que regulam a existência. A frase, eu realmente a disse por acaso. Não tinha nada a ver com Dominique. Disse em voz alta a primeira coisa que li. Mas ele levou para o lado pessoal. Sentou-se e ficou quieto por um tempo e eu fiquei mexendo com outras coisas. Depois ele se levantou de repente e gritou: não encontramos a via! Não encontramos a via! Andamos pelo caminho errado! Eu praticamente tinha piorado a situação. Ele continuava com esse «nós» e fazia uma cara contrita. Eu o mandei embora aos pontapés. Aos pontapés não, mas precisei empurrá-lo para fora e me tranquei por dentro. E o que ele fazia lá do corredor? Batia na porta! Começou a bater ruminando umas desculpas. Mas não se desculpava pelo «nós», ele se desculpava pelo comportamento. Pelos gritos. Mas achava que com o conteúdo estava tudo bem. O «nós» estava tudo bem para ele. Eu não abri. No fim ele se foi e voltou uma semana depois todo contente. Disse que havia uma solução. Na hora eu pensei que ele tivesse encontrado um jeito de aniquilar os seiscentistas, daí me liguei. Ele disse: vamos reeditar. Vamos reeditar. Parecia ter visto Nossa Senhora. Nossa Senhora era a segunda edição. Ainda

Segunda parte

tenho um jeito de recuperar, dizia. Obviamente a possibilidade de recuperação era dele. Quem tinha era só ele. Não tínhamos nada juntos, aquilo era propriedade particular. Eu era sempre o babaca que o havia derrubado e agora ele se reerguia sozinho. Eu disse: tudo bem, vamos reeditar. Eu não achava aquilo realmente e não assinei nada. Na primeira edição eu fui filho da puta. Mas ele merecia. Eu tinha limado essa Gorana e daí tinha dito para aprofundar a história com a pintora espanhola, a Gil. Se precisava ter um triângulo — olha que novidade —, que ao menos fosse um triângulo sério. Bem feito. Então a história no final gira em torno desses três tipos absurdos que não entendem nada da vida e transam, na hipótese latente de que dois deles se amem de verdade e a outra se meta ali de propósito para estragar ou acender a relação entre eles. Estragar ou acender? Eis aí a questão posta pelo livro. Que chatice. Depois um pouco de droga aqui e ali. Incêndios. Um pouco de vida alternativa. Nisso eu devo dizer que Dominique se empenhou bastante. Esse era o único aspecto que eu teria salvado inclusive no primeiro rascunho. Enfim, Dominique dá pro gasto. Mudou alguns nomes e daí fomos para a gráfica. Ponto. Inclusive ficamos satisfeitos. E agora ele quer reeditar. Desde quando falou com vocês ele quer reeditar. Transformar a história de um triângulo em uma história de terrorismo. O pessoal em coletivo. O eu em nós. Que, em atribuir culpas, ele se sai muito bem.

XXVI.

O amigo de Potifar havia dito que Gigi era nome de puta. A gravação tinha parado muito cedo, como da primeira vez, deve ter uma configuração que para tudo depois de mais ou menos quarenta minutos. Eu percebi isso no metrô enquanto ia para a casa de Gigi. O que é, uma puta? Era possível. Meu irmão não teria tido problemas e o casaco de peles azul podia mesmo ser o casaco de uma prostituta. Quando eu digo «puta», ou quando alguém diz «puta», parece que o subtexto é: foi ela que andou procurando isso. Se ela é uma puta no fundo a culpa é só dela. Qualquer ponto de vista se torna inútil e pouco aceitável. Não suporto essa história de andou procurando: uma forma de controle que quer se passar por assunção de responsabilidade. Uma moça hippie durante uma assembleia no colégio veio com essa história de que somos nós quem escolhemos a família em que nascemos. Escolhemos antes de nascer. Escolhemos para realizar um certo percurso. Até o percurso, claro, nós escolhemos antes de realizá-lo. Uma espécie de assinatura ou seguro de vida. Escolhemos também como morrer e como transar e como usar drogas. Viver equivale a passar por essa série de escolhas tomadas antes de abrir os olhos para depois anotar o resultado obtido em um formulário de múltipla escolha. Se você marcar como feitas todas as suas escolhas pré-vida, significa que pode morrer em paz, se não, cabe a você reencarnar em alguma outra coisa e esperar que suas experiências levem você a cumprir essa coleta existencial de pontos. Um andou procurando absurdo. A moça falava como se tivesse visto essas coisas com os próprios olhos. Queria dar a impressão de que vinha de outro mundo, mas eu só achava que queria cair fora do lugar em que tinha nascido. Ou em que tinha escolhido nascer, obviamente. A teoria era de todo jeito interessante, apesar da moça. Toda colarzinhos e tatuagenzi-nhas no pescoço, minúsculas e colocadas uma atrás da outra da clavícula até as orelhas, traçavam o percurso que ela tinha escolhido antes de se tatuar. Tinha até entrado em contato com o tatuador antes que seus pais a tivessem concebido em um motel duas estrelas nos arredores de Pamplona. E eu precisava reavaliar a bunda seca, o cabelo laranja, o irmão gêmeo filho da puta. Precisava reavaliar muitas outras coisas. O metrô parou por um problema técnico e achei que era

Segunda parte

mesmo o que eu merecia. Achei também que o metrô tivesse parado para conter meu medo de encontrar Gigi: o mundo respondia às minhas ordens obrigando-me a esperar uma meia hora em pé no escuro com o fantasma de algum atentado iminente. Morrer entre desconhecidos assassinada por um fundamentalista ou por um compatriota meu podia ter representado uma escolha arriscada. Conhecendo a minha parca predisposição para o compromisso, eu poderia também ter optado por uma morte à *la* Caim. Quando o metrô se mexeu observei os rostos de quem estava em volta: ninguém olhava para mim, mas todos tinham os olhos apontados para alguma coisa. Era como se os parisienses fossem ensinados desde pequenos a manter a cabeça erguida, lançar um olhar na sua direção sem se comprometer. Eu nunca aprenderia. Eu sempre era pega quando olhava para alguém. Aquela viagem de metrô era o resultado da minha falta de esperteza. Desci em Reuilly-Diderot e depois de poucos minutos estava na frente do portão da casa de Gigi. Já não havia cheiro de tinta. Gigi não estava e não tinha me dado o código para entrar nem o número do apartamento. A cena era a mesma do dia anterior, só que mais mal-acabada, diluída, como se o pai eterno tivesse concentrado todo o seu esforço criativo no nosso primeiro encontro, acentuando os cheiros, as coincidências, a tensão, e tivesse cortado o segundo episódio da série, escarrapachando-se no sofá, convencido do sucesso do episódio piloto. Sem falar que faltava uma das protagonistas. Eu não podia nem esperar por um golpe de sorte, o vizinho que sai de casa abrindo a fresta através da qual, furtiva, você vai passar. Eu estava apenas dois minutos atrasada. Comecei a fumar dando voltas em torno de mim mesma e olhando de vez em quando as varandinhas desertas ou cheias de flores. Gigi era uma do tipo violetas ou do tipo pôster na parede, era alguém que se preocupava em cultivar seu cantinho verde

O emaranhado

pessoal dia após dia ou que preferia colar, de forma definitiva, o credo musical de uma vida na parede? Ouvi o portão se abrir e a custo me voltei. Gigi veio ao meu encontro de braços cruzados, como se estivesse se apertando por causa do frio, um arrepio que tentava com esforço contrastar com uma camisola semitransparente e um cardigan marrom bem maior do que o seu corpo, jogado sobre suas roupas íntimas por causa de alguma insuspeitável tendência puritana. Devia ter me visto chegar da janela. Veio até mim com passo ligeiro, uma caminhada particularmente ousada para alguém que usava meias cinza enfiadas num par de tamancos meio detonados. Agarrou meu pulso e me arrastou para casa. Com ela eu tinha sempre esta impressão: ser arrastada. O que me pareceu uma perseguição nada mais foi do que um movimento passivo, recebido, de certa maneira. A força motriz era ela. Ela tinha se engatado em mim e me arrastado por Paris para depois perguntar se por acaso eu a estava seguindo: tinha sentido o meu peso, a massa de cinquenta quilos mal amarrada às suas costas e que a puxava para trás, implorando para que ao menos parasse. Toda perseguição no fundo era passível deste mal-entendido comum: quem achava que estava perseguindo na verdade era arrastado e quem saía correndo era o principal responsável pela corrida, aquele que estabelecia seu ritmo e sua duração. A vulnerabilidade era uma questão de perspectiva. O apartamento de Gigi era pequeno e comprido, uma espécie de retângulo apertado provavelmente feito a partir de uma varanda antiga. Estávamos no sexto e último andar e do terraço eu conseguia ver apenas telhados e alguma janela iluminada ou escurecida por pudor ou abandono. «Pode se sentar aqui. Tem pouco espaço», ela disse apontando um assento de madeira posto no centro da sala em uma posição pouco natural e fora de contexto. Tinha sido colocado ali antes que eu chegasse, era

Segunda parte

evidente, e aquela era sua breve folga, um dos seus raros momentos de glória: após a minha partida, voltaria para um canto como cabide a receber roupas usadas ou bugigangas. «Então você é irmã de Jokin.» O seu rosto me parecia mais pálido em relação à noite anterior e havia algo de cruel no modo como os seus olhos me encaravam: nunca o suficiente, nunca totalmente, como se não fosse importante realmente observar quem estava do outro lado, mas apenas captar um novo raio de visão e daí contemplar a sua imagem refletida por um filtro estranho àquele que ela conseguia impor ao mundo. Como o seu pai havia escrito no romance: «Nunca olhava para nós, olhava para si mesma através de nós». Ou algo do gênero. Até então aquela frase me parecia só uma cagada, o virtuosismo técnico de quem veleja longe da terra firme e deseja espectadores. Agora eu entendia o que significava estar diante de Germana Luque: sentir-se transparente e essencial. Estávamos todos colocados no centro de uma cena em que ela, escondida em um canto, na verdade era a protagonista. Responsáveis por um destino que não nos dizia respeito: o seu. Fazíamos a nossa parte, convencidos de que o cameraman estava nos enquadrando, mas na verdade todo o primeiro plano era dela. Respondi que sim, era irmã dele, e me sentei, fingindo-me interessada em um quadro abstrato de técnica mista pendurado na parede e que emergia torto, impondo-me a sua obliquidade. Um espelho, eu disse a mim mesma, feito com uma técnica suja e basca. Ela colocou um saquinho de chá em uma xícara e se aproximou de mim segurando-a com ambas as mãos, como fazem as crianças quando bebem tudo de uma vez. «Não tenho açúcar nem leite. Não tenho nem um sofá, desculpe!», exclamou, sorrindo para mim e balançando a cabeça nervosamente como para se desvencilhar de alguma coisa no cabelo ou afastar um inseto. Era engraçada e ao mesmo tempo lindíssima, uma estranha associação que ela parecia reivindicar, como se o rosto perfeitamente simétrico e decidido fosse sublinhado pelos modos inexperientes, gerando uma força de atrito irresistível com a figura que se poderia esperar: a de uma mulher belíssima, vagamente antipática e brilhante, e aquela de uma otária feiosa que faz cair coisas e pisa nos próprios pés enquanto se fode para procurar seu lugar no mundo. Gigi não se alinhava a nenhuma dessas duas trajetórias, tinha uma própria, fomentada pela obliquidade do quadro. «Eu também tenho problemas em pendurar quadros», disse, «ficam sempre tortos.» Gigi sorriu apoiando-se na mesa à minha frente e continuou balançando a cabeça. Depois estendeu o braço segurando um pacote de amendoim meio vazio e me ofereceu. «Você é Germana, não é?», perguntei cabisbaixa. Não conseguia mais me segurar e bem que eu poderia parar de soltar frases sem sentido para tentar me ligar a alguém com quem eu pudesse nem me importar. Mesmo que fosse impossível não se interessar por ela. Não via como alguém pudesse não se interessar por ela. Para além do meu irmão. Ela havia se sentado na mesa e balançava as pernas para a frente e para trás abaixando e erguendo a cabeça como se marcasse o tempo de uma contagem. Dominique Luque também havia escrito isso no romance e tinha acertado. Era como se as palavras dele me servissem para descrever o meu mundo, e não sabia se isso o tornava denso ou vazio de autenticidade. Não conseguia distinguir cópia e original. A Ginevra com quem eu havia tanto sonhado correspondia perfeitamente à Gigi que estava à minha frente e me deixava de orelha em pé quanto à sua identidade. «Sim, eu me chamo assim», respondeu sem me olhar, acho eu, porque eu também não olhava para ela. Estávamos de frente, mas tentávamos nos conectar a outros lugares, pontos de interesse que nos distraíssem daquele encontro, obrigando-nos a nos ocupar de

Segunda parte

outra coisa. Achei que enlouqueceria. Pensei: agora eu fico louca de novo. Eles vão me encontrar e me prender em algum lugar e eu passarei o tempo afirmando que os meus pais estão vivos, que não têm as pernas, que às vezes não têm a cabeça, e cantam, e desaparecem quando bem entendem, e eu não posso fazer nada, apenas vê-los e pronto. O primeiro elemento da realidade, a primeira concreta certeza que finalmente havia alcançado — ela era Germana e conhecia meu irmão —, em vez de conferir solidez ao terreno que eu tinha debaixo dos pés, havia me arremessado com a velocidade da luz na abstração da paranoia, naquela dimensão fluida que precede a crise histérica ou o desespero. Como se eu funcionasse graças a um estranho balanceamento compensativo que colocava ao lado de cada informação concreta um faz de conta, exorcizando a abstração de um pensamento com a procura de qualquer porto seguro. Era como se eu não suportasse nada, nem terra nem ar, e tivesse necessidade desse intervalo que para todos os efeitos eu julgava ser o meu território de ação. Uma existência anfíbia. «Você sabe onde Jokin está?», perguntei tentando frear o pânico, sabendo que qualquer resposta poderia fomentá-lo e enterrar-me definitivamente. «Eu ia perguntar a mesma coisa.»

Por um momento tentamos mudar de assunto, mas não tinha jeito. Nenhuma das duas podia suportar a ideia daquele tiro no escuro, mas não conseguíamos ir adiante com mais perguntas. Ficamos um tempo nos olhando, balançando a cabeça e tentando recuperar o otimismo em algum lugar. Perguntei a Germana se podia fumar e ela disse que sim, abrindo a porta-janela que dava para o seu terraço. «Achei que você também fumava», disse tentando sorrir, «no romance você é alguém que fuma bastante.» «Parei. Por um tempo. Disseram que não posso.» Para alguém que quase

O emaranhado

morreu sufocada parecia o mínimo. Agora eu entendia por que o cigarro abandonado e aceso entre seus dedos na escadaria do metrô. Ela me deixou no terraço fumando sozinha e ficou fazendo suas coisas na cozinha ou no banheiro. Os espaços eram tão pequenos que para mim era impossível saber de que canto da sala vinha o barulho. Quando voltei, ela ainda estava sentada na mesa, como se tivesse ficado ali imóvel o tempo todo. Eu sabia que não era assim, eu a ouvi se movendo e caminhando de um lado para o outro da sala, mas ela queria me fazer acreditar que tinha permanecido no seu lugar, plácida e inexpressiva. Achei uma maneira gentil de me tranquilizar. «Escute», ela disse, «temos um monte de coisa para contar uma à outra. Se quiser, pode ficar aqui para o jantar. E depois também.» Não aceitei. A sua tristeza, somada à minha, provocava-me uma dor física insuportável, que sentia na barriga e nas pernas contraídas, mas principalmente na cabeça, onde o gigante começava a me atormentar mesmo que eu não estivesse esperando mais nada de ninguém. Disse a ela que nos veríamos no dia seguinte. Tinha vontade de chorar e de gritar. Só então eu percebi que o seu apartamento era uma bagunça. Eu não havia notado antes e a casa agora se apresentava a mim em toda a sua anarquia: uma anarquia que eu conhecia bem e tinha dificuldade em tolerar. O caos como único resultado possível do nosso encontro. Nenhuma epifania. Nenhum desfecho para o drama. Só a minha bagunça somada à dela. Tinha vontade de ler meus turnos e de ver Sabine. Pedi que ela me deixasse o número e eu a chamaria em breve, acreditando mesmo nisso. Mas ela deve ter pensado que não nos veríamos nunca mais. Deve ter pensado que eu não voltaria mais àquela casa e que estava dando uma desculpa para cortá-la de uma vez por todas. Foi até a porta e começou a desamarrar o cardigan. Eu não sabia o que ela tinha em mente, mas no seu gesto havia algo

Segunda parte

místico, como se o movimento que levava as mãos delgadas ao longo do tórax constituísse o legado de um ritual antigo parcialmente sobrevivido. Nem consegui perguntar o que ela estava fazendo, por que estava plantada na frente da porta impedindo minha saída, e de quem era o bebê que abaulava sua barriga fazendo-a parecer um vaso de barro.

XXVII.

Relatório do quarto encontro do doutor Jespersen com 811, ocorrido no dia 8 de abril de dois mil e oito às 10:00. Relatório redigido em 9 de abril de dois mil e oito e enviado por e-mail pelo doutor Jespersen.

9 de abril de 2008
Encontro 811 às 9:45 do dia 8 de abril de dois mil e oito. Portanto, entro na cela com quinze minutos de antecedência. Preciso de mais tempo. Uma hora é um tempo inútil. Encontro 811 já sentado na cadeira e tenho uma sensação de inquietude não indiferente. Desde quando está sentado ali? Faço a pergunta. Responde que está sentado na cadeira faz um tempo. Obviamente não sabe calcular os minutos exatos. Proponho-me presenteá-lo com um relógio, desde que isso não seja proibido pelo regulamento. Peço a 811 para se deitar no chão. Não podem me oferecer um leito, como pedi, mas a posição horizontal não parece proibida pelo regulamento e nos viramos como podemos. 811 se deita no chão. Fecha os olhos como lhe sugeri. Dou início à sessão de relaxamento. 811 tem uma capacidade de relaxamento surpreendentemente alta para uma pessoa nas suas condições psicoemocionais. Depois de alguns minutos adormece. Desperta às 10:08, poucos minutos depois do horário formal de início da sessão. Pergunto como se sente. Ele me responde: «Sonhei com minha mãe». «O que sua

mãe fazia?», perguntei. Mas não tive tempo de terminar a frase porque 811 me interrompe afirmando: «Ela estava me matando. Tentando me matar». Perguntei se havia conseguido. 811 me responde: «Estava conseguindo. Por isso acordei». Busco entender como a mãe de 811 estava tentando matá-lo oniricamente. «Não sei», ele diz. «Ela me enchia com um líquido. Tinha uma espécie de canudo e sorria para mim e daí enfiou esse canudo no meu braço. O canudo entrava e ela começava a me encher. Como um soro. Talvez o líquido fosse branco.» 811 fala de maneira escorreita e desinibida. Muito diferente das meias-palavras mastigadas nos três encontros anteriores. Se antes eu precisava arrancar as palavras de sua boca, agora parece que quer me afogar com sua experiência onírica. Olha para mim como se não visse a hora de retomar a palavra. A operação de relaxamento parece plenamente bem-sucedida: a sua linguagem — primeiro nervosa e, por assim dizer, «encalhada» — parece ter tirado proveito disso. Posso me considerar muito satisfeito. Peço para 811 me explicar melhor a «técnica do canudo», usada por sua mãe no sonho. «Enfiava-me esse canudo no braço e me enchia de um líquido. Eu disse branco, mas talvez fosse vermelho ou as duas coisas. Primeiro vermelho e depois branco. O branco era muitíssimo. E eu não sei se esse canudo estava ligado a ela ou não. Acho que o líquido fazia parte dela. Que saía dela e ela o canalizava por esse palito ou canudo. No final do sonho o líquido era branco. Amamentava-me. Mas eu não queria. E eu me enchia como uma bacia, como um boneco inflável. Dentro eu estava vazio. Eu não tinha órgãos, nada. Não tinha nada dentro. Eu precisava daquele negócio que ela injetava em mim com o canudo e era uma coisa sólida. Ao mesmo tempo eu não queria. Mas eu precisava porque de outro modo aconteceria algo ruim. Dizia ela. Isso era aquilo que ela dizia. Mas eu sabia que ela estava mentindo. Não sabia, mas intuía. Um líquido muito denso, caralho. Uma desculpa para me matar. Entrava em mim aqui da cabeça e descia até os pés. E enquanto descia ia ficando sólido.

Segunda parte

E eu sentia que estava morrendo solidificado, senti isso. Uma estátua de sal. De leite solidificado ou sangue. Como se recheasse um bolo. Virei um ovo.» «Um ovo?», perguntei. «Um ovo branco com esse pontinho vermelho no centro. Um ovo com a gema e todo o branco em volta, um caralho de um ovo exemplar. Minha mãe fez eu me tornar um ovo do caralho. Mas ainda não estou morto porque acordei.» O sonho, em sua limpidez, me toca. Revela uma alma extremamente receptiva e predisposta à recuperação. No entanto, a referência ao ovo me perturba. Se, como acredito e como me parece até demasiado evidente, o sonho simboliza uma dupla dependência — da heroína, claro, mas também da mãe ou, em sentido mais amplo, das figuras dos pais —, estabelecendo ainda uma associação direta entre a educação recebida — excessivamente permissiva e, ao mesmo tempo, constritiva do ponto de vista ideológico — e a consequente problemática psicológica de dependência, a imagem final do ovo, de proteção e ao mesmo tempo renascimento, inscreve-se apenas parcialmente no cenário traçado. Um renascimento-recuperação? Claro. Mas em si o ovo parece também simbolizar a morte/heroína («solidificado», «branco». Em relação a essa cor, que no ocidente parece ser em larga medida vista positivamente, ver bibliografia sobre a associação branco-morte como: síndrome da morte súbita do recém-nascido; simbologia da cor branca nas tradições indiana e chinesa; *A morte no cavalo pálido*, de Gustavo Doré). Esse ovo, resultado da ação «funesta» dos pais e da dependência mortal de heroína, é vida ou morte? Renascimento ou renúncia à luta? Ao que me parece, ambas as coisas. Mas como? Como articular essa saída do ovo que agora se revela necessária à vida? Parece-me que a mensagem do sonho pode ser: encontrarei a paz nascendo. Mas também: encontrarei a paz morrendo. Inclusive em sentido simbólico, obviamente. Resta o fato de que a gestação desse ovo me inquieta. Aprofundar simbologia ovo. Aprofundar Hiranyagarbha: núcleo cósmico que navega em oceano primordial (hinduísmo). Parece que a casca protetora de 811

O emaranhado

constituiu-se graças à heroína (heroína-pai/mãe). A morte suicida do pai/mãe implicaria, na cabeça do sujeito, também a morte/fim da experiência com a heroína. Mas onde encontrar uma nova casca protetora? É isso que parece se perguntar o paciente. Onde uma sustentação? Dou-me conta da minha ausência do sonho de 811. Não represento ainda uma sustentação efetiva para o paciente: transferência não ocorrida. Pergunto a 811 se ele quer me dizer alguma outra coisa a respeito do seu sonho. Ele me confessa: «Minha mãe quer me matar. Mas é ela que está morta». Pergunto se revê-la em sonho tinha desencadeado nele sentimentos contrastantes. 811 me responde: «Contrastantes, sim: eu a amo e ela me mata. Sorri para mim e me mata. Estava inclusive me nutrindo. Eu era pobre. Não tinha nada dentro. Eu era um molde que alguém tinha esquecido de preencher. Mas não me fazia falta. Como me faz agora. No sonho minha mãe não me fazia falta. Eu não sabia que estava morta. Estava ali na minha frente e me matava. Eu não deveria ter acordado». Peço a 811 para me falar desse medo, para ir fundo nessa sensação de pânico que me parece que continua a experimentar. 811 responde: «Tem minha mãe que me mata. Tenho medo, caralho, óbvio. Sinto que o meu corpo fica rígido e eu não respiro. Respiro com dificuldade e sinto que toda essa coisa entra no meu corpo. Não me faz mal, mas me solidifica. Mas o líquido não me faz mal quando entra. Nem bem nem mal. E me vejo de fora e estou ficando branco. E minha mãe sorri para mim, meu pai não está. Nem minha irmã está, mas tenho medo por ela. Tenho medo de que aconteça a mesma coisa também com ela. Mas não posso avisá-la porque a minha boca não fala mais, está rígida. Não sei se alguma vez já falou. E depois minha mãe tem sempre na mão esse canudo e eu tenho medo. Tenho medo de que ela pegue o canudo como uma agulha e tente me estourar». Busco tranquilizar 811, que já não parece lúcido. Pede para se deitar e eu o convido a fazer isso. Digo para não ter medo. Continuamos com o relaxamento até o fim da sessão. Fico lhe repetindo que sua irmã está segura.

Segunda parte

XXVIII.

«Então é por isso que você não fuma. Não por causa do incêndio», perguntei, afastando-me um passo. Olhar para aquele barrigão me intimidava. Ela não o carregava com desenvoltura e parecia não ter nenhuma relação com o seu corpo longilíneo e selvagem. Por mais que a maternidade seja alguma coisa selvagem, até primitiva, nela tinha o efeito de uma imposição social. Ou do castigo infligido às almas muito vivazes. «Pelas duas coisas», disse Germana. «Esperar um bebê é como encontrar-se dentro de uma casa em chamas. Você não sabe bem o que fazer. Fica esperando que alguém chegue para lhe dizer.» Sorria para mim, mas a sua expressão parecia agora uma paralisia. Eu não era a pessoa que ela estava procurando e não poderia ajudá-la, embora ela parecesse acreditar que sim. Continuava me olhando como se quisesse me arrancar um segredo, uma técnica de sobrevivência: era a segunda vez que as suas pupilas miravam perfeitamente o alvo, sem desviar para objetivos periféricos e conferindo a ela aquela expressão encantada e ao mesmo tempo distraída que havia fulminado meu irmão. Ao mesmo tempo, enquanto tentava me saquear, Germana colocava um peso sobre mim, que se fazia passar por um presente: uma espécie de partilha da pena. A chantagem da maternidade, aquele seu deter-se à minha frente depois do ocorrido pedindo-me ajuda, fazia crescer em mim uma vontade de estapeá-la. Atordoá-la, atordoar seu olhar intrigante, aliviando-a da responsabilidade que não tinha condições de assumir. Aquela criança era de meu irmão: eu sabia. Ou pelo menos: ela queria me fazer acreditar que fosse. Envolver-me em suas tramas particulares, fazendo-as passar por um problema comum. A criança era essa testemunha, esse bastão de madeira que ela, arfante, dava para mim e que eu deveria levar rapidamente ao destino.

O emaranhado

Que destino podia ter uma criança? Eu era a guia errada para acompanhá-la aonde quer que quisesse ir. «No livro está escrito que vocês nunca fizeram sexo», eu disse, tentando fazer com que minhas palavras soassem como uma reprovação. Eu queria que Germana permanecesse ali, congelada diante da porta, as mãos sobre a barriga recurvada e o olhar baixo que talvez sorrisse, talvez morresse de vergonha ou observasse as formigas queimando em um gramado. Desmascarada pelas palavras de seu pai, trancafiada no livro sem direito à palavra. Eu passaria ao lado da sua silhueta bidimensional, abriria a porta, cruzaria a soleira e iria embora. E pronto. Ao bater a porta, ouviria o barulho de um livro que se fecha. «Pode ir se quiser. Mas não sou um monstro», ela me disse. A sua barriga ainda estava ali. Germana respirava. Eu não tinha nada a ver com aquela criança. Eu não tinha mais nada a ver nem com o meu irmão. O único sinal que ele havia me dado estava sepultado dentro da barriga daquela desconhecida e eu deveria cuidar dele, do vestígio que Jokin tinha deixado cair durante a fuga. Eu deveria dar um nome àquele vestígio, observar nos seus traços os meus traços e os de meu irmão, a voz de minha mãe e as pernas tortas de meu pai que corre atrás de mim deixando-me cair da bicicleta. O único legado que eu merecia de Jokin era aquela tortura. Ver crescer seu filho dentro do personagem de um romancezinho idiota. Não apenas, como tinha tentado fazer naqueles meses, reconstruir meu irmão roubando pedaços da sua vida a partir de quem tinha sido próximo a ele — traficantes, amigos, Germana, seu pai — mas reconstruí-lo também por meio de seu filho: extrair daquela existência próxima de zero todos os elementos significativos, depois colá-los sobre uma folha, preencher a lápis os pedaços faltantes e relembrar. Examinaria aquela criança como a um inseto, com a minúcia de um cirurgião para encontrar nela os indícios de uma herança

Segunda parte

que eu achava que jamais poderíamos transmitir a ninguém. Sempre nos dizíamos: somos estéreis, como é estéril a nossa presença sobre a terra, sem direção e coerência, sem um perímetro que se pareça conosco e que nos baste. Num certo sentido esperávamos por isso: a nossa família deveria terminar conosco, como se fôssemos os últimos resíduos da sua deflagração. Mas agora Jokin retornava naquela forma transparente, dividida ao meio e que crescia dia após dia, multiplicando-se. «Ginevra e Jokin nunca fizeram sexo. Eu e ele sim, Gorane.» Continuava a olhar para mim. Eu a encarava como se encara um carcereiro: implorando libertação. Com a promessa de que atenuaria a minha pena. E de que voltaria. Pedi mais uma vez para que me escrevesse o seu número de telefone num papelzinho, porque ela ainda não tinha escrito e porque eu queria revê-la em breve: não era uma mentira, mas era também uma chantagem. Deixe-me ir e eu voltarei a encontrar você. Somente se você me deixar ir, voltarei a encontrar você. Esse era o tipo de troca a que meus pais tinham me acostumado: a morte havia desmentido a teoria. Germana liberou a saída recostando-se uns poucos passos e baixando a maçaneta com a mão. A porta deu um estalo para trás, abrindo um espaço sutil, mas suficiente, por onde passei sem olhar para ela. «Eu sou apenas alguém que não sabe cuidar de si mesma. Mas amo esta criança», disse enquanto eu ia embora. «Isso significa que vou me arranjar.»

O emaranhado

XXIX.

O diário de Carl J.

8 de abril, 2:25
Os dias me deixam exausto e sinto que me aproximo de algo crucial. Hoje encontrei Jokin Moraza. Deveria talvez dizer que o visitei. Ou foi ele quem me visitou: na verdade ele veio até mim. Abriu-se uma fresta. Primeiro ponto de contato entre nós: um sonho. Finalmente, na quarta sessão, reconheço os sinais daquela primeira flor: Gorane Moraza. Os dois não parecem mais tão diferentes. Jokin Moraza apenas parece mais permeável: uma confiança e uma capacidade de abandono desconhecidas por sua gêmea. Mas semelhante é a vivacidade do espírito. Eles me ferem. Eles me iluminam de novo. Eu a percebo nele. Eles me atravessam, seu destino me sacode. Busco exercer o olhar objetivo. Penso: diante de mim há um assassino. Um rapaz sem personalidade. É isso: mínimo, para não dizer nulo, é o atrito que opõe ao mundo. A única forma de oposição vem por meio da sua bateria: mas não basta. No entanto, não posso julgá-lo. Para mim é impossível julgá-lo e desejar-lhe o pior da vida, mesmo que já sejam incontáveis os mortos e feridos. Ele os carrega dentro de si. Acho que mais cedo ou mais tarde eles o matarão. A esse respeito, hoje ele teve um sonho. Um sonho significativo que tomou quase toda a sessão. Mais que significativo: diria quase mitológico, cósmico. No relatório oficial eu minimizei: ninguém teria compreendido a fundo a dimensão do sonho, nem se mostraria interessado. Aos «carcereiros» importa apenas um diagnóstico preciso. Terão. Viciado, esquizofrênico, TDAH. Qualquer coisa para deixá-los contentes e para que me permitam saber mais dele, escutá-lo. No relatório oficial escrevi que Jokin sonhou com sua mãe tentando enchê-lo com um líquido branco até transformá-lo em um ovo. É verdade, em parte. Não escrevi que ficou dormindo por quase uma hora. Não escrevi que o sonho, após um primeiro despertar,

Segunda parte

continuou. *Em um campo amarelo com muitos outros ovos. Os ovos de todos os mortos. Que sua mãe enchia como se os amamentasse de neve, de gelo e de morte. Amamentava e assassinava todos os mortos espanhóis e bascos, os civis e os políticos, as crianças. Jokin Moraza no campo amarelo cheio de ovos era o único que ainda não tinha morrido. Estava quase morto, mas via e respirava com esforço. Conseguia entender. E sentir. Sua mãe era a única ainda humana: aproximava-se dele estendendo-lhe o canudo. Dizia: «Agora é com você. Encha os outros ovos. Essa é a tarefa que lhe dou. Continue enchendo os ovos». Acordou encharcado de suor e pediu heroína. Chorou. Disse que era uma crise de abstinência, mas não acreditei: começa a compreender a dor que, com sua família, disseminou. Os ovos são também o símbolo dessa semente que não germina, mas extermina o campo amarelo. Chamam-no de 811. Eu o chamo de Jokin. Eu penso em Hiranyagarbha. Na serpente que abraça o ovo. Ventre de ouro. Alma do mundo. O ovo que eclode. Penso nos desenhos de Gorane Moraza. Ainda os guardo com cuidado: só ovos. Agora compreendo a visão. Ela chamava de «formas ovais», «furos ovais», «os meus ovais». Impossível dar uma explicação lógica para suas marcas sobre a folha. Impossível defini-las como alucinações — Gorane Moraza era lúcida. Então me disse: é uma forma de relaxamento. E ainda: uma brincadeira de artista. E ainda: uma letra, uma vogal. E ainda: zomba de mim. Agora compreendo — sei com certeza — por que o sonho de Jokin Moraza tocou-me tão profundamente: ele explica o seu tormento e o de sua irmã, e o explica sem recorrer a nenhum instrumento lógico-racional. Explica mostrando. Mostrando de longe. E para mim. Que intercepto suas duas trajetórias. Sinto-me responsável por seus destinos. Por que eu? Qual é o meu papel na cena? Tenho medo. Não acredito no acaso. Busco criar coragem. Ter fé no tempo que passa e volta: são capazes de falar entre si, mesmo sem mim, estou certo disso. E eu, então, onde entro? Por que me deram o privilégio de assistir a essa comunicação da qual não posso fazer parte a não ser como ouvinte?*

O emaranhado

Escutarei. Talvez seja esse o papel de quem cuida. Escutar e colocar em contato. Nenhum diagnóstico, nenhuma recuperação. Apenas ligar os fios e esperar que brilhem. Que o choque se faça luz. Quem não se recupera tem um motivo para não se recuperar (perigosa teoria). Quem não se recupera se aproveita da própria doença. Uma doença que protege. Dei a Jokin um caderninho e uma caneta preta, embora o regulamento o proíba. Jokin leu o que os meus lábios diziam em silêncio: «Escreva e não se deixe descobrir». Temo que escutem tudo. Concordou com a cabeça e escondeu o caderninho debaixo da camiseta. Escrever lhe fará bem. Vai ajudá-lo, quando iniciarmos a contagem das cascas.

xxx.

Ela não me deixou o número, mas eu deixei o meu. Enquanto descia as escadas tive medo de nunca mais vê-la e voltei atrás para estender-lhe uma folha com o número escrito a lápis. Pareceu ter ficado feliz. Disse: «Ligo amanhã», depois esperou que eu descesse até o segundo andar antes de fechar a porta. Eu não voltei para casa correndo. Não voltei para casa. Fiquei andando sem rumo até a meia-noite escutando as palavras do amigo de Potifar no fone de ouvido: a gravação terminava com a pergunta de sempre, depois recomeçava. O que é isso, uma puta? Uma puta? Uma puta? Tirando aquela questão final, era uma bela conversa, gostava de escutá-la. Parecia-me que as coisas fluíam, não era como com Germana: com ela cada palavra pesava uma tonelada e atravessava densidades muito mais espessas e antigas. Pensei em Jespersen: falávamos pouco, mas toda vez que voltava para casa me sentia exausta, como se no silêncio nos colocássemos a reordenar a casa, deslocar móveis, quebrar o piso para receber outra disposição mais moderna. Com Germana foi mais ou menos assim, embora eu não soubesse se a nossa obra comum, aquela a que as nossas conversas enxutas haviam nos conduzido, tivesse como objetivo final a renovação ou a demolição. Algo em mim havia sido ao mesmo tempo subtraído e reconstruído: como se conhecendo Germana eu tivesse enriquecido a minha busca de ausências, tiros no escuro, capazes de direcionar a sua trajetória. Ela foi abandonada, como eu, e não tinha ideia de onde estava meu irmão e esperava que eu lhe dissesse. O seu testemunho parecia vazar por todas as partes, mesmo que eu ainda não a tivesse interrogado seriamente. Por outro lado, havia aquele bebê: colocado ali como testemunha muda. Eu precisava dar como certa a sua presença, a prova de que meu irmão, um dia, passou por ali: por aquele corpo longo e pálido que escondia a própria metamorfose debaixo de um cardigan marrom. Quando Germana o desatou, era como se eu visse a cortina de um teatro se abrir. Agora, esperaríamos o incêndio juntas.

XXXI.

Relatório do quinto encontro do doutor Jespersen com 811, ocorrido no dia 15 de abril de dois mil e oito às 10:0. Relatório redigido em 16 de abril de dois mil e oito e enviado por e-mail pelo doutor Jespersen.

16 de abril de 2008
Encontro o paciente às 9:45 do dia 16 de abril de dois mil e oito. Recuso-me a continuar chamando-o de «811». Nós nos cumprimentamos. Jokin me pergunta se «podemos fazer aquilo de novo». Intuo que se refira ao trabalho de relaxamento. Explico que o plano terapêutico que prescrevi para ele, e que deveremos seguir, prevê uma alternância entre relaxamento e recuperação

O emaranhado

das lembranças significativas. Pergunta-me se é possível fazer uma exceção, respondo negativamente. Como previsto pelo protocolo, explico novamente no que consiste o método da hipnose regressiva: por meio da reevocação intra-hipnótica o paciente poderá comunicar conteúdos relativos às suas vidas anteriores. Vidas nas quais poderia ter ocorrido o trauma, ainda não superado nesta vida. Em termos cármicos, seria uma espécie de eliminação das ações negativas realizadas, sofridas e acumuladas em vidas anteriores mediante a experiência e a resolução do trauma na vida atual. Conheço o olhar de Jokin, mas não desisto. Explico que ele será levado por mim a uma condição de agradável sonolência. Então começarei, após o seu consentimento, a colocar minhas questões «significativas». É possível, explico, que ao término da operação o paciente não se lembre de nada. Por isso é frequente a utilização de câmeras ou gravadores que testemunhem a experiência. Está claro que Jokin não me escuta. Tamborila com as mãos assumindo uma expressão de falso interesse que identifico com facilidade. Pergunto o que está pensando. Ele me responde: «Nada». Repito a pergunta. Ele me responde: «Há quanto tempo o senhor faz esse troço?». Pergunto se com «troço» ele quer dizer o método da hipnose regressiva. Ele faz que sim. Peço que ele me exponha a sua perplexidade. Ele balança a cabeça e dá um sorriso torto que, não escondo, me incomoda. Haviam me falado desse sorriso, ou melhor, haviam me falado daquilo que o sorriso de Jokin esconde: um sentimento de superioridade difícil de arranhar. Na semana passada o sonho havia conseguido afetá-lo. Eu, evidentemente, não. «O senhor acredita nesse troço?», pergunta. Respondo que sim e peço outra vez que ele me explique qual aspecto não lhe parece convincente. «Nada», responde. «Só que o relaxamento comigo funciona melhor.» «Deixe que eu diga o que funciona melhor», respondo. «Quero falar com minha mãe», rebate. Do sentimento de superioridade passamos agora para a raiva: Jokin Moraza coincide cada vez mais com a imagem que o agente

Segunda parte 427

Diáz me fez dele e que vejo refletida nos testemunhos contidos no arquivo J.M. Uma combinação de agressividade e narcisismo; de encerramento, impulsividade e baixa tolerância à frustração. Não há vestígios do rapaz assustado que vi uma semana atrás, o rapaz que tinha medo de virar ovo. «O senhor não sabia que os seus pais tinham morrido?», pergunto. Não queria ter feito essa pergunta, posso dizer que a fiz de maneira totalmente irrefletida. E cruel. Eu me arrependo disso, acho. Ele me responde: «Isso não é problema seu», para em seguida me encurralar novamente com um «E então? O que você quer de mim? O senhor e as suas outras vidas de merda». Aqui sintetizei a frase original, bem maior e mais escabrosa. Respondi que queria curá-lo e ele afirmou que não havia nada a ser curado: disse-me que para curá-lo eu deveria levar uma dose diária e fazer-lhe rever sua mãe «com o seu relaxamento de merda». Ao mesmo tempo me olha como se eu fosse um mago: como se pudesse se acalmar somente por intermédio da minha ação. Nessa atitude vejo refletida a personalidade do viciado que confia a uma substância artificial/externa (neste caso: eu) a própria sobrevivência. «O senhor pode rever sua mãe quando quiser», afirmo. «E quem lhe disse essas bobagens?», pergunta em tom sarcástico. «Sua irmã», respondo. Jokin começa a dar chutes na cadeira, grita, deixa-se levar por ações violentas de natureza variada intimando-me a ir embora. Sigo seu conselho e deixo a cela exatamente às 10:30.

XXXII.

Enquanto eu enxaguava as esponjas com as quais havia limpado a cozinha dos Morel, Germana me ligou. Eu estava com o celular na bolsa e não ouvi. Fazia dois dias que não dava notícias, achei que ela tivesse perdido o papel ou que eu o tivesse escrito errado. Às vezes eu confundia os números

O emaranhado

ou esquecia alguma coisa. Peguei o dinheiro, conversei um pouco — os Morel são gente boa — e retornei a ligação já descendo as escadas. Abri a porta e me joguei dentro da tarde ensolarada que havia surpreendido a mim e a todos os parisienses aquele dia. Germana marcou comigo uma semana depois na Rue Saint-Martin 23: nos veríamos lá às cinco e passaríamos a noite juntas. Ela me contaria muitas coisas. Pensei em Briac Lemaire e por um momento tive vontade de agradecê-lo. Depois fui para a Rue Singer porque tinha a minha primeira verdadeira mala para cortar.

XXXIII.

16 de abril de 2008
Prisão de Curtiz, Corunha

Hoje, dia 16 de abril de dois mil e oito, o doutor Carl Jespersen foi convidado para uma conversa com o agente Diáz a fim de esclarecer alguns pontos fundamentais: foram de fato observadas algumas «ações imprudentes» do doutor Jespersen, que foi instado a se ater às diretrizes estabelecidas. Recordamos, portanto, de forma sintética e explicativa, que: 811 deverá ser chamado — no relatório, na transcrição das sessões e em qualquer outro lugar — sempre, apenas e exclusivamente de 811; o horário previsto da terapia é estritamente das 10h às 11h, sem possibilidade de antecipações e atrasos (em caso de reação agressiva dirigida a si mesmo ou a outrem, basta solicitar auxílio ao segurança); as palavras de 811 devem ser transcritas tais e quais, sem ornamentações nem censuras, muito menos reinterpretações criativas; o programa terapêutico previsto não pode ser de modo algum questionado e deve ser seguido com obstinação, sem que lisonjas, solicitações, chantagens, ameaças, humilhações e quaisquer outras técnicas manipuladoras utilizadas por 811 possam de algum modo obstruí-lo. Convida-se para tanto o doutor Jespersen a ter em mente essas advertências, a fim de evitar possíveis equívocos futuros.

XXXIV.

26 de março de 2008
Gravação número 3

«Cinco minutos de atraso.»
«Tínhamos combinado às três.»
«Tínhamos combinado dez para as três.»
«Estou adiantada.»
«Não me sacaneie.»
«Achei que eu estivesse adiantada.»
«Hoje vamos fazer a mala séria.»
«Ok.»
«Vamos fazer juntos, depois você vai sozinha.»
«Já?»
«As chinesas conseguem na terceira vez, vamos ver o que você sabe fazer.»
«As chinesas.»
«As sérvias também.»
«As putas.»
«Exatamente. Vamos ver se você é uma chinesa ou uma puta!» [*risada, tosse*]
«Mas esta é a terceira vez.»
«De fato, eu disse que ajudo. Não gosto quando você dá uma de cagona.»
«As italianas são meio cagonas.»
«Bebezinha da mamãe!»
«Sim, exato.»

O emaranhado

«Então olha o papai aqui. A mala é esta. Enorme. Viu como é grande?»

«Bem, já vi maiores.»

«Este é um dos tamanhos mais fáceis, ok?»

«Ok.»

«Aqui você não deveria ter problemas, ok?»

«Ok, porque não é necessária tanta precisão.»

«Ô, caralho. Precisão você precisa ter do mesmo jeito. Não comece com essa história de precisão.»

«Quis dizer que é mais fácil não errar.»

«E quem disse que é mais fácil?»

«Mas quem disse foi você...»

«Escute, você hoje fale o menos possível, beleza?»

«Ok.»

«Esta é a mala, agora você começa a fazer aquilo que deve fazer e finge que eu não existo. Assim que você fizer uma cagada eu aviso e a gente vê.»

«Ok.»

«Vou cronometrar.»

«Então vou começar.»

«Vai.»

[*Barulho de tesoura no tecido, barulho de saltos no chão, ruídos diversos*]

«O que eu estou fazendo?»

«Estou tentando entender.»

«Desculpe, eu me perdi, merda. Esta é a primeira costura, certo?»

«Eu nunca falei de primeira costura.»

«No sentido de que não é a última.»

«Claro que não.»

«Seria ótimo se fosse a última.»

«Seria ótimo se você se concentrasse em vez de bancar a sem-noção!»

Segunda parte

«Ajuda, vai, deu um pânico, viu que ficou tudo torto?»

«Estou vendo, porque é você que está torta! Você é emotiva pra caralho. Eu não trabalho com mulherzinha emotiva! [*Barulho de telefone*] Fica parada, imóvel. Não se mexa. Já venho. [*Passos, xingamentos, passos*] Escute, agora você desfaz tudo e recomeça. Precisa respirar, caralho. Essa é a costura de alguém que não respirou.»

«Sim.»

«Respirar é a coisa mais importante, se você não respira não adianta ser gênio pra caralho, não funciona.»

«Ok.»

«Não fique me dizendo ok! Hoje você está me deixando louco. Recomece. Mas o tempo está passando, só para lembrar.»

«Ok, desculpe.»

[*Barulho de fundo*]

«Veja, agora não está ruim, melhor. Está indo até que bem. Mas não pode ter um início tão ruim, ok?»

«Não sei o que me deu, meus olhos se envesgaram.»

«O que você anda fazendo por aí, transando?»

«Claro que não, mas é um momento mais ou menos.»

«Estou cagando para o seu momento, eu disse que para cá você deve vir concentrada.»

«Achei que estivesse.»

«Não se distraia! Onde é que você está costurando?»

«Desculpe.»

«Mas desculpe o quê? Estava indo bem. Queria ver o que dizia.»

«Quer dizer que eu não errei?»

«Não, é isso aí mesmo, olha. Você precisa aprender a defender suas ideias, entendeu?»

«Ok.»

«Você jamais seria capaz de ser uma traficante.»

O emaranhado

«Sim, eu sei.»

«Você seria capaz de se fazer apanhar deliberadamente!»

«Sei disso.»

«Mas também para cortar as malas, veja que é bom ter um pouco de confiança em si. A mala sente se você estiver se cagando, entende?»

«A mala sente?»

«Claro, é tipo um mau-olhado. Uma energia, caralho, nunca ouviu falar? Se enquanto corta uma mala você está alegre e confiante, pode ter certeza de que aquela mala chega ao destino e ninguém se machuca. Mas, se você fizer como agora, com esse chororô todo, desfaz e faz tudo de novo, e daí diz que não é capaz e outras ladainhas desse tipo, a mula vai acabar atrás das grades e você é xingada e leva um bom par de chutes na bunda! Entendeu?»

«Sim.»

«Você se comunica com essa merda de mala, ok?»

«Ok.»

«Como você reage às críticas das pessoas?»

«Não sei. Mal.»

«Isso não é nada bom. Lembre-se de onde precisa passar o fio agora. Depois eu queimo para você. Ou melhor, queima você.»

«Ok.»

«O pessoal fala um monte de merda! Você não pode ficar à mercê do que diz o pessoal porque noventa e nove por cento é merda.»

«Sim, eu sei.»

«Não sabe! Se alguém diz que você erra porque é preguiçosa, o que você responde?»

«Não sei. Que é verdade?»

Segunda parte

«Não! Mande à merda e continue fazendo o que está fazendo! Você não é preguiçosa, caralho! Que horas você levanta de manhã?»

«Às oito.»

«E isso parece coisa de preguiçoso?»

«Tem razão. Aqui eu terminei.»

«Boa, então agora pega isso e põe a chama perto do fio. Assim que pega fogo você põe o dedo aqui. Vai queimar um pouco.»

«Preciso queimar o dedo?»

«Você precisa queimar o fio. O dedo queima só um pouco.»

«É uma pegadinha para ver o que eu digo?»

«Como assim?»

«Tipo que eu deveria dizer que o dedo eu não vou queimar mesmo que você mande?»

«Não.»

«Ok.»

«Você é maluca.»

«Não, não.»

«Boa. Viu, você está viva.»

«Sim, mas o polegar ficou escuro. Desculpe, mas por que preciso queimar o fio? Não posso cortá-lo?»

«Não, porque essa é uma tradição. O fio deve ser queimado e não cortado. Se cortar dá azar, deve ser tudo mais natural, entendeu? É uma coisa que tem a ver com a natureza.»

«O fogo.»

«Agora vou mostrar todos os erros que você cometeu.»

«Ok.»

«O serviço eu preparei para você. Preparar a mala eu ensino depois.»

«Como assim?»

«Quer dizer que até agora você encontrou a mala pronta.»

O emaranhado

«Quer dizer que eu preciso fazer alguma coisa antes de cortá-la?»

«É preciso cuidar dos ganchinhos. Você viu que os ganchinhos não estão aqui? Essa é uma versão facilitada.»

«Ganchinhos?»

«Os ganchinhos que mantêm as roupas presas. Em teoria seria melhor tê-los porque assim a versão fica mais convincente.»

«Ah, ok.»

«Nesta eu tirei para você não se atrapalhar. Veja, aqui tinha os ganchinhos. Quase não dá para ver porque eu sou um deus, sou o melhor, porra. Depois vamos ver se chegamos ao ponto de mantê-los e cortar sem estragá-los.»

«É mais convincente porque parece uma mala de verdade?»

«Claro. As pessoas não compram as malas sem ganchos porque querem ser organizadas. Aqui você não fez muito bem, se fosse um policial com certa experiência suspeitaria. Aqui não está ruim. O revestimento está frágil, por que você colocou só o papelão?»

«Errei.»

«Eu disse que precisa ser espesso. Isso é ridículo, eles enfiam o cortador e a heroína jorra como uma fonte... O que vocês têm na Itália de fonte famosa?»

«Mas onde?»

«Sei lá onde, vocês têm uma fonte famosa.»

«É calor na Itália e temos muitas fontes, não sei...»

«Olha que para mim você não é italiana, perguntei o nome de uma porra de uma fonte e você muda de assunto.»

«Não sei, a Fontana di Trevi?»

«Isso, Fontana di Trevi. Precisava disso tudo? Bastava a porra da Fontana di Trevi, sem fazer toda essa embromação de onde, em que região, de que tamanho, temos tantas fontes. Hoje você veio disposta a encher o saco! Você não quer que

Segunda parte

vejam a heroína sair da mala como a água sai da Fontana di Trevi, certo?»

«Certo.»

«Então você precisa vedar essa merda de Fontana di Trevi!»

«É que eu não estava vendo as lâminas de plástico.»

«Se você não vê o plástico, pergunte! Não invente desculpa que não vê o plástico! Toma aqui o seu plástico!»

[*Batida na mesa*]

«Obrigada.»

«Agora me faça um revestimento decente de plástico e papelão e quero que, enfiando um canivete, o canivete não passe. Não pode passar nem a ponta, de tão sólida que é a sua fonte, entendeu?»

«Ok.»

«Eu preciso suar para conseguir enfiar só a pontinha.»

«Ok.»

«Uma porra de um preservativo indestrutível. Uma boceta impenetrável. Você não quer um bebê, né?»

«Não. Não. Por que você me fala do bebê?»

«Sei lá. Era um exemplo, falei de bebê por acaso.»

«Ok.»

«Um bebê genérico! O que você tem contra os bebês?»

«Nada, nada.»

«Boa. Quando você terminar o revestimento, deixe tudo e vá para casa refletir. Hoje você fez uma bela de uma bagunça. Bagunça de sul-americana.»

«Desculpe.»

«Acho que você não dorme nada à noite, não é verdade?»

«Não, não, durmo. Bastante.»

«Você tem namorado.»

«Não.»

O emaranhado

«Mas seria bom. Quando uma Zuleika respira mal, dá para ver que não transa e se não transa é porque não tem namorado. E aí me faz essa bagunça.»

«Mas eu não quero um namorado.»

«O que você está dizendo, todos querem namorar. A solidão é uma merda, não sabe disso?»

«Mas também dá para transar sem ter um namorado.»

«Você transa sem ter um namorado, então, é uma mulher moderna.»

«Nesse momento eu não estou a fim.»

«Não é que você não está a fim, é que você é estranha. Cuidado que a solidão no longo prazo acaba com o cérebro.»

«Estou bem assim.»

«Então você não quer um namorado.»

«Não.»

«Quer uma namorada?»

«Não.»

«Diga que quer uma namorada.»

«Não, não estou a fim.»

»Não está a fim, mas você é lésbica.»

«Claro que não.»

«É isso que você é, você é lésbica!»

«Chega, está bem, aqui ficou bom?»

«Caralho, é a primeira vez que tenho uma lésbica aqui. No máximo tive uma ou outra chinesa assexuada. Quer ver minhas revistinhas?»

«Que revistinhas?»

«As revistinhas com bocetas de verdade. Eu trago e daí você respira melhor.»

«Não, obrigada, agora vou pensar no revestimento e depois vou para casa.»

«Se quiser, elas estão aqui no banheiro, trago num instante.»

«Eu não sou lésbica, pare com isso. Quanto de cola devo colocar?»

«Não falamos da cola?»

«Não.»

«Caralho, não, não falei para você da cola. Escute, vai para casa que agora vai chegar uma pessoa, e é uma pessoa que você não pode ver e que se fica puta vamos todos para o outro mundo, ok?»

«Quando?»

«Sei lá, ligou para mim antes, pode estar chegando agora.»

«Mas você não me avisou.»

«Eu ia avisar, agora saia daqui.»

«Quer dizer que se eu não tivesse feito a confusão com a cola, iríamos morrer?»

«Vai, vai!»

«Isso eu deixo aqui?»

«E manda um abraço para a sua namorada!»

XXXV.

17 de abril de 2008
Prisão de Curtiz, Corunha

Hoje, 17 de abril de dois mil e oito, a senhora Leire Moraza denunciou o desaparecimento de sua neta. A senhorita Gorane Moraza estaria desaparecida há mais de três meses, mas a senhora Moraza achou oportuno denunciar o desaparecimento apenas hoje, por razões que não deixaremos de inquirir. Considera-se provável que a senhorita Moraza tenha deixado o território espanhol para se juntar ao irmão, embora até o momento não tenha sido rastreado nenhum contato telefônico e/ou de qualquer outro tipo entre os dois. O desaparecimento da senhorita

Moraza, cujo envolvimento na atividade terrorista dos pais e do irmão gêmeo já foi excluído, será então classificado entre os casos simples de «busca por pessoas desaparecidas» e, portanto, será tratado como tal.

XXXVI.

Ela me esperava na sombra, sentada na calçada vestindo uma parca enorme que a fazia parecer ainda mais magra: minúscula apesar da altura. Substancialmente mais parecida comigo. Calçava um par de sapatos de ponta fina coloridos, provavelmente à mão, e se esforçava para se parecer com um duende. Dei o meu melhor para mostrar certa postura. Correu ao meu encontro, as mãos apoiadas na barriga, o sorriso um pouco tímido. Enquanto eu a via se aproximar, toda tilintante devido a algum colarzinho chacoalhando pelo corpo, tive ainda uma vez o ímpeto de ir embora. Eu não conseguia suportar o seu rosto, o ventre deformado pela irresponsabilidade de meu irmão, e principalmente não conseguia suportar o seu corpo ao lado do meu: jovem, infantil, sem história. Um corpo ridículo. Tínhamos a mesma idade, mas eu tinha ficado para trás ou ela tinha corrido mais rápido, em uma direção que eu não tinha sequer concebido e que de algum modo me feria: a capacidade de se reproduzir, entregar-se a um outro corpo sacrificando a ele parte da própria integridade. Cindir-se, multiplicar-se, esquecer-se de si. Tornar-se mãe para mim era uma expressão abstrata. Um vocabulário que, mais uma vez, era obrigada a aprender pela boca de outro. E a contragosto. Um vocabulário a que meu irmão se entregou sem uma palavra, fugindo antes de pronunciar seu discurso perante a comissão. Quem faria a prova, quem seria julgado, seria eu. «Como você está?», ela

Segunda parte 439

me perguntou, fazendo sinal para que eu a seguisse. Disse que me sentia bem e que estava contente por não chover: a enésima frase idiota. Era como se eu soubesse que nunca poderia alcançá-la, e então valia mais ser estúpida e infantil sem me esforçar demais e poupar as energias para um objetivo mais plausível. Essa era uma das desvantagens de ler romances medíocres para depois se deparar na vida com o único personagem bem-sucedido. Entramos em uma loja de roupas usadas, um pequeno brechó de uns quarenta metros quadrados onde ficavam empilhadas roupas de segunda mão, bolsas e mochilas, calçados que pareciam ter percorrido quilômetros, escalado montanhas ou ter se enterrado intencionalmente na lama, para ganhar assim um ar mais vivido. Ali estávamos nós: eu com um sapato novo em folha, ridículo em sua brancura, a sola perfeitamente intacta e os cadarços incólumes, Germana com uma bota destruída, a tinta descascada, pela qual as fanáticas da moda se estapeiam de modo selvagem em uma tarde de promoção. A minha vergonha vinha dessa comparação. «Agora revelo para você a primeira mentira», ela me disse inclinando-se por trás de um cabideiro de ferro batido. Ela tinha colocado um chapéu russo na cabeça e o rosto resultava opaco em sua completa nudez. Pensei nos cabelos queimados de minha mãe, nos cabelos queimados de Ginevra e nos meus cabelos que tinham crescido bem depois da poda radical. Assim despojado, o rosto de Germana parecia uma árvore morta. Potente e minimalista. Não conseguia me concentrar no chapéu, na expressão cômica que Germana se esforçava por assumir, eu olhava seus olhos enormes e levemente orientais, as sobrancelhas ralas e desarrumadas, o nariz grego que se erguia no meio do rosto como uma barbatana de tubarão. «Seu irmão trabalhava aqui. Foi aqui que eu o conheci.» Ela se escondeu de novo atrás dos cabideiros, ressurgindo com um par de óculos enormes de armação dourada que minha avó usaria. «Meu irmão era vendedor?», perguntei, achando que ela estava de brincadeira comigo. Imaginá-lo vendedor era ainda mais absurdo do que imaginá-lo de jaqueta e calças elegantes auxiliando os turistas no Pompidou. «Sim!», exclamou Germana, colocando em mim os seus óculos. «Foi aqui que nos conhecemos! Você ficou bem, será um presente meu!» Eu não sabia de onde ela tirava aquela alegria irritante e fora de lugar. No livro estava escrito que Germana ficava feliz quando, sem assunto, não sabia mais o que dizer, ou quando as coisas pareciam ficar particularmente ruins: talvez fosse eu a confundi-la, e o mal-estar que eu experimentava estando perto não fosse unilateral, mas recíproco. «E foi aqui que vocês fizeram o bebê?», perguntei, como se se tratasse de um objeto feito à mão, de um colarzinho de pérolas coloridas a ser vendido acima do preço em um mercadinho do bairro. Ela me olhou com a expressão dos gatos que ouvem um som pela primeira vez: inclinando a cabeça e semicerrando os olhos. Então me disse: «Não, o bebê fizemos depois». Pôs-se a rir e me apresentou o dono da loja, um tal de Jean, dizendo a ele que pegaríamos emprestados os óculos por um tempo. Jean deixou, sem perder tempo conosco, acostumado àquele tipo de pedido dissimulado. «Tivemos um caso e agora fica aí dando uma de arrogante», sussurrou Germana no meu ouvido, enquanto saíamos. «Estava para me mandar embora!», gritou no meio dos pedestres que a observavam e sorriam de um jeito que eu nunca tinha visto. Era como se Germana tivesse feito algum bem a eles, como se a sua presença os confortasse, desviando-os por um momento de sua alienação urbana. A mim Germana incomodava. O estereótipo da menina rebelde, peculiar e alegre, que perambula por Paris distribuindo sorrisos a esmo e ostentando por toda parte as próprias bizarrices. Mas Germana não sabia o que significava realmente ser estranho. A estranheza não fazia sorrir ninguém. «Quando é que tiveram um caso, você e Jean?», perguntei parando de repente, para impor a minha presença que me parecia cada vez mais inconsistente. «Tivemos depois», ela me respondeu voltando a caminhar, e sublinhando de maneira nada natural aquela palavra de que gostava tanto: «depois». Eu não sabia depois do quê: depois de ter conhecido o meu irmão, depois de ter ficado grávida, depois de meu irmão ter desaparecido. «E antes, o que aconteceu?», perguntei outra vez, porque começava a cansar das respostas vagas, das palavras de efeito com que ela tentava me seduzir e me calar. «Antes eu e seu irmão fomos felizes.»

Segundo Germana, a maior mentira contada por seu pai no romance era aquela do trabalho, embora todo o livro estivesse cheio de meias verdades, nomes falsos que eu tinha mais ou menos desmascarado e descrições retóricas que Gigi tinha tentado convencê-lo a eliminar. «Praticamente, houve um período em que eu só falava com ele para dizer o que funcionava e o que não. Nunca conversamos tanto como naquele período.» O garçom veio pegar os pedidos e ela se calou por um instante, lançando um dos seus sorrisos de sempre. Eu, ao contrário, olhei para ele com cara feia, pedindo uma cerveja com uma atitude vagamente racista. Fazer um trabalho de vendedor se passar por um trabalho de segurança não me parecia tão chocante assim em comparação com a mentira do sexo que, ao que parece, tinha acontecido, e de que maneira! «Essa não é uma mentira, mas uma omissão», respondeu Germana, corando, mas não de vergonha, sobretudo de uma raiva que tinha tentado suprimir por toda a vida e que irrompia de vez em quando em formas camaleônicas e repentinas. Talvez também a sua alegria fosse uma das máscaras do subsolo, uma reação histérica àquela dor persistente. «Meu pai não conseguia admitir o fato de que me deseja desde que sou pequena. Nunca me viu como sua filha. Nunca me olhou dessa maneira.» «Qual maneira?», sussurrei, superando o constrangimento, consciente de que provavelmente a feriria. Mas eu tinha a impressão de que ela me diria de qualquer modo e que estava só esperando um sinal meu para romper a barragem. «Da maneira como os pais olham os filhos, imagino. Como seres sem sexo. Como se olha para uma flor ou um gatinho. Meu pai nunca me olhava assim.» Sua dor era autêntica, e, por mais que se esforçasse, a Germana espalhafatosa que até então rodava por Paris havia se transformado diante dos meus olhos em uma adolescente que tenta punir seu pai com alguma escapadela ou um piercing no nariz. «Meu pai usou o seu irmão para não ser desmascarado. Mas no romance é ele quem tem atração por mim e que procura de todas as maneiras resistir. Toda aquela afetação pegajosa. Entendeu agora?» Eu tinha entendido e a coisa soava muito sórdida. Também sobre nós rolavam histórias estranhas e por mais que eu não soubesse exatamente o que era se sentir olhada como uma mulher qualquer pelo próprio pai, tinha provado aquilo por vias, digamos, indiretas, secundárias: sabia que as pessoas achavam isso de nós — que éramos uma família na qual o incesto era uma das tantas perversões permitidas — e às vezes eu olhava para mim com os olhos dos outros, como uma filha abusada pelo pai ou que se diverte e o provoca para testar sua integridade. Eu tinha desempenhado o papel de Germana toda a minha vida e agora o modelo abstrato que me havia inspirado se confessava para mim, desvelando-me os bastidores de um personagem que eu tinha interpretado mal. «E como ele reagiu ao fato do bebê?», perguntei. «Ainda não falei nada sobre o bebê. Queria que nós contássemos juntas.»

Segunda parte

XXXVII.

O diário de Carl J.

18 de abril de 2008, 4:00
Estou sem saída. Teria de mentir, mas na prisão a mentira não é permitida. Tudo é tão transparente: como se a transparência fosse a forma essencial do controle. Dizer tudo, mostrar tudo, confessar tudo. Eu precisaria de um pouco de opacidade. Nostalgia da sombra. Mentirei para dar contraste a essa cruel superexposição. As prisões são descritas como lugares escuros. A prisão não tem nada a ver com o escuro. É um lugar ensolarado, exposto à violência da luminosidade. Como naqueles países onde a noite não dura mais do que poucas horas. Países atrozes. Sem segredos. Tentarei mentir sobre os aspectos significativos dos encontros entre mim e Jokin. Construir um espaço fechado para nós, ainda que eu já não o sinta do meu lado. Travo uma batalha com um aliado predisposto a me trair, um aliado que quer apenas salvar a pele. Menos que isso: um aliado cujo único desejo é que a batalha cesse, mesmo sem saber as razões para isso. Quer que eu o siga pelos seus caminhos. Exige experimentar mais uma vez aquele esquecimento a que eu o conduzi durante nosso encontro. Não confia em mim e me ataca como se eu pudesse automaticamente dar a ele o que pensa necessitar. Ainda nenhuma resposta positiva em relação à hipnose regressiva: não cede, é cético, nenhuma curiosidade. Continuo caminhando sozinho. De vez em quando me viro e ele está lá, olha para mim, zomba de mim, pede ajuda. Não posso voltar atrás para pegá-lo, mas sou obrigado a esperar por ele. O único tempo da nossa de terapia é o da espera. O que me sugerem — me mandam fazer, na verdade — é que eu faça meu trajeto sem levar em conta as suas reações: não sabem que na investigação do espírito humano não existem percursos estabelecidos, apenas aqueles construídos a golpes de conformismo e normalidade. Não me interessa. Já não sou capaz disso. Jokin

O emaranhado

não me seguiria. Eu sou um principiante: percorri toda a minha vida o caminho de outro. Agora que encontrei o meu, pago o preço da preguiça e da vileza. Deixei tempo demais a ferida apodrecer porque tinha nojo de olhar para ela. Agora essa ferida é o cajado para a minha caminhada. O corte de Jokin está bem visível, mas obstinada — como era a minha — é a sua vontade de olhar para outro lado. Estamos parados um a poucos metros do outro, e ainda não estou certo de que sou eu quem dita as regras do jogo.

XXXVIII.

A casa dos Luque precisava de uma limpeza e eu precisava de uma vez por todas me livrar desse negócio de ser empregada. Havia uma semana que eu só pensava no encontro com o pai de Germana, aquele ser que na minha cabeça estava destinado a acabar como Briac Lemaire. Não sabia o que teria feito se meu pai tivesse tido a mesma postura comigo. Agora não existia mais, tinha caído janela abaixo junto com minha mãe por minha culpa. Não conseguia imaginá-lo naquele papel, ele que me observa zanzar nua pela casa e se move sem jeito em nossa habitual promiscuidade. Ele que coloca uma das mãos na minha coxa por motivos muito menos inocentes do que fazer cócegas. Minha mãe que fica quieta e o deixa fazer, dizendo que eu seja forte. Eu e Germana nos encontramos em um café às dez para beber um café juntas e discutimos amenidades. Entre nós um espaço de familiaridade começava a ser tecido principalmente naquela situação em que nos sentíamos igualmente vulneráveis diante do mesmo inimigo: eu conheceria o homem que com as suas palavras havia me levado a partir, e sua filha confessaria a ele estar esperando um bebê do protagonista do seu romance que, ao menos em termos de apetites sexuais, não era outro senão o seu alter ego. Num certo sentido, Germana esperava um filho de seu pai. As coisas poderiam ser vistas também assim. Por isso continuava a falar e sorria muito, com uma frequência inquietante, ligeiramente caricatural. Como se alguém a estivesse mandando sorrir para cobrir certas falhas que andavam se produzindo na sua boca, semelhantes a agudos e minúsculos abscessos. A risada como única cura contra a infecção: uma deriva extrema do pensamento positivo ou o seu resultado maligno. Pagamos e fomos para a casa onde ela havia nascido vinte e sei anos antes, um apartamento no terceiro andar em Ménilmontant. Quando entramos, o pai estava de roupão indo até a cozinha: um sujeito magro e sinuoso, com sobrancelhas de hippie, muito finas. Os óculos na ponta do nariz lhe davam um ar feminino, que talvez se devesse também às pantufas, ou melhor, aos chinelos, que eram de uma cor clara e quase brilhante. Uma coisa nojenta. A sensação de repulsa que imediatamente experimentei não se devia apenas aos chinelinhos, ou às fantasias que eu elaborava a seu respeito havia uma semana, mas também à sua boca pequena em forma de coração e ao seu jeito delicado de caminhar rapidamente em nossa direção, puxado pelo fio invisível que guia o passo das bailarinas. Pareceu surpreso em nos ver e sorriu mecanicamente para mim, como se respondesse a uma espécie de instinto de sobrevivência. «Ela é uma amiga minha», disse Germana secamente, com o tom de quem foi chamado a testemunhar um processo e procura de todas as maneiras dar um verniz solene às suas afirmações. O senhor Luque estava agora plantado à minha frente, buscando explicações que eu não soube lhe dar. Para reparar o silêncio que eu lhe oferecia, decidiu me taxar logo como a nova melhor amiga de sua filha, um rótulo idiota que correspondia perfeitamente à ideia que eu tinha dele: um daqueles indivíduos convencidos de que qualquer tentativa de aproximação com um outro é sempre e em todo caso sinal de boa educação. Como se buscar um contato com os outros fosse

O emaranhado

um dever do bom cidadão a ser satisfeito e ai de quem se mantivesse distante, fosse fazer suas coisas ou agisse de modo brusco e indiferente. «Bom dia, meu nome é Ginevra», eu disse sem conseguir olhar nos seus olhos, olhava mais embaixo, na altura do nariz, nariz pequeno, sobre o qual despontava, como prova genética, uma pinta pálida. Dominique Luque nos convidou a sentar em um sofá cor de gelo no qual eu gostaria de me deitar e descansar por pelo menos algumas horas. «Italiana! Como a minha Ginevra!», exclamou com o entusiasmo de quem vence uma prova de atletismo, precipitando-se na cozinha com o andar irritante de sempre. Germana olhou para mim e ergueu os olhos. Estava prestes a explodir. Sentou-se ao meu lado e colocou seus sapatos imundos na mesinha de madeira abarrotada de livros e revistas desconhecidas. «Tenho ódio dele», disse sorrindo, enquanto os abscessos na sua boca transformavam-se em abismos. O sangue escorreria de seus lábios, pintando seu rosto como em uma performance de action painting, e ela o cuspiria na cara do pai junto com a notícia do bebê. Nesse meio-tempo ele emergiu entusiasmado da cozinha com taças e uma garrafa esquisita na mão. «Não, sou basca», declarei aceitando a sua dose repugnante de seltzer e xarope. «É a irmã», emendou Germana com um certo gozo. Papaizinho deve ter entendido na hora, porque tombou no sofá me olhando fixo. Procurava no meu rosto os sinais do seu personagem traidor e os encontrava ali, plantados, à vista de todos, rindo dele. Germana me deu a mão puxando-me para o seu antigo quarto de adolescente, agora usado como escritório pelo pai. Ele ficou na poltrona, ofegante, pelo menos assim me pareceu quando o deixei na sala. Como alguém que não sabe nadar e se agarra ao primeiro objeto que boia. O quarto era enorme e amarelo. Havia uma precisão obsessiva na ordem com que Dominique Luque guardava papéis, cadernos e livros por toda parte. Um jeito paranoide de colocar ordem na própria vida que me

Segunda parte

pareceu poder me aproximar dele. Rejeitei esse sentimento de comunhão, tentando ouvir o que me dizia Germana a respeito da velha disposição dos móveis, dos quais agora não havia nenhum vestígio, ainda que nem mesmo a ela importasse mostrar onde ficava a cama, de que cor eram as divisórias e para qual papel de parede horrível ela havia sido obrigada a olhar todos os dias, enquanto tentava estudar. Precisava apenas afinar o maquinário com que tinha começado a torturar seu pai, e eu era uma peça primordial da engrenagem. O torturado entrou no escritório quase em seguida. Estava claro que aquela espera não lhe era suportável. Aproximou-se de mim, olhei para Germana em busca de orientações. Eu não sabia se e como aconteceria a execução. Ela exclamou, rindo, «É ela mesmo! São iguais, né?», começando a girar sobre si mesma e a fazer estranhos movimentos com o quadril. Pensei que quisesse matar seu filho e culpar Dominique Luque, obrigando-me então a testemunhar contra ele. Ou qualquer coisa do gênero. Ele balançava a cabeça, continuando a repetir que não era possível, convencido de que o estávamos enganando. «Você não está contente, pa-pai? Ela é a famosa Gorane. Você se esqueceu, que feio.» «Eu não me esqueci», ele rebateu, uma resposta que Germana devia ter previsto, pois logo devolveu dizendo: «O importante era falar só de mim e desse Jokin, que se parece tanto com você, não é, pa-pai?». Naquele momento, «pa-pai» devia significar «porco» ou «assassino». Eram essas as sílabas pronunciadas com aquele corte no meio, e não o nome de meu irmão. No silêncio que se seguiu procurei algo para dizer. Não encontrei nada melhor do que perguntar onde era o banheiro, mas ninguém me respondeu. Eu não consegui olhar para eles e sentei-me em uma cadeira, esperando que alguém começasse a falar. Estavam provavelmente se olhando, e Germana continuava machucando o seu bebê, tentava cair, bater a barriga contra uma quina ou movimentava-se bruscamente para fazê-lo

O emaranhado

morrer sem assumir toda a responsabilidade. Olhei para ela para pedir que parasse. Eu me ocuparia de tudo, não precisava ter medo. Mas ela estava imóvel diante do pai, com um olhar que eu nunca tinha visto na minha vida e que dizia: vem me pegar. Talvez eu o tivesse visto em alguma mulher bêbada com muita vontade de transar ou nas crianças que escondem uma bala na mão e convidam um adulto a adivinhar em qual das duas ela está. Mas o olhar das crianças não era exatamente assim, nem o olhar das mulheres era assim: pareciam com o de Germana, mas estavam esvaziados de sua raiva. Nem o olhar dos animais era assim, nem o de meu irmão era assim. Talvez o meu olhar fosse assim e agora eu o via nela como se ela o tivesse tirado de mim e isso me feria. Dominique Luque apoiou as mãos em uma cadeira, deslizando sobre ela. Começou a pedir informações sem esperar resposta. Tentei não escutar, mas não consegui, então precisei sair do quarto em busca do banheiro. Fiquei trancada lá por pelo menos meia hora, não ouvia nada, cantarolava, olhava o creme pós-barba, a tampa erguida do vaso, a banheira onde um resto de espuma se desintegrava com minúsculas explosões. Ninguém veio me procurar. A minha presença era supérflua. Eu não era o fantasma que acreditava ser, aquele que bate portas, faz objetos caírem, e refresca a memória de uma família sobre determinados fatos que seria melhor esquecer. Quando voltei à sala de tortura, Dominique Luque tinha a cabeça entre as mãos e Germana acariciava a barriga. Tinha tirado o agasalho e erguido a borda da camiseta, mostrando o umbigo com orgulho. Fiquei na soleira e tentei ficar quieta, mas não consegui. «Por que você escolheu aquele título?», perguntei. Eu nem queria saber de verdade. Queria apenas que falasse, que me confirmasse estar ainda vivo, mesmo que sua vida não me interessasse, queria que tudo permanecesse idêntico a antes e que ninguém morresse andando pela casa. Não queria limpar o sangue de nenhum cadáver portador de

Segunda parte

infortúnio. Dominique Luque tinha os olhos vermelhos, olhos que me culpavam por tudo, pelo bebê, pelo seu romance medíocre e pela maldade de sua filha. «Porque fala de pessoas que ficarão entrelaçadas para sempre», respondeu Germana, sorrindo. «É um fenômeno que eu vou explicar a você, coisa de partículas. Entanglement.» Dominique Luque foi para a cozinha beber, talvez chorar, eu fiquei sozinha com Gigi, que parou de acariciar a barriga, mas me obrigou a fazê-lo em seu lugar. Eu sentia a pele esticada de três meses, e um líquido denso que todos chamavam de bebê. Havia sido concebido no hospital, depois do acidente, ela disse. Jokin não sabia que seria pai, mas ficaria feliz em sabê-lo. Haviam se trancado no quarto do hospital e ela tossia e percebia que voltaria a ser aquela de sempre, capaz de estar no mundo e de gozar. Jokin tinha dado uma mordida em sua barriga antes de ir embora e ela ficou no leito sem calcinha, a camisola enrolada entre as cobertas e o sexo molhado ao lado do soro quase vazio. As enfermeiras não perceberam nada e na manhã seguinte elas olharam para ela como olhavam todas as manhãs e também ela se sentia como em todas as manhãs e tudo seguiu adiante como sempre. Quando Jokin voltou para casa lhe escreveu *Estou vivo e você também está viva*. A menina se chamaria Arreba.

XXXIX.

O diário de Carl J.

7 de maio, 2:25
Alguma coisa se rompeu e deixo que o erro domine as minhas ações. Apesar disso, errar me parece a escolha mais desejável. Fui escolhido justamente por isso: acham que eu perdi a cabeça, a luz da razão. Querem que o meu tratamento seja ineficaz. Eu avalio

condições e variáveis específicas, e tudo parece confluir para esse erro que cometo em segredo, com a cumplicidade de quem me implora para errar junto com ele. Entrei em contato com o tal Arze, amigo de Jokin Moraza, por recomendação sua. Um sujeito bom e inquietante. Tento ter em mente um ensinamento crucial, um ensinamento que é difícil de compreender, ainda mais difícil de colocar em prática: não estou aqui para curar ninguém. Estou aqui para restituir ao doente a sua liberdade. Não conduzo o seu caminho, mas o ajudo a atravessar aquele que ele sozinho escolheu para si mesmo. Carregarei esse mérito e essa culpa por toda a vida. Talvez seja esse o papel de quem cura: compartilhar uma parte da pena. Assumir para si a dor do outro, diluí-la e fazê-la desaparecer em algum lugar no universo. Ser parte desse universo que some. Por ora, seu mal está aqui, ao meu lado, em cima de mim, sujando-me, lisonjeando-me. Esse Arze tem um modo próprio de me passar os envelopes e não me pede dinheiro. Diz que faz isso por Jokin, para deixá-lo feliz. «Ele ficará radiante, cada vez mais parecido com uma estrela do que com um ser humano. Haverá uma regeneração impressionante de células, parecerá uma criança. Então você ouvirá uma explosão e tudo chegará ao fim», diz. Diz que cada um tem a sua forma de felicidade e que não nos é permitido indagar qual é, e não nos é permitido modificar o seu curso nem sua direção. Não diz nada disso tudo, mas é o que entendo olhando para ele. Sempre pergunta como Jokin está, mas não sei responder. Os «carcereiros» fingem não ver nada. Jogo também para eles, sem querer estou do lado deles. Dia após dia tiro do caminho um obstáculo. Pego os envelopes e cumpro meu dever, parece que fiquei louco e que me tornei um deus. Quando passo a dose para Jokin, ele me olha com olhos radiantes, os olhos que vi daquela primeira vez, quando me pediu para ajudá-lo a morrer.

Segunda parte

Terceira parte

O que não é dilacerante é supérfluo,
pelo menos na música.

Emil M. Cioran

Tem seis anos, os olhos de meu irmão e as bochechas salientes de meu pai. O resto vem de territórios que não conheço. Às vezes tento explorá-los, mas tudo nela me parece novo, como se tivesse germinado em outro lugar, distante de nós. Uma planta ao vento que não quer raízes. De vez em quando me encontro no seu modo de rir, jogando a cabeça para trás, mas não quero ser como ela. Espero que ela seja melhor e que sua vida seja feliz. É como se eu a tivesse parido, embora Germana ria quando digo isso e me repreenda. «Você é só uma artista.» É o seu jeito de me fazer entender que existem coisas que nunca saberei. Arreba me chama de tia Go e me faz sentir em casa. Vem de um mundo que eu recebi por engano como uma carta destinada a outra pessoa. Fiquei por ela, porque a vi nascer, porque vê-la nascer me transformou. Olhei para o futuro, como me diziam meus pais, e no meu futuro vi o dela. Às vezes ela se esforça para me chamar de mamãe, foi Germana quem lhe ensinou isso. Eu a ensino a desenhar e a levo comigo para as mostras, para o supermercado, faço-a caminhar pelo Sena perguntando o que ela vê. Ela vê a água, os pobres senhores e as banquinhas de livros antigos, que os malucos vendem pela metade do preço. Digo a ela: faça um pedido e não pense nos livros. Arreba fecha os olhos, aperta-os como os limões que vovó usava para nos dar a bênção e deixa a boca semiaberta. Formula o seu segredo em silêncio, e eu sei que é

Terceira parte

455

sempre o mesmo. Os malucos às vezes lhe dão livros e dizem que ela é uma menina de outro mundo. Eu lhe falo sempre do meu irmão e de seu pai. Para ela é apenas um amigo que toca bateria como ninguém e que um dia virá nos visitar. Prometo isso a ela, aperto os olhos e expresso um desejo eu também.

Germana sai de casa todos os dias às sete e meia e vai trabalhar no aeroporto. Desliza para fora da cama e dá um beijo em mim e em Arreba. Dominique vê sua neta uma vez por mês e lê para ela alguma historinha. Não sabe ficar perto dela e fica embaraçado com tudo. Tem dificuldade de estar perto de nós também. Arreba diz: o vovô não gosta de mim, mas eu sim porque meu coração é grande. Eu respondo que o vovô gosta dela sim, do seu jeito, e que não se pode esperar muito dos adultos. Se me tornei uma artista foi graças a Germana. No início da nossa história, eu gostava de ficar nua ao lado dela, acariciar a barriga que se movia na cama como uma planta marinha. Não me parecia que eu estivesse traindo o meu irmão, mas sendo sua substituta. Num certo sentido eu estava levando adiante a sua tarefa, completava o seu amor. Sentia prazer em seu lugar, mas era como se o dividisse com ele: Germana era esse pedaço de pão que alimentava as nossas bocas. Na primeira vez que ela me beijou, estávamos na frente do Centre Pompidou e chovia. Foi Germana quem me puxou e apertou seus lábios contra os meus. Senti sua língua dentro da minha boca e pronto. Não senti o gosto de meu irmão, embora esperasse isso. Ela, no entanto, deve tê-lo sentido dentro da minha. Arreba se agitava dentro da barriga, movendo suas águas. Eu sustentei o nosso beijo e não nos deixamos mais.

Desde quando a escola recomeçou, Arreba só fala de um colega de classe chamado Martin. Hoje ela me disse: tia, eu

O emaranhado

gosto dele, parece que fico copiando-o. Quando cruza as pernas, eu também cruzo, e se fecha os olhos, eu também fecho. Quando ele ri, não consigo me segurar, mesmo que eu não saiba por que está rindo. Ela já entendeu que a gente só ama por imitação. Copiando um original que mal se vê, cuja imagem desaparece e ressurge sem seguir nossos desejos. Eu não soube amar de outro jeito senão este: perdendo-me. Confundindo a minha forma com a forma e a cor de quem eu amava. Para que nunca acabasse. Para que nunca morresse.

Dominique Luque ganhou dinheiro com a nossa história, mas ainda não consegue nos aceitar. Sete anos atrás fizemos um pacto: eu lhe contaria tudo, ele não contaria nada sobre mim. Ninguém poderia saber onde eu me encontrava, o que estava fazendo em Paris, onde minha vida tinha ido parar. Ninguém podia saber de Arreba. Dominique precisava continuar protegendo sua filha e começar a me proteger também. A segunda edição do romance foi um sucesso e ele disse que sua vida mudaria. Segundo ele, sua vida mudaria por uma dezena de traduções, alguns prêmios, e muitas entrevistas. Por alguns dias ele nos deixou em paz, mas com o tempo recomeçou, silenciosamente, a nos desprezar. Um tipo de desprezo mudo que me parece fazer mais mal do que o ódio. Olha para nós como se estivéssemos sugando o sangue uma da outra, como se uma pregasse a pele da outra com minúsculos alfinetes. Sempre balança a cabeça como se estivesse dizendo não para algo. Quando é obrigado a nos encontrar, pega Arreba nos braços como um escudo e tenta ficar confortável, não se lembrar do seu vício antigo pelo qual culpa a beleza de Germana. Diz que aquilo que há entre nós é fruto de um mal-entendido que ele próprio contribuiu para fortalecer. Poderia ter razão, embora Germana insista em dizer o contrário, e o contrário é que me ama. Eu acho que ninguém pode saber nada sobre aquilo que acontece conosco. Arreba olha os reflexos do sol no lustre e diz que são muitos e que dançam melhor do que nós.

As minhas obras valem bastante, assino-as como Zuleika e não embolso nada. Pinto sobretudo rostos que se parecem com ovos, máscaras prestes a se quebrar para fazer emergir o que os críticos chamam verdade. Ninguém nunca viu o meu rosto nem sabe o meu nome. Envio as minhas obras para as galerias ou penduro-as durante a noite em muros escolhidos ao acaso pela cidade. Paris desperta com os meus quadros espalhados e decide se valem alguma coisa ou não. Compareço às minhas exposições como uma espectadora qualquer. Sou a nova expoente da pintura metafísica contemporânea, um talento extraordinário: os traços materiais das minhas obras desvelam o seu caráter espiritual, abrindo a consciência para novas dimensões. Os críticos falam muito de mim, elogiam-me com palavras enormes e exageradas. Eu os deixo falar, parecem convencidos daquilo que dizem. Eles têm fome de significados, buscam dentro das telas como Jespersen procurava nos meus caderninhos. Dentro de mim. Não há nenhuma verdade, mas não acho ruim que tentem encontrá-la. Eu e Germana rimos deles, mas sem maldade. São turistas em nossa vida e nós os acolhemos com prudência. Compõem uma canção sobre os vestígios que abandono por aí e que são como a música de meu irmão e como a vida dele: sem melodia.

Não tenho mais visto Sabine e não sei o que foi feito dela. Eu a deixei no dia de setembro em que Arreba nasceu. A partir daquele momento, tornei-me outra, foi de uma hora para outra e foi para sempre. Deixei na casa de Sabine alguns esboços e um bilhete escrito: *Eu a encontrei, obrigada.* Quando saí daquela casa para ir embora, achei que tinha parado de sofrer. Não foi assim, mas sofri de um modo diferente: mais miúdo, mais controlável.

O emaranhado

Sofro porque Arreba chora ou recebe uma nota ruim na escola, sofro porque Dominique não nos repassa o dinheiro ou porque Germana acha que é uma péssima mãe. Essa dor é mais suportável e marca os meus dias como a fumaça de um cigarro. Dá forma ao meu tempo, curvando-o, preenchendo-o. Sei que a essa distância não nos faremos mal.

O amigo de Potifar não gostou muito da minha saída, mas tentou disfarçar. Disse que por minha culpa precisaria alugar um outro espaço e recomeçar a formação do início. Desculpas para não admitir que no fundo tinha se afeiçoado a mim. Vamos torcer para que não chegue uma sérvia, brinquei. Disse a ele que voltaria para a Itália e que podia confiar em mim. Disse ainda que ele continuaria sempre o único Trevi no mundo, pois foi assim que eu o apelidei. Fechei a minha primeira mala de maneira impecável e continuei produzindo peças por cinco meses. Com ele aprendi a costurar os meus quadros, a deixar os fios descerem da tela como frases rompidas. A ele não ensinei nada.

Hoje ela faz sete anos e damos uma festa em casa. Moramos em Montparnasse, em uma antiga rua de fotógrafos e artistas agora cheia de mercados e de boas pessoas. Cozinhamos durante toda a manhã e às três começaram a chegar as crianças. Enfiaram-se em casa de um só fôlego, ocupando o espaço como se já tivessem estado ali outras vezes. Habitam a casa melhor do que nós, que nos esforçamos para encontrar nosso lugar aqui dentro, para nos habituar, para nos sentirmos uma família. Recortamos os nossos cantos dentro da casa todos os dias como estranhos animais escavadores. Elas se apossam do espaço como se todas as habitações fossem iguais. Martin é loiro, bem fortinho e silencioso. Soube que era ele ao olhar para Arreba: procurava por ele como se procura a própria sombra projetada na parede. Espantada por vê-la semelhante e diversa, precisando se apropriar dela para adquirir densidade. Queria dizer a ela para cumprimentar as outras crianças, para brincar também com elas, abrir os presentes que se amontoavam pela casa. Ela continuou olhando para Martin, acompanhando o seu teatro de sombras.

Ajudei Dominique a escrever o seu livro, mas nunca quis lê-lo. Não sei o que ele falou de nós, mas sei que não lhe contei tudo. Deixei lacunas no meu relato que ele parece ter preenchido. Ele me ouvia como um paciente que recebe do médico a notícia da própria doença. Tomava notas em um caderno quadriculado como se precisasse se lembrar de tomar alguns comprimidos em horários preestabelecidos do dia. Falei pouco de meus pais, e de modo vago. Disse que eram pessoas violentas e que nos fizeram mal, que nos amaram muito, a seu modo. Digo que também acho que os amei muito, sem recursos, da maneira como pude. Nunca falei a ele sobre o terrorismo, sobre a morte que encharcou a minha terra. Mas deve ter escrito que eram terroristas, porque era disso que o seu romance precisava, porque era isso que as pessoas esperavam dele. Não sei quem é essa gente, ele a chama de seu público e parece enxergar claramente todos os rostos. Tem certeza do que esse público precisa e graças a mim ele soube lhe dar isso. Quando eu o encontrava, havia volumes por toda parte, artigos de jornal e livros sobre o sangue derramado pelo terrorismo basco. O terrorismo era a única coisa que lhe interessava, a única forma de canalizar a violência de que eu falava. Como uma justificativa, um bode expiatório sobre o qual fazer escorrer o nosso sangue por um bom motivo. Tentava de todas as maneiras me fazer falar, mas eu já tinha falado bastante. Nunca lhe confessei nada. Buscava proteger a minha família. Falei de meu irmão,

O emaranhado

principalmente, do seu amor pela música e da sua dor. Dominique dizia que precisávamos nos esforçar para não pintar meu irmão como um personagem positivo e que o meu modo de falar era ofuscado pelo afeto que eu tinha por ele. Eu contava sobre a nossa infância, nossas corridas pela praia e sobre como havíamos nos distanciado. Dizia que meu irmão não era um personagem positivo porque não era um personagem. Ele pensava no tema do seu livro, no título certo e na mensagem que sairia dali. Eu lhe falei sobre heroína, o nosso leite em pó, o leite que se espalhou pela nossa casa em Euskadi como o sangue de um parto malsucedido. Falei dos outros: das vozes que pairavam ao nosso redor e feriam dia após dia a nossa vida. Falei do olhar de meu irmão, que se parece com aquele do meu país, que se parece com a superfície rachada por um terremoto que nunca aconteceu.

Desde quando ela nasceu, é como se eu chorasse todos os dias. Como se alguma coisa tivesse se rompido em algum lugar dentro de mim, esvaziando-me de uma água suja que guardei por tempo demais. Arreba punciona a minha pele e permite às minhas águas pútridas saírem e se distanciarem. Minhas lágrimas são negras. Ela me devolveu uma imagem diferente que eu não conhecia e que me pertence tanto quanto as outras. Mas à qual me esforçarei para aderir para sempre. Foi Arreba quem me distanciou de mim mesma, foi ela quem redesenhou os meus contornos, separando o meu corpo do fundo e da sobreposição de outros corpos. Agora sei o que está dentro e o que está fora, sei que não sou transparente e que nem tudo pode me ferir. Agora, antes de fazer qualquer coisa, penso nela. Em como poderia reagir a uma frase, ao branco e preto de um filme antigo, a alguém que entrasse em casa. Gosto de ser o palco sobre o qual poderá dançar.

Terceira parte

Hoje saímos de casa às onze e fizemos um piquenique no Bois de Vincennes. Dominique juntou-se a nós segurando um presente para Arreba. Estava pensativo e não falou muito até eu lhe perguntar o que tinha. Enquanto Arreba abria o presente, Dominique respondeu: continuo não gostando do que vocês fazem. Frequentemente fala coisas parecidas quando não quer nos repassar o dinheiro. Faz parte dos rendimentos que ainda recebe pelo nosso livro, mas nem sempre aceita dar a minha parte. Tem dificuldades em me ouvir, fica entrincheirado atrás de uma cortina de motivos racionais para nos punir pela nossa relação amorosa. Depois, no final, ele se sente culpado e eu encontro o dinheiro na caixa de correio, sem mais nem menos. Arreba gostou do presente, e ficou rodando no gramado com o seu novo saiote de tule, esvoaçante ao vento como um dente-de-leão. Dominique disse: É linda. É lindíssima, respondemos, e é maior do que nós.

Escolhi o título do romance e Dominique achou bom. Não fez perguntas, mas acho que não entendeu. Soa bem, disse, funciona. Confiou na minha escolha como alguém que confia no tratamento de um especialista. Decidi também o nome de alguns personagens e escrevi de próprio punho as páginas sobre Euskadi. Dominique nunca viu o meu país e eu lhe falei muito a respeito, queria visitá-lo, mas eu disse que ele nunca conseguiria ver aquilo que vi. Tanto é que fui eu que escrevi. Visitar o meu país é inútil. Nas entrevistas ele responde que é tudo resultado da sua imaginação e que aos escritores não importa a materialidade dos lugares. Tenho vontade de rir quando o escuto, e em parte acho que ele é ingrato. Fui eu quem lhe deu os instrumentos para ser assim. Não falei do meu avô, de quem o matou, e de como vovó Leire recebeu a notícia. Não lhe contei das viagens à Provença e das fantasias sobre as montanhas, aquele lugar enorme e frio de que nunca teremos

O emaranhado

medo. Não lhe contei da primeira vez que eu e meu irmão nos descobrimos adultos: eu, com o sangue que manchava a calcinha, e ele, olhando para mim buscando um jeito rápido de não me fazer passar vergonha. Estávamos na cozinha, os nossos pais não estavam em casa e eu me levantei do sofá, onde uma sutil mancha de sangue tinha acabado de se formar. Tínhamos vontade de rir, eu tive medo, ele correu para buscar algodão no banheiro e gritou para que eu subisse. Quando entrei no nosso quarto, encontrei o algodão amontoado na cama com um bilhete ao lado: *se vire por enquanto, vou ao mercado*. Enfiei o algodão na calcinha e pensei que não tinha nada a temer com meu irmão por perto, que ele tinha ido comprar os absorventes para mim e logo o sangue não mancharia mais as minhas roupas. Agora eu olho Arreba do mesmo modo como olhei para o algodão na cama, enquanto aguardava Jokin voltar do supermercado. Agora acho que Arreba é aquele tufo amontoado lá para me dar coragem e que meu irmão voltará daqui a pouco.

Conheci Madame La Coupe há muitos anos. Foi a primeira pessoa a quem Germana me apresentou, a primeira pessoa importante da sua vida. Ela conhece Jokin e poderá falar dele para você, ela me disse. Madame La Coupe me falou principalmente de mim e nos vimos muitas vezes, todas as três juntas, e de vez em quando Arreba também ia. Brincava com os cabelos compridos e brancos de Madame La Coupe e com os seus penduricalhos. É bonita esta senhora, ela nos dizia, é especial. As suas mamães são especiais, ela respondia, e você também. Madame La Coupe não quis nos dizer o que viu nas cartas de meu irmão e não quis nos dizer se estava vivo: preferimos assim. Perguntei a ela: virão atrás de mim? Ela me respondeu: só se você quiser ser encontrada.

Terceira parte

Dominique foi a última pessoa a ter visto o meu irmão. Ele nos contou essa história apenas uma vez, Germana lhe pediu muitas vezes para que a repetisse, mas ele sempre se recusou. Não preciso ouvi-la novamente. Quando Jokin desceu eles fumaram um cigarro na frente do portão de sua casa. Um Lucky Strike que meu irmão xingou junto com o frio de janeiro. Usava uma blusa manchada de tinta vermelha e enfiou a bituca do cigarro no bolso como se fosse um amuleto. Dominique lhe falou do romance, disse que o tinha colocado em perigo junto com Germana e que faria de tudo para protegê-los. Jokin disse que não havia motivo para temer porque os livros não têm poder algum, só a música tem poder, e o sexo tem poder, e as cidades. Dominique disse que o procurariam e que ele precisava se esconder ou fugir. Jokin respondeu: você fez o que lhe cabia e eu também.

Sempre tenho medo quando encontro um policial na rua. É um instinto, que cresceu ao longo desses sete anos, como tremer de frio, como fechar os olhos de sono. Passo veloz ao lado dos uniformes e prendo a respiração, tento não acelerar o passo e sinto formar-se um vazio ao meu redor, um vazio que parece capaz de me proteger. Quando me dou conta de que não me pararam, de que não me pediram os documentos, de que não suspeitaram de mim, recomeço a respirar. Em Paris eu não existo, vivo nas costas da família Luque que, por sua vez, vive nas minhas. A polícia sabe que não fiz nada, que sou apenas uma pessoa desaparecida há tempo demais para ainda estar viva. Estão me procurando, mas com a indolência de quem se arrasta para casa esperando o hóspede de sempre. Sem curiosidade, sem preparativos. Mesmo que o hóspede não chegue. Sabem que sou a irmã de Jokin Moraza, que os meus pais estão mortos e que não sou uma terrorista, que fugi há mais de sete anos e que

O emaranhado

ninguém me encontrou. Não sabem que foi por ter fugido que ainda estou viva.

Não contei a Dominique sobre a primeira vez que me apaixonei. Por um rapazinho sonso com a pele esburacada e os olhos amarelos de um falcão. Disse a Dominique que nunca tinha acontecido, disse que era o sexo que me interessava e me fazia passar o tempo. Mas aconteceu aos vinte anos e não esqueço. Não contei nem mesmo da paixão de minha mãe, as flores, uma paixão de que se envergonhava e que a tornava parecida com as outras mães. Queria amar os livros difíceis, os filósofos franceses ou a química, em vez disso amava as flores, sabia cuidar delas, fazê-las crescer conversando, contando a elas suas histórias como as contava para nós. Havia uma grande extensão de flores no nosso jardim, de vez em quando aparecia um gato de rua ou um pombo e minha mãe saía atrás deles com uma preocupação que eu não entendia. Parecia uma velha ou uma bruxa. Eram os seus filhos que brotavam e pediam água e murchavam se ela se fosse. Eram os seus filhos expostos aos perigos do mundo. Minha mãe regulava a exposição ao sol e media a água a ser dada todos os dias, perambulava pelo gramado cuidando para que nenhuma flor estivesse seca, nenhuma flor estivesse afogada. Cantava enquanto cuidava das suas flores e me parecia feliz. Que flor eu sou, mamãe?, eu perguntava. Você é uma azaleia porque anuncia a primavera.

No metrô, Arreba sempre sorri para os desconhecidos. É um hábito que pegou de sua mãe e se sai ainda melhor do que ela. Tem o dom da infância, e não há malícia e duplo sentido naquilo que seu sorriso diz aos outros. Apenas: eu me divirto, mas se você me olhar eu me divirto mais. Algo parecido com as conversas dos adultos. É difícil gostar de

Terceira parte

alguém? Ela me perguntou isso quando o metrô parou de repente, pouco antes de Arts e Métiers. Ela nunca tem medo quando o metrô para por um motivo desconhecido, ao contrário de mim. Respondi: é difícil, mas é bonito. De quem é que você gosta? Pôs-se a olhar para o alto, com ar pensativo, fez uma cara engraçada, mas eu vi que ruborizou. De você e de mamãe. Do vovô, mas um pouco menos. Da professora Alysée, mas não da professora Charlotte. De Julie, muitíssimo. De Pauline, apesar de ela provocar. E de Martin, eu disse. Vi suas bochechas ganhando cor de cereja madura e me arrependi de tê-la colocado em apuros. Mas ela se recuperou, e com ar sabichão me respondeu: de Martin eu ainda não sei! Depois começou a rir com gosto e as pessoas em volta também sorriram para nós. Alguém desgrudou os olhos do celular ou tirou os fones. Depois de alguns segundos o metrô retomou a viagem.

Enquanto eu contava a minha história para Dominique, era como se a ditasse. Ao mesmo tempo tinha impressão de que ele não me enxergava. Escrevia no caderno ou digitava no computador como se estivesse sozinho, mas, assim que eu parava de falar, ele ficava furioso, levantava-se com um gesto irritado e tirava os óculos, começava a girar pelo quarto pedindo minha ajuda ou me insultando. Parecia não me escutar, no entanto não conseguia abrir mão da minha voz. Queria que lhe desse mais, que lhe contasse mais. Eu dizia que era ele quem não ouvia. Que tinha muita pressa, que tinha medo do que eu diria. Queria dominar a sua história e não queria escutar a minha. Às vezes dizia que a minha história não valia nada. Que a literatura é mais esfomeada do que a vida e não lhe bastam uma história de amor e um passado difícil. Falava com a voz dos outros. Estava obcecado pelos críticos e procurava dar a eles o que queriam. Ele não se importava

O emaranhado

nada comigo. No início tinha a sua ideia na cabeça, uma ideia fraca, mecânica, que pouco tinha a ver com a vida. Eu trabalhei como trabalha a água, insinuando-me nas frestas do seu pensamento, que tentava de todas as maneiras se transformar em um enredo. A vida não tem pensamento, eu lhe dizia. Você deve seguir as coisas que acontecem. Com suas abstrações você nunca vai escrever nada de grande. Aceite chorar e se divertir e sujar as mãos. Não se preocupe com a coerência, ela é inútil. A vida não tem estilo. Tem muitos, misturados. Escreva e tenha medo. Com o tempo ele cedeu e começou a me ouvir. Foi o momento mais feliz da nossa relação. Às vezes antecipava as minhas falas, via ligações que eu nem sequer imaginaria, pedia informações sobre alguém, alguém que eu mal havia citado e de quem queria me esquecer. Cresceu como escritor, deu o salto de qualidade que tanto desejava. Não sei se caminhou como homem. Seguimos assim por quase dois anos. Durante semanas se recusava a me ver, então me chamava de repente um dia dizendo que eu devia ir logo encontrá-lo. Às vezes eu não ia, outras vezes estava nas redondezas e não tinha nada para fazer, então aceitava o seu convite, embora não parecesse um convite, mas o alarme de quem cai no chão e pede ajuda. Isso foi há muitos anos, mas sei que nunca vai terminar. Para ele e para mim. Não tenho mais a minha história para lhe contar, mas terei outras histórias. Sei que ele começará a ter fome outra vez.

Hoje levei Arreba à sua primeira aula de dança. Prendeu os cabelos sozinha e vestiu o collant que Germana comprou ontem. Ficou se olhando na frente do espelho por um bom tempo com certa decepção. Eu gosto de dançar, ela me disse, mas não gosto de me vestir assim. As bailarinas precisam sempre ter os cabelos compridos e os vestidos rosa? Não soube o que lhe dizer. Diria que não era obrigatório, mas eu

Terceira parte

sabia que era, pelo menos na escola em que a matriculamos. Responderia que as bailarinas de quem eu gostava usavam os cabelos raspados, tinham os pés compridos demais e quando entravam em cena faziam todos mudarem de ideia. Respondi que, se ela quisesse, podia não ir. Eu quero dançar, mas não assim, respondeu. Não queria pedir que ela se esforçasse, mas foi o que fiz. Conheço os perigos da liberdade, e quero que aprenda a ficar dentro de determinadas prisões, mais do que vagar a esmo, sem raízes, esperando de alguém um laço no pescoço. Ela fez um beicinho e fomos juntas para a escola. Durante todo o trajeto não falou comigo e não me olhou na cara e quando chegamos me disse que eu não precisaria entrar no vestiário e que não precisaria assistir à sua aula. Fui dar uma volta, tomei uma limonada no café ao lado e esperei que a hora passasse. Fiquei mal por me separar dela e fiquei mal pela nossa discussão. Eu a imaginei na frente do espelho, os pés minúsculos desenhando círculos no chão, os joelhos tesos e o coração batendo forte por aquela primeira vez que decidiu me mandar embora. Quando a vi sair, ela estava com o rosto vermelho e saltitava com os braços em forma de coração. Ela tentou continuar emburrada, mas não conseguiu e eu também não. Esperei que se trocasse e quando acabou a aula perguntei como tinha sido. Respondeu: dançar é maravilhoso e a professora disse que posso me vestir como quiser e ainda zombou de você.

Fazer amor com Germana parece um mergulho. Para uma amante do fogo como ela não deve ser agradável, por essa razão nunca lhe disse isso. Poderia dizer que fazer amor com ela é como entrar num incêndio e sair dele viva por um milagre. Mas não é assim. É a mulher mais bonita que eu já vi, apesar do massacre que inflige a si mesma quase todos os dias e que não nos deixa dormir. Não quero que sejam as feridas o que nos aproxima, queria que fosse outra coisa, a alegria, a rotina, esta casa, mas sei que as sombras se reconhecem entre si mais do que a luz. Sei que vibram e mantêm as pessoas ligadas para sempre. Tenho atrás de mim a mesma sombra de meu irmão, mesmo que falemos pouco dele, porque está sempre presente na menina que estamos criando e que todos os dias nos cria. Fazemos amor em silêncio, por medo de acordá-la, mas também por medo de que ele venha nos encontrar, de que ria de nós e pergunte que diabos estamos fazendo. Então lhe responderíamos: nos amamos; ou talvez: pensamos tanto em você que acabamos por nos amar. Ele balançaria a cabeça, apertaria os olhos e nos mandaria para aquele lugar. Então olharia para mim considerando-me uma traidora e chacoalhando os braços furados. Germana permaneceria em silêncio, acariciando-o e beijando seu pescoço. Eu manteria os olhos fixos nele. Nunca me esqueço de que meu irmão existe.

Nunca falei para Dominique do show com que meu irmão sempre sonhou. Quando ia para o conservatório estava sempre de mau humor ou exaltado, voltava para casa e se trancava no nosso quarto e eu sabia que não podia entrar. Se tivesse entrado, em algum momento, talvez eu não estivesse aqui, longe dele. Nunca me falava da música, não falava de música com ninguém. Parecia envergonhar-se, parecia que a música era a prova de que ele não funcionava como ser humano. Queria ter sido alguma outra coisa, um político, um médico, um tipo prático. Alguém que aproveita de verdade, ou alguém que faz bem aos outros e os ajuda. Uma pessoa de quem a gente ama estar perto. Tudo, mas não um músico. Sobre sua música eu nunca soube nada por ele, a não ser uma coisa. Certa noite, tínhamos quinze anos, tomamos um porre juntos. Naquela época as coisas iam bem. Deitados na grama, a barriga para cima e o cigarro na

Terceira parte

boca, como nos melhores filmes de adolescentes, dissemos um ao outro que poderíamos uma vez expressar um desejo em voz alta. Eu não me lembro do que pedi. Talvez tenha pedido para ficar em Euskadi para sempre. Meu irmão se encolheu ao meu lado e me olhou com os olhos brilhantes da embriaguez ou da comoção, e daí me disse: sonho com um show sem aplausos. Sonho em terminar uma música e ficar olhando o público mudo, que não bate palmas, que não grita nada. E sonho que, também depois do show, as pessoas saiam e continuem caladas, e não falem a respeito de onde vão comer, e não riam, e não digam o quanto foi bom. Sonho com essas pessoas sequestradas pela música, e sonho que tenha sido eu a sequestrá-las. Gorane, eu sonho em fazer esse sequestro do mundo.

Às vezes Arreba pergunta sobre os avós distantes. Fui eu que sugeri que ela os chamasse assim. Os avós distantes são os meus pais, e vivem na Espanha e são muito velhos. Deveríamos parar de mentir para ela, mas não sabemos por onde começar. Os meus pais nunca mentiram para nós, sempre nos trataram como pessoas adultas, mesmo que de adultos não tivéssemos nada. Era importante que fôssemos expostos à batalha, que nos jogássemos dentro da luta sem escudos, recebendo golpes, sentindo orgulho das feridas. Quanto mais profundas, mais tínhamos vivido. Se ninguém nos feria, então devíamos nos ferir sozinhos. Tentamos proteger Arreba como podemos. Sabemos que precisamos também deixá-la andar, permitir que caia, mas nunca a faremos cair de propósito e, se alguém lhe der um presente, ensinaremos a cuidar dele, a guardá-lo em um lugar importante e a não quebrá-lo por nenhuma razão. Ensinaremos que não há coragem nenhuma na destruição e que não é assim que se cresce. Diremos não saber como se cresce, mas que é importante manter por perto o que recebemos dos outros, mesmo que não compreendamos, mesmo que às vezes

O emaranhado

não gostemos ou nos pareça inútil. Eu lhe disse: pense na sua vida como um desenho. O que é a vida?, perguntou Arreba. Peguei sua mão e desenhamos um ovo juntas. Arreba faz desenhos belíssimos.

Essa noite sonhei com o meu irmão. Não contei para Dominique que há sete anos ele vem me encontrar todas as noites. A primeira vez aconteceu pouco depois do meu primeiro encontro com Germana. Pensei que tivesse vindo me censurar ou comemorar comigo, mas não ouvi o que ele tinha para me dizer. Também não lhe disse nada porque nos sonhos eu não sei falar. Desde aquele momento continuei a sonhar com ele todas as noites e talvez seja graças a esses sonhos que eu continue aqui, que ame Germana, que tenha ajudado Dominique a escrever o seu livro e que também tenha me tornado uma espécie de mãe. Todas as manhãs acordo com uma sensação de paz e fico na cama por alguns minutos. Germana hoje me perguntou: sonhou com o quê? Ela nunca me pergunta porque é daquelas que não se lembram do que acontece durante o sono e ficam irritadas por isso. Sonhei com você, respondi, e ainda estou sonhando.

Meu pai tinha a barba preta e as pernas tortas. Dele puxei o corpo raquítico, os pés compridos e o desejo de ficar calada, à margem, observando os outros. Arreba conhece seu avô através de mim, e digo a ela para procurá-lo no meu rosto e no meu modo de ocupar os cantos da casa em silêncio. Ela me pergunta: como faço para imaginá-lo? E eu respondo: você me pega e coloca barba e bigode. Na primeira vez que disse isso, Arreba pegou uma canetinha preta e desenhou no meu rosto grossos pontinhos pretos para a barba e duas listras enroladas que saíam do nariz e iam até as bochechas. Agora, quando pensamos em meu pai, basta-lhe fazer um pequeno esforço e pintar o meu

Terceira parte 471

rosto com uma tinta inexistente. Por que ele não vem me ver?, pergunta Arreba toda vez que falamos a respeito. Porque ele não pode, respondo, e porque se visse você nunca mais ia querer ir embora.

Germana sempre acreditou nas minhas capacidades. Foi a primeira a dizer que as minhas obras precisavam ser mostradas às pessoas. São fortes, são estranhas, são de todos, como você. Respondi que não era de ninguém, ela ergueu os olhos com expressão tipicamente parisiense e me disse: quanta mentira você conta a si mesma. Vinha à minha casa todos os dias, quando Sabine não estava, e organizava a minha produção: classificava as telas, especificava temáticas comuns e desenvolvimentos, dividia minha vida em blocos e dava a eles um nome, depois me dizia em que fase da vida eu me encontrava naquele momento. Agora você está no bloco abstrato, agora você está no bloco preto e branco, agora você está na fase minimalista. Eu lhe perguntava: você está em que bloco? Germana respondia que para pessoas como ela não existiam fases, mas apenas um divisor de águas que cortava pela metade a sua vida e que chamávamos de Arreba. Duas camadas de dias sempre diferentes, ou sempre iguais, conforme o ponto de vista, e aquela menina colocada no centro, a partir da qual a contagem dos anos recomeçava. Havia também ilhas no trabalho que eu fazia, telas e desenhos que não pertenciam a nenhum período e boiavam no universo que eu ia construindo, prontas para serem submersas. Parece que você as fez de propósito para mexer com tudo, ela me dizia, para colocar as pessoas em dificuldade. Parece que você as fez de propósito para que os outros não compreendam quem é você. São como bombas que você plantou no campo para levantar uma nuvem de poeira e desaparecer. Eu respondia que talvez sim, fossem bombas, mas que se eu

O emaranhado

quisesse desaparecer não era por causa dos outros, mas por minha causa. Não gosto de como sou, respondia, e nunca vou gostar. Gosto dos meus desenhos e gosto que os outros, olhando para eles, se apaixonem por mim.

Hoje fomos ver Beatrice, de quem Arreba definitivamente não vai com a cara. É a companheira do vovô, eu lhe disse, e ela gosta de você. Se gosta de mim não é culpa minha, respondeu. Passamos a tarde no sofá e perto das sete chegou também Germana. Beatrice perguntou por que não mudava de emprego. Mamãe gosta dos aeroportos, respondeu Arreba. Mas mamãe poderia ter um trabalho ainda mais bonito, falou Beatrice, sorrindo para ela. É mamãe quem deve decidir, rebateu Arreba. Germana balançou a cabeça com orgulho e cortou uma fatia de bolo. Anos atrás eu também havia dito que ela levava jeito para a arte. Tinha falado algumas coisas sobre mim só dando uma olhada numas telas, coisas verdadeiras, que tinham muito a ver comigo. Eu não sabia que tipo de talento tinha, onde poderia desembocar a sua capacidade de ler tão bem dentro dos outros. Curadora, psicóloga, especialista em alguma coisa. Ela me respondeu dizendo que aquilo acontecia apenas comigo e que não era talento, mas amor. Que gostaria de trabalhar a vida toda em um trabalho simples, mecânico, que a tornasse útil para alguém. Beatrice lembrou que tinha vários contatos, pessoas que trabalhavam na área artística e que ficariam felizes em conversar com ela e quem sabe arrumar um trabalho. Você precisa se fazer conhecer, disse Beatrice, nesse mundo é assim que funciona. Mamãe já conhece um monte de gente, respondeu Arreba. Estava sentada no braço do sofá de costas para mim. Vestia o saiote de tule que Dominique lhe havia dado e entre os seus cabelos soltos pude ver um fio laranja. Veja, está ficando laranja como a tia, eu disse, desarrumando seus cabelos.

Terceira parte 473

Arreba pegou a cabeleira na mão e começou a procurar aquele único fio, como se quisesse encontrar seu pai.

Uso o casaco de peles azul de Germana há vários anos. Ela já não gosta dele, diz que não lhe cai bem e que combina muito comigo. Dá um ar sofisticado e rebelde em você, parece saída de um quadro seu, ela diz. Hoje eu e Arreba terminamos uma tela começada há uma semana. Na verdade eu não fiz nada, fiquei apenas olhando os seus dedos salpicados de cores e o seu modo violento de segurar os pincéis. Não preciso fazer perguntas nem explicar nada, não preciso nem dizer a ela como proceder, como preparar a tela, quais cores ficam bem com outras e quanta água usar de cada vez para não estragar tudo. Para Arreba não importa estragar tudo. Acho que desenhou a nossa família, embora diga que seu desenho é abstrato. Talvez tenha razão e seja eu quem diminui seu trabalho com essa explicação que só diz respeito a nós e pronto. Talvez abstrata seja a nossa família. Há umas manchas rosa e vermelhas, um fundo azulado, minúsculos pontinhos verdes e uma figura à esquerda, também pequena, mas em torno da qual todo o quadro se organiza. Tudo tem olhos e uma boca, traços humanos que nunca são totalmente humanos. Não sei como ela fez para canalizar toda a atenção naquela silhueta, mas conseguiu, e não sei o que são os pontinhos verdes, e as manchas maiores que prevalecem na cena sem dominá-la. Qual o título?, perguntei, mas ela disse que o título por enquanto não existe. Achei que estava pálida e medi sua febre. Quando Germana voltou para a casa, disse-lhe que nossa filha havia pegado uma gripe e que era melhor que não fôssemos ao show. Germana me respondeu: vai você, eu fico em casa com Arreba. Faz tempo que não ficamos juntas só eu e ela.

O emaranhado

Os últimos shows a que assisti foram os de meu irmão em Euskadi. Desde então, nunca mais quis ouvir nada. Se eu colocava os fones, era para ouvir as gravações de Trevi, ou as gravações que às vezes fazíamos eu e Germana para nos lembrar de alguns momentos quaisquer ou para fingirmos ser importantes. Palavras, apenas. A única música que eu conseguia ouvir era aquela que tocava nos shoppings ou nas lojas de roupas, uma música alegre, de melodias fáceis, que não me trazia nenhuma memória. Dominique havia me dado o ingresso, recebido do filho de seu editor. Nunca conheci Robert, mas acho que é um cara legal, alguém para quem as palavras contam até certo ponto. Não conheço o grupo que toca, e esperei até o fim que a formação não tivesse um baterista. Eu pensava em um conjunto de violinos, em um concerto para instrumentos de corda, até em um coral de crianças. Quando começaram a tocar eu não escutei a música, mas tentei aceitar aquele som, não ser atingida pelas batidas que me atingiram durante aqueles oito anos e que por toda a minha vida em Euskadi quiseram dizer apenas uma coisa: seu irmão está aqui, e bate mãos e pés como ninguém. Aceitei que naquele momento não fosse ele batendo mãos e pés, mas um sobrevivente, alguém que tinha feito do seu demônio um ofício com que ganhar dinheiro, conquistar as meninas e rodar o mundo. Alguém que o havia domesticado. Quando vieram me buscar, a multidão estava em êxtase e não notou a presença deles. Eu os vi, e entendi o que Madame La Coupe estava querendo dizer. No final eu tinha escolhido ser encontrada. Não achei que viriam armados porque eu não era uma terrorista como os outros, era apenas alguém que fugia. Não teria oposto resistência e teria me deixado levar, mas eles dispararam mesmo assim, aleatoriamente, como se eu estivesse em toda parte, entre as centenas de rostos que se agitavam ou olhavam em volta ou fechavam os olhos. Talvez não fossem disparos, mas o barulho da bateria que continuava a tocar sem

Terceira parte

475

saber de nada. Fui atingida enquanto os outros gritavam, mas eu disse para todos ficarem quietos e que não tinha acontecido nada de grave. Disse que era uma longa história, de oito anos, e que agora chegava ao fim, naquela sala de show, com os tiros que ditavam o ritmo da minha captura. Pensei que deveria devolver o casaco de peles azul para Germana antes de voltar para casa. Que deveria dizer tchau para Arreba, dizer que eu não faria como os avós distantes e que voltaria logo. Meu irmão me esperava do outro lado fora da sala, na rua, e quando o vi pensei que me lembrava mal dele. Suas pernas não eram assim e seus olhos não eram assim e sua pele não era assim como eu havia guardado na memória por oito anos. Suas pernas eram quase assim e seus olhos eram quase assim e sua pele era quase assim, mas tudo aquilo que eu havia reconstruído tinha sido inútil. Ele sorriu e nem o seu sorriso nas minhas lembranças era assim. Ele me chamou irmã e me disse que o casaco de peles combinava comigo e que eu deveria levá-lo junto porque Germana não ficaria chateada, ao contrário, ficaria feliz. Ele me disse que éramos duas malucas doentes da cabeça e que o tínhamos superado e que agora eu deveria lhe contar tudo. Eu estava calada e ainda me apaixonava por ele e ainda me apaixonava por Germana e por Arreba e pelo menino esburacado com olhos de falcão e pela minha casa. Começamos a caminhar na rua que não era mais a mesma rua de antes e não sabia se era eu quem tinha mudado ou as coisas ao meu redor ou o meu modo de olhar para elas. Jokin me acompanhou até os fundos da sala de shows, onde entram os artistas, e segurou minha mão. Então ele me disse Escute, Gorane. Ninguém está aplaudindo.

O emaranhado

Agradecimentos

Obrigada a Leonardo Luccone, que deixou esse romance livre, e a Andrea Bajani, que não mudaria sequer uma vírgula dele.

Das Andere

1 Kurt Wolff
Memórias de um editor

2 Tomas Tranströmer
Mares do Leste

3 Alberto Manguel
Com Borges

4 Jerzy Ficowski
A leitura das cinzas

5 Paul Valéry
Lições de poética

6 Joseph Czapski
Proust contra a degradação

7 Joseph Brodsky
A musa em exílio

8 Abbas Kiarostami
Nuvens de algodão

9 Zbigniew Herbert
Um bárbaro no jardim

10 Wisława Szymborska
Riminhas para crianças grandes

11 Teresa Cremisi
A Triunfante

12 Ocean Vuong
Céu noturno crivado de balas

13 Multatuli
Max Havelaar

14 Etty Hillesum
Uma vida interrompida

15 W. L. Tochman
Hoje vamos desenhar a morte

16 Morten R. Strøksnes
O Livro do Mar

17 Joseph Brodsky
Poemas de Natal

18 Anna Bikont e
Joanna Szczęsna
Quinquilharias e recordações

19 Roberto Calasso
A marca do editor

20 Didier Eribon
Retorno a Reims

21 Goliarda Sapienza
Ancestral

22 Rossana Campo
*Onde você vai encontrar
um outro pai como o meu*

23 Ilaria Gaspari
Lições de felicidade

24 Elisa Shua Dusapin
Inverno em Sokcho

25 Erika Fatland
Sovietistão

26 Danilo Kiš
Homo Poeticus

27 Yasmina Reza
O deus da carnificina

28 Davide Enia
Notas para um naufrágio

29 David Foster Wallace
Um antídoto contra a solidão

30 Ginevra Lamberti
    Por que começo do fim

31 Géraldine Schwarz
    Os amnésicos

32 Massimo Recalcati
    O complexo de Telêmaco

33 Wisława Szymborska
    Correio literário

34 Francesca Mannocchi
    Cada um carregue sua culpa

35 Emanuele Trevi
    Duas vidas

36 Kim Thúy
    Ru

37 Max Lobe
    A Trindade Bantu

38 W. H. Auden
    Aulas sobre Shakespeare

39 Aixa de la Cruz
    Mudar de ideia

40 Natalia Ginzburg
    Não me pergunte jamais

41 Jonas Hassen Khemiri
    A cláusula do pai

42 Edna St. Vincent Millay
    Poemas, solilóquios e sonetos

43 Czesław Miłosz
    Mente cativa

44 Alice Albinia
    Impérios do Indo

45 Simona Vinci
    O medo do medo

46 Krystyna Dąbrowska
    Agência de viagens

47 Hisham Matar
    O retorno

48 Yasmina Reza
    Felizes os felizes

49 Valentina Maini
    O emaranhado

Composto em Bembo e Akzidenz Grotesk
Belo Horizonte, 2022